20世纪学术发展丛书

# 20世纪的西方经济学

主　编　谭崇台
副主编　文建东　代　谦

WUHAN UNIVERSITY PRESS
武汉大学出版社

**图书在版编目(CIP)数据**

20世纪的西方经济学/谭崇台主编. —武汉：武汉大学出版社,2010.9
20世纪学术发展丛书
ISBN 978-7-307-07834-5

Ⅰ.2… Ⅱ.谭… Ⅲ.现代资产阶级经济学—经济史—20世纪
Ⅳ.F091.3

中国版本图书馆CIP数据核字(2010)第102443号

责任编辑:杨 华　　责任校对:黄添生　　版式设计:马 佳

出版发行：**武汉大学出版社**　(430072 武昌 珞珈山)
(电子邮件：cbs22@whu.edu.cn 网址：www.wdp.com.cn)
印刷:湖北恒泰印务有限公司
开本：720×1000 1/16　印张:31.25　字数:447千字　插页:2
版次:2010年9月第1版　2010年9月第1次印刷
ISBN 978-7-307-07834-5/F·1376　定价:56.00元

# 编者的话

本书是武汉大学出版社出版的《20世纪学术发展丛书》之一，以武汉大学经济发展研究中心研究人员为主体编写完成，参与人员（按姓氏拼音排序）为武汉大学经济发展研究中心的代谦、郭熙保、马颖、潘敏、谭崇台、文建东、叶初升，武汉理工大学的周军、别朝霞，中南财经政法大学的王爱君。其中谭崇台为主编，文建东、代谦为副主编。

具体分工如下：

引言部分由谭崇台执笔，第一章由周军完成，第二章由郭熙保承担，第三章由叶初升编写，文建东负责第四章的编写工作，第五章由王爱君编写，第六章的编写工作由马颖承担，第七章由潘敏编写，代谦负责第八、九章的编写工作，第十章由别朝霞和代谦共同完成。本书的出版得到了武汉大学出版社的大力支持，特别感谢杨华编辑细心的修订编辑工作。

# 目　录

# 引　言

## 一、怎样选定学说

经济学说的变化发展是社会经济变化发展的反映。19 世纪后半叶至 20 世纪初叶，在西方国家，工业革命迅速扩大深入，同时又发生了第一次世界大战，1776 年后的英国古典政治经济学适应工业革命进程中上升的资本主义的要求而循序渐进。1870 年后，边际分析符合市场供求研究的需要，主流经济学比较平静地由古典主义转化为新古典主义。

20 世纪初叶，西方经济学论著不多，学科分类比较单纯。著名英国经济学家罗宾逊夫人（Robinson，Joan）不无感慨地说："当我在 1921 年 10 月到剑桥大学学习时，马歇尔的《经济学原理》是圣经，在此之外，我们所知不多。杰文斯、古诺、甚至李嘉图都属于在脚注中出现的人物。我们听到过帕累托定律，但却对一般均衡不甚了了。瑞典的经济学代表人物只知道有卡塞尔，而欧文·费雪代表美国，关于奥地利和德国的情况则几乎一无所知。在那时，马歇尔就是经济学。"①

进入 20 世纪后，世界政治经济情况连续发生了几起重大事件：1929 年资本主义经济大危机的爆发，第二次世界大战爆发，殖民体系的瓦解和发展中国家的兴起，20 世纪 70 年代发达资本主义国

---

① J. A. Kregel. The Reconstruction of Political Economy. London：Macmillan，1973：5. 参见高鸿业、刘凤良主编：《20 世纪西方经济学的发展》，商务印书馆 2004 年版。着重点是笔者加上的。

家发生通货膨胀与生产停滞并存现象，东南亚国家和地区由于过度经济自由化而引起经济动荡，以及世纪之末资本主义国家金融大崩溃开始露头，等等。于是，经济学家们依据自己的观察和偏好提出了许多新名称的科目。在西方国家，一批经济学家从 20 世纪 80 年代开始编写《经济学手册》（以下简称《手册》），把当代西方经济学分为 17 门学科。在我国，近 50 位经济学家于 1999 年编成《西方经济学大辞典》（以下简称《辞典》），分为 29 门学科。上述的《辞典》和《手册》对学科分类次序大致相似，即从学说史开始，然后，先介绍基本理论如微观经济学、宏观经济学，继之以数量计算如数理经济学、计量经济学、统计学、会计学等，随后，介绍有关财经基本活动的学科，如货币银行学、财政学、保险学、国际贸易学、国际金融学、国民经济核算，等等。最后，加上一些新兴学科如产业经济学、环境经济学以及卫生经济学，等等。

如上的学科安排是合理的，《辞典》大多数以横截面的方式表述，《手册》则一般跨时描述，但两者都从基本词条逐步扩大到派生科目，我们曾参加过《辞典》的部分编写工作，对此略有体会。但是，我认为，《20 世纪的西方经济学》却不能按照这种思路写下去。尽管一个世纪不算是很长的时段，可是在这一百年中，资本主义世界发生的重大事件引起西方经济学自亚当·斯密的《国民财富的性质和原因研究》和马歇尔的《经济学原理》两大巨作问世以来从未出现过的重大变化，那就是 1936 年由凯恩斯撰写的《就业、利息和货币通论》的问世。凯恩斯在书中提出了与传统理论大不相同的观点、方法和政策建议，引起了西方经济学界的很大反响，使他们改变了对过去经济学理论的看法，写出了体现凯恩斯理论的新观点。一些实行资本主义市场经济国家的领导者也开始认识到市场经济如不加以适当的宏观管理就会出现旷日持久的经济失衡。因此，当我们回顾 20 世纪的西方经济学时，不能不以凯恩斯思想为重点、为中心，并从它是如何从传统经济学中挣扎、解脱出来形成新的理论体系，观察它在西方经济学的影响以及反影响，这就是我们写此书的基本思路。

## 二、古典主义经济学与新古典主义经济学

按照凯恩斯自己所说，他的1936年出版的书命名为“通论”，强调其中的“通”字，“其目的在于使他的论点和结论与古典学派对同一问题的论点和结论加以对照。正如它在过去一百年中所做的那样，不论在实践上还是在理论上，古典学派的理论支配着他这一代统治阶级和经济学家，凯恩斯说他是传统思想哺育出来的，他将要进行申辩，说明古典学派的假设条件不适用于一般的情况。古典学派所假设的情况是各种可能的均衡状态的一个极端之点。此外，古典理论所假设的特殊情况的属性恰恰不能代表他们实际生活中的经济社会所含有的属性。结果，如果人们企图把古典理论应用于来自经验的事实的话，它的教言会把人们引入歧途，而且会导致灾难性的后果”。① 对上段中的“古典学派”一词，凯恩斯还加上脚注说：“‘古典经济学者’是马克思所首创的名词，用以泛指李嘉图和詹姆斯·穆勒以及他们的前辈们；这就是说，泛指集大成于李嘉图经济学的古典理论那些创始人，我已经习惯于在‘古典学派’中纳入李嘉图的追随者；即那些接受李嘉图经济学并加以完善化的人，包括（例如）J. S. 穆勒、马歇尔、埃季沃思以及庇古教授。”② 高鸿业译本又在凯恩斯上注中所说的“古典学派”一词再加上注释说：“马歇尔对英国古典政治经济学的划分与凯恩斯不同。前者的划分终止于李嘉图。在目前，西方学者对古典政治经济学的划分和凯恩斯的也并不一致。他们所说的古典学派大致终止于J. S. 穆勒，而把兴起于1870年以后，包括马歇尔、埃季沃思、庇古等人在内的西方经济学说称之为新古典学派。”③

可见，凯恩斯所说的传统理论或古典经济学，把一般西方经济学家所说的古典经济学和新古典经济学都包括在内。他在《通论》

---

① 参见：The General Theory of Employment, Interest, and Money（以后简称 General Theory）. 上海外语教育出版社 2004 年版：3.

② General Theory, p. 3.

③ General Theory, p. 7.

中只有一次提到新古典学派（neo-classical school）这个词，对此，高鸿业译本特别加注说："它与目前西方经济学者所说的新古典学派不是一回事，而是指以维克赛尔为代表的瑞典学派和哈耶克等人的利息论和对经济周期的理论。"①

总之，凯恩斯主义反对的是当时在西方流行的传统理论，特别是以马歇尔为代表的、统治英国和美国讲台和论坛近半个世纪的新古典经济学。著名经济思想史学家布劳格（Blaug，M.）撰写的《凯恩斯之前的伟大经济学家》一书，在马歇尔条目下，我感到他对马歇尔作为新古典主义经济学代表人物的经济思想的概括较为全面、准确，可以视为新古典经济学的最佳浓缩，特转述如下。

布劳格认为，马歇尔对静态均衡理论作出了原创性的贡献，他一生为动态理论不断探索而一无所获。但他仍然一直声称"经济学家的朝圣之地"（the Mecca of the economist）不是力学而是生物学。他的宏论是供给与需求决定价格。他赞同边际分析概念。他认为在他之前的古典经济学家的看法是正确的，经济思想史是一张无缝的蜘蛛网，从来不存在什么"边际革命"。马歇尔坚定地相信私有财产和自由市场经济的优点，然而，对工会组织甚至社会主义隐抱同情。无论是对纯粹理论，还是对实际政策，他提出看法时总要加上种种约束条件。马歇尔在晚年经常研究并称道古诺（Cour-not，A. A.）、杜普特（Dupuit，A. J. E. J.）和屠能（Thunen，J. H. V.）的著作，并由此而先于杰文斯（Jevons，H. S.）、门格尔（Menger，C.）和瓦尔拉（Walras，M. L.）提出边际效用和边际生产力的概念。尽管有人对此质疑，但是马歇尔确实需要较长的时间才能在《经济学原理》中对边际革命的成果作出权威性的总结，才能勉力把新古典经济学和古典经济学协调一致。②

关于马歇尔对经济学的原创性贡献，还可能一一列举的有局部均衡分析、短期市场和长期市场的区别、需求曲线的深入研究、需

① 高鸿业《通论》译本，第 182 页脚注，北京商务印书馆 1999 年版。

② M. Blaug. Great Economists Before Keynes. Cambridge：Cambridge University Press，1987：150-153.

求价格弹性、消费者剩余以及生产者剩余等概念的提出，均衡稳定性条件的分析，成本渐增产业与成本渐减产业的区分，外在规模经济与内在规模经济的区分，竞争不兼容性与长期下降供给曲线的剖析，通过对成本渐增产业与成本渐减产业采取不同的财政政策才可以保证完全竞争足以增加社会总福利，等等。①

布劳格上述的不厌其烦的说法虽然比较全面地概括了以马歇尔为代表的新古典主义经济学思想，但是尚未能点明新古典主义经济学的要害，就是：第一，静态的局部均衡分析，以边际效用说明需求，以生产成本说明供给，将供给和需求的变动结合起来说明价格决定。第二，自由放任的资本主义经济可以自然而然地实现稳态的充分就业均衡，不存在非自愿失业，危机是短期、局部的现象，不需要政府的干涉可以自行消逝。这两个基本点中第二点影响最大，它不仅成为20世纪30年代前许多经济学家信奉的教条，而且是当时一些主要资本主义国家当权者、甚至普通群众的信念。但是，面对1929年出现的资本主义经济大危机的现实，新古典主义经济思想显得苍白无力，从而，凯恩斯主义的发生是自然而然的，是必然的。

亚当·斯密作为古典经济学的宗师说过一段极其生动的话来表示市场经济的活力："每个人都在力图应用他的资本，来使其生产品得到最大的价值。一般地说，他并不企图增进公共之福利，也不知道他所增进的福利为多少。他所追求的仅仅是他个人的安乐，仅仅是他个人的利益。在这样做时，有一只看不见的手引导他促进一种目标，而这种目标决不是他所追求的东西。由于他追求他自己的利益，他经常促进了社会的利益，其结果要比他真正想促进社会利益时所得到的效果为大。"②

斯密的话非常强调"看不见的手"的巨大作用：它可以使个

---

① 参见 M. Blaug. Great Economists Before Keynes. Cambidge：Cambridge University Press：150-153.

② 亚当·斯密：《国民财富的性质和原因研究》下卷，伦敦：丹特公司1955年版，第246页。

人利益最大化，同时也使社会利益最大化。但是，什么是“看不见的手”？对此，斯密没有明确指出。“看不见的手”如何既使个人利益最大化的同时又使社会利益最大化？斯密同样没有给出明确、规范的说明。其他古典主义经济学家也没有解决这个问题。

1848 年，古典主义经济学派最后一个领军人物约·斯·穆勒的《政治经济学原理》问世之后，这个学派再无佳作。与此同时，边际分析的出现，促使人们可以以之为手段来观察市场的活动：如果在市场中，一个人作为消费者或生产者，都掌握完全信息，而且他们都能作出理性判断，那么，一个消费者关心的是如何以他的有限收入在市场中自由选择能给他带来最大满足的商品，一个生产者关心的是如何以他有限的资源在市场中自由选择能给他带来最大利润的投资。做到这一点的前提条件是人们无论作为生产者还是作为消费者，对市场情况都具有完全的信息，而且，在市场中都能完全自由地购买什么产品，或者生产什么产品。

古典主义经济学与新古典主义经济学有两点相异之处，就是，古典主义经济学在分析方法上是宏观与微观相结合，而新古典主义经济学在分析方法上是微观分析，古典主义经济学家在分析中视野广阔，不是进行纯粹经济分析，而且关注社会、政治、法律等诸多非经济因素，从而，他们写出的专著都加上了“政治”的前缀，如“政治经济学”或其同义语。现将古典主义经济学家的经济学专著分列如下：，

李嘉图：《政治经济学及赋税原理》（*On the Principles of Political Economy and Taxation*）。

马尔萨斯：《政治经济学原理》（*Principles of Political Economy*）。

西斯蒙第：《政治经济学新原理》（*Nouveaux Principles d'economie Politique*）。

萨伊：《政治经济学概论》（*Traite d' Economie Politique*）。

斯图尔特（Stewart，S. D.）：《政治经济学原理研究》（*An Inquiry into the Principles of Political Economy*）。

詹姆斯·穆勒（Mill，J.）：《政治经济学要义》（*Elements of*

*Political Economy*)。

J. S. 穆勒（Mill，J. S.）：《政治经济学原理》（*Principles of Political Economy*）。

但是，古典经济学与新古典主义经济学都主张自由竞争而反对政府的干预或宏观管理，因此，凯恩斯在论争中，就把古典主义经济学与新古典主义经济学统称为古典主义学派或传统理论，这是一个重要原因。

## 三、凯恩斯主义的诞生和发展

按照凯恩斯自己所说，他于1936年出版的命名为《就业、利息与货币通论》的专著，强调其中的“通”字，其目的是把他的论点和理论相对照。在过去一百年中，不论是在实践上还是在理论上，古典学派的理论支配着他这一代统治阶级和学术界的经济思想，而他自己也是被这种理论长期熏陶、成长起来的。

新古典主义经济学家认为市场经济中，人们的身份不外是一个消费者或生产者，或兼而有之。作为消费者，他关心的是效用（由边际效用决定），结果形成对产品的需求和对生产要素的供给；生产者关心利润（由边际利润决定），结果形成对产品的供给和对生产要素的需求。由于价格作为调节的杠杆，市场上的供给和需求可以自动达到均衡，社会和个人都得到利益（最大利益）的帕累托最优状态，通过这种分析（边际分析），可以了解斯密所谓的“看不见的手”指的就是市场，所谓“引导”就是市场活动。在这种基本思路指引下，逐步形成了系统的新古典主义经济学体系，并写成了不加“政治的”定语的《经济学原理》，于1890年出版，并再版多次。从1890年到1920年，整整30年，成为英美两国大学的通用教材。

古典主义经济学与新古典主义经济学都被凯恩斯所批评，但凯恩斯最反对的是马歇尔继承了古典学派关于“看不见的手”的命题，他的《经济学原理》就是从各方面分析、论证这个命题所包含的内容。

说到底，新古典主义的核心思想是经济自由主义。我国西方经济学教学与研究的前辈陈岱孙先生说过："在二十世纪三十年代前，西方国家经济学者在长时期内曾认为经济自由主义是经济学的正统传统……三十年代中期起，在凯恩斯学说风靡一时之后，国家干预主义又似乎入承了正统……了解经济自由主义和国家干预主义在西方经济学整个发展过程中的消长情况可以帮助我们理解这三百年西方经济学如何反映这段历史过程的经济现实和反过来为现实服务。"① 他还说："（只要现有）资本主义制度存在一天，西方经济学和西方经济政策就不可能脱离国家干预的思想轨道和总方向。"② 陈先生的判断是正确的，众所周知，美国是所谓的两党政治，两党内外方针大同小异，但一般说来共和党略偏于经济自由主义，民主党略偏于国家管理。近两年在金融风暴威胁之下，民主党总统奥巴马比较强烈地主张加强对经济、特别是金融机构的管理，而共和党占大多数席位的国会出于政治斗争的需要反对奥巴马的意见，最后，奥巴马的决定在附加一些条件后终于获得通过。可见，形势比人强。

这里，需要解答的一个问题是，凯恩斯是英国人，出身是世界名校——英国的剑桥大学，为什么受他的思想影响最大的是美国？我想，除了他在《通论》中所说，"他们（指实行资本主义市场经济制度的国家的人们——编者）生活于其中的经济社会的显著病端是：第一，它不能提供充分就业。第二，它以无原则的和不公正的方式来对财富和收入进行分配。"③ 在《通论》出版前后，这两种弊端在美国都很严重，这一点可能是凯恩斯理论易于受到欢迎的重要原因之一。

但是，另外一个原因也同样重要，那就是美国的学术氛围。学术氛围由三个部分构成：学者、学校和学术研究机构。就学者而言，当时以萨缪尔森（Smuelson，Paul）为首的哈佛大学和麻省理

① 《陈岱孙文集》下卷，北京大学出版社 1989 年版，第 803 ~ 805 页。

② 《陈岱孙文集》下卷，北京大学出版社 1989 年版，第 844 页。

③ 见加尔布雷思（J. K. Galbraith.）：《凯恩斯思想怎样进入美国》，载 Samuelson. Readings in Economics，7th ed. 1955：93.

工学院的博士研究生对凯恩斯理论的欢迎如饥如渴，他们面对经济大危机的现实，对课堂上仍然宣扬新古典主义的危机是暂时的、局部的，经济会自然回归到充分就业之类理论教导深感失望，当他们初次接触到《通论》时的惊喜，正如查普曼（Chapman，George）初读荷马史诗时那样动情，于是白天在课堂上听过时的经济学，晚上却在宿舍里讨论凯恩斯的新理论。

在哈佛大学，最为人称道的凯恩斯主义的坚定信仰者是汉森（Hansen，Alvin）。当时在该校集聚了一批世界一流的经济学家如熊彼特（Schumpeter，J. A. A.）、哈伯勒（Haberler，G.）、里昂惕夫（Leontief，W.）等人。熊彼特偏重经济思想史和经济史，讲英语带浓厚的奥地利口音，哈伯勒偏重国际贸易理论，讲英语也带浓厚的奥地利口音。里昂惕夫讲微观经济学，讲英语带俄国口音。只有汉森讲授商业循环和财政政策，他讲课以凯恩斯主义为指导，带着对新理论的激情，密切联系美国实际，逻辑清晰，论证有力，加上纯正的大湖区美国语音，对学生有较强的感染力。我还记得他戴着浅绿色的遮阳镜，在一两百研究生和高年级本科生鸦雀无声专心听讲的课堂上，在讲台上缓缓走动。他的铿锵有力、充满自信的语声，至今犹在耳际。汉森的努力还得到了与他共同开出课堂讨论课的威廉姆斯（Williams，J. E.）教授和哈里斯（Harris，S. E.）教授的支持。威廉姆斯当时还兼任华盛顿一些政府机构的顾问，他每隔一段时间就从波士顿南下了解美国政府的动向，带回宏观经济的新信息，使他们的教学内容更为生动。哈里斯于1926年在哈佛大学获得博士学位后即留校任教多年，撰写的《新经济学：凯恩斯对理论和公共政策的影响》（1947年出版）成为当时的畅销书。

在汉森老一辈凯恩斯主义者的培养下，从哈佛大学走出了一批较为年轻的、非常有才华的研究宏观经济学的学者。他们不仅在哈佛大学坚守了凯恩斯主义的阵地，还使麻省理工学院也与近邻的哈佛大学互相呼应，共同培养（读博士学位成为教师）了为数不少的如托宾（Tobin，J.）、索罗（Solow，R. M.）、巴罗（Barro，R. J.）、钱纳里（Chenery，H. B.）等著名的经济学家。其中，影响最大的是萨缪尔森，他著作等身，获得了包括诺贝尔奖在内的许多崇高荣誉。此外，宾州大学的库兹涅茨（Kuznets，S.）、克莱因（Klein，L. R.）以及国民经济研究所（National Bureau of Economic Research）一批正在成长的经济学家启动了现为人所熟知的国民收入、国民生产总值以及储蓄、投资等概念的研究和分析。结果，“使那些把凯恩斯理论化为行动的人们不仅认识到应当在经济研究中注意哪些变量，还认识到应当在经济工作中重视那些变量如何变动。于是，没有被凯恩斯抽象理论说服的人们也不能不相信库兹涅茨及其具有创新意见的同事们列举的数字”。① 从而，哈佛大学、麻省理工学院和国民经济研究所——沿着美国麻省剑桥城的查理河的两个著名学府和一个著名的经济研究机构中聚集着一批在新理论鼓舞下的两代经济学家讲授并实证宣传凯恩斯主义，与大洋彼岸培育过凯恩斯的剑桥大学两相辉映的“双剑桥”（Two Cambridges）成为西方经济学界的一段佳话。

“双剑桥”两相辉映的同时也出现了一些矛盾。英国剑桥大学教授罗宾逊夫人原来也是马歇尔的学生和新古典主义的信奉者，在《通论》问世之后，她舍弃了旧思想成为坚定的凯恩斯主义者。与此同时，美国的“剑桥”在萨缪尔森领导下，提出了发展凯恩斯主义的新观点：非充分就业条件下，凯恩斯的理论分析是切合实际的，但是，一旦充分就业实现，新古典主义还是有价值的，而不应当完全取消。萨缪尔森这种看法形成了新古典综合派（the neoclassical synthesis）。这种观点受到了英国凯恩斯主义者的批评，并形成争论。这一争论被称为“双剑桥之争”（two Cambridge Controversies）。在 20 世纪 70 年代之前，这种争论是比较激烈的。记得罗宾逊夫人于 1977 年访问武大作报告时，还忿忿地称新古典综合派为“冒牌的凯恩斯主义”（Counterfeit Keynesism）。两者孰是孰非，一时尚无定论，但看来，萨缪尔森理论或多或少是凯恩斯主义的一种发展。

---

① 见加尔布雷思：《凯恩斯主义怎样来到美国》，载 P. A. Samuelson. Readings in Economics, 7th ed. 1955: 93.

可以说，从20世纪30年代至60年代，这30年是凯恩斯经济学在西方国家处于最辉煌的时期，成为西方经济学的主流。它不仅是大学经济系课堂中的主课，受到学生的欢迎，而且在实行市场经济的国家和地区应用凯恩斯需求管理的理论和实施需求管理的政策，一般都取得了比较满意的成效。经济波动被“熨平”（iron out），增长加快了，失业减少了。由此，研究凯恩斯理论热情不断升高，不仅包括宏观分析的基础方法研究，还包括工业、农业和商业的政策研究都蓬勃兴起。

凯恩斯主义在美国影响最大是否与罗斯福总统实行“新政”（New Deal）有密切关系？20世纪40年代中期我在哈佛学习时，学生间常有传说，罗斯福总统曾数度与凯恩斯会面商谈，但始终在报纸上看不见公开报道。近来，我查阅一些资料，逐渐对上一问题得到了一些答案。

凯恩斯是一个关心政治的人，虽然在剑桥大学毕业后，曾在学校短期任教，但在23岁时，就参加英国文官考试，成为政府中的公职人员并作为各部门甚至作为英国的代表出国参加英美两国主导的国际会议。因此，他喜欢出席一些外交活动并发表意见，如在参加第一次世界大战结束后召开的凡尔赛和会后，就和会决议提出不同一般人的意见，写成颇有影响的《凡尔赛和约的经济后果》一文。关于他与罗斯福总统的关系，加尔布雷思的《凯恩斯主义怎样进入美国》一文中曾有较明确的记载：“在《通论》出版之前，凯恩斯就直接以他的思想劝说罗斯福。广为人知的是他在1933年12月3日一封发表在《纽约时报》上致罗斯福总统的信。在信中他说：‘我非常强调通过政府的赤字财政支出提高国民购买力的作用。’1934年夏，凯恩斯拜访了罗斯福，进一步申诉了他的观点，但这次访谈并没有取得巨大成功，双方对对方的理念表示了一些怀疑。”①

可见，在《通论》出版之前，凯恩斯曾经与罗斯福晤谈过，但有几次，何方是主动，讨论什么问题，加尔布雷思的文中语焉不

① P. A. Samuelson. Readings in Economics, 7th ed. 1955: 92-93.

详。去年（2009 年——编者按），我们从中国学者研究美国史的著作中发现了一些有关材料。据称："1934 年 5 月 18 日凯恩斯带着弗兰克福特（Frankfurter，Felix）的介绍信到白宫会见罗斯福，冀图说服他放手实行赤字开支，但根据各种材料，这次会见并不成功。但后来经过塔格威尔（Tugwell，R. G.）的斡旋，凯恩斯拜访了华盛顿的年轻人物，告诉他们要敢于花钱……几天以后，凯恩斯特为《纽约时报》写的'总统的议事日程'草稿寄给罗斯福，稿中说，最大希望仍然是增加政府开支，通过乘数作用，每月 4 亿美元赤字开支将增加国民收入至此数的 3 至 4 倍。"①

此后，舆论界很快将 1934 年夏季美国政府开支的增加归因于凯恩斯的游说，但施业辛格（Schlesinger，A. M. Jr.）说："无疑凯恩斯加强了总统做他要做的事情的意向，无疑他告诉政府中较低级年轻官吏们如何将一种权宜之计转变为政策的途径，但是，不能说没有凯恩斯的干预，罗斯福政府就不会增加开支，也不能说罗斯福政府增加开支是由于凯恩斯的原因。"②

我赞同《战后美国史》作者们的观点，他们说："即使在 1936 年以前，我们也不能说凯恩斯主义对'新政'没有影响。反之，凯恩斯的《就业、利息与货币通论》与'新政'有关。"③ 这段话的意思是，《通论》出版之前，如凯恩斯自己所说，他还处于努力从传统理论中挣扎以求解脱的时期，他一方面企图以自己的思想影响美国的"新政"；另一方面，美国的"新政"也在影响凯恩斯，促他思考如何完善《通论》中所表述的理论。即是说，在同一时期，一种新理论与一种新现实在同步前进。这种情况符合我们所常说的，理论的逻辑与历史的逻辑往往是统一的客观规律。

应当注意，凯恩斯批评传统理论，但他在《通论》中也明确指出在一些条件下，他的理论与传统理论是合一的。从《通论》

① 刘绪贻：《战后美国史》，人民出版社 2002 年版，第 232 页。

② 刘绪贻：《战后美国史》，人民出版社 2002 年版，第 233 页。

③ 刘绪贻：《战后美国史》，人民出版社 2002 年版，第 233 页。

中，可以找出三处证明这一论断：

第一，凯恩斯在分析利息率与投资的关系时说，利息率的改变对实际的储蓄量影响是非常重要的，但其影响的方向却与通常设想的相反；其原因是，虽然高利息率所带来的未来收入具有降低消费倾向的作用，但可以肯定，利息率上升会减少实际的储蓄量，因为，总储量受到总投资的约束，而利息率上升却降低了投资。只有在收入不变的条件下，利息率的上升才可能使人们进行更多的储蓄。但是，如果提高的利息率阻挠投资，则收入不会也不可能保持不变，收入必然下降，从而会减少储蓄能力。我们越是有德行，越是努力节约，越是坚持正统原则，收入会下降越快。因此，道德和罪恶都不能起作用。在既定的资本边际效率下，一切取决于利息率有利于投资的程度。如果利息率能够控制到继续维持充分就业的水平，则节俭的道德又恢复了它的作用。因此，传统经济学者之所以赞扬节俭的道德，就在于他们暗含假设利息率总能够在维持充分就业的水平。①

简言之，在充分就业水平下，传统经济学的利息率理论与凯恩斯的利息率理论是合一的。

第二，凯恩斯在分析利息率理论时，还提出一个论点：传统经济学家不会否认，收入水平对储蓄量具有重要的影响，而就此而言，他们也并不否认，利息率也许可以对既定收入水平下的储蓄量具有影响。也就是说，可以存在一个传统经济学家不反对、凯恩斯也赞成的命题，即：假设收入水平是既定的，则利息率必然在一点上，在该点，相当于不同利息率对资本的需求曲线和相当于不同利息率在既定收入中的储蓄量曲线相交。②

简言之，在收入水平既定的条件下，利息率如何决定，凯恩斯与传统经济学家的看法是一致的。

第三，凯恩斯在《通论》中还提出一个论点："如果实行资本

① 参见：General Theory，ch. 14。

② 参见：General Theory，ch. 14。

主义市场经济体制的国家中央控制机构能够成功地把总产出推进到相当于在现实中可能达到的充分就业水平，那么，从这点开始，传统理论仍然是正确的。如果假设总产出是既定的，那么，凯恩斯对传统经济学的分析并没有反对意见，他不反对传统经济理论分析的利己动机如何决定生产何种产品、以何种比例的生产要素进行生产以及如何把产品价值在生产要素之间进行分配（按：即新古典主义微观经济学中论证经济活动需要解决的“what，how 和 for whom”等三个问题——编者）。凯恩斯还说，虽然他在节俭问题上与传统理论的想法不同，但对现代新古典学派理论关于完全竞争和不完全竞争条件下私人和社会利益的一致程度都没有意见。①

综上，凯恩斯理论可以看成是对传统理论的“革命”，但这种“革命”不是彻底推翻或“一刀两断”，而是“藕断丝连”，这也是学说变化的特点。

## 四、停滞膨胀与凯恩斯主义的两难处境

凯恩斯主义针对 1929 年经济大危机暴露出来的资本主义市场经济的弊端，提出有效需求不足，必须由政府实行积极的财政政策。这种做法，相当有效地解决了各个资本主义国家遭遇的困难，但经过 30 多年后，资本主义世界又出现了前所未有的问题——停滞膨胀，凯恩斯主义对此感到束手无策，于是，在经济论坛中寂静了近 30 年的新古典主义又开始发出声音，出现了与凯恩斯主义相对立的三种理论：货币主义、理性预期学说和供给学派学说。这三派理论各有侧重，货币主义强调货币作用而贬低财政政策；理性预期学说批评凯恩斯过度强调非理性预期的说法，供给学派认为生产停滞是由于凯恩斯主义过度强调需求不足而不顾生产缺乏有效刺激所致。但它们有一个共同点：即反对政府干预而主张应当恢复市场自由调节的作用，即重新营造市场竞争功能以刺激生产、增加就业。对于新古典主义的新挑战，新一代的凯恩斯主义者形成了以斯

① 参见：General Theory，ch. 24，Section Ⅲ.

蒂格利茨（Stiglitz，J. E.）为首的新凯恩斯主义（New Keynesism）学派。该派在坚持新古典主义的基本观念——完全竞争会导致供给与需求的自然均衡的同时，提出了一些符合凯恩斯主义基本教义的论点。新凯恩斯主义的假设是非市场出清，它的含义是在出现需求冲击或供给冲击后，工资和价格不能迅速调整使市场达到出清状态，经济向出清状态的回复需要一段较长的时间，在这段时间中经济处于非均衡状态。因此，新凯恩斯主义提出的对策不再采用旧凯恩斯主义那样的断言：宏观调控可以有效地解决失业和通胀，而倾向于较温和的要求，即：没有紧缩政策，通胀会更加严重；没有扩张政策，失业会更加严重。新凯恩斯主义者在价格政策方面的思路是减少价格黏性，使之恢复弹性以修复失灵的价格机制。

另一方面，进入 20 世纪 80 年代后，理性预期学派以卢卡斯（Lucas，R.）为首的年轻的芝加哥大学教授在研究凯恩斯主义的过程中，认为它的宏观政策缺少了微观基础，而理性预期分析正好弥补了这一缺点，由此，他们提出了新古典宏观经济学（New Classical Macroeconomics）的思想体系，其基本假设是理性预期、市场出清和自然率。①

综上，20 世纪的西方经济学是在变化中发展，其分析方法和政策主张也是在变化中发展。对立的分析方法——微观分析和宏观分析也可以融合起来，并行不悖地发展。对立的政策主张——自由放任和国家调控也可以融合起来，适度地互相配合。与此同时，单纯地从经济因素分析经济现象，使将近 100 年的政治经济学失去“政治”这个定语，从 1890 年到 1980 年将近 90 年中，西方有关经济学的教材几乎通通都定名为“经济学”或“经济学原理”，但又渐渐地加上了“政治”这个定语。

## 五、凯恩斯主义的发展促成一些新学科的建立

宏观分析、收入决定概念是一般经济增长理论与发展经济学构

① 参见《西方经济学大辞典》，第 197 页。

建和成型的基础。在发展经济学专著中，论证经济增长、资本形成、人口流动、外资利用等问题时无处不用宏观分析的手段。金融学在 20 世纪中是发展最快的学科之一，这是因为金融资产积累加速、信息传播加速、金融活动方式不断转变等影响现实金融活动对金融理论研究的需要不断提高，当我们探讨《通论》中被汉森称为“最辉煌的一章”（the most brilliant chapter）——论长期预期的第 12 章时，不能不赞叹凯恩斯用何等生动的语言和比喻描绘股票市场及其他投机活动中的状态——击鼓传花、投票选美、先发制人、动物本能等，凯恩斯的生花妙笔自然成为撰写金融学的原始素材。

凯恩斯和他的老师——马歇尔一样，在数学方面有很高的造诣，但在著作中很少使用数学，而且在《通论》中，还明确指出，经济现实中的变量往往是相互依存的，而某些传统的学者却假设它们是独立存在的，从而用偏微分的方法得出一定的结论，而当他们把理论用于现实时，却又忘记这些理论赖以存在的假设条件。他把这种数学的使用称为“伪数学方法”，并写道：“在近来的‘数理’经济学中，只用代表拼凑之物的部分实在太多了；这些部分的不精确程度正与它们赖以成立的假设条件是一样的。假设条件使那些作者们能在矫揉造作和毫无用处的数学符号中，忘掉现实世界的复杂性和相互依赖的性质。”①

我们基本同意凯恩斯对数理分析的上述看法。确实，数学不可滥用，更不能误用，但是，如果假设正确、数学正确，数理分析还是有用的。严密的数学论证，对于理论而言既是证真也是证伪的工具。因此，我们在最后一章中也略为介绍了数理分析。

### 几点结语

（1）20 世纪的西方经济学呈现出理论多样化的发展面貌，但它们一般是一脉相传，或者由于社会经济的变化，而有所变异。在

① General Theory：297。参见高鸿业译本，第 39 页。

研究它们时，应当注意基本线索，如自由放任与宏观调控。

（2）20世纪西方经济学更深一步地研究了资本主义市场经济，对采行市场经济的我国是有用的。但我国是社会主义国家，这一点，在研究20世纪以及新的世纪的西方经济学时，应注意以我为主、为我所用的原则。

（3）随着理论研究水平的提高，数据可获得性和准确性的提高，我们可以更好地使用数理分析，建立简单而美好的（simple and beautiful）的模型。

（4）由于环境问题日益严重，可以预见，在不久的将来，将出现“气象经济学”之类的新学科，从而进一步促进宏观经济分析的研究。

# 第一章　20 世纪初期的新古典经济学

新古典经济学是在现代西方经济学中居于统治地位的经济学说。新古典经济学发轫于 19 世纪 70 年代“边际革命”，而 20 世纪初期是新古典经济学分析趋于深化，研究范围扩展，并逐渐形成为一个较完善的理论体系的时期。本章分析 20 世纪初期新古典经济学形成和发展的历史背景、思想渊源及基本情况，论述这一时期新古典经济学理论体系的概貌及其主要观点和主张，并在此基础上对其贡献和不足作一简要评论。

## 第一节　研究的背景和基本情况

### 一、历史背景

经济思想和学说很大程度上是历史和时代的产物。这是由于，历史和时代不仅为经济研究者提出了研究的问题和素材，而且为检验研究的结论提供了基本的依据。20 世纪初期新古典经济学的形成和发展，便与西方社会历史的发展息息相关。

从 18 世纪 80 年代到 19 世纪 70 年代，率先发端于英国的产业革命造成了历史进程的突变，开创了人类历史的新纪元。以机器发明、蒸汽机使用、能源开发和交通运输巨大发展为主要内容的产业革命，引起了社会生产力的极大提高和人口的迅速增长，导致供求总量日益扩大，市场容量相应膨胀。这种总体进程的突变导致市场经济在英国确立，进而又在欧美其他国家相继建立。

在英国，随着产业革命的完成及市场经济体制的基本确立，政府逐渐减少对经济活动的干预，开始推行“放任主义”的政策。从19世纪20年代起，英国逐渐降低关税。1853—1860年，英国最后消除了保护关税的残余，成为实行自由贸易政策的国家。1813年废除了东印度公司对印度贸易的垄断权，1846年废除了谷物法，1849年废止了航海条例。英国放任主义背后的自信和强大还表现在：1824年废除了阻止工会发展的结社法；1825年废除了禁止熟练工匠外迁的立法，1843年废除了禁止无证出口的机器的立法。这样，英国逐渐成为一个经济生活主要由市场加以调节的国度。

19世纪中期以前，法国、德国等主要大陆国家及美国尚未建立起市场经济体制，经济也相对落后。这样，只有有效发挥政府的作用，才能应对英国的挑战，展示宏大的民族抱负。这种情况，随着这些国家产业革命的发生及推进而开始发生变化。19世纪初，美国和法国开始了产业革命的历程。19世纪30年代以后，德国也进入产业革命时期。这些国家利用英国产业革命的技术成就和经验，因而产业革命的进展较为迅速。大体上美国在50年代末，法国在60年代末，德国在70年代末，先后基本上完成了产业革命。① 随着产业革命的基本完成，这些国家政府干预的色彩开始消退，市场机制在资源配置中的基础性作用显著增强。总的来说，到19世纪末，波拉尼（Polanyi，K.）所说的“自我调节的市场”，在英、法、德、美等国已大体建立起来。②

① 樊亢、宋则行主编：《外国经济史（近代现代）》（第一册），人民出版社1980年版，第34页。

② 波拉尼所说的“自我调节的市场”，是一种单纯受价格控制、调节和指导的经济体系；“它假定市场中标有特定价格的产品（包括劳务）的供给与在该价格下的需求相等。它假定货币的存在，具有赋予持有者购买力的功能。因而，生产受到价格的控制，因为引导生产的利润是以价格为基础的；产品的分配也依赖于价格，因为价格构成了收入，并且正是通过这些收入，生产出来的产品才能分配到社会成员的手中”（Karl Polanyi，1957. *The Great Transformation.* Boston：Beacon Press. pp. 68-69）。波拉尼认为，在19世纪末西方社会的巨大转变中，“自我调节”的市场才从各种复杂的社群生活的网络中分离出来。尼尔（Neale，W. C.）也提出，在19世纪末20世纪初，出现了历史上首例自我调节的市场经济。（参见布罗代尔：《15至18世纪的物质文明、经济和资本主义》（第二卷），生活·读书·新知三联书店2002年版，第231页。）

19 世纪末 20 世纪初是西方国家自我调节的市场经济确立的时代，也是技术快速进步、资源配置具体方式转变及经济发展环境剧烈变化的时期。19 世纪 70 年代以后，西方出现了第二次产业革命的浪潮。西方国家企业之间、部门之间及国家之间的激烈竞争，推动了一系列新技术的发明和采用。这些新技术发明的利用，导致原有重工业部门如冶金、采煤、机器制造业等迅速发展，并使一系列新的重工业部门如电力、电器、化学、石油、汽车和飞机制造等先后建立起来。到 19 世纪末，重工业在世界工业中开始占主要地位。随着工业的发展和世界资本主义经济体系的扩张，交通运输和国际贸易也得到显著发展。

19 世纪末 20 世纪初，也是西方国家经济的具体组织形式或资源配置方式发生深刻变化的时期。19 世纪最后 30 年技术的巨大进步，工业生产特别是重工业的迅速发展，使企业规模越来越大，股份公司得到了广泛发展。随着股份公司的发展，资本与生产迅速集中。到 19 世纪末，各国的大企业普遍发展起来。这些企业把许多生产同类产品或在生产上有密切联系的企业联合成一个庞大的企业，由理事会统一负责经营和管理。就美国来说，1900 年，美国国内成千上万家企业经合并形成 185 个托拉斯，到 1907 年时又增加到 250 个。美国钢铁公司，福特、通用、克莱斯勒三大汽车公司，通用电气公司，美国烟草公司，美国电话电报公司等大企业都是这一时期组成的。它们遍及美国工业各个主要部门，掌握了美国经济的命脉。① 其他国家如英、德、日、法等也大致如此。当然，应当看到，大型企业的形成和发展并没有消除市场竞争，也没有取代中小企业的地位和作用。19 世纪末 20 世纪初以后，西方主要国

---

① 钱德勒把由一组支薪的中、高层经理人员管理的多单位企业称为现代企业。他认为现代工业企业是把大量生产和大量分配过程结合于一个单一的公司之内而形成的。在美国，“这些结合的企业在 19 世纪 70 年代末几乎还不曾出现，但在不到 30 年的时间内，就已支配了国内许多最重要的工业”（小艾尔弗雷德·D. 钱德勒：《看得见的手——美国企业的管理革命》，商务印书馆 1987 年版，第 328 页）。

家经济组织的实际情况是竞争与垄断并存，大企业与中小企业并立。

随着市场经济体制的基本建立，市场经济中特有的周期性波动也开始显现出来。1873年，西方社会出现了一次严重的经济衰退。它席卷德、美、奥、匈、英、法、荷和西班牙等国，持续的时间在5年以上。19世纪末20世纪初，西方社会在1882年、1890年、1900年和1907年又出现了几次经济衰退。衰退期间，工业危机与农业危机往往交织在一起，经济增长减速，工人大量失业，社会经济生活处于混乱和动荡之中。

19世纪末20世纪初，西方国家市场经济体制的确立及社会经济生活中的一系列深刻变动，给经济学家提出了许多有待研究和解决的课题。这一时期，在经济快速增长和进步的同时，经济活动的复杂性显著增加；在竞争性经济的作用机制尚未完全展现之际，又出现了日益强大的垄断因素；在资源配置问题尚未探明之时，分配和福利方面的问题日渐突出。市场机制作用和经济生活变动的复杂图景，使经济学家们陷入深深的思索之中，同时也唤起了他们探究的热情。

## 二、思想渊源

20世纪初期新古典经济学的产生、发展及形成一个有机的体系不是一个偶然的现象，而是有其深刻的思想根源。可以说，它是古典经济学及19世纪70年代“边际革命”的延续、综合和深化。

近现代西方社会经济发展的一个总体趋向是由传统经济向现代经济过渡，从自然经济向市场经济转化。在这个过程中，市场机制是如何构成和运转的，价格是如何确定和发挥作用的，始终是人们关注和研究的焦点。

古典经济学着力探究的一个问题，就是市场价格机制的特点和作用。古典经济学的代表人物亚当·斯密曾提出过著名的“看不见的手”原理。他说：“由于每个人都努力把他的资本尽可能用来支持国内产业，都努力管理国内产业……他就必然竭力使社会的年收入尽量增大起来。确实，他通常既不打算促进公共的利益，也不知道自己是在什么程度上促进那种利益……在这场合，像在其他许多场合一样，他受着一只看不见的手的指导，去尽力达到一个并非他本意想要达到的目的。也并不因为事非出于本意，就对社会有害。他追求自己的利益，往往使他能比在真正出于本意的情况下更有效地促进社会的利益。”① 亚当·斯密所说的“看不见的手”，实际上指的就是市场机制。市场经济主要是在市场机制的驱动下运行的，而商品的价值（价格）是市场机制中极为重要的内容和信号。对于商品的价值，斯密进行了考察和分析。他区别了商品的交换价值与使用价值，认为交换价值表现为占有某物而取得的对其他物品的购买力，并研究了交换价值的真实尺度即商品的真实价格（价值）的决定问题。他提出劳动是衡量一切商品交换价值的真实尺度，但认为劳动决定价值仅适合于土地私有和资本出现以前的社会。在土地私有和资本出现以后，在斯密看来，商品的价值是由工资、地租和利润三种收入来决定的。②

以亚当·斯密为代表的古典经济学对市场机制运行中的诸多问题作了深入探讨，得出了许多科学或有意义的结论。然而，在古典经济学盛行的时期，市场机制运行中的许多规律还没有充分展露，这一理论体系不可避免地存在着许多问题和矛盾。19 世纪初李嘉图与马尔萨斯的论战，以及西斯蒙第对李嘉图学说的批判，标志着古典经济学作为一个理论体系已走到了它的尽头。

19 世纪 70 年代初，杰文斯（Jevons，W. S.）的《政治经济学原理》（1871 年出版）、门格尔（Menger，C.）的《国民经济学原理》（1871 年版）和瓦尔拉（Walras，L. 亦译作瓦尔拉斯）的《纯粹经济学要义》（两卷分别于 1874 年和 1877 年出版），揭开了

① 亚当·斯密：《国民财富的性质和原因的研究》（下卷），商务印书馆 1974 年版，第 27 页。

② 亚当·斯密：《国民财富的性质和原因的研究》（上卷），商务印书馆 1974 年版，第 25 ~ 47 页。

经济学中“边际革命”的序幕。与古典经济学一样，边际革命对20世纪初期的新古典经济学产生过直接的重要的影响。

19世纪70年代初兴起的边际革命①，对古典经济学的许多思想尤其是其价值理论提出了批评。在批判古典经济学的同时，边际主义经济学揭示了效用与商品价格之间的关系，创立了边际效用价值论。② 杰文斯在其有关苦乐论的分析的基础上，提出了主观效用理论。他区分了商品的总效用和效用程度。在他看来，总效用是一个人从物品的消费中所获得的总的幸福量，而效用程度是某一时点上或某个单位时间内所获得的增量效用。他明确提出：“效用不与商品为比例：同是面包，但其效用随我们所已有的量的多寡而变化。”③ 这就是说，随着占有量的增加，欲望随之减少，效用也跟着下降。杰文斯还提出了最后效用程度这一概念。他说：“除了在最后加量已被消费或次一加量将被消费时，我们通常是不要考虑效用程度的。所以我通常用最后效用程度（final degree of utility）一语，以表示现有商品量中那极小的或者无限小的最后加量或次一可能加量的效用程度。”④ 他还提出：“最后效用程度这一个函数的变化，是经济问题上最重要的点。我们可定一般法则曰：效用程度随商品量而变化，其量增加，其效用程度结局会减少。”⑤ 杰文斯所说的最后效用程度递减，即后来所谓边际效用递减规律。

---

① 边际革命的出现不是偶然的，而是经历了一个长期积累和准备的过程。早在1750年，意大利人加利阿尼（Galiani，F.）就提出了效用和稀缺性决定价格的原理。19世纪20年代以后，英国经济学家劳埃德（Lloyd，W. F.）、爱尔兰经济学家朗菲尔德（Longfiled，S. M.）等阐述了以边际分析方法解释价格的思想。德国经济学家戈森（Gossen，H.）在《人类交换规律与人类行为准则的发展》（1854年出版）一书中，更是提出了主观效用价值论的理论。戈森的思想，大多为后来的边际主义经济学家所接受和发展。

② 边际革命以后，新古典经济学家所说价值一词一般指的就是价格。本文后面在涉及价值与价格二词时，在其含义的使用上也不作区分。

③ 杰文斯：《政治经济学理论》，商务印书馆1984年版，第44页。

④ 杰文斯：《政治经济学理论》，商务印书馆1984年版，第59~60页。

⑤ 杰文斯：《政治经济学理论》，商务印书馆1984年版，第60~61页。

门格尔把个人欲望及其满足作为其研究的出发点。他提出，要满足人们的欲望，必须具备能够满足这种欲望的财货，而关于人们对这种财货的评价，构成了门格尔的价值论。门格尔认为，财货的价值来源于财货需求量大于支配量这种数量关系。需求量大于支配量，一方面使财货成为经济活动的对象即经济财货，另一方面使人们认识到对这种财货的一定量的支配对其生活与福利有一定的意义，从而使这种财货具有了价值。那么，该如何衡量财货的价值尺度呢？门格尔认为这要从人类经济行为及财货价值的本质上来进行考察。他在这里提出了两个原理：一是欲望最大化原理。他说，欲望满足的目标是“求其欲望的完全满足；假如完全的满足不可能的话，则求其欲望的尽可能完全的满足”。① 二是欲望递减和欲望相等原理。他说：“在一种财货能满足各种不同的欲望，且每种欲望满足都具有递减（其递减的比率，因各欲望之满足度而不同）的意义时，经济人对于这些欲望，将不问其种类如何，必先以该财货的支配量，用于具有最高意义的欲望满足。其次才以所余的数量，用于在意义上居于次位的欲望满足……到最后，所有未被满足的各种欲望中的最重要的欲望都将具有相等的重要度。所以，一切欲望总是被满足到具有相等程度的重要度为止的。”② 这样，门格尔最后得出了“最小欲望满足”是价值尺度的结论。

瓦尔拉经济学的核心之一是稀少性原理。瓦尔拉所谓稀少，是指物品虽然有用，但却只能以有限的数量供人们使用。③ 从效用递减和效用最大化原理出发，瓦尔拉得出了稀少性决定商品价值的结论。他说：“假定市场上有两种商品，如果通过各该商品所满足的

① 门格尔：《国民经济学原理》，上海人民出版社 2005 年版，第 65 页。

② 门格尔：《国民经济学原理》，上海人民出版社 2005 年版，第 65 页。

③ 瓦尔拉指出：“在政治经济学中，一种物质不管它怎样丰富，只要它有用并且在数量上有定限，就是稀少的。”（瓦尔拉：《纯粹经济学要义》，商务印书馆 1989 年版，第 48 页）瓦尔拉认为，稀少性物品有三个特点或后果：可以被占有，成为财产；可以交换，取得交换价值；可以再生产，在数量上不断增加。

最后欲望的强度比率，也就是其稀少性比率，相等于价格，则两种商品持有者都获得最大满足或最大有效效用。直到上述均等已经达到为止，对交换的一方来说，卖出其稀少性小于其价格乘另一商品的稀少性的积的那种商品，和买进其稀少性大于其价格乘第一种商品的稀少性的积的另一商品，都对他有利。”①

从以上所述可以看到，边际革命的创立者不约而同地提出了边际效用决定商品价值的观点。杰文斯、门格尔、瓦尔拉等人的著作，“第一次在使用价值与交换价值之间建立了一种人们梦寐以求的关系”，“这些著作观点新颖和至关重要……是因为它提出了每个消费者买卖之后价格与边际效用对应的条件，即效用最大化的条件。效用最大化的条件（意味着当价格发生变化时，每个消费者对商品替代的假设）对解释商品需求曲线向下倾斜提供了一种分析依据，同时也解释了为什么在生产数量既定的情况下，相对价格只取决于边际效用，而与商品生产成本无关”。②

古典经济学及19世纪70年代边际革命对20世纪初期的新古典经济学具有十分重要的影响。这是由于，古典经济学和边际革命奠定了20世纪初新古典经济学价值（价格）理论的基础，而古典经济学和边际主义经济学自由放任的思想，亦为20世纪初期的新古典经济学所继承。实际上，马歇尔的供求均衡论，很大程度上就是古典经济学中成本论与边际革命中边际效用论的综合。当然，20世纪初期新古典经济学绝非古典经济学和边际革命的简单综述或折中，而是对这些思想的深化、细化、宽化和进一步的研究。

## 三、基本情况

20世纪初期新古典经济学，从理论流派上说，主要包括剑桥

① 瓦尔拉：《纯粹经济学要义》，商务印书馆1989年版，第115页。

② 约翰·伊特韦尔等编：《新帕尔格雷夫经济学大辞典》，经济科学出版社1996年版，第344～345页。

学派、瑞典学派和美国学派。①

剑桥学派的创始人和主要代表是马歇尔（Marshall，A.）。马歇尔从小爱好数学，后入剑桥大学学习数学，毕业后曾在剑桥大学讲授数学。马歇尔兴趣广泛，他起初研究数学和物理学，后来又研究哲学和伦理学，进而研究经济学。在经济学的研究中，马歇尔把古典经济学和边际主义经济学的成果融为一体，并创立了局部均衡的分析方法。1890 年，马歇尔《经济学原理》一书出版并产生了重大影响。马歇尔的经济学说被看做是古典经济学的延伸和更新，其理论也在一段时间内径直被称为新古典经济学。②

马歇尔创立的经济学说，在他的学生和进一步研究者中得到继承和发扬。马歇尔的门徒和直接继承人庇古（Pigou，A. C.）于 1920 年发表《福利经济学》一书，此书在边际效用论的基础上构建了福利经济学理论。1933 年，英国的罗宾逊夫人（Robinson，J.）、美国的张伯伦（Chamberlin，E.，亦译作张伯仑）分别发表《不完全竞争经济学》和《垄断竞争理论》，各自提出了不完全竞争理论和垄断竞争理论，从而丰富和发展了新古典主义的市场和厂

① 20 世纪初期的新古典经济学，从时间上说，主要是指从 19 世纪末 20 世纪初到 20 世纪 30 年代“凯恩斯革命”之前的新古典主义经济学说。剑桥学派兴起前业经存在的边际学派的一些经济学家，在 19 世纪末 20 世纪初也发表过一些重要观点，对此我们也将其作为 20 世纪初期的新古典经济学。如洛桑学派代表人物帕累托在 1906 年所著《政治经济学教程》中，提出了著名的序数效用论和经济福利思想，并重新论证了瓦尔拉的一般均衡理论。

② 据研究，凡勃伦（Veblen，T. B.）是最先使用“新古典的”一词的人，他将这一词用来描述马歇尔经济学的特征。在凡勃伦看来，马歇尔的剑桥学派是古典经济学的延续，他们采用共同的效用分析法，有共同的享乐心理假设。凡勃伦以后，尤其是在 20 世纪二三十年代，这种意义的“新古典”一词流行起来。然而，从理论发展史的角度来说，杰文斯、门格尔、瓦尔拉等人的著作，已标志着新古典主义的诞生。实际上，第二次世界大战后，“新古典”这个术语有了一个人们普遍接受的含义，即通常要延伸到边际主义理论（见约翰·伊特韦尔等编：《新帕尔格雷夫经济学大辞典》，经济科学出版社 1996 年版，第 670 页）。

商理论。1936年“凯恩斯革命”之前，凯恩斯（Keynes，J. M.）在新古典主义的框架下也发表过一些货币方面的著述。马歇尔的学说经过阐发和推进，形成学派，在20世纪初期的新古典经济学中占有支配性的地位。

瑞典学派的创始人和代表人物是维克塞尔（Wicksell，J. C. K.）和卡塞尔（Cassel，G.）。从理论渊源上说，瑞典学派受奥地利学派和瑞士洛桑学派影响较大。维克塞尔把货币理论和一般均衡理论综合在一起，建立了重视投资需求分析的瑞典学派体系。在《利息与价格》（1898年出版）一书中，他提出了著名的“累积过程”理论：当市场利率低于自然利率（指资本借贷如果不使用货币而使用实物时的利率）时，资本预期收益按市场利息折算的现值就会提高，从而刺激资本品的需求，引起信用膨胀，投资超过储蓄，货币收入增加和物价上涨等累积性的扩张过程。反之，则发生累积性的经济紧缩过程。卡塞尔在《社会经济学原理》（1981年出版）一书中，主张放弃价值论，而以市场供求所决定的价格为基础，把一切经济问题都看成是价格形成问题。瑞典学派的主要继承人是林达尔（Lindahl，E. R.）、伦德堡（Lundberg，E. F.）和缪尔达尔（Myrdal，G.），在20世纪二三十年代，他们发展了作为瑞典学派经济学说基本特征的动态的、总量的理论体系和过程分析方法。

美国学派的代表人物是克拉克（Clark，J. B.）、奈特（Knight，F. H.）和费希尔（Fischer，I.）等。克拉克注重分配问题的研究。他在1899年出版的《财富的分配》一书中提出，社会收入的分配受一定规律的支配，如果这个规律能顺利地发挥作用，那么，每一个生产要素创造多少财富就能得到多少财富。他提出了边际生产力递减规律，并以此说明工资和利息的决定。奈特在1926年出版的《风险、不确定性与利润》一书中，对风险等问题作了开创性的研究。他将风险分为两类：一类是可以计量，因而能够进行保险的风险，另一类是无法预计，因而不能进行保险的风险，而后者就是不确定性。他认为利润来自于不确定性，而利润是承担风险的报酬。费希尔提出了货币数量论，并用“不耐心等待”等主观因素来说明利息的形成。

## 第二节 基本理论体系

### 一、完全竞争与帕累托最优

完全竞争是我们现在十分熟悉的一种市场类型。这种市场假定在价格既定、产品同质、资源自由流动、信息完全等条件下竞争充分展开，并实现资源配置最优的状态。19 世纪 70 年代边际革命创立者所研究的市场就是一种完全竞争市场。瓦尔拉曾就两种商品交换的法则指出：“在完全竞争市场中，两种商品的互相交换是一种活动，通过这种活动，两种商品或两种商品之一的一切持有者，都可以获得他们欲望的尽可能大的满足，其间必须遵守的条件是，在整个市场中两种商品应按照完全相同的交换比率进行买卖。”① 瓦尔拉所考察的一般均衡问题，实际上也是以完全竞争为分析前提的。

20 世纪初期新古典经济学研究的一个核心，就是论证完全竞争实现资源的优化配置。对于 20 世纪初期新古典经济学在此方面的研究及其建树，我们从均衡价格、消费者效用最大化、生产者利润最大化、一般均衡和帕累托最优等几个方面加以概述。

#### （一）均衡价格

商品（及生产要素）的价格（价值）是由哪些因素决定的，这是长期以来困扰人们的一个问题。在此方面，古典经济学家注重生产成本而忽视了人们需求的作用，边际革命创始人强调边际效用而没有注意到成本的意义。马歇尔在综合古典经济学和边际主义经济学相关成果的基础上，创立了局部均衡分析法，通过需求曲线和供给曲线的相互作用来说明价格的决定，从而为说明完全竞争条件

① 瓦尔拉：《纯粹经济学要义》，商务印书馆 1989 年版，第 135 页。

下价格的决定奠定了基础。①

马歇尔用需求曲线与供给曲线的关系来说明均衡价格的决定。他用购买者愿意支付的货币数量即需求价格来表示需求，用生产者愿意支付的货币数量即供给价格来表示供给。所谓均衡价格，是商品的需求价格与供给价格相一致时的价格。马歇尔说：“当供求均衡时，一个单位时间内所生产的商品量可以叫做均衡产量，它的售价可以叫做均衡价格。”② 如果某一产量下需求价格大于供给价格，卖主就会增加供给量；而供给量的增加会趋向于压低需求价格，提高供给价格，使二者趋于一致。如果某一产量下需求价格低于供给价格，卖主就会减少供给量，而供给量的减少会趋向于压低供给价格，提高需求价格，使二者趋于一致。当需求价格与供给价格相等时，产量没有增加或减少的趋势，这就是均衡产量，与它相对应的价格就是均衡价格。马歇尔说：“这种均衡是稳定的均衡；这就是说，如价格与它稍有背离，将有恢复的趋势，像钟摆沿着它的最低点来回摇摆一样。”③

以上所说的是商品价格的决定。要素价格的决定也是如此。马歇尔认为，要素也有需求曲线和供给曲线，要素价格是由要素需求曲线和要素供给曲线的交叉点来决定的。他说：“各生产要素的使用，是由需求和供给的一般情况来决定的。这就是说，它一方面是由该要素在各种使用上的迫切性与使用者所有资金，和另一方面由

① 斯皮格尔指出：“马歇尔的思想内容不同于杰文斯、奥地利学派和洛桑经济学家的地方在于，他在保持效用理论的背景的同时，在另一方面更进一步发展了供给理论。他……对效用的探讨并没有在杰文斯和门格尔的著作中那样处于舞台的中心，而是从属于这两个作家贡献很少的需求分析。因此，需求和供给，以及这两种曲线的“马歇尔式交点”，就构成了马歇尔学说的两根支柱，成为将他的整部著作整合起来的分析工具。”（亨利·威廉·斯皮格尔：《经济思想的成长》（下册），中国社会科学出版社1999年版，第483页。）

② 马歇尔：《经济学原理》（下卷），商务印书馆1994年版，第37页。

③ 马歇尔：《经济学原理》（下卷），商务印书馆1994年版，第37页。

该要素的现有存量来决定的。”①

**（二）消费者效用最大化**

对消费者效用最大化问题的研究，在新古典主义的理论体系中居于十分重要的地位。边际革命时期的经济学家十分强调对商品效用的分析。马歇尔对效用也进行过考察。他认为需求是欲望的满足，而人的欲望是由效用来满足的。因此，欲望和效用是相互关联的名词。然而，与边际革命时期的大多数经济学家一样，马歇尔所说的效用也是基数效用。而基数效用论的一些假设提前如效用可以用基数来衡量、边际效用递减等从理论上说显得较为苛刻，从而影响到其分析的效果。

在与马歇尔同时代的人中，已有人对基数效用分析持批评态度。他们认为不宜用基数来表示商品效用的大小，而主张用序数来表示消费者的偏好顺序，并提出用无差异曲线作为分析商品效用的工具。英国经济学家埃奇沃思（Edgeworth，F. Y.）、意大利经济学家帕累托（Pareto，V.）即此方面的代表性人物。英国经济学家希克斯（Hicks，J. R.）后来进一步发展了这种理论。

埃奇沃思在 1881 年发表的《数学心理学》一书中，首先提出了无差异曲线分析法。在埃奇沃思的基础上，帕累托进一步发展了这种方法。帕累托认为，商品满足欲望的能力虽然不能用确定的数值加以测量，但人们在不同商品组合之间进行选择这一事实表明，商品满足欲望的能力是可以比较的。例如，如果某人有 1 公斤面包和 1 公斤酒，且他的需求是一定的，那么他也许愿意有稍许少些的面包和稍许多些的酒，或者相反。如他愿意只有 0.9 公斤的面包，如果他有 1.2 公斤的酒的话。换言之，这意味着 1 公斤面包和 1 公斤酒，或者 0.9 公斤面包和 1.2 公斤酒，这两种组合对他来说是一样的：他既不偏好第二种，也不偏好第一种；选择二者中的任一种对他来说是没有差异的。从这个组合（1 公斤面包和 1 公斤酒）出发，可以发现为数众多的其他组合，在这些组合中进行选择是没有

① 马歇尔：《经济学原理》（下卷），商务印书馆 1994 年版，第 195 页。

差异的。帕累托把这种可以无限扩大的序列称为无差异序列。① 他还把无差异序列值标在坐标平面上，画出了无差异曲线。

1934 年，希克斯和另一位英国经济学家艾伦（Allen, R. G. D.）合写《价值理论的重新考察》一文，将无差异曲线的方法应用于经济分析上。1939 年，希克斯《价值与资本》一书出版。在这部著作中，希克斯对无差异曲线作了进一步的分析，提出了价格线，并据此分析了消费者均衡问题。在论及两种商品时，希克斯用图形来表示一“效用平面”。在此平面上，希克斯画出了无差异曲线和价格线。② 根据无差异曲线和价格线，希克斯分析了消费者效用最大化问题。实际上，价格线与无差异曲线的切点就是消费者均衡点。在这一点上，价格线的斜率和无差异曲线的斜率正好相等。价格线的斜率是两种商品的价格之比，无差异曲线的斜率则是商品的边际替代率。在消费者均衡点上，消费者的边际替代率恰好等于两个商品的价格之比，这时他能获得最大限度的满足。

**（三）生产者利润最大化**

利润是经济活动中十分重要的一个现象。在市场经济条件下，生产者（厂商）从事生产经营活动的目的就是为了获得利润。不过，对利润的本质及来源等问题进行解释并非易事。20 世纪初期的新古典经济学家，在此方面作过不少探讨。

马歇尔把利润看做是企业家管理和组织经济活动的一种报酬。他把企业组织视为一种独立的生产要素，把该要素的收入（企业利润）列为一种单独的收入，而企业家供给价格与需求价格的均衡，则决定了企业家利润的高低。马歇尔所说的利润实际上为正常利润。根据马歇尔所谓替代原理，普通工人、监工、各级经理和雇主的劳务之间可以相互替代，它们只有数量上的差异，而没有质的差别。因而，企业主和经理的收入（利润）与工人的工资没有什么不同，都是劳动报酬。如马歇尔所说：“就一般而论，我们可以

① 帕累托：《政治经济学教程》，英译本，第 118 页。参见晏智杰：《边际革命和新古典经济学》，北京大学出版社 2004 年版，第 211 页。

② 希克斯：《价值与资本》，商务印书馆 1982 年版，第 11～14 页。

作出结论：工作上所需要的那种稀有的天赋才能和费用浩大的特殊训练，对管理上的正常报酬的影响和对熟练工人的正常工资的影响如出一辙。不论在哪个场合，所得收入的增加使某些力量发生作用，这些力量使能取得该收入的人的供给趋于增加；不论在哪个场合，收入增加使供给增加的程度，取决于供给来源的社会经济条件。”①

现代经济学注重区分利润（超额利润）和正常利润，把利润（超额利润）看做是总收益扣除总成本后的一个余额，而正常利润是总成本的一个部分。这种看法很大程度上来源于美国经济学家克拉克的思想。克拉克在其关于财富分配的研究中赋予利润以特定的含义。他所说的工资除了雇佣劳动者的劳动报酬以外，还包括企业家的平均利润。他把平均利润视为企业家从事生产经营活动的报酬，而仅把企业家获得的超额利润称为利润。利润来自于个别企业中新的发明的利用。克拉克说：“由于一种新的发明，某种东西的生产成本降低了。这首先给予企业家以利润。”② 克拉克还认为，企业的利润（超额利润）是暂时的，因为当技术改良在各产业中普及以后，所有产业的成本都会降低，从而导致个别产业利润的消失，只有在新发明出现才会再次出现利润。

在诸多经济学家的努力下，人们对利润及其最大化条件的认识渐趋一致。比利时经济学家特里芬（Triffin, R.）在《垄断竞争与一般均衡理论》一书中，对此曾加以概述。他在论及厂商均衡时，以边际收益等于边际成本为利润最大化的必要条件。用公式表示，如以 $\pi$ 表示利润，$x$ 表示产量，$R$ 表示收益，$C$ 表示成本，则厂商利润函数为：

$$\pi = R(x) - C(x).$$

用微分方法，可得厂商利润最大化的必要条件：

$$\frac{d\pi}{dx} = \frac{dR}{dx} - \frac{dC}{dx} = 0,$$

① 马歇尔：《经济学原理》（下卷），商务印书馆 1994 年版，第 270 页。

② 克拉克：《财富的分配》，商务印书馆 1983 年版，第 356 页。

即

$$\frac{dR}{dx}=\frac{dC}{dx}.$$

此即边际收益 $\left(\frac{dR}{dx}\right)$ 等于边际成本 $\left(\frac{dC}{dx}\right)$ 的原则。也就是说，厂商要获得最大利润，必须将产量调整到边际收益等于边际成本的水平上，从而达到均衡状态。①

**（四）一般均衡理论**

一般均衡理论是瓦尔拉在 19 世纪 70 年代创立的。瓦尔拉认为，任何一种商品的价格都不能单独由其市场的供求关系决定，而必然受到其他市场供求关系的影响，只有将所有市场联系在一起考虑它们的价格决定，才能建立较完整的价值理论。他把所有市场供求都相等的状态称为“一般均衡”，并将所有市场的供求均衡等式组成一个庞大的方程组，然后求出所有商品的价格解。他第一个提出了一般均衡的数学模型并试图解决一般均衡的存在性问题。此外，他对一般均衡的唯一性、稳定性及最优性等也作过探索。

瓦尔拉的一般均衡理论经由帕累托、希克斯等的推进而得到发展。帕累托从其有关社会经济哲学的基本思想出发来论述一般均衡问题。他把经济生活的本质归结于人的“需求”和满足需求所遇到的“障碍”之间的矛盾。帕累托所说需求是指人的各种欲望，包括物质需求和精神需求。他所说的障碍有两类：第一类是明显的。某人必须与之打交道的另一些人的需求就属于这一类。如果一定量的物品必须在不同的个人之间进行分配，那么这个固定的量就构成一种障碍；如果必须生产这种物品以便分配，那么只能利用其他物品才能做到这一点也构成一种障碍；在需要某种物品的情况下得不到这些物品同样是一种障碍；此外，还存在某些来自社会组织的障碍。第二类是不太明显的。在帕累托看来，妨碍人们自由选择交换的任何东西都是一种不太明显的障碍。根据上述看法，帕累托提出了他的一般经济均衡理论。他说：“如果我们能够在某种经济

① 罗伯特·特里芬：《垄断竞争与一般均衡理论》，商务印书馆 1995 年版，第 17～18 页。

情势下，通过某种运动而远离这种情势，继续无限制地运动以增加所期望的所有物品的数量，那么我们就可能达到这样一种状态，在这种状态下人们能够拥有满足欲望的一切，显然这是一种均衡状态。但同样明显的是，这种状态在实际生活中是不会发生的。我们必须决定另一种均衡状态，在这种状态下人们不得不停止下来，因为只有一定的运动是可能的。换句话说存在着限制运动的障碍；它不允许人们继续走下去，妨碍出现一定的变化。均衡正好就是需求和障碍对抗的结果。"① 帕累托认为他所说的需求与满足需求的障碍之间的均衡贯穿于生产、交换和分配等各个领域，而且存在于包括自由竞争在内的各种不同的经济条件之中。对帕累托来说，瓦尔拉以完全竞争条件下价格决定为对象的均衡分析，只不过是其更为一般的均衡分析的特殊情形。可以说，帕累托一般均衡思想是对瓦尔拉理论的发展，这主要表现为帕累托的分析更加简化且更为一般化。②

希克斯对瓦尔拉一般均衡理论的发展，也起过重要的推动作用。在研究一般均衡问题时，瓦尔拉所用的模型是由具有单一产出的活动组成的生产部门模型，生产部门的这种模型包含了从生产性服务到商品和服务的转换。在《价值与资本》一书中，希克斯进一步阐述了这个理论。为了解释时期性的市场中产品和生产性服务的需求和供给，有必要引入有关价格预期形成的假设，这些价格预期是未来市场的价格。最简单的假设是把一个市场的价格作为未来市场的预期价格。这种预期形成有时被称为静态预期。瓦尔拉通常假设静态预期，而希克斯通过引入预期弹性的概念，允许未来价格的预期依赖于从一个暂时均衡到另一个暂时均衡的价格变化。此外，希克斯还对关于一般均衡模型的两种基本解释进行了描述，并分别称之为现货经济和期货经济。现货经济是"星期一"开放的

① 帕累托：《政治经济学教程》，英译本，第 109 页。转引自晏智杰：《边际革命与新古典经济学》，北京大学出版社 2004 年版，第 216 页。

② 参见晏智杰：《边际革命与新古典经济学》，北京大学出版社 2004 年版，第 214～215 页。

市场，在这一天要安排包括在本“星期”交货的一切交易。这是瓦尔拉所描述的经济。希克斯认为，现货经济中预期的作用十分重要。另一方面，期货经济有一个单一市场，所有期货交易都要在其中立即兑现。希克斯分析了由预期指导交易的现货市场序列，并得出了一系列重要结论。

**（五）帕累托最优状态**

帕累托最优状态是由意大利经济学家帕累托提出来的。帕累托认为，在分配标准既定时，现状的改变如果使每个人的福利都增进了，这种改变就是有利的；如果使每个人的福利都减少了，这种改变就是不利的；如果使一些人福利增进而使另一些人的福利减少，那么对整个社会来说，就不能认为这种改变是有利的。帕累托最优状态又叫帕累托标准，它实际上是指这样一种状态：任何改变都不能使一个人的境况变好而又不使别人的境况变坏。

值得注意的是，帕累托最优是从集体而非个人的角度来讨论福利最大化问题的。帕累托明确提出：“一个集体的各成员处在一定条件下便会享受最大限度欲望满足；这种条件是，不可能发现任何一种稍微离开这一状态就使他们所享受的满足增加或减少的方式。这就是说，任何偏离这一状态的微小变动，必然造成一些人乐于接受而另一些人难以接受的后果，即一些人享受的满足增加了，另一些人的却减少了。”① 帕累托对此解释说，假使我们稍微离开了某种状态，集体中的每个人的福利增加了，那么，这个新的状态对每个人是更有利的；相反，如果每个人的福利减少了，这个新状态就较少有利了。如果这个微小变动增加了一些人的福利而减少了另一些人的福利，那我们就不再能肯定这个变动对整个集体是有利的了。可见，帕累托最优是一种静止的、均衡的，对社会每个成员都最有利的状态。

帕累托最优状态实际上是把收入分配作为既定的前提，来考察

---

① 帕累托：《政治经济学讲义》，第261页，转引自晏智杰：《边际革命与新古典经济学》，北京大学出版社2004年版，第226～227页。

生产资源的最优配置问题。这种思想在新古典主义的理论体系中占有极为重要的地位。亨特（Hunt，E. K.）曾就此指出，对于新古典经济学家来说，包括福利经济学在内的微观经济理论为每一个专业的理论分支奠定了基础。他们的成本—收益分析和关于对外贸易获得普遍利益的证明，他们有关在应用经济学每个分支领域都会出现的市场效率和观念以及理性价格的观念，除了证明自由企业的、竞争性的市场系统将导致一种帕累托最优状态之外，绝对没有任何别的意义。他还说："实际上，如果没有帕累托最优状态，这些话语和理念都不复存在。事实上，如果没有一个最优状态，这些话语无论如何是没有意义的。"①

## 二、不完全竞争问题

由张伯伦创立的垄断竞争理论和罗宾逊夫人创立的不完全竞争理论，在 20 世纪初期的新古典经济学中具有特别重要的意义。这种理论是经济学研究中的重大进展，是对新古典经济学基本理论体系的一个强有力的补充。张伯伦的垄断竞争与罗宾逊夫人的不完全竞争，含义并不完全相同。张伯伦所说的垄断竞争，是一种介于完全竞争与完全垄断之间的市场结构；而罗宾逊夫人所说的不完全竞争，则包括了完全竞争以外的其他各种市场形态。考虑到不完全竞争包括了张伯伦所言垄断竞争，因而这里的标题以不完全竞争相称。

### （一）不完全竞争理论：由来和意义

在张伯伦、罗宾逊夫人关于不完全竞争的论著发表之前，新古典经济学的理论体系基本上是建立在完全竞争的基础之上的。新古典经济学家如马歇尔等虽对垄断作过一些研究，发表过一些看法，但在他们的心目中，垄断是例外而不是常轨。这种情况，在 20 世纪二三十年代以后开始发生变化。

---

① E. K. 亨特：《经济思想史——一种批判性的视角》（第二版），上海财经大学出版社 2007 年版，第 322 页。

1926年12月，斯拉法（Sraffa，P.）在《经济学杂志》上发表《竞争条件下的收益法则》一文。斯拉法提出，一个厂商内部经济所带来的报酬递增同完全竞争概念是不相容的。在斯拉法看来，单位成本的递减是不稳定的，它势将带来垄断。他认为有必要从完全竞争理论回到垄断理论，后者将能提供一个关于成本变动与厂商规模变动之间关系的分析工具。他还指出，完全竞争理论假定消费者对于到何处购物并不在意，实则不然，消费者有时宁可多花钱也不在此处而到彼处购物。此外，新古典经济学还忽视了关于销售成本的分析。

对不完全竞争理论作出主要贡献的是张伯伦和罗宾逊夫人。张伯伦认为，以往的价值研究是循着两条极端的路线来进行的：或是假定存在着完全竞争，或是认为存在着垄断，而无意承认有中间路线。这种情况易造成种种弊端。他说："经济学著作提供了一种竞争和垄断的奇特组合，既含糊又割裂。一方面，有关两者的分析揭示出了它们之间的区别，并且导致了各自独立的完美精致的理论体系的形成。尽管这两种力量通过价格体系复杂地交织在一起，具有多种组合，但是结构已经被拆开，并且被重构成了两套体系……另一方面，在现实中，竞争与垄断相混合的事实在微妙地发生作用，人们难以弄清楚两者完全在理论上的区别，而这种理论上的区别对于清楚地理解竞争和垄断又是很关键的。"① 张伯伦提出，在竞争和垄断之间还有大片的土地没有人去探测，同时对探讨这种理论的可能性也很少引起人们的注意。张伯伦认为，只有垄断竞争理论才比较符合现实世界中的情况，应用范围也最为广泛。

罗宾逊夫人对以完全竞争为分析前提的传统理论也提出了批评。她说："在较老的教科书里，照例是从完全竞争的观点来分析价值的。整个体系看来几乎是统一的，且具有某种美的魔力……作为现实世界的一幅图景，这种理论是不能令人信服的，而作为纯粹的分析结构，它又有几分令人不愉快的气氛。""此外，现实世界

① 张伯伦：《垄断竞争理论》，华夏出版社2009年版，第1页。

和价值的竞争分析之间的关系由于经常误解而弄糟了。经济学家们因受了完全竞争在他们体系中的逻辑主导地位的错误指引，不知怎样竟误认为，完全竞争在现实世界中具有同样的重要性。"① 罗宾逊夫人认为，传统理论以完全竞争为前提，仅将垄断看做是一种例外，或者看做是同完全竞争相对立的另一个极端，结果这种理论不仅与现实生活相脱节，而且本身也缺乏逻辑上的一致性。

**（二）双垄断和寡头垄断**

张伯伦着力研究的垄断竞争市场，具体又可分为两种类别：一类是以厂商人数为标志的市场，包括双头垄断和寡头垄断；另一类是与产品差别相联系的垄断竞争。这里我们首先简述其双垄断和寡头垄断理论。

张伯伦认为，双垄断和寡头垄断是处于垄断与竞争之间的一种情况。这时市场上的厂商多于一个，但不是多到每个厂商对市场价格的影响可以小到忽略不计的程度。双垄断是指两个厂商（销售同一种产品）对大量购买者的情况，寡头垄断则是指少数厂商对大量购买者的情况。在张伯伦的分析中，对双垄断的研究结论，基本上也适用于寡头垄断。

对于双垄断和寡头垄断，张伯伦以前已有经济学家进行过研究。但这些研究结论不同，甚至差异颇大。在《垄断竞争理论》一书中，张伯伦把这一问题分为许多小的问题，对前人的研究作了归类，并逐个加以分析，然后提出自己的见解。② 张伯伦认为，厂商要想获得最大利润，必须考虑其行动对价格的影响，包括直接影响和间接影响。当一个厂商的行动明显会逼使别人作对抗性的变动而他自己却不以为意的话，那他就是一个不可救药的短视者。因此，每个厂商要想获取最大利润，他不仅必须重视其竞争者现在的

① 琼·罗宾逊：《不完全竞争经济学》，商务印书馆 1961 年版，第 3 页。

② 张伯伦关于双垄断和寡头垄断的研究结论，被后人称为“张伯伦共谋解”，并成为寡头垄断理论中的重要组成部分。

做法，而且还得考虑他自己的计划将会逼使其对手作何变动。张伯伦借用古诺的图形和分析方法，假定有两个矿泉，由两个厂商经营，各自都无生产费用，并在同一个市场上销售。通过分析，张伯伦指出，尽管厂商彼此是独立的，但均衡结果表明他们如同有垄断协议一样。

**（三）产品差别与垄断竞争**

产品差别及由此带来垄断因素是张伯伦的思想的一个重要特色。在张伯伦看来，一个行业中各个厂商的产品多少存在着差别。张伯伦把产品差别分为两类：一类可归之为产品本身所具有的某种特点，如专利权、商标、名称、包装以及品质、设计、颜色、式样，等等；另一类可归之为环绕销售者周围具体条件所带来的不同，如零售业中销售者地址的便利、做生意的方法、公平交易的信誉，以及营业员的行为举止和服务态度，等等。张伯伦认为，既然产品存在着差别，每个厂商就能控制供给和价格，从而成为一个垄断者。同时，这些有差别的产品又是不完全的替代品，彼此间存在着程度不同的竞争。他指出："只要有任何程度的差别，那么每一个销售者都对其产品拥有绝对的垄断，不过也要面对或多或少的不完全替代品的竞争。既然每个人都是一个垄断者，同时也存在竞争者，那么我们就可以把他们称为'竞争的垄断者'，并且把这种作用力量称为'垄断竞争'，这也就特别合适。"①

对垄断竞争下的厂商均衡，张伯伦分两个步骤进行了讨论：首先分析个人均衡，然后在此基础上分析集团均衡。这两种均衡都是个别厂商的均衡，所不同的是，前者假定集团内各个厂商的市场是相互独立的，而后者假定它们是相互联系的。关于个人均衡，张伯伦认为，在垄断竞争条件下，个别厂商的销售由其产品的价格、性质和广告开支来决定。他先假定广告开支为零，一切关于替代品的性能和价格的条件为已知，分析了个别厂商为获得最大利润将如何调整其价格和"产品"的问题。关于集团均衡，张伯伦首先假定

---

① 张伯伦：《垄断竞争理论》，华夏出版社2009年版，第7页。

产品不变，集中分析了价格调整的情况，继而假定价格不变，分析了“产品”调整的问题。

在分析垄断竞争时，张伯伦还分析了销售成本与需求和价格的关系。张伯伦认为，销售成本是为了改变需求曲线的形状和位置而支出的成本。诸如广告费用、推销人员薪酬、销售部门开支、新产品展销等，皆可归于此类。在此方面，张伯伦主要探讨了以下几个问题：一是销售成本对需求的影响，二是销售成本与生产成本的区别，三是平均销售成本曲线和综合成本曲线的特点，四是引入销售成本后的垄断竞争均衡。

**（四）完全垄断**

到 19 世纪末，垄断已经成为西方国家经济生活中的重大事件。马歇尔已注意到这一点，并作了一些分析。马歇尔在《经济学原理》中所论述的垄断，是“一个人或一个集团有权规定所销商品的数量或销售价格”，① 即完全垄断市场。马歇尔指出，垄断者追求的是获得最大限度的纯收入即垄断收入。这种收入相当于垄断企业的红利超过利息和保险费的差额。对于垄断市场的效率，马歇尔也进行了分析。他指出，垄断企业有条件实现节约（如节约广告费），便于利用大生产带来的好处，有能力改进生产，因而垄断价格未必一定大于竞争价格，垄断产量也未必小于自由竞争企业的产量。垄断者还会为将来的利益而低价促销，从而给消费者带来好处。在马歇尔看来，垄断的总利益等于垄断收入加上消费者剩余。

可以看出，马歇尔看得较多的是垄断效率较高的一面。实际上，垄断也有效率较低的一面。这一点也为许多新古典主义者所强调。庇古就曾指出，当单纯垄断盛行时，如果其他条件不变，垄断产量总是会少于单纯竞争下的产量，因为垄断者的兴趣在于调整产量，以使其总收益尽可能多地超过其总成本。在供给价格递减产业

① 马歇尔：《经济学原理》（下卷），商务印书馆 1994 年版，第 155 页。

中，如以单纯垄断取代单纯竞争，就会使已经降低的产量更进一步下降，这显然更不利于公众福利。此外，垄断行业倾向于压制新发明，而且也不利于提高生产率和社会福利。①

## 三、政府的作用

20世纪初期是自由放任思想盛行的时期。这一时期的新古典主义者也是如此。他们大多热切地赞赏市场机制的作用，反对政府对经济的随意干预。他们从充分自由竞争的假设出发，认为在此条件下生产要素可得到自身的报酬，企业也能得到全部正常利润，这时资源配置处于最佳状态。在这种状态下没有失业，也不存在开工不足。即使是在一些非自由竞争的情况下，也不会出现普遍的失业和开工不足。

当然，一些新古典主义者也注意到，尽管从理论上看充分的竞争能实现资源的优化配置，但现实中却存在着诸多障碍，使生产资源不能在各种用途中得到最佳配置，从而影响到经济福利的增进。庇古就是这方面的代表性人物。他从其经济福利思想出发，要求政府控制某些经济力量以增进经济福利，从而促进社会总福利。

为了把一种经济行动对私人和社会可能产生的不同影响分开来，庇古提出了“私人净边际产品”和“社会净边际产品”这两个概念。庇古指出，“私人净边际产品，是任何用途或地方的资源边际增量带来的有形物品或客观服务的净产品总和中的这样一部分，该部分首先——即在出售以前——由资源的投资人所获得”，而“社会净边际产品，是任何用途或地方的资源边际增量带来的有形物品或客观服务的净产品总和，而不管这种产品的每一部分被谁获得”。② 庇古还提出，生产资源实现最优化配置所需具备的条

① 庇古：《福利经济学》（上卷），商务印书馆2006年版，第285～289页。

② 庇古：《福利经济学》（上卷），商务印书馆2006年版，第146、147页。

件是：任何一种生产资源在其所有各种用途之最后那个单位提供的社会净边际产品处处相等。

然而，从实际情况来看，庇古认为，“自利心的自由作用”即看不见的手难以真正实现资源的最优化配置。这是由于，在看不见的手的驱使下，人们所关心的只是他的货币收入，而从社会的角度来看，一种经济活动对社会提供的好处，可能与私人所得好处并不一样。在这种情况下，政府就要对经济活动实行一定的干预。在《福利经济学》中，庇古就政府干预问题提出了自己的看法。他认为，并非在私人和社会净边际产品出现差别时，政府就应当实施干预，因为这种干预的初衷也许在于限制自由竞争，从而不利于增进国民收入。但他赞成政府在必要时如战争时期干预市场价格，以利于广大消费者。他还提出，政府在战时需对物品的分配加以管制。庇古还提出，在存在垄断的情况下，政府也要发挥一些作用。他主张政府运用反垄断法等强制手段反对垄断，并在一些情况下对价格直接实行管制。

庇古认为，把富人的一部分货币收入转移给穷人将增加经济福利，因而政府如果实行收入再分配政策，将会促进“收入均等化”，从而促进经济福利的增长。而收入转移主要办法是税收，特别是所得税和遗产税。庇古指出，所得税是一种对储蓄无差别对待的税收，依照这种所得税，无论储蓄本身还是储蓄随后所带来的收入都可免税。累进所得税会使富人做出相当大的贡献，但要具体分析这种征课会对国民收入产生怎样的影响。至于遗产税，庇古认为，这是一种对死者财产所征的累进税，它等于是一种延期征收的所得税，因而是一种对储蓄有差别的税收。

人们之所以反对政府干预，是由于政府干预往往成事不足，败事有余。庇古认为，这种论点所具有的说服力并非在所有时间和地点都一成不变，因为任何政府的工作效率和社会责任意识都会随着时代的变化而变化。如在英国，过去的一个世纪中，政府的廉洁、能力、公正和财力一直在大幅度增加。“这个重要事实意味着，现在政府的任何一项干预都要比过去更加有可能是有益的。这还不是事情的全部。除了现有各种形式的政府机构的运作效率有提高外，还必须考虑到创建了一些新形式的政府机构。"①

## 第三节　研究中的几个侧重点及结论

### 一、价格的决定和比较

价值（价格）理论是 20 世纪初期新古典经济学研究的一个核心。关于价格的决定和比较，也是这一时期新古典经济学发展演进中的一条线索。对于这个问题，本文前面已有所涉及，这里再略加论述。

在完全竞争的条件下，商品的价格是由市场需求曲线与市场供给曲线，而不是由个人需求曲线和单个厂商的供给曲线来决定的。马歇尔在写作《经济学原理》时，似尚未完全明确这个问题。实际上，马歇尔是以某镇谷物市场为例说明均衡价格的形成的，所说的主要就是单个卖主和买主的情况。② 而到了 20 世纪 30 年代，张伯伦已明确提出，纯粹竞争市场③中商品的价格是由市场需求曲线和市场供给曲线共同决定的，单个厂商只是按既定的价格进行交易。

在《垄断竞争理论》一书中，张伯伦对纯粹竞争条件下价格的决定及其对单个厂商的影响进行了分析。在该书中张伯伦明确区分了个人需求曲线和市场需求曲线，以及个别厂商的供给曲线和市

① 庇古：《福利经济学》（上卷），商务印书馆 2006 年版，第 349 页。

② 马歇尔：《经济学原理》（下卷），商务印书馆 1994 年版，第 25～26 页。

③ 纯粹竞争是张伯伦提出的一个概念。张伯伦认为，"纯粹竞争"一词比"完全竞争"更为简单和明确。在他看来，"纯粹"这个词可以专门用来形容没有垄断因素掺杂在内的竞争，而"完全"则可以包含生产要素在没有摩擦的理想状态下的流动，以及对未来的充分了解及由此产生的对不确定性的避免，而不是专指没有垄断因素的那种状态。张伯伦认为，纯粹竞争的基本特点有二：其一是相当大数量的买者和卖者，其二是完全同质的产品。

场供给曲线。张伯伦提出，纯粹竞争市场上商品的价格是由市场需求曲线和市场供给曲线决定的，而任一单个厂商产品的需求曲线都是一条水平线，其高度为现行市场价格。这表明单个厂商只能接受市场价格，并在此价格下销售他所愿意销售的任何数量的商品，而不能对市场价格施加任何可觉察出的影响。①

张伯伦还对纯粹竞争和垄断竞争条件下的价格决定作了比较。他首先画出了纯粹竞争条件下厂商所售商品的需求曲线和成本曲线，据此得出了均衡价格，并认为厂商在最佳生产规模下价格正好弥补生产成本，厂商获得最大利益。接着，他让产品有所差别，并假定这种差别具有不显著影响生产成本曲线的性质，且市场需求曲线不因产品差别而发生变动。然而，任何一单个厂商产品的需求曲线却不会保持不变。单个厂商会通过提高价格而增加利润，而这会吸引新的竞争者进入该行业。通过相关分析和比较，张伯伦指出，垄断竞争市场的均衡价格比纯粹竞争市场的均衡价格要高，而垄断竞争市场的生产规模（产量）比纯粹竞争市场的生产规模（产量）要小。②

在垄断条件下，厂商可能会对不同的消费者索取不同的价格，从而出现价格歧视的情况。价格歧视这一概念最早由马歇尔和庇古提出，后来罗宾逊夫人对此作了进一步的阐述和发挥。按照罗宾逊夫人的见解，一个垄断厂商将其生产的同种产品按不同的价格卖给不同消费者，就是价格歧视。③ 她认为，在完全竞争的条件下，价格歧视是不会发生的。这是由于完全竞争市场上每个厂商的需求完全有弹性，需求曲线是水平的。如果存在几种不同的市场价格，各个厂商都按最高的价格销售商品，结果价格降低到竞争性水平，整个市场只存在一种价格。然而，如果存在某种程度的垄断，厂商的需求就不是完全有弹性的，这时就可能会有某种程度的价格歧视。

---

① 张伯伦：《垄断竞争理论》，华夏出版社 2009 年版，第 16～17 页。

② 张伯伦：《垄断竞争理论》，华夏出版社 2009 年版，第 118～119 页。

③ 琼·罗宾逊：《不完全竞争经济学》，商务印书馆 1961 年版，第 164 页。

当然，垄断并不必然导致价格歧视，只有当垄断厂商能把市场分割成几个独立的小市场时，对不同的顾客收取不同的价格才有可能发生。

## 二、企业与企业家

企业和企业家理论是这一时期新古典经济学探讨的一个重要问题。在此方面，马歇尔和奈特的成果较具代表性。

在《经济学原理》一书中，马歇尔分析了单人业主制企业，同时他也注意到私人公司和股份公司、合作社和公共企业等不断扩大的情况。马歇尔比较了不同形式的企业组织，认为每种企业组织都有相应的优点和缺点。从企业规模的大小看，大企业的优势在于专门机械的使用与改良、采购和销售、专门技术和企业经营管理工作的进一步划分，而小企业的优势在于便于监督。大企业有利于技术创新和专业化的发展，有利于形成规模经济，有利于通过管理上的分工提高决策效率；而小企业则具有责任明确、管理程序简单等特点，尤其是媒体的发展加快了信息流动，有利于小企业提高竞争力。

马歇尔还分析了企业家的特点和作用。他指出，原始的手工业者总是自己管理自己。而在大多数现代企业中，都有企业家这个特殊阶级参与其事。马歇尔指出，典型的企业家是制造商，他们不是为了应付特殊的订货，而是为一般的市场而生产货物。对他们来说，监督劳动不过是其管理工作中的一个方面。他认为，雇主行使着双重的职务和能力："第一，以他作为商人和生产组织者的作用而论，他必须具有他自己行业中的物的透彻的知识。""第二，以他作为雇主的作用而论，他必须是一个人的天生的领导者。"① 当然，马歇尔所说的还不完全是现代意义上的企业家。他说，他们可以是证券交易所和商品市场上的商人；可以是承包商如建筑承包人，大工业时代之初英国的采购和经销商，服装业中的包工头；等等。

---

① 马歇尔：《经济学原理》（上卷），商务印书馆1994年版，第309页。

奈特在《风险、不确定性与利润》一书中，对企业的特点和企业家的职能等问题进行了研究。奈特认为，企业和企业家的出现都与不确定性密切相关。奈特区别了不确定性和风险。在他看来，不确定性是指知道未来可能发生的每一种状态，但并不能为每一种状态赋予确定的概率值；而风险则是指不仅知道未来可能发生的每一种状态，而且知道与每一种状态相对应的概率值。奈特指出："隐含在有组织活动中的基本原则，就是通过对特定个人的所有决策进行归组，通过对其全部判断的成败之比或平均水平的估计，来减少不确定性。"① 在存在不确定性的情况下，首要的问题是决定做什么和怎样去做。这时，决定如何实现目标以及什么目标值得追求的任务落到企业家身上。奈特还提出，风险承担能力的不同促使人们寻求风险重新分摊的有效方式，而企业正是降低风险成本从而提高经济效益的一种制度安排。

## 三、收入分配

收入分配是20世纪初期新古典经济学研究的一个十分重要的问题。这里我们简要论述一下马歇尔和克拉克的收入分配理论。

马歇尔的收入分配理论是其均衡价格论在分配领域中的运用。马歇尔认为，国民收入是由劳动、资本、土地和企业组织这四个生产要素共同创造的，国民收入就是与这些要素相适应的工资、利息、地租和企业经营收入。各种要素收入在国民收入中所占份额的大小，取决于它们各自的均衡价格。他用各个生产要素的需求价格和供求价格相等的价格来说明工资、利息、地租和利润的决定。关于工资，马歇尔认为，工资是劳动的需求价格和供给价格相等时的价格。劳动的需求价格取决于劳动的边际生产力，劳动的供给价格取决于养活、训练和维持有效劳动的费用以及劳动的"负效用"。关于利息，马歇尔认为，利息是资本的价格。他把利息分为纯利息和毛利息两种。纯利息是指纯粹使用资

① 奈特：《风险、不确定性与利润》，商务印书馆 2006 年版，第 263 ~ 264 页。

本的代价或曰“等待”的报酬。毛利息除包括纯利息外，还包括运用资本的手续费、经理费、投资风险的保险费，等等。关于利润，马歇尔同样用供求均衡论加以说明，认为利润的多少取决于企业经营管理能力的需求和供给。至于地租，则是土地的需求价格和供给价格相等时的价格。

在论及收入分配理论时，不能不提到美国经济学家克拉克的观点及其贡献。克拉克不同意把生产与分配分为两个不同领域的看法。在他看来，生产和分配实际上是一个问题的两方面，因为“对于分配的全面研究，就等于研究个别的生产，这就是分析创造财富的功能，寻找协同生产财富的三个生产因素对于它们共同生产的产品个别所贡献出的份额。每个生产因素在参加生产过程中，都有其独特的贡献，也都有相应的报酬——这就是分配的自然规律”①。可以说，研究分配就是在研究生产。克拉克认为，实行分配是人类社会有了交换以后的结果，在这里分配分三个不同的阶段进行：“第一次分配决定各个产业团体的收入，第二次分配决定各个小团体的收入，最后的分配是对产业系统内无数个小团体的工资和利息进行调配。”②

对于静态条件下收入分配的标准，克拉克着力进行了考察和分析。③ 克拉克认为，静态条件下的分配标准应从研究个人分配入

---

① 克拉克：《财富的分配》，商务印书馆1983年版，第11页。

② 奈特：《风险、不确定性与利润》，商务印书馆2006年版，第21页。

③ 在收入分配研究的方法论问题上，克拉克提出了有名的“静态分析”和“动态分析”。所谓“静态”，意味着“生产可能毫不改变它的活动性质，始终按照一种有组织的方法进行着。人可以始终生产同样的物品，而且始终采取同样的方法生产这些物品。他们所使用的工具和材料可以始终不变。不管结果好坏，他们可以始终不增减产业所生产的财富的数量。这样，社会的生产可以说是处于静止的状态。”（克拉克：《财富的分配》，商务印书馆1983年版，第32页。）克拉克提出，静态并不排除自由竞争，不排除劳动和资本在各产业间的转移。可以说，静态是完全竞争条件下所出现的一种均衡状态，是自由竞争不受任何干扰和妨碍的一种情况。克拉克认为，静态说明收入分配的标准，而动态说明收入分配的变化。

手，这是由于尽管实际分配的顺序是从大团体到小团体再到个人，但前二者均要依存于个人分配的标准。克拉克提出了著名的边际生产力分配理论。他认为，劳动和资本都具有生产力，且劳动和资本的边际生产力都是递减的。假定资本量不变，不断追加劳动量，必将导致单位劳动生产力递减；假定劳动量不变，不断追加资本量，则必将出现单位资本生产力递减。那么，在一系列递减的量中，哪一个单位的量决定工资和利息的标准呢？克拉克认为，在自由竞争及要素流动的条件下，劳动和资本为追求各自最大报酬，必然使它们停留在最后的即边际生产力水平上。如果高于这个水平，则会吸引新的资本或劳动，以致它们的生产力下降从而工资或利息减低；如果低于这个水平，则会导致部分劳动或资本转移到其他部门，以致它们的生产力上升从而工资或利息提高。

## 四、货币问题

20 世纪初期的新古典经济学家着力研究的是微观经济方面的问题，但对于宏观经济方面的问题，他们也发表过一些看法，取得了一些成果。在货币问题上就是如此。剑桥学派、瑞典学派和美国学派在此方面都颇有建树。

第一次世界大战前，剑桥学派一般是不关注货币问题的。马歇尔在《经济学原理》中也没有阐述过货币理论。第一次世界大战后，剑桥学派开始注意货币问题。1917 年庇古根据马歇尔的观点撰成《货币的价值》一文，1923 年马歇尔也写了《货币、信用与商业》一书。他们着重从理论上说明了物价水平与货币数量之间的依存关系。

马歇尔以后，剑桥学派在货币理论方面作了不少研究，其中的主要代表人物是霍特里和凯恩斯。霍特里的《货币的改造》(1923)、凯恩斯的《货币改革论》(1923) 和《货币论》(1930) 从货币数量论出发，提出了货币管理的思想和主张。与马歇尔、庇古相比，他们在货币理论上的发展主要表现在三个方面，第一，在马歇尔和庇古的著作中，货币数量被认为直接影响物价水平。霍特里认为，货币数量之所以影响物价水平，关键不在于公众手头持有的货币形式的资源，而在于消费者的支出额。凯恩斯则提出，应当把人们持有的存款细分为“收入存款”、“商业存款”和“储蓄存款”三种，具体分析其对物价水平的影响。第二，在马歇尔和庇古的著作中，货币管理思想并不占重要地位，而在霍特里和凯恩斯的货币理论中，通过调节货币数量来影响经济生活的思想十分突出。第三，马歇尔和庇古对金本位制是肯定的，因而未明显论述英国当时的货币本位的变动问题，而霍特里和凯恩斯根据20世纪20年代中期以后英国经济停滞、出口困难等实际情况，发表了他们对于英镑地位的看法和建议，他们都反对重建第一次世界大战前的金本位制。①

新古典经济学家多认为货币不是影响实际经济的一个重要因素。而瑞典学派的维克塞尔并不作如是观。他认为货币和信用具有促进资本积累的作用。他说：“在实际经济情况中，一切交换、投资或资本转移在事实上都是通过货币实现的。”“货币的使用（或滥用）可在实际上积极地影响着实物交换和资本交易……通过货币的合理使用，实际上又可以积极地促进实物资本的积累和一般生产的增加。”② 那么，货币是如何促进资本积累和经济增长的呢。维克塞尔认为，在现代银行制度下，储蓄者往往把不用的货币存入银行，而银行则尽快把这部分货币贷放给生产企业，企业运用借入的货币来购买生产要素，从事生产经营活动。另外，随着现代银行制度的发展，越来越多的人把不用的货币存入银行，从而流通中的货币量增加；而信用的发展又使货币流通速度加快。其结果是物价或多或少地显著上涨，而物价上涨又是企业生产增加的必要条件。

美国经济学家费希尔在《货币的购买力》（1911）中提出了一

① 参见李宗正等编：《经济学常识》（经济学史部分），中国青年出版社1983年版，第291～293页。

② 维克塞尔：《国民经济学讲义》，上海译文出版社1983年版，第214页。

个交易方程式，即：$MV=PQ$。其中 $M$ 表示流通中的货币数量，$V$ 表示货币流通速度，$P$ 表示物价水平，$Q$ 表示以实物计量的商品和劳务总量，$PQ$ 表示以货币计量的国民生产总值。把 $MV=PQ$ 公式变为 $M=\frac{PQ}{V}$，则可清楚地看出有关经济总量变动的依存关系：假定 $V$ 不变，则货币数量的增加与国民生产总值的增加成正比；假定 $V$ 和 $Q$ 都不变，则货币数量的增减将引起物价水平同比例地升降。

### 五、经济福利

福利经济学是对经济体系的运行进行评价，以期改善社会福利的经济学说。社会经济福利成为经济学中一个独立的研究领域，是从 20 世纪初开始的。英国学者霍布森在这一时期提出经济学应以社会福利为研究的中心。然而，对经济福利这个课题建立起一套完整的理论和政策体系的是英国经济学家庇古。

继 1912 年出版了《财富与福利》一书后，经过补充扩展，庇古在 1920 年又出版了《福利经济学》这部著作。庇古把福利分为两类：一类是广义的福利，即社会福利；另一类是狭义的福利，即经济福利。经济福利对社会福利具有决定性的影响，福利经济学主要研究的是经济福利。庇古认为，广义的福利是难以计量的，从而也是难以研究的，而狭义的福利可以用货币来计量。在庇古看来，狭义的福利即经济福利是由效用构成的，效用意味着满足，人们追求的是最大限度的满足亦即最大的效用，而效用可以用货币来计量。这样，经济福利就可以通过对效用的计量而被计算出来。

庇古的福利经济理论是建立在基数效用论的基础上的，它包含两个基本福利命题：

第一，国民收入总量愈大，社会经济福利就愈大。庇古认为，一国的经济福利可以用国民收入的多少来表示，一国的国民收入越大，则其经济福利越大。庇古指出，为了使既定的生产资源总量生产出来的国民收入达到最大值，这些生产资源必须合理地分配使用于各个经济部门，实现生产资源的最优化配置。

第二，国民收入分配愈是均等化，社会经济福利就愈大。庇古认为，一国的经济福利是国民每个人的经济福利的总和，而每个人的经济福利由他所得到的物品的效用构成。根据边际效用递减规律，货币对不同收入的人有不同的效用，货币收入越多则货币的边际效用越少。这样，如果把富人的一部分货币收入转移给穷人，将会增加效用，从而增加一国的福利。

庇古的福利经济学是建立在基数效用论的基础之上的，因而又被称为旧福利经济学。到20世纪30年代，出现了新福利经济学。新福利经济学以帕累托的基本思想为出发点，用序数效用论代替基数效用论作为分析基础，用无差异曲线作为分析工具。新福利经济学大致上可分为两大流派，其一是以卡尔多（Kaldor，N.）、希克斯等为代表的“补偿原则论”派，其二是以伯格森（Bergson，A.）为代表的“社会福利函数论”派。

## 第四节 简 评

20世纪初期的新古典经济学，在古典经济学特别是19世纪70年代“边际革命”期间理论研究的基础上，对市场机制运行中的一系列问题进行了进一步的深入研究，取得了众多理论成果，建立起宏大的理论体系。在20世纪30年代“凯恩斯革命”以后，随着凯恩斯的理论被命名为宏观经济学，新古典经济学开始以微观经济学的新面目出现。① 而在现代经济学的浩瀚星空中，微观经济学作为一门体系完善、逻辑谨严、论证充分的学科，已成为最为璀璨壮观的星座之一。

如前所说，20世纪初期新古典经济学的主要任务在于进一步论证亚当·斯密的“看不见的手”原理，说明市场机制的特点和

① 温特劳布：《现代经济思想》，1977年版，第181页。转引自罗志如等：《当代西方经济学说》（上册），北京大学出版社1989年版，第7页。

作用。这一时期新古典主义经济学家的基本思想是，在完全竞争的经济中，每一种产品或生产要素都有供给和需要，而每一种产品和要素的市场都能单独处于供求相等的均衡状态。由瓦尔拉提出，经帕累托、希克斯等进一步论证的一般均衡理论则说明，均衡不仅可以存在于单个市场，而且可以在所有的市场中同时存在。这种一般均衡的体系被认为符合帕累托最优状态。按照新古典经济学家的分析，帕累托最优状态是由具有利己心的各种不同人的活动造成的，其中包括企图取得最大效用的消费者，以最大利润为目标的企业家，以及想要最高报酬的生产要素的所有者。这些个人追求自己的利益，但通过竞争的作用，却使资源配置达到帕累托最优状态。20 世纪 30 年代张伯伦和罗宾逊夫人关于垄断竞争和不完全竞争的研究，弥补了 20 世纪初新古典经济学以完全竞争为基本假设的不足，使新古典经济学成为一个更为完善的理论体系，并能更好地对现实中的情况加以解释和说明。

20 世纪初期新古典经济学理论体系的建立，在经济学说史上具有重大意义。这一时期新古典经济学的一个显著特点，就是在一系列背景条件下来研究市场机制的特点和作用。这些背景条件包括宏观经济处于平衡状态，以及个人消费偏好、资源总量、社会制度、生产技术不变，等等。在新古典经济学中，上述背景条件是给定不变的。在这些背景条件下，每个人选择和行为的结果都体现在相对价格之中，并通过价格机制对其他人发生影响。有人曾用“封闭”一词来概括新古典经济学的这种特征。新古典经济学理论所研究的对象，是由它视为背景条件的那些经济因素所限定、封闭起来的。

作为一个封闭的体系，新古典经济学在理论分析中有以下几个方面的优越性：

第一，便于精确地分析、把握各种市场经济变量之间的相互关系。市场机制运行是一个复杂的研究对象，要掌握其运动、变化的规律，就需要将那些更为基本的经济因素作为前提确定下来，进行抽象的分析，这样才能得出确切的结论。

第二，便于研究某种背景条件变化在市场体系内产生的影响和市场行为主体的反应。尽管新古典经济学并不研究各种背景条件本身发展变化的原因，但由于它能在一个封闭的体系中较精确地说明这一体系内部的运行规律，它便能较易说明某一背景条件的外生变动对体系内各种因素的影响所能产生的结果。

第三，便于在假定的背景条件下提供与现实相对照的理论模型，以便发现现实中问题的原因之所在。

一个封闭的理论结构尽管不适合于研究发展变化的问题，但却恰恰能够给出某一特定条件下的经济的横断面，使人们能仔细地对其进行观察，发现里面起作用的各种因素，并将其与现实相对照，发现现实中存在的问题。①

20世纪初期的新古典经济学取得了多方面建树，但是，应当看到，这一时期理论研究也存在着一些缺陷和不足。在我们看来，这主要表现在以下几个方面：

首先，由于背景条件不能在自身体系内得到说明，这种理论难以解释许多重大的社会经济问题。20世纪初期新古典经济学中暗含着一个基本的假定，即宏观经济稳定、总供给与总需求相等、充分就业时的均衡；如超出了这个假定，新古典经济学中的一些结论如市场出清、充分就业等就难以成立。在市场经济条件下，市场机制尽管可以使生产者根据不同的需求配置各自的投入，但却不能保证配置的总量恰好等于投入的供给总量。在这种情况下，市场的配置作用将受到损害，因为此时的价格不能结清供求，市场赖以决定资源配置的价格均衡机制已不能充分发挥其功能。如果投入的供给总量超过其需求总量，则一部分资源将闲置起来，价格机制无法有效地改变这一状况。② 1929—1933年世界经济大萧条中的情况就

① 参见樊纲：《现代三大经济理论体系的比较与综合》，上海三联书店、上海人民出版社1994年版，第45～50页。

② 参见谭崇台：《发展经济学》，上海人民出版社1989年版，第547页。

说明了这个道理。按照新古典经济学的观点，高的价格导致更多供给而抑制需求，低的价格鼓励更多需求而抑制供给，均衡价格则使供给和需求达于平衡。而大萧条期间的情况表明，即使价格低落，商品仍大量积压，生产资源也大量闲置、过剩。实际上，正是大萧条给新古典经济学以沉重的打击，使其遇到重大危机，也导致了凯恩斯宏观经济理论的产生。

其次，20世纪初期新古典经济学理论体系内部也存在着明显的不足。新古典主义的核心之一是要论证完全竞争能达到资源配置的帕累托最优，而这一理论体系的前提、论证及结论，都存在着可商讨之处。关于这一理论体系，哈恩（Hahn，F. H.）曾指出，尽管它给人以深刻印象，又给人以美的感受，但不可否认的是，在如此景致中也存在一些藏污纳垢之处，毫无道理地进行假设的事情时有发生。哈恩明确指出，这是危险的。他还说："均衡经济学因其众所周知的福利经济学内涵而易被转变成对现存经济安排的一种辩护。事实也常常如此。人们怀疑，在天平的另一端，近来对处于均衡状态的经济的最优计划的相当精致的分析，已经误导人们相信我们所知道的经济将是怎样受到控制的。"① 帕累托最优这一概念也常因其将收入分配作为既定前提来探讨资源配置问题而为人诟病。亨特曾指出，关于帕累托规则要注意的最重要的一点是其保守的、一致性的特征，但它却忽略了矛盾冲突的各种情况。在一个充满阶级矛盾、剥削、疏远、种族歧视、性别歧视和大量其他人类冲突的世界中，可能使一些人处境变好而不会使其他人状况恶化的变化在哪里呢？改善被压迫者的处境，将会恶化压迫者的境况！在亨特看来，任何改善一个社会单元命运而不招致自然敌对的社会单元反对的社会、政治和经济状态是罕见的。②

① F. H. Hahn：Some Adjustment Problems. Econometrica，1970，38（1）：1-2.

② E. K. 亨特：《经济思想史——一种批判性的视角》，上海财经大学出版社2007年版，第324～325页。

最后，20世纪初期的新古典经济学以发达的市场经济为研究对象，这使其难以有效地说明后发国家及当今发展中国家经济发展中的一些问题。在20世纪初期的新古典经济学家看来，在市场机制的调节下，资源能得到有效的配置。这种看法实际上暗含着一个前提，即存在着发达的经济市场，但这种发达的市场经济在发展中国家并不存在。发展中国家的一个显著特点是市场经济还不发达，其主要表现是微观市场主体发育不充分，市场体系不健全，生产要素市场发育迟缓，市场规则不完善，市场服务体系残缺。在市场经济不发达的条件下，市场机制还不能充分有效地发挥配置资源的作用。就中国来说，自改革开放以来，中国在市场的培育和发展方面虽取得了不少成就，但市场不完善的情况仍然存在，尤其是要素市场发育滞后。在这种情况下，市场机制的作用还是有限的。因而，中国的市场取向改革，只能从自身实际出发，在使企业成为独立利益主体和培育市场的过程中，有步骤地加以推进。盲目地搬用新古典经济学中的一些结论，反而有可能造成严重的失误。

**【参考文献】**

[1] 谭崇台主编．西方经济发展思想史 [M]．武汉：武汉大学出版社，1993.

[2] 鲁友章，李宗正主编．经济学说史（上、下册）[M]．北京：人民出版社，1983.

[3] 张培刚．微观经济学的产生和发展 [M]．长沙：湖南人民出版社，1997.

[4] 晏智杰．边际革命和新古典经济学 [M]．北京：北京大学出版社，2004.

[5] 厉以宁，吴易风，李懿．西方福利经济学述评 [M]．北京：商务印书馆，1984.

[6] [美] 亨利·威廉·斯皮格尔．经济思想的成长 [M]．北京：中国社会科学出版社，1999.

[7] 亨特 E K. 经济思想史——一种批判性的视角 [M]．上海：

上海财经大学出版社，2007.
[8] [比] 罗伯特·特里芬．垄断竞争与一般均衡理论 [M]. 北京：商务印书馆，1995.
[9] 约翰·伊特韦尔，等编．新帕尔格雷夫经济学大辞典 [M]. 北京：经济科学出版社，1996.
[10] BLAUG M. Economic Theory in Retrospect [M]. 3re ed. New York：Cambridge University Press，1978.
[11] DOBB M. Theories of Value and Distribution since Adam Smith [M]. Cambridge，UK：Cambridge University Press，1973.
[12] HUNT E K. A Radical Critique of Welfare Economics [M] // NELL E J. Growth，Profit & Property. New York：Cambridge University Press，1980.

# 第二章　经济大萧条与凯恩斯主义的诞生和发展

1929 年 10 月，随着华尔街股市大崩盘，世界经济经历了一次前所未有的大危机，资本主义世界陷入了长期持续的经济大萧条。大萧条使人们产生了剧烈的焦躁、消沉、疑虑和恐慌，同时也震撼了资本主义的经济学界。面对经济大萧条，传统的西方经济学教条显得无能为力，理论和现实的强烈冲突迫切需要新的理论诠释。1936 年 2 月，凯恩斯《就业、利息和货币通论》的出版，掀起了一场轰轰烈烈的凯恩斯革命，宣告经济学史上一个新时代的到来，成为现代宏观经济学的奠基之作。

## 第一节　历史背景与思想渊源

### 一、历史背景

凯恩斯接受的是传统的古典经济学教育，萌生的是革命性的经济思想，这无疑离不开凯恩斯所在的英国经济由盛转衰和经济危机与大萧条的特殊历史背景。一般而言，凯恩斯经济学是 20 世纪 30 年代经济危机与大萧条的直接产物。不过，早在 20 世纪 20 年代的英国经济长期慢性萧条时期，《通论》中的一些思想就出现了萌芽。

#### （一）英国 20 世纪 20 年代的长期慢性萧条

第一次世界大战之前，英国号称世界上的“日不落帝国”，然而战后英国的第一帝国地位开始衰落。虽然英国作为战胜国，曾经出现过短暂的经济繁荣。但是，好景不长，从 1920 年末开始，英国物价出现普遍下跌，工农业生产大幅萎缩，对外贸易额不断下降，失业率居高不下，英国经济陷入了长达到十多年的慢性萧条。与此同时，其他资本主义国家却处于相对繁荣时期，经济增长较快。据统计①，按照工业生产指数，以 1913 年为 100，英国 1929 年为 100.3，而同期德国为 117.3，法国为 142.7，美国为 180，意大利为 181，日本为 324。整个 20 年代，英国一直为高失业率所困扰。1914 年以前英国的平均失业率一般不超过 3% 或 4%，但在 1921—1929 年期间，英国的年失业率从未低于 10%（1924 年除外）。对于英国这种长期的高失业现象，凯恩斯给予了密切的关注，他在 1929 年 5 月的《关于扩张计划》中提道："这个国家的劳动人民，至少有 1/10，8 年以来（中间除 1924 年在恢复金本位前夕一个短暂的复苏时期以外），没有能够获得就业机会。这是我们历史上空前的一个现象。"②

经济停滞，失业严重，英国从 20 世纪初的"极盛时代"跌落下来，究其原因，主要在于第一次世界大战的影响和战后英国执行的保守经济政策。第一次世界大战使英国由盛转衰，虽然英国属于战争的胜利者，但其经济力量在战争中遭受了重创，因而是经济上的失败者。战争巨额的军费开支使英国背负了沉重的国债，由此也引起了严重的通货膨胀。同时，战时由于重心的转移，英国的工业发展极不平衡。战时出口贸易的大幅下降和进口的急剧增加，使英国国际收支急剧恶化，世界首要金融中心也从伦敦转移到了美国。另一方面，战后英国执行的预算平衡与经济紧缩、恢复金本位制、强行降低工资等一系列保守的经济政策，也扩大了英国面临的这种不利局势。长期的经济繁荣使英国政府一直抱着一种怀旧保守的思想，战后经济困难时期只是期盼着"回到 1914 年"的幸福时代。

凯恩斯敏锐地观察到英国战后经济优势地位丧失的状况，但政

---

① 刘涤源：《凯恩斯经济学说评论》，武汉大学出版社 1997 年版，第 57 页。

② 凯恩斯，蔡受百译：《劝说集》，商务印书馆 1972 年版，第 92 页。

府执行的这些保守政策更让他痛心疾首。在战后是采取“通货膨胀还是通货紧缩”这个关键问题上，传统经济学教条引导英国政府选择了紧缩政策，而凯恩斯一直是坚决反对的，他认为在这个问题上，应当权衡利弊取前者，① 即损害相对较小的通货膨胀。对于恢复金本位问题，凯恩斯表示强烈反对，认为当前的形势已经不同于19世纪，不能以牺牲国内价格稳定为代价来恢复金本位②。1925年4月，在英国财政大臣丘吉尔宣布恢复金本位制后，凯恩斯立即出版了著名的《丘吉尔先生的经济后果》，严厉抨击了丘吉尔的这一经济政策。对于通过降低工资来改善贸易状况，凯恩斯早就警告和反对过这种企图，认为这一做法势必会引起劳资纠纷，结果果然引起了英国历史上空前的总罢工。不过尽管局势如此，凯恩斯还是乐观地希望，可以找到一个良方，来正确地诊断和治好英国当时的病症。

### （二）经济危机与经济大萧条

1929年10月，美国纽约股市崩盘，短短一个月内道·琼斯30种工业股票暴跌50%，到1932年年中，平均工业股价仅相当于1929年崩市前夕的15%左右。股市震荡很快波及美国经济的各个领域，并由此引发了一次全球性的经济大衰退。各国物价迅速下跌，生产大幅锐减，贸易空前萎缩，失业急剧增加。1929—1932年间，主要工业国美国的工业生产和GDP分别下降了44.7%和28%，德国为40.8%和15.7%，英国为11.4%和5.8%。危机期间，英国出口贸易大幅下降，其中制成品出口下降了52.4%，并于1931年出现了英国历史上的首次国际收支赤字，赤字金额高达10400万英镑。1929—1933年期间，美国失业人数从150万人激增到1300万人，约占劳动力人口的1/4。英国的情形同样糟糕，

---

① 见凯恩斯的《货币改革论》（1923）和《劝说集》（1931）中相关章节。

② 《货币改革论》（1923）、《货币政策的可选择目标》（1923）、《劝说集》（1931）等多次表达了这种观点。

1933 年失业率达 22.5%，几个主要工业部门如造船业失业率高达 61.7%。这次空前严重的经济危机，破坏面极广，持续时间太长，使主要工业国的工业生产大幅倒退，例如美国倒退到 1905—1906 年，英国倒退到 1897 年。

经济危机给全世界带来了焦躁、疑虑和恐慌，凯恩斯认识到了英国和世界经济形势的空前恶化，他频频在各类报刊上宣扬自己的观点，声称当前陷入了“极为严重的国际萧条的深渊”，认为要摆脱这种不景气需要“非常积极而坚决的政策”。① 在《1930 年的大萧条》中，他突出了当前经济萧条的严重性，认为世界三个主要工业国都遭受了史无前例的失业“灾难”，并指出当前困难的根本原因在于资本投资市场不尽如人意，认为节制消费并不能治愈英国当前的病痛，需要实施一些宏大的计划。可见，面对经济危机与大萧条，凯恩斯已经萌发了不少《通论》中的基本思想。他虽然对危机感到痛心疾首，但也充满了信心，他安抚人们说：“我们不必因此而灰心丧气，以为汽车文明已经完结，不久又要回到左摇右摆的马车时代。”他以一个医生的姿态挺身而出，坚信当前的瘟疫可以救治，并开始探索对付当前危殆形势的良方，不久后就推出了自己的有效需求理论。

**（三）传统经济学理论的失灵**

面对这次灾难深重的大危机，各国政府无法拿出有效的对策来挽回局面，因为，长期以来，他们一直受到传统经济学教条的影响，认为在自由放任的资本主义社会下不会出现严重长久的经济危机和萧条。因此，当这次经济危机带来了旷日持久的大萧条时，政治家们和他们的理论引路人一样显得手足无措。面对大萧条，传统经济学界哑然失语了。

西方传统经济学的理论基础之一是著名的“萨伊定律”。根据萨伊定律，供给会创造自己的需求，社会上的产品都不愁销路，因此不存在需求不足，不会出现普遍的生产过剩现象；而且，每个生

① 《民族》周刊，1930 年 5 月 10 日。

产者为了享用最多的物品，都会试图尽量生产最多数量的商品和别人交换，于是不仅仅是社会没有产品过剩的现象，而且这种生产还能达到最高的水平，即达到充分就业现象，照此说来就不会出现大量失业和经济危机问题。因此，新古典经济学一直乐观地认为市场机制能够自发调节，无需国家干预，社会经济能够自动实现充分就业的均衡，失业只是偶然现象。正如庇古所言："在稳定的条件下，一切愿意工作的人实际上都会就业。"①

然而，"看不见的手"和萨伊定律并未能保证资本主义的繁荣，经济危机和大萧条的到来粉碎了传统经济学说描述的美好景象。面对空前严重的生产过剩，面对广泛深远的失业，新古典经济学给出的解释，包括劳动力市场不流动工资太高说、投资过度与工资刚性说、供给过度说。然而，传统经济学理论的这些解释没有触及问题的根本，无法对其理论和现实的矛盾做出合理的解释，处于"可怜又可笑的混乱状态"。② 究其原因，在于传统经济学理论脱离现实，描述的是一种极端理想的状态，忽视了有效需求不足会对经济繁荣造成的障碍。虽然是在传统经济学的熏陶下成长，而且直接受教于新古典经济学代表人物马歇尔，凯恩斯一直密切注视着传统经济学理论的这些弊端，早在《货币论》创作时期他就对此有认识，随着危机和萧条的深入，他在对现实的透视中对传统经济学理论弊端的认识更加深刻了，因此他在《通论》的开篇就猛烈抨击了新古典经济学理论。

**（四）罗斯福新政**

通过政府干预，摆脱失业，走出萧条，是凯恩斯多年来的政策主张。然而，他的这一主张在英国却不受支持，遭到了激烈的反对。1933 年罗斯福新政的实施，使凯恩斯备受鼓舞，他感到自己

---

① A. C. Piou. The Theory of Unemployment. London: Macmillan, 1933: 252.

② 琼·罗宾逊：《经济理论的第二次危机》，载《现代外国经济学论文选》（第一辑），北京：商务印书馆 1979 年版。

找到了理论和政策的试验地。罗斯福认识到，要应对大萧条，必须进行政府干预而不能靠自发调节。因此他一反胡佛总统的政府无为论，提出了一系列国家资本主义的政策，颁布了70多项政府法令，开始了政府对经济活动的全面干预。

罗斯福新政，是自由主义转向国家干预的一个典型，与凯恩斯的思想不谋而合。因此，凯恩斯一直密切关注美国经济形势的变化，并加强了与美国政界和学术界的联系，试图支持和维护新政的实施，并将自己的思想主张灌输给罗斯福政府，通过美国来检验自己的理论和政策适用性。1933 年 7 月 3 日，罗斯福总统给当时正在召开的国际经济会议致电，坚决要求美元贬值，引起舆论一片哗然，次日凯恩斯立即在《每日邮报》上大加赞赏罗斯福的政策，明确地声称“罗斯福总统非常正确”。年底，凯恩斯又给罗斯福总统写了一封公开信，发表在《纽约时报》上，阐述了自己反萧条的思想和政策主张，在称赞罗斯福总统的同时，指出美国政府的改革有些操之过急。次年初，凯恩斯又频频以《罗斯福的经济试验》、《罗斯福总统的黄金政策》等为题，分析罗斯福总统实施的具体政策。可见，对于大萧条时期出现的罗斯福新政，凯恩斯给予了高度的关注，他密切注视着新政的进展，新政的实施及其成效无疑对凯恩斯思想的成熟和完善起到了重要的推动作用。

### 二、思想渊源

凯恩斯的思想是在对传统经济学的批判和继承中形成的，有着极其深刻的理论渊源。凯恩斯受教于马歇尔，是在新古典经济学的氛围下成长的，虽然他猛烈批判了古典经济学，但他无疑也继承了马歇尔等经济学家的思想，只是说这种继承是一种带着批判性的继承。例如，凯恩斯对马歇尔的消费理论、供求原理、心理因素以及其他一些重要观点，都采取各种方式加以继承和发展。此外，维克塞尔的利息理论、罗伯逊关于银行利率政策的思想、费雪关于资本效率的思想等，都对凯恩斯产生了一定的影响。不过，对凯恩斯思想产生重大影响的，主要是重商主义的国家干预说、孟德维尔的高消费促进经济繁荣观点、马尔萨斯的有效需求理论、霍布森的过度储蓄导致经济萧条观点以及卡恩的乘数原理。

**（一）重商主义的科学成分**

重商主义产生于16世纪，前后跨越了近300年时间，其基本观点是：金银货币是财富的唯一代表，各国的财富是一定的，对外贸易是社会财富的唯一源泉，应当采取各种政策促进贸易顺差。虽然重商主义是一种狭隘的民族主义财富观，但正如凯恩斯本人所言，它也有不少科学真理的成分，这些科学因素被凯恩斯吸纳到了《通论》之中。凯恩斯归纳了重商主义的一些主要特征：

第一，重商主义者认为过高的利息率是财富增长的主要障碍，却不知道利息率会趋向于自动调节到一个适当的水平。他们已经认识到利息率取决于流动性偏好和货币数量。

第二，重商主义者知道价格低廉的弊端，认为过度竞争可能会对一国的贸易条件不利。

第三，重商主义者认为，外国货物引起的过剩和货币稀缺是引起失业的原因。

第四，重商主义者承认他们的政策带有国家主义的色彩可能会引发战争。

凯恩斯认为，重商主义虽然没有最终解决问题，但其可贵之处在于他们察觉到了问题的存在，而古典学派则忽略了这些问题。可见，重商主义者提出的一些问题给了凯恩斯以启发，他们的一些观点也为凯恩斯所认同，成为凯恩斯思想的重要源泉。

**（二）孟德维尔的“蜜蜂寓言”**

18世纪初，孟德维尔在《蜜蜂的寓言》中，以一群蜜蜂的兴衰史提出了著名的“蜜蜂寓言”，认为高消费能够促进经济繁荣，鼓励消费，提倡奢侈。他指出，当蜜蜂贪婪挥霍时，社会兴盛繁荣；当蜜蜂朴素节俭时，社会萧条衰落。“蜜蜂寓言”长期以来一直被视为异端、邪说、败类，遭到了经济学家和道学家们长达两个多世纪的猛烈抨击。然而，凯恩斯在《通论》中大量引述该书的内容，为孟德维尔的这一思想鸣不平，证明消费需求不足可能会引起失业，因此要促进消费。可见，孟德维尔的寓言是凯恩斯消费倾向理论的思想源泉。在政策上，凯恩斯相对孟德维尔是有过之而无不及。他不仅继承了孟德维尔鼓励消费、提倡奢侈的教义，而且更进一步公然主张挥霍浪费，认为浪费或灾难性的消耗（如造金字塔、自然灾害、战争等）都可以增加财富，他甚至还指出，当别无他法时，可以采取“挖洞”或“开金矿”的方法来增进财富、减少失业。①

**（三）马尔萨斯的有效需求原理**

马尔萨斯（1766—1834）是为凯恩斯所推崇的为数不多的几位经济学家之一，以《人口原理》（1798）而闻名遐迩。不过，凯恩斯十分赞赏马尔萨斯提出的有效需求原理，《政治经济学原理》（1820）是凯恩斯欣赏的著作，马尔萨斯的思想对凯恩斯产生了极其深刻的影响。马尔萨斯认为，一个国家的生产能力取决于资本的积累、土地的肥力和节约劳动的新发明。“为了使生产能力充分地发生作用，似乎还必须有其它的因素。这就是不受阻碍的对全部产品的有效需求。”② 马尔萨斯很担心资本主义社会的有效需求无法和产出增长保持同步，认为需要一个相当大的阶级来消费掉生产的多余的物质财富；而且，由于价格和利润最终取决于有效需求，因此生产商品的能力是和有效需求成比例的。马尔萨斯提出的“有效需求”的概念及原理令凯恩斯十分兴奋，同时他的一些相关政策主张，也给了凯恩斯以灵感。例如，马尔萨斯认为 1815 年以来劳动阶级的苦难是由于有效需求不足，因此可以考虑雇佣劳工阶级从事修筑道路公共工程等不需要在市场上出卖劳动成果的劳动，来帮助劳工阶级。凯恩斯接受了这种政策主张，自 20 世纪 20 年代中期以来，凯恩斯一直强调要实施公共工程政策来应对失业。

---

① 凯恩斯：《就业、利息与货币通论》，陕西人民出版社 2004 年版，第 118 页。

② 马尔萨斯：《政治经济学原理》，商务印书馆 1962 年版，第 298、328 页。

### （四）霍布森的过度储蓄理论

英国经济学家霍布森（1858—1940）以研究帝国主义和过度储蓄著名。在霍布森和马默里合著的《工业生理学》（1889）一书中，他们认为，过度储蓄引起消费不足，消费不足导致失业和商业不景气。自斯密以来，传统经济学一向视节俭为美德，是一个国家富强的源泉。霍布森批判了这一思想，认为这种观点不成立，无限制的节俭并非美德，并不会使国家富裕。储蓄在增加资本总量的同时，也减少了现在被消费掉的效用。过度地储蓄必然会使资本积累超过所需要的数量，这种过度储蓄及其引起的产品积压，会大大限制生产。因此，在现代工业社会的正常情况下，是消费限制了生产，而不是生产限制了消费。储蓄是一种美德，但从消费需求的角度来看，储蓄会减少消费需求，过度的储蓄会使消费有效需求不足，从而引起经济萧条。凯恩斯在其《通论》中大量引证了霍布森的观点，他十分赞同其关于过度储蓄导致失业和萧条的学说，认为《工业生理学》一书在经济思想史上是划时代的。

### （五）卡恩的乘数原理

乘数理论是凯恩斯经济学说的重要内容，无疑受到了卡恩的乘数论文的重要影响。理查德·卡恩是凯恩斯的学生，由于他擅长提出一些使问题明朗化的概念，可以被排在庇古教授所认为的列为工具创造者之列。1931 年 6 月，卡恩将一年前的一份报告修改后发表在《经济学杂志》上，题为《国内投资与失业》，即为后来所称的著名乘数论文。这篇论文用一种后来称之为“乘数”的方式显示了投资增加对产出水平的直接效果，对凯恩斯思想的演进产生了极为重要的影响。这种影响体现在三个方面。

首先，卡恩的分析打破了充分就业假定，率先突破了横亘在《通论》道路上的第一道障碍。他认为物价水平和消费量取决于供求两方面的情况，凯恩斯的《货币论》体系只适用于充分就业的特殊情况。

其次，这篇乘数论文以数学化的形式表述了乘数原理，从而能够直观地测度凯恩斯所倡导的公共工程支出的就业效应。后来，凯恩斯放弃了先前使用的含混的直接就业和间接就业的提法，借鉴了卡恩在这篇论文中提出的第一级就业和第二级就业的概念。

最后，卡恩阐述的乘数原理，使就业一般理论或总产量理论后来得以代替利率水平决定论。在卡恩看来，是收入而不是利率决定消费，因此不存在利率自发调节使投资和储蓄相等的可能，由此需要一种收入决定论来取代利率决定论。卡恩的这篇乘数论文对凯恩斯影响很大，但他重点讨论的是第一级就业和第二级就业之间的关系，而且使用的术语是比率，没有明确使用乘数的概念。此外，卡恩讨论的只是就业乘数，还没有讨论投资乘数，也缺少边际消费倾向概念和消费乘数，在这方面凯恩斯做出了突破性的贡献。

## 第二节　基本理论

凯恩斯经济学是现代宏观经济学的发端，主要是指凯恩斯在《通论》中陈述的经济理论，也涉及在《通论》之前的一些思想观点和政策主张，但不包括凯恩斯的拥护者补充、修改和拓展了的凯恩斯主义经济学。凯恩斯以有效需求理论为核心，围绕三个基本定律、货币工资与价格、经济周期等革命性地提出了现代经济中国民收入与就业决定的新理论。

### 一、理论概述

《通论》的线条和逻辑是比较清晰的。为了解决灾难深重的失业难题和经济危机，凯恩斯首先要找出国民收入决定于哪些因素，然后再通过一系列的国家政策来干预和控制这些因素，从而促进国民收入的增加和充分就业。要实现充分就业，必须使国民收入达到能够满足充分就业的水平。凯恩斯认为，这个充分就业的国民收入水平是由社会有效需求决定的。有效需求包括消费需求和投资需求，它们分别取决于一些不同的要素。消费需求取决于收入水平和消费倾向。关于消费倾向，存在一条基本心理规律，即当国民收入增加时，消费也会增加，但不会像国民收入增加得那样快。凯恩斯认为，投资需求取决于利息率和资本边际效率。其中，利息率受货币数量和流动性偏好的影响。一般来说，货币数量的增加会使得利息率下降，从而刺激投资和产出增加，除非经济处于“流动性陷阱”。流动性偏好由交易性需求、预防性需求和投机性需求组成，交易性需求是收入的函数，对利率变化不敏感，投机性货币需求对利率非常敏感。另一方面，资本边际效率取决于资本的预期收益和资本资产的供给价格或重置成本。随着资本供给数量的增加，资本的预期收益会下降而供给成本上升，因此资本边际效率会有递减的趋势，由此导致投资十分不稳定。此外，不确定性、风险等也会对投资产生影响。

凯恩斯以有效需求为中心，围绕三个基本心理规律，构建了自己的收入决定论。美国著名经济学家 D. 狄拉德对《通论》的要点做出了较为充分的解释，他列出了凯恩斯理论的基本结构，如图 2-1。

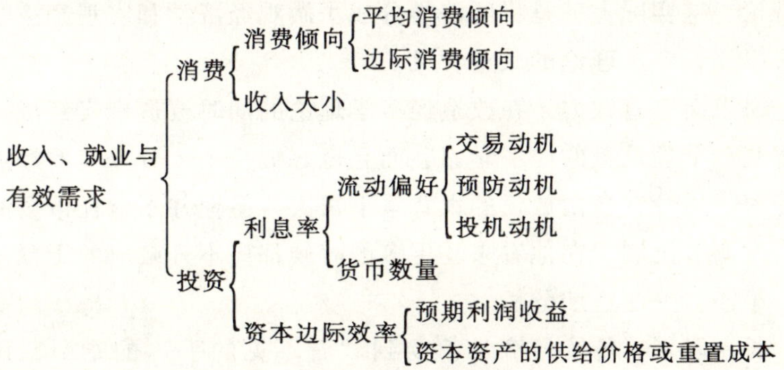


图 2-1　凯恩斯理论的基本结构

凯恩斯的理论具有几大特色。

第一，理论的一般性。

凯恩斯宣称自己的理论是可以适用于任何一种经济状态的一般理论，不同于只适用于特殊情形的传统经济理论。在《通论》的开篇，凯恩斯开门见山地强调了自己理论的“通”：“我命名此书为《就业、利息与货币通论》，着重点在‘通’字。这一命名的目的在于，要使我的论点和古典学派的理论形成鲜明的对比……古典理论的假设前提，只适用于一种特例，而不适用于一般的情形……”①凯恩斯所说的特殊情形，是指充分就业情形。他认为充分就业情形是各种一般情形中的一种特殊情形，一般情况或正常情况是非充分就业。古典学派的理论只能解释充分就业情形，而自己的理论既能解释充分就业也能解释非充分就业情形；而且，既然非充分就业情形更多见，就更需要能够解释它的一般理论。

第二，开创宏观经济分析范式，区分了宏微观经济学。

凯恩斯发现，一国经济体系中各总体变量之间存在特定的关系，这种关系无法用传统的微观经济分析方法来解释，因此他一反古典学派的个体分析方法，开创了宏观经济分析范式，从国民经济的总体变量来研究经济运行特征。他提出将经济理论分为两个方面：一方面是单个行业或厂商理论以及既定数量的资源在各种不同用途之间的分配和报酬理论，另一方面是从整体上来看的产量和就业理论，这实际上就是将经济学分成了微观经济学和宏观经济学。

第三，突出理论的政策含义。

凯恩斯一直致力于在改造经济学理论的同时改造现实经济，他不仅是一个理论上的经济学家，而且也好似一个十分务实的经济技术专家。尽管在自由放任的大背景下长大，但他并不信任市场的这种自发调节机制，在他看来，更多的时候都离不开政府的干预。

第四，关注短期分析。

长期以来，传统经济学都受到“看不见的手”的指引，认为市场的自发调节可以解决任何问题，因而忽视了短期的经济波动。凯恩斯则一反传统，强调短期的重要性，认为“在长期，我们都将死去。假如在暴风雨的季节里，经济学家仅能告诉我们，当长期的暴风雨过后海洋又会趋于平静，他们是在给自己安排一个太轻松

① 凯恩斯：《就业、利息与货币通论》，陕西人民出版社 2004 年版，第 37 页。

而又太无用处的任务”。因此，凯恩斯的理论是一种短期分析，考察的是短期的经济波动。

## 二、有效需求原理

有效需求原理是凯恩斯理论的逻辑起点。凯恩斯认为，经济未能实现充分就业的原因在于有效需求不足。有效需求原理和三个基本心理定律（消费倾向、投资引诱、流动性偏好），构成了凯恩斯理论的基本框架。

在《通论》中，凯恩斯并没有明确使用过“有效需求原理”的说法，只是讨论了“有效需求点”，原理的明确阐述是在他给斯拉法的一封信中：“除非与社会边际消费倾向相适应的投资以同等比例增加，否则，产量的任何扩张都会充斥市场；除非投资有一个相当的同比例收缩，否则任何收缩都会导致意外的利润”。凯恩斯有效需求原理的基本思想是：总就业量取决于总需求量，失业一般是由于总需求不足造成的。他认为，假定短期内技术、资源和成本既定，且社会经济资源并没有被充分利用，这时决定就业水平和国民收入水平的关键性因素，不是生产能力的变化，而是有效需求水平的高低。

有效需求具有三个方面的特征：第一，有效需求是市场上有支付能力或购买能力的需求，只有这样的需求才有经济意义；第二，有效需求中的需求是社会的总需求，而不是个别企业或个别行业的需求；第三，有效需求中的需求是“有效”的，亦即这里的需求是同总供给相等的总需求。

总供给和总需求的共同作用决定有效需求水平。总供给取决于总供给价格 $Z$ 与雇佣人数 $N$ 的关系，记为 $Z=\Phi(N)$，$Z$ 为 $N$ 的增函数。其中，总供给价格 $Z$ 是在雇佣 $N$ 人时企业家预期要获得的最低卖价，亦即企业家提供就业量 $N$ 的预期最低收益，也就是包含正常利润在内的产品总成本，不同于一个单位产品的供给价格。总需求取决于总需求价格 $D$ 与雇佣人数 $N$ 的关系，记为 $D=f(N)$，$D$ 为 $N$ 的增函数。其中，总需求价格 $D$ 是在雇佣 $N$ 人时企业家预期能获得的最高卖价，亦即企业家提供就业量 $N$ 的预期最大收益。总供给价格和总需求价格的均衡状态决定社会的就业量。在一定的就业水平 $N$ 下，如果总需求价格 $D$ 大于总供给价格 $Z$，则企业的收入会高于成本，企业家会增雇工人扩大生产；反之，如果 $D$ 小于 $Z$，则企业的收入会低于成本，企业家会少雇工人压缩生产。当总供给 $Z$ 和总需求 $D$ 相等时，企业家的预期利润实现了最大化，这一交点被称为有效需求点，对应着一个稳定的均衡就业水平，相应的总需求 $D$ 被称为有效需求。经济学家狄拉德用一个供求图（见图 2-2）阐述了凯恩斯的这一有效需求思想。

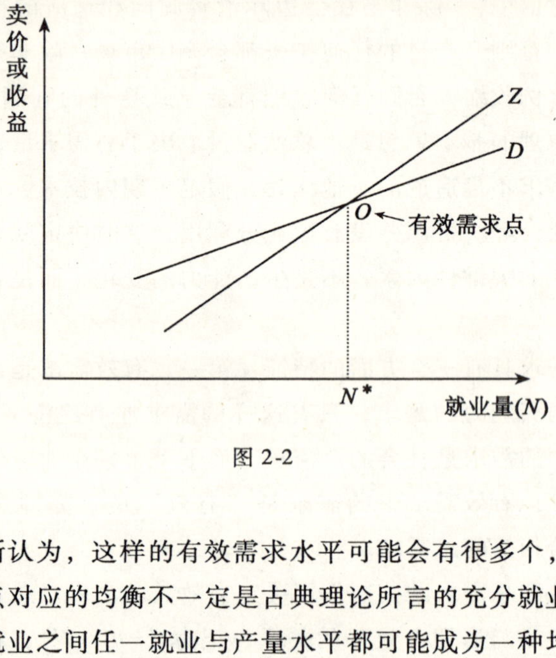


图 2-2

凯恩斯认为，这样的有效需求水平可能会有很多个，总供给和总需求交点对应的均衡不一定是古典理论所言的充分就业均衡，从零到充分就业之间任一就业与产量水平都可能成为一种均衡，充分就业均衡只是无数多个这样的均衡中的一个特例；而且，非充分就业均衡是经济中更常见的情形。凯恩斯强调，总供给在短期内不会发生太大的变动，因此社会就业量实际上取决于总需求或有效需求。如果总需求或有效需求不足，就无法达到充分就业的水平。

总供给和总需求相等，意味着投资等于储蓄。根据凯恩斯的分析，总需求包括消费需求和投资需求，总收入可以用于消费和储蓄两个部分。因为作为收入的消费与作为支出的消费总是相等的，因此总需求等于总收入或总供给，意味着投资就等于储蓄。因此，有效需求是总供给和总需求均衡时的总需求，也是投资和储蓄均衡时的总需求。既然总需求包括消费需求和投资需求，那么消费需求的不足和（或）投资需求的不足，都可能引起总需求不足。因此，经济中通常出现非充分就业，原因在于消费需求或投资需求的不足，这种不足凯恩斯将其归因于消费倾向、投资引诱和流动性偏好三个基本心理规律。

## 三、基本心理规律

### （一）消费倾向

消费需求是影响有效需求的第一个因素。为了分析消费需求不足，凯恩斯提出了边际消费倾向的概念。他将消费在收入中所占的比例定义为消费倾向，消费和收入之间的关系对应着消费函数，这一函数是一个十分稳定的函数。关于消费倾向，凯恩斯提出了第一个基本心理规律：一般而言，当人们收入增加或减少时，消费也会增加或减少，但消费的增减没有收入的增减那么快。凯恩斯区分了平均消费倾向和边际消费倾向。假设消费量 $C$ 与实际总收入 $Y$ 之间的函数关系为：$C=f(Y)$，凯恩斯定义平均消费倾向 APC 为一定时期内总消费量在国民收入中所占的比例，即 $\mathrm{APC}=\frac{C}{Y}$，边际消费倾向 MPC 为增加的消费量在增加的国民收入中所占的比例，即 $\mathrm{MPC}=\frac{\Delta C}{\Delta Y}$或$\frac{\mathrm{d}C}{\mathrm{d}Y}$。根据消费心理规律，$\Delta C$ 和 $\Delta Y$ 变化方向相同，但前者小于后者，也就是边际消费倾向介于 0 和 1 之间。不仅从绝对量上，而且消费从比例上也比收入增加得少。这样，在每一单位的收入增量中，人们用于消费支出的比重是递减的，即边际消费倾向是递减的，相应地，边际储蓄倾向是递增的。人们之所以具有这种消费心理，关键在于当收入增加时人们具有一种不把所有收入增量用于消费的倾向。这样，当就业量增加时，消费的增长将会小于收入的增长，总收入与总消费之间会存在一个缺口。这一缺口还会随着收入的增加而不断扩大，消费需求不足限制了充分就业的实现。由于消费倾向是一个较稳定的函数，短期内增加消费比例并不容易，因此除非有足够的投资刺激来弥补这一缺口，否则不可能实现充分就业的均衡。

**（二）资本边际效率**

凯恩斯从消费倾向规律和消费函数的稳定性，导出了其投资理论。他认为，如果通过比较一项投资的预期收益和供给价格，企业家觉得该投资有利可图，那么就形成了投资引诱。投资引诱决定于两个方面：一是资本边际效率，二是利息率。通过分析资本资产增加一个单位的预期收益与该单位的重置成本之间的关系，凯恩斯开创性地引出了资本边际效率的概念，他将某种特定类型资产的资本边际效率定义为一种贴现率，这种贴现率能够使所提供的预期收益的现值正好等于该资本资产的供给价格。因此，凯恩斯的资本边际效率就是一项资本资产预期的收益与该项资本资产现行的供给价格的比率。资本边际效率是递减的，“如果在任何时期任何既定类型的资产上的投资有所增长，则该类型的资产的资本边际效率将随着投资量的增加而减少”。① 资本的边际效率递减主要是因为竞争性市场的存在。在竞争性市场上，只要资本边际效率高于现行市场利息率，也就是说存在投资引诱，投资就会不断增加，直到任何类型资产的资本边际效率等于现行的市场利率水平，这时投资引诱不足，不再会有任何投资。因此，资本边际效率递减表明，随着投资的增加，预期利润率会下降，对投资的激励越来越小，于是引起投资需求不足。另一个决定投资引诱大小的因素是利息率。利息率可以看成是投资的代价或成本，资本边际效率实际上就是投资的预期利润率。因此，只有当预期利润率不小于投资成本，或资本边际效

① 凯恩斯：《就业、利息与货币通论》，陕西人民出版社 2004 年版，第 124 页。

率不小于利息率时，企业家才会有投资的动力，即投资引诱。资本边际效率超过利息率的数值越多，投资引诱越大，从而投资量也会越大。反之，如果差距越少，投资引诱越小，从而投资量就会越小。

凯恩斯指出，预期利润率和利息率是彼此独立的，前者取决于企业家的预期，后者取决于流动性偏好和货币供给。预期利润率取决于大众心理，容易受到突发事件的影响，因此资本边际效率是十分不稳定的，难以控制。可以考虑操纵投资的另一诱因利息率来促进投资，这就需要考虑第三个基本心理规律的影响。

**（三）流动性偏好**

货币理论是凯恩斯经济学理论体系的关键组成部分，其中凯恩斯首创性地提出了流动性偏好的概念。凯恩斯认为，利息率纯粹是一种货币现象，是由货币的供给和货币的需求共同决定的。由于货币供给一般是外生不变的，因此利息率唯一地取决于货币需求。为了分析货币供求对利息率的决定作用，凯恩斯提出了流动性偏好的概念，将流动性偏好定义为人们以流动货币形式持有财富的愿望，它可以用人们在各种不同情形下愿意以货币形式持有的资源的价值来衡量。利息率是在一个特定时期内人们放弃流动性的报酬，因此可以用来衡量人们不愿意放弃流动性的程度。为了揭示人们为什么具有对货币的流动性偏好，凯恩斯将人们持有货币的需求区分为作为交换手段的货币需求和作为财富储藏手段的货币需求两个部分，并对应以三种货币需求动机：交易性货币需求动机，预防性货币需求动机，投机性货币需求动机。前二者决定了人们对交换手段的货币需求，后者决定了人们对作为财富储藏手段的货币需求。因交易和预防动机而持有的货币需求 $M_1$，通常取决于一般收入水平 $Y$，而对利息率 $r$ 的变化很不敏感，由此可得到第一个流动性偏好函数，记为：

$$M_1 = L_1\ (Y).$$

因投机动机引起的第二类货币需求 $M_2$，主要取决于利息率 $r$ 和预期状态之间的关系，是利息率的减函数，于是可以得到第二个流动性偏好函数，记为：

$$M_2 = L_2\ (r).$$

在利息率 $r$ 较低时，人们更愿意持有货币，人们的流动性较强。于是，货币市场的均衡条件为：

$$M = M_1 + M_2 = L_1\ (Y)\ + L_2\ (r)\ = L.$$

其中，$M$ 为货币供给，$L$ 为货币需求。

传统经济学认为可以通过增加储蓄压低利息率来刺激投资。凯恩斯否定了这一观点，他指出，当人们通过减少消费来增加储蓄时，如果货币需求和供给不变，利率就不会变，那么投资就不会增加，而消费却减少了，因此储蓄增加的最终结果是产出和就业的减少。因此，要降低利息率形成投资引诱，货币当局必须通过增加货币供给，来降低利息率，从而刺激投资、产出和就业的增加。不过，货币供给的增加并不一定能够保证充分就业均衡的实现，因为，当货币供给增加到一定程度后，人们在心理上对未来感到很不确定，认为利息率作为人们放弃货币流动性的报酬，已经降低得如此之低，不可能继续无限地降低，不可能低于某一特定水平，因此人们此时的流动性偏好会趋于无穷大，货币当局增发多少货币，人们都会持有在手中，于是利息率不再下降，经济陷入“流动性陷阱”。当预期利润率下降而利息率不再降低时，人们就会不愿意进行投资，这种流动性陷阱的作用，进一步加剧了投资需求的不足。因此，央行能否通过增发货币来刺激有效需求，作用是有限的，前景是不确定的。这时扩大有效需求的有效手段就得依靠财政政策。

### 四、乘数原理

凯恩斯发现，当利息率低于预期利润率时，投资受到引诱而增加，于是企业家和工人收入增加，但是效应并不止于此。当人们收入提高时，他们会相应地增加消费支出，扩大总需求，于是收入继续增加……如此循环往复，就会造成最终收入的增加是初始投资增加的许多倍。基于这一思想，凯恩斯在卡恩就业乘数的基础上，利用边际消费倾向的概念构建了投资乘数，记为投资增加带来产出增加的倍数。一般而言，当边际消费倾向为 $\alpha$，投资增量为 $\Delta I$，$\Delta I$ 所引致的最终收入增量为 $\Delta Y$ 时，由于

$$\Delta Y=\Delta I+\alpha\Delta I+\alpha^2\Delta I+\cdots=\frac{1}{1-\alpha}\times\Delta I,$$

因而乘数 $\frac{\Delta Y}{\Delta I}$ 为 $\frac{1}{1-\alpha}$，即乘数为 1 减边际消费倾向的倒数：投资乘数 $=\frac{1}{1-\mathrm{MPC}}$。由于边际消费倾向界于 0 到 1 之间，投资乘数总会大于 1。因此，投资的增加会带来产出成倍地增加；而且，边际消费倾向越高，投资乘数越大。特别地，当边际消费倾向趋近于 1 时，投资乘数会趋于无穷大，投资的微小波动能够带来无穷大的产出波动，很快实现充分就业。当边际消费倾向趋近于 0 时，投资乘数就会很小趋近于 1，这时投资的增加没有对产出产生倍数效应，需要一个巨大的投资量的增加才能够实现充分就业。这是两种极端的情形，前者很容易消除非自愿失业，但可能难以筹措大量的投资资金；后者会长期处于低就业水平，需要猛药治疗。当充分就业实现后，无论边际消费倾向为多少，任何投资量的进一步增加，都会导致价格无限制地上升，出现真正的通货膨胀。

凯恩斯假设投资乘数等于就业乘数，于是投资的增加能够通过乘数作用迅速地增加就业，以达到充分就业。因此，通过各种增加投资的政策，特别是公共工程政策，可以利用乘数杠杆效应，有效地解决失业问题和促进产出增加。此外，货币当局也可以通过调整货币供应量，来降低利息率，以促进投资、产出和就业的增加，从而带来乘数效应。不过，如前所述，降低利息率刺激投资的政策会受到资本边际效率递减、流动性偏好等因素的影响，资本边际效率递减会降低投资引诱，流动性陷阱的存在会限制利息率的不断降低。

## 五、货币工资与价格

### （一）货币工资与就业

关于货币工资的变动与就业量变动的关系，凯恩斯批判了古典

学派的观点。

首先，通过货币工资的调整来解决失业的观点只适用于个别企业的情形。古典学派认为，当存在失业时，货币工资会自动下降，因此失业会减少直至充分就业恢复。凯恩斯则认为，古典学派的这一思想实际上是在假定货币工资减少时对产品的需求不变。然而事实上，对个别行业而言情况可能是如此，但如果从所有行业整体来看就不正确了，因为当货币工资减少时，从整体来看工人的购买会减少，因此总需求会减少，于是失业又会增加从而偏离充分就业。

其次，利息率能够自行调节其与资本边际效率的关系是一个不合理的基本假设。庇古认为失业主要是由于工资政策引起的，长期中可以通过工资调整来消除失业。凯恩斯指出，实际工资水平主要是由经济体系中的其他因素，特别是资本边际效率和利息率的关系决定的，而这种关系并不是稳定的，由此会引起投资量的波动，这种投资量的波动是就业量波动的根源。而庇古的理论忽略了资本边际效率和利息率关系的波动，将其看成是可以自发调整的，因此忽视了这种波动对投资量和就业的影响。

在批判古典学派理论的基础上，凯恩斯提出了自己关于货币工资变动对就业量影响的观点：在其他条件既定时，货币工资的减少并不会直接促进就业，因为，就业量唯一地取决于以工资计量的有效需求。当消费倾向、资本边际效率以及利息率三者既定时，有效需求也是既定的，因此就业不会发生变化，货币工资的减少无法促进就业。如前所述，对单个企业而言，减少货币工资不会影响有效需求，因此该企业可以通过降低生产成本来促进就业，但是对全体企业主来说，在其他条件既定的情况下，货币工资的减少会压缩社会以工资计量的有效需求，从而对就业产生负面的影响。要抵消这种负面影响，除非消费倾向、资本边际效率以及利息率因素发生有利的变化。凯恩斯进一步指出，通过货币工资的减少来促进就业的政策，会造成价格极大的不稳定性，因此应当维持一个稳定的一般货币工资水平，从而保证价格水平一定程度的稳定性。

### （二）货币数量与价格

凯恩斯的价格论研究了货币数量和价格水平之间的关系。传统经济学将价值理论和货币理论分割开来，在价值论中认为价格取决于供求状况，在货币论中认为价格取决于货币数量、货币流通速度等因素。在他们看来，货币只是商品交易的媒介，对经济只具有瞬时性和中性的作用，货币数量的变动只会引起价格水平相应的变动，而不会影响就业量和产量。凯恩斯认为这是一种错误的划分，他将二者结合起来，将货币物价论融合于生产就业论之中，认为在研究单个行业或者厂商的行为时，货币的确并不重要，但在研究社会总体的产量和就业量问题时，就需要有一种关于货币经济的完整理论。凯恩斯认为，货币供给量的增加并不会直接影响价格，而只是会直接影响利息率，通过利息率影响生产和就业。当货币供给增加时，利息率会降低，投资引诱加大，于是投资需求增加，收入和就业增加，消费需求又会增加。有效需求的增加会刺激供给的增加，在新的供求均衡点，价格不一定会随着货币供给量的增加而同比例地变动。

关于货币数量增加与价格水平的关系，凯恩斯进一步区分了以下三种情形：

（1）货币数量增加时，只要存在失业，就不会对价格产生任何影响。因为，此时供给具有完全弹性，货币数量的增加不会提高边际成本，因此也不会提高价格，货币数量的增加伴随着就业成比例地增加。

（2）货币数量的增加会扩大商品和劳务供给弹性的巨大差异，一部分引起产量和就业量的增加，另一部分引起物价水平上涨。不过，此时价格水平的提高要低于货币数量的增加，因此引起的是某些商品价格急剧上涨的“半通货膨胀”。

（3）在充分就业临界点，继续增加货币供给会影响货币工资与价格。此时，有效需求的进一步增加不再进一步增加产量和就业量，而全部体现为成比例的成本单位的上升，表现为物价水平无限制上涨，从而出现“绝对通货膨胀”。因此，凯恩斯认为，当存在失业时，可以通过增加货币数量来降低利息率刺激有效需求，促进充分就业。不过，利息率的降低是有限度的，如果只采取适度通货膨胀的货币政策，就很难彻底解决萧条和失业问题。

## 六、经济周期

凯恩斯认为，经济周期是非常复杂的现象，要完全理解经济周期，需要对《通论》中分析的每一个因素予以充分的考察。这些因素包括消费倾向的波动、资本边际效率的波动和流动性偏好的波动，其中，影响经济周期的主要因素是资本边际效率的波动。凯恩斯详细分析了资本边际效率波动导致经济呈现周期性变化的过程。他指出，在经济繁荣的后期，人们对资本品未来收益的估计并不理性，总是作出过于乐观的预期。这种预期太过乐观，以至于他们无视资本品日益膨胀充裕、生产成本不断提高等不利现象的出现，而只关注市场情绪的波动。当繁荣继续时，人们会对未来收益的可靠性突然发生怀疑，幻灭感便降临到这一过度乐观、过度购买的市场，而且这种怀疑一旦发生就会迅速蔓延，于是资本的边际效率就会大大降低，投资量锐减。另外，资本边际效率骤降引起的沮丧和对未来的不确定性，会使流动性偏好急剧增加，于是利息率上升，更加加剧了投资的下降。因此，资本边际效率的崩溃引发了经济危机，将经济从繁荣时期带入萧条时期。

在萧条时期，降低利息率可能有助于投资的增加、经济的复苏。不过凯恩斯并不太支持采取降低利息率的政策来应对经济萧条。他认为纯货币的方法不能解决问题，还是应当采取收入分配以及其他方法来刺激消费倾向，通过提高消费需求来刺激经济。在萧条时期，资本边际效率已经降到极低，需要极低的利息率才能形成投资引诱；而且，通过降低利息率恢复资本边际效率并非易事，因为资本边际效率的恢复取决于工商界的心理状态和信心的恢复，因此经济复苏需要一段时间。经过一段时间后，资本、存货和流动资本日益减少，于是其稀缺性渐渐得以恢复，资本边际效率又开始慢慢提高；而且，萧条时期交易动机减弱使得货币需求减少，于是利息率开始下降。另外，收入下降时期社会的边际消费倾向高，就业乘数大，于是产出、就业和收入增长迅速。在资本边际效率提高、利息率下降、边际消费倾向提高三方面因素的作用下，经济从萧条、复苏走向繁荣。同样，在繁荣的后期，当资本边际效率由于过度乐观的情绪而崩溃时，经济危机和萧条便随之而来，经济不断呈现周期性变化。

## 第三节 政策观点

凯恩斯的经济政策以总需求管理为核心。他指出，要实现充分就业，必须实行总需求管理，为此需要反对自由放任，采取国家干预，特别是实行有效的财政政策。这是凯恩斯经济政策的基本特征，这些政策观点散见于《通论》各部分的论述之中。

### 一、反对自由放任，主张国家干预

在凯恩斯之前，传统经济学认为自由放任能使经济自发地实现均衡，有一只“看不见的手”自动调节经济，因此反对国家干预经济，主张节约储蓄、平衡预算和物价稳定。随着1929—1933年经济危机的大爆发，传统经济学理论无法对经济危机的现实作出合理的解释，自由放任的政策也无法引导经济走出危机和萧条。这时，凯恩斯在批判传统经济学理论假设的基础上，抨击了其自由放任的经济政策，强调国家应当对经济进行直接的调整和干预。早在1924年5月24日，凯恩斯就曾在《民族》杂志上发表题为《失业需要猛剂吗?》的文章，回应劳埃德·乔治的公共工程计划，建议将第一次世界大战后的偿债基金每年投资1亿英镑用于建筑业、公路运输等各项国内基本建设工程。1926年7月，凯恩斯出版了《自由放任主义的终结》的小册子，一反古典学派的观点，认为经济健全发展非常重要，不能让“市场力量”自由放任，宣布自由放任主义到了寿终正寝的时候，应当将这种学说扫地出门了。1929年3月，凯恩斯发表《劳埃德·乔治办得到吗?》的小册子，表明了他对自由放任资本主义的怀疑，一般被视为他与传统自由放任经济学分道扬镳的标志。这本小册子明确支持自由党的公共工程计划，并抨击了现任政府的消极政策，指出国家参与经济是十分必要的。1933 年，凯恩斯又在《通向繁荣之路》中提出了应对萧条和失业的政策，将发展国内资本即公共工程计划当做恢复繁荣的手段。此后，凯恩斯又多次指出，放弃自由放任后，通过有效的政府管理，能够实现高效率，最终会带来一个经济富饶的美好世界。

凯恩斯的国家干预政策，是以其有效需求原理为基础的。根据有效需求原理，失业和危机的原因在于有效需求不足。有效需求包括消费需求和投资需求两个方面。从消费需求来看，主要是消费倾向偏低引起的消费需求不足，为此应当提高消费倾向，以促进消费增加；从投资需求来看，主要是资本边际效率偏低或利息率偏高引起的投资需求不足，利息率偏高则又是由于流动性偏好偏高或货币数量偏少引起，因此应当提高资本边际效率、增加货币供应数量，以促进投资增加。这是凯恩斯理论的基本政策结论。要实现这些目标，必须要扩大政府的职能，特别是扩大政府调节消费倾向和投资引诱的职能。通过调节投资引诱，刺激投资需求；通过调节消费倾向，刺激消费需求。因此，政府刺激有效需求最聪明的办法是双管齐下。

一方面，国家应当设法对消费倾向施加导向性的影响，促进消费倾向的提高，增加消费。具体而言就是，国家可以通过改变赋税体系、调整利息率以及其他方法，引导消费倾向。例如，降低各种所得税、资本利润税、遗产税，提高个人所得税的累进税率，对低收入者给予福利补贴等，都能促进人们提高消费倾向，扩大消费支出。如果政府的财政政策立足于改善社会收入分配状况，促进财富从高收入者向低收入者的转移，那么这些财政政策极大地刺激消费倾向的提高。此外，政府也可以采取降低利息率等货币政策，刺激人们增加消费减少储蓄，增强消费倾向。为了倡导扩大消费支出，凯恩斯甚至一反节约的传统，鼓励社会挥霍浪费，认为建造金字塔、开金矿等都可以促进社会扩大消费，还用蜜蜂的寓言来佐证自己的观点。不过，凯恩斯强调说，不能太着重于增加消费，而应着重于投资。这是因为，在短期内消费量不易变动，而且边际消费倾向呈现递减的趋势，就业量的变动主要取决于投资量的变化；而且，投资量的增加不仅会直接增加就业量，还会在既定的消费倾向下通过乘数效应增加消费支出。因此，另一方面，政府应当采取措施提高资本边际效率或降低利息率，提高投资引诱，增加投资。关于增加投资，凯恩斯倡导国家直接投资，甚至提出要实行全面的投资社会化，认为某种程度的全面的投资社会化是获得允分就业的唯一手段。投资不仅包括对内投资，也包括对外投资。对内投资取决于国内利息率的高低，对外投资则取决于国际贸易顺差的大小。当政府无法通过控制国内利息率来增强投资引诱时，增加贸易顺差是政府增加对外投资的又一有效办法；而且，外贸顺差增加了国外贵金属的流入，因此有助于降低国内利息率，增加国内投资诱导。不过，凯恩斯并非主张外贸顺差越大越好。他认为，如果外贸顺差太大，国内利息率降得太低，就可能会提高国内工资成本引起出口困难，也可能造成资金外流，从而会不利于外贸顺差。因此，应当保持适度的外贸顺差。

## 二、财政政策：赤字财政

在《通论》中，凯恩斯虽然没有明确地讨论财政政策，但其政策思路无疑重建了经济政策的整个基础，确定了功能财政作为一种常态政策的地位。凯恩斯的财政政策，主张政府通过有意识、有目的地对国家财政收入与支出活动进行调节，来影响有效需求与总就业水平。当经济处于萧条时期时，政府应当扩大政府支出减少税收，从而扩大总需求，亦即采取扩张性的财政政策；反之在经济繁荣或通胀时期，政府应当缩减财政支出增加税收，以减少总需求，亦即实行紧缩性的财政政策。凯恩斯的财政政策，针对的是英国长期的慢性萧条和20世纪30年代的大危机，因此倡导的是增支减收的扩张性的财政政策。

在增加支出方面，最直接可行的方式就是进行大规模的公共工程投资，间接的方式是引诱人们多消费。政府可以直接投资兴办公共工程或扩大非生产性支出，而且相对而言后者不会挤占私人投资机会，因而更有利于促进私人投资。例如，兴建金字塔，地震、战争等天灾人祸都是“生产性”的支出，都可以增加财富，金矿和战争对人类的进步也有贡献。在减少收入方面，凯恩斯提倡降低各种直接税，如所得税、资本利润税、遗产税等，以扩大人们的可支配收入，增进社会私人的消费支出和投资支出。此外，凯恩斯认为，调整赋税体系和各种促进收入分配公平的政策，都能促进消费和投资两方面的有效需求，从而刺激产出和就业的增长。

增支减收的结果必然是财政赤字。自亚当·斯密以来，传统经济学一直倡导保持财政收支平衡，反对预算赤字。凯恩斯否定了这一观点，认为传统的预算平衡原则太过保守，实行赤字财政政策是有益的。所谓赤字财政政策，就是只要政府的支出增加，能够促进经济增长和个人收入增加，即使是出现财政赤字，也是可行的。凯恩斯认为，可以通过举债方式推行赤字财政政策，举债支出虽然浪费，最终却会增进社会财富，对于促进有效需求和充分就业而言是一个不错的选择。

### 三、货币政策：利率调节

由于处于经济大萧条时期，面对的是失业和经济衰退问题，凯恩斯主张推行扩张性的货币政策，认为央行通过在公开市场上买进政府债券，不仅可以改变货币供给数量，而且可以通过改变人们对未来金融政策的预期，来降低利率，刺激投资的增长和有效需求的增加。通过降低利率的货币政策，可以在一定程度上刺激投资的积极性。不过，低利率政策的作用是有限的。原因有二：首先，资本边际效率是不断波动的，在经济萧条时期，资本边际效率可能降到很低的水平，以至于低利率无法低于资本边际效率；其次，利率不可能无限制地降低，当利率降低到一定水平后，可能会遇到流动性陷阱，此时人们的流动性偏好无穷大，利率无法继续降低。因此，凯恩斯认为，降低利率的货币政策虽然是充分就业政策的重要组成部分，但利用货币政策调控经济会遇到种种限制，仅仅依靠这种货币政策多数情况下很难奏效，因而政府直接干预的财政政策更为必要。例如，如果对未来的预期极度悲观，通过降低利率以刺激投资的货币政策就不会奏效，可能跌入流动性陷阱。不过，流动性陷阱的极端情形到他写作《通论》为止，在资本主义经济史上还没有出现过。

增加货币供给在降低利率的同时，还会导致物价上涨通货膨胀。对于这个问题，凯恩斯不同意传统经济学保持国内价格水平稳定的观点，而是认为温和的通货膨胀无害。如前所述，当经济中存在失业时，货币数量的增加不但不会影响价格，而且能够带来就业量同比例地增加，此时货币政策非常有效；当货币数量增加之后，增加货币供给虽然会引起一些物品的价格上涨，形成半通货膨胀，但它对增加就业和产出的作用也是十分显著的；当经济已经达到充分就业临界点时，如果再采取扩张性的货币政策，增加货币供给，则货币数量的增加会全部体现为通货膨胀，不会增加产量和就业。由于非充分就业是更常见的情形，所以凯恩斯认为，增加货币供给虽然引起了一定的通货膨胀，但对产出和就业的增加却是非常有益的。

## 第四节　理论评述

凯恩斯的《通论》，创立了一整套崭新的经济学理论体系。就其理论上的独创性及其对人类历史的深远影响而言，有人认为它可以和斯密的《国富论》相比拟：《国富论》推翻了风靡欧洲数个世纪的重商主义，《通论》否定了自由放任的传统经济学教条。

### 一、理论影响

全球萧条孕育了凯恩斯的《通论》，它无疑是一部极具创新性和影响力的书。凯恩斯的信徒保罗·萨缪尔森在 1946 年为凯恩斯逝世时的颂词中评价该书说："它文笔很滥，结构松散……它语气狂妄、措辞激烈、争议性大。全书充满语不惊人誓不休的语句，却又令人深思……冗长的代数里面不时闪烁着洞悉力和原创力……一言以蔽之，它是天才之作。”“要让现在的学生体会到‘凯恩斯革命’对我们这些接受了古典学派传统教育的人所产生的重大影响，是不大可能的。今天的初学者认为是平凡而明显的东西，当时对我们都是费解的、新奇的和陌生的……《通论》的出版，使大多数35 岁以下的经济学家深受影响，就像突然发生一场致命的疾病第一次袭击并杀伤了与外界隔绝的南海岛民部落的大部分居民那样，50 岁以上的经济学家则具有免疫力。在这两种年龄之间的经济学家，大多数是在不知不觉中染上了凯恩斯热病。”《通论》刚一出版，得知这一消息的几位哈佛青年学子，就等不及书店引进新书，直接办理了向英国邮购该书的手续。

《通论》出版前后，许多剑桥大学之外的学者，例如牛津大学的英国学者哈罗德、米德等人很快就接受了凯恩斯的新思想，伦敦经济学院的一些青年经济学家如卡尔多、勒纳、希克斯等人也纷纷脱下了哈耶克式的外衣，加入到宣传和拓展凯恩斯经济学的行列。例如，希克斯 1936 年的《凯恩斯先生的就业理论》和 1937 年的《凯恩斯先生与古典学派》，成了对凯恩斯新思想的一种经典注释。在美国，也有一群卓越的年轻经济学家受到了凯恩斯思想的明显影响，其中以哈佛大学的阿尔文·汉森教授戏剧性的转变最为引人注目，他最初对《通论》持批评态度，但在批判的过程中渐渐开始信仰和宣传凯恩斯主义，并为凯恩斯学说的“通俗化”、“政策化”和“美国化”立下了汗马功劳，成为“美国的凯恩斯”。凯恩斯的经济学说吸引了无数的追随者，有关凯恩斯其人、其学说和政策的文章论著不断出现在各种出版物中。1979 年，美国经济学家 E. 罗伊·温特劳布还将其书中第三章的标题，直接命名为“对凯恩斯体系的第 4827 次再考察”。① 由此可见人们对凯恩斯思想的关注程

① E. Roy Weintraub. Microfoundations: the Compatibility of Microeconomics and Macroeconomics. Cambridge University Press, 1979.

度之深。

凯恩斯经济学不仅仅在学术界具有无比的吸引力，而且也对世界各国的经济政策产生了深远的影响。美国著名经济学界加尔布雷思称《通论》是“对社会经济政策最有影响的一本书”。①凯恩斯认为降低货币工资无法使经济恢复充分就业的均衡，必须通过国家干预来实现充分就业。不过，虽然凯恩斯的经济观点为人们接受，但却较少成为政府制定政策的依据。直到第二次世界大战期间，情形有了转变。第二次世界大战结束时，各国政府对战后持续繁荣的期望日趋强烈，凯恩斯的思想主张开始被一些国家付诸实际行动。英国、美国、加拿大、澳大利亚、瑞典等国都纷纷宣布，要保持高就业水平。例如，英国政府在 1944 年的白皮书中表示，将以维持较高的稳定就业水平作为其首要目标和责任，并于 1946 年通过了《充分就业法案》。澳大利亚官方在 1945 年发表《有关经济政策诸问题》，宣布政府要刺激产品与劳务消费支出以维持充分就业，坚持经济政策必须视公众对产品与劳务的需求而定。美国政府也于 1945 年提出并于次年通过了《就业法》，宣布政府有责任为失业者创造就业机会。就这样，凯恩斯的经济理论和政策主张在众多欧美国家得以实践，成为这些国家经济的政策指南。此时，一些美国经济学家，如汉森、萨缪尔森、克莱因等人还开始将凯恩斯的理论和建议政策化，由此凯恩斯经济学说的影响更加广泛和深远。1971 年，美国总统尼克松甚至不无感叹地宣称：“我们都是凯恩斯主义者了。”从第二次世界大战结束到 1973 年期间，所有发达的民主的资本主义国家都不同程度地采取了凯恩斯主义的需求管理政策，各个工业国度过了一个难忘的黄金时代，创造了历史上无与伦比的经济繁荣。正因为如此，凯恩斯也被推崇为“经济繁荣之父”。

① 约翰·加尔布雷思：《凯恩斯主义为何来到美国》，载《经济学文选》，麻省理工学院出版社 1973 年版，第 91 页。

## 二、凯恩斯革命

《通论》的出版，在西方经济学界引起了剧烈的轰动，对各工业国的经济政策产生了深远的影响。基于此，一些西方经济学家们称，如同哥白尼在天文学上、达尔文在生物学上、爱因斯坦在物理学上的革命一样，凯恩斯的经济学说是经济学上的一场革命，史称“凯恩斯革命”。这场凯恩斯革命，是对传统经济学一场深刻的理论革命、方法革命和政策革命。

### （一）理论革命

凯恩斯经济学是对传统经济学一场深刻的理论革命。

第一，从理论适用性来看，古典学派的经济理论只适用于充分就业的特殊情形，而凯恩斯的理论则不仅适用于充分就业情形，而且也适用于更常见的非充分就业情形。

第二，传统的萨伊定律坚信“供给会创造自己的需求”，凯恩斯则一反传统创建了“需求会创造自己的供给”的“凯恩斯法则”，以有效需求为核心，围绕三个基本心理定律构建了自己的就业一般理论体系。

第三，传统的就业论相信货币工资的自发调节能够实现充分就业。凯恩斯认为就单个企业或行业来看，货币工资的下降能够解决失业问题，但从所有行业整体来看，货币工资的下降会引起有效需求不足，进而减少就业。

第四，传统的利息论认为利息的调节能够使储蓄和投资自动相等。凯恩斯用流动性偏好理论代替了利息论，认为利息是人们放弃货币流动性偏好的报酬，有效需求不足的存在使得储蓄和投资不能自动趋于相等。

### （二）方法革命

在分析方法上，凯恩斯之前的传统经济学将货币经济和实物经济割裂开来，将货币看做是商品交易的媒介，基于货币中性假设，认为货币数量的变动只会影响价格，不会影响就业量和产量。凯恩斯认为这种划分是错误的，他将二者结合起来，将货币物价论融合到生产就业论之中，提出了新的二分法：一方面是研究单个行业或者厂商的行为的理论，另一方面是研究社会总体的产量和就业量的理论。在研究前一方面的问题时，货币的确并不重要，但涉及后一方面问题时，货币就重要了，货币不再是中性的，会产生真实的效应，亦即会对产量和就业产生影响。凯恩斯的这种划分突破了传统的微观经济分析模式，复活了重商主义的宏观总量分析方法，开创了宏观经济分析思路。凯恩斯将货币经济和实物经济融为一体、将经济学区分为微观经济学与宏观经济学的做法，开辟了经济学研究方法的一个新时代。此外，凯恩斯还运用了传统经济学少用的短期分析与比较静态分析方法。

**（三）政策革命**

凯恩斯革命也是对过去自由放任传统的一场意义深远的政策革命。传统经济学一直认为市场价格机制的自发调节，可以实现经济资源的最优配置，实现一般均衡和充分就业，因此主张自由放任的经济政策，反对任何形式的国家干预。如同在理论上标新立异一样，在政策上凯恩斯也一反传统，强调政府对宏观经济的干预和调控。他认为市场的自发调节会造成有效需求不足，导致经济危机和失业。利用政府这只“看得见的手”，是弥补市场那只“看不见的手”的不足，使经济免于“全面毁灭”的唯一途径。在具体政策上，凯恩斯否定了传统的平衡预算财政政策，代之以赤字财政举债政策；认为传统的扩张性货币政策——增加货币供给以降低利率刺激投资，会受到资本边际效率递减、流动性陷阱等因素的限制；反对传统经济学维持价格稳定的主张，认为实施一定程度的扩张性货币政策，虽然会引起一定程度的通货膨胀，但对产出和就业的增加却是非常有益的。

## 三、简评

在凯恩斯的《通论》出版之初，很多人并没有感到凯恩斯真的写了一本可以与斯密的《国富论》媲美的书，各种负面评论铺天盖地而来，其理论体系和政策效果遭到了不少学者的质疑。《通论》的体系并不够严密，很多理论概念都是含糊不清，甚至前后不一致，其表述与论证也存在问题。卢卡斯是凯恩斯主义的当代主要批评者，他认为该书是草率成书，代表着对大萧条的政治反应。萨缪尔森（1946）作为凯恩斯的追随者之一，认为这本天才著作的模糊性与争议性将会长期影响着经济学的发展，而且他还指出该书组织低劣，写作粗糙。持同一看法的还有加尔布雷思（1977），他认为《通论》的模糊性在很大程度上为它赢得了众多的支持者，“当读者费了九牛二虎之力终于弄懂了之后，就会牢牢抓住其信念。他们认为，付出这种艰辛是值得的；而且，如果其中充满足够的矛盾和模糊，就像在《圣经》和马克思理论中那样，读者就总能找到他们想要相信的东西。这样就赢得了追随者”。的确，这种模糊性扩大了凯恩斯理论的影响。凯恩斯的理论交错着各种主流和次流的思潮，各种见解与倾向迥异的经济学家甚至都可以在凯恩斯那里找到支持或充实他们各自论点的论据。

的确，凯恩斯的理论并不是完美无缺的，存在不少缺陷。

从总体来看，凯恩斯的理论和方法存在以下问题：

（1）过于强调经济的宏观方面，忽视了理论的微观基础。

（2）侧重短期静态分析，忽视了长期动态变化。

（3）过分强调经济的需求方面，忽视了总供给因素。

（4）过多强调心理因素作用，忽视了对现实因素的深入考察。

从论点来看，凯恩斯的缺陷主要体现在如下方面：

（1）在批判古典学派的某些基本前提和假设的同时，却又认为在经济实现充分就业后，传统古典经济学依然适用。

（2）虽然指出了资本主义缺陷是社会财富和收入分配不均问题，但对收入分配问题的论述却很少。

（3）对储蓄和投资关系的讨论有些混乱不清。

（4）过分强调利息率的重要性，利息率决定的分析存在缺陷。

（5）一些对古典经济学的批判显得过于极端和言过其实。

正是这些缺陷的存在，使得凯恩斯经济理论在解释经济现实问题时，存在较大的局限性，显得有些含糊不清。20世纪70年代石油危机和滞胀的出现，是对凯恩斯理论缺陷最好的印证。

无论凯恩斯经济学有多少缺点，无论遭到新古典学派和其他学派多么强烈的抨击，在20世纪经济学说史中，就其影响而言，至今还没有一个学说可以与之相提并论。凯恩斯作为20世纪一个经济学家，在众多灿烂的经济学明星中，仍然是最耀眼的一颗。

**【参考文献】**

[1] 丁冰．原凯恩斯主义经济学［M］．北京：经济日报出版社，2006.

[2] 傅殷才．凯恩斯主义经济学［M］．北京：中国经济出版社，1995.

[3] 方福前．从《货币论》到《通论》——凯恩斯经济思想发展过程研究［M］．武汉：武汉大学出版社，1997.

[4] 方福前．当代西方经济学主要流派［M］．北京：中国人民大学出版社，2004.

[5] 郭熙保，肖利平．现代宏观经济学的奠基人：梅纳德·凯恩斯［M］．南昌：江西人民出版社，2006.

[6] 胡代光，厉以宁，袁东明．凯恩斯主义的发展和演变［M］．北京：清华大学出版社，2004.

[7] 刘涤源．凯恩斯经济学说评论［M］．武汉：武汉大学出版社，1997.

[8] 吴易风．当代西方经济学流派与思潮［M］．北京：首都经济贸易大学出版社，2005.

[9] 王志伟．现代西方经济学主要思潮及流派［M］．北京：高等教育出版社，2004.

[10] 凯恩斯．就业、利息和货币通论［M］．西安：陕西人民出版社，2004.

[11] 凯恩斯．就业、利息和货币通论［M］．北京：商务印书馆，1999.

[12] 狄拉德 D. 凯恩斯经济学［M］. 上海：上海人民出版社，1963.
[13] 哈罗德 R F. 凯恩斯传［M］. 北京：商务印书馆，1995.
[14] 克莱因 . 凯恩斯的革命［M］. 北京：商务印书馆，1962.
[15] 托宾 J. 通向繁荣的政策——凯恩斯主义论文集［M］. 北京：经济科学出版社，1997.
[16] SKIDELSKY R. Keynes [M]. Oxford: Oxford University Press, 1996.
[17] MOGGRIDGE D E. Maynard Keynes [M]. London: Routledge, 1992.
[18] KLEIN L R. The Keynesian Revolution [M]. London: Macmillan, 1980.
[19] HARRIS S E. The New Economics: Keynes' Influence on Theory and Public Policy [M]. New York: Alfred A. Knopf, 1947.
[20] PEDEN G C. Keynes, the Treasury and British Economic Policy [M]. London: Macmillan, 1988.
[21] BUCHANAN J M, BURTON J, WAGNER R E. The Consequences of Mr Keynes [M]. London: Institute of Economic Affairs, 1978.
[22] WOOD J C. John Maynard Keynes: Critical Assements [M]. London & Canberra: Croom Helm, 1983.
[23] WEINTRAUB E R, MICROFOUNDATIONS. The Compatibility of Microeconomics and Macroeconomics [M]. Cambridge: Cambridge University Press, 1979.

# 第三章　滞胀与新古典主义再现

凯恩斯的宏观经济思想，经过萨缪尔森（Samuelson，P. A.）、托宾（Tobin J. R.）、索罗（Solow，R. M.）以及罗宾逊（Robinson，J.）等经济学家的解释、补充和修正，形成了比较系统的宏观经济学理论与政策主张。从第二次世界大战结束到20世纪60年代上半期，凯恩斯主义经济学不仅成为西方经济理论的主流显学，而且在实践中成为西方国家经济政策的主要理论依据。但是，从60年代末到70年代，西方国家经济停滞与通货膨胀并存的局面，一方面构成凯恩斯主义理论及其政策主张的“反常事实”，另一方面也为反凯恩斯主义的经济学派提供了实践支撑。在这一时期，货币主义、供给学派和理性预期学派等纷纷崛起，形成了凯恩斯主义否定新古典主义之否定。尽管这些学派的理论各异，其政策主张也不尽相同，但它们坚信市场力量、减少政府干预的基本立场却是一致的。经历了凯恩斯革命的荡涤，经历了大萧条与滞胀社会现实的风雨洗礼，新古典主义经济学的基本思想开始回归，重新发挥它在西方经济学的重要影响。

## 第一节　历史背景与思想渊源

### 一、历史背景

尽管人们关于罗斯福新政与凯恩斯主义经济理论之间的关系的见解不尽相同，但是，罗斯福新政及其经济绩效从实践上检验并支持了凯恩斯主义经济学说，却是一个不争的基本事实。通过实行

“紧急银行法”、“产业复兴法”、“农业调整法”等国家干预经济的一系列措施，罗斯福新政减少了失业人数，刺激了经济复苏。1933—1939 年，全国农民净收入从 26 亿美元增为 44 亿美元；工业工人周工资从 16.73 美元增为 23.86 美元，实际工资提高了 20% 左右；失业工人减少了 300 ~ 400 万；人均可支配个人收入由 1933 年的 893 美元（按 1958 年美元计算）增加到 1940 年的 1259 美元。① 从罗斯福至尼克松时期，几届美国政府基本上都是奉行凯恩斯主义经济政策，使美国经济经历了长达 20 年的低失业率、低通货膨胀率。

20 世纪 40 年代末，逐渐走出第二次世界大战阴影的西方国家，国民经济迅速恢复之后，生产过剩危机接踵而至。于是，这些国家纷纷仿效美国实施凯恩斯主义政策，采用扩大财政开支、发行公债和增发货币的经济手段干预经济，使经济以前所未有的速度和规模发展起来。从 20 世纪 40 年代后半期直到 60 年代上半期，实行凯恩斯主义经济政策的西方国家经济增长都比较快，而通货膨胀率与失业率也不高；经济发展虽有波动，但都未曾出现过严重的周期性危机。可以说，这 20 年的时间是西方国家经济发展的一个“黄金时期”，也是凯恩斯主义占据西方经济学和西方大国经济政策的主导地位的“凯恩斯时代”。

不过，好景不长。从 20 世纪 60 年代后半期开始，美国的通货膨胀问题初现端倪；进入 70 年代以后，西方主要发达国家相继出现了经济增长率下降、失业率上升与通货膨胀日益加剧的局面。经济停滞与通货膨胀同时并存，导致经济学开始流行一个新的术语——“滞胀”（stagflation）。

以美国为例。在 1970 年和 1971 年的大部分时间里，通货膨胀难以控制，年膨胀率达 4.5%；而另一方面，通货的紧缩、国防开支的削减以及高利率，使建筑业、钢铁和汽车生产以及用于新工厂和新设备的企业开支下降，失业率随之惊人地剧增，从 1969 年 12

① ［美］吉尔伯特·C. 菲特、吉姆·E. 里斯：《美国经济史》，辽宁人民出版社 1981 年版，第 738 页。

月的3.5%上升到一年后的6.2%，达到近10年来的最高水平。①私人建筑开工数从1973年1月的最高点到1974年的最低点，下降了64.8%；汽车产量从1973年最高点到1975年最低点下降了56.4%；钢产量从1974年最高点下降到1975年最低点，下降了34.4%。1975年，失业人数猛增到825万，失业率达到8.9%，是1941年以来的最高失业率。② 1965—1980年间，美国年平均增长只有1.7%，而年平均通货膨胀率高达6.1%。③

与此同时，除美国之外的其他西方大国，如英国、法国、加拿大、原联邦德国等国家，也都出现了经济增长率下降、通货膨胀率和失业率上升的情况，同时遭遇严重的“滞胀”危机（见表3-1）。

表3-1　**7个最大的经济合作组织成员国的经济概况（1974—1979）**

| | 年均生产率增长率/% | 年均消费价格上涨率/% | 年均失业率/% |
|---|---|---|---|
| 加拿大 | 0.1 | 9.2 | 7.2 |
| 法国 | 2.7 | 10.7 | 4.5 |
| 意大利 | 1.4 | 16.1 | 6.6 |
| 日本 | 3.3 | 10.2 | 1.9 |
| 英国 | 0.8 | 15.7 | 5.3 |
| 美国 | -0.1 | 8.6 | 6.7 |
| 原联邦德国 | 2.9 | 4.7 | 3.2 |

资料来源：《新帕尔格雷夫经济学大辞典》（第四卷），经济科学出版社1992年版，第507页。

① ［美］阿瑟·林克：《一九〇〇年以来的美国史》（下册），中国社会科学出版社1983年版，第234页。

② 刘绪贻主编：《美国通史》（第6卷），人民出版社2002年版，第435~436页。

③ 世界银行《1987年世界发展报告》，中文版，第203页。

在此之前，“滞”与“胀”是互相排斥的，二者不会并存于同一时期。经济停滞和大量失业一般发生在经济周期的危机或萧条时期，与此同时发生的则是通货紧缩或物价下跌；而物价上涨的通货膨胀往往是发生在经济高涨阶段，而高涨阶段一般不会出现经济停滞和大量失业的现象。菲利普斯（Phillips，H.，1958）曾经根据英国 1861—1957 年间失业率和货币工资变动率的经验统计资料，提出了一条用以表示失业率和货币工资变动率之间交替关系的曲线。这条曲线表明：当失业率较低时，货币工资增长率较高；反之，当失业率较高时，货币工资增长率较低，甚至是负数。1960 年，萨缪尔森和索罗用美国宏观经济数据证实了菲利普斯曲线在美国同样成立，并进一步将原来表示失业率与货币工资率之间交替关系的菲利普斯曲线，发展成为表示失业率与通货膨胀率之间交替关系的曲线：失业率高，表明经济处于萧条阶段，这时工资与物价水平都较低，从而通货膨胀率也就低；反之，失业率低，表明经济处于繁荣阶段，这时工资与物价水平都较高，从而通货膨胀率也就高。失业率和通货膨胀率之间存在着反向变动的关系。

但是，20 世纪 70 年代西方世界经济滞胀的现实，动摇了失业率与通货膨胀率之间存在反向关系的信念，从而也动摇了凯恩斯主义经济理论及其政策主张在经济学界的主流地位。

首先，凯恩斯主义经济学无法从理论上解释经济“滞胀”现象。因为，按照凯恩斯主义的理论，当经济处于充分就业水平以下时，价格水平会下降；当经济处于充分就业水平以上时才有可能出现通货膨胀。也就是说，根据凯恩斯主义经济学，经济停滞与通货膨胀不可能同时并存。凯恩斯主义甚至认为，适当的通货膨胀能够刺激有效需求，因而对经济发展具有一定的促进作用。因为，通货膨胀率上升，则人们持有通货的机会成本增加，理性的经济人就会将他们手中的货币余额用于投资和消费，从而能扩大有效需求，促进经济增长。的确，在 20 世纪 60 年代前半期，当美国的消费物价指数年平均上涨1%时，其国民生产总值则每年平均递增5.8%；①但是，20世纪60年代末期以后，日趋恶化的通货膨胀对经济增长产生的作用是负向的，如表3-1所示，1974—1979年间，消费物价上涨率为8.6%，而经济增长率为-0.1%。

其次，凯恩斯主义也无法提出应对滞胀的有效政策。当经济中出现失业时，凯恩斯主义主张采取扩张性政策，如减税，增加政府支出，增加货币供应量；当经济中出现较为严重的通货膨胀时，凯恩斯主义主张采取紧缩性的政策，如削减政府开支，增税，减少货币供应量。但是，当失业增加和通货膨胀并存时，任何一种凯恩斯主义的政策措施都会在试图解决一个问题的同时加剧另一个问题的严重性：刺激经济增长、增加就业水平的凯恩斯主义政策会加剧通货膨胀，而降低通货膨胀的凯恩斯主义政策措施又会带来更为严重的失业与经济萧条。

就在尼克松就任美国总统之初的1969年，面对日益加剧的通货膨胀与失业问题，美国政府根据菲利普斯曲线，两害相权取其轻，曾不惜增加失业以图降低通货膨胀水平。他们削减开支、抑制货币供应量、放慢经济增长的步伐。结果，美国的实际经济增长急剧放慢了，失业率从占劳动总人数的3%上升到大约6%，② 但通货膨胀更加恶化了。1972年，消费物价上涨8.8%，批发物价上升15.4%；③ 1973年，由于世界油价上涨，通货膨胀率升至8.7%，1974年更是高达12.3%。④ 随后的福特政府和卡特政府采取时紧时松的宏观经济政策，疲于应付，但经济一直没能走出高失业率、高通胀率的“双高”魔咒。事实本身也宣告了凯恩斯主义经济政

① Bureau of the Census (The United States), Historical Statistics of the United States, Colonial Times to 1970. New York: Basic Books, 1976: 227.

② ［美］德怀特·L. 杜蒙德：《现代美国1896—1946年》，商务印书馆1984年版，第142页。

③ 陈宝森等：《美国经济周期研究》，商务印书馆1992年版，第213页。

④ ［美］马丁·费尔德斯坦：《20世纪80年代美国经济政策》，经济科学出版社2000年版，第75页。

策应对滞胀问题的失败。

## 二、思想渊源

“70 年代滞胀之于凯恩斯经济学如同 30 年代萧条之于古典派正统观念一样。”① 20 世纪 70 年代西方世界高失业与高通货膨胀并存的经济局面，与描述通货膨胀与失业之间替代关系的菲利普斯曲线相悖，成为动摇凯恩斯主义宏观经济学主流地位的“反常事实”。面对“滞胀”的现实困境，包括新古典综合学派在内的凯恩斯主义者既不能从理论上做出圆满的解释，更不能从实践上提出有效的治疗方案，因此受到来自各方的诘难。曾经被凯恩斯主义暂时边缘化的新古典主义卷土重来，以货币主义、理性预期学派和供给学派为代表，以市场与国家干预为焦点，与凯恩斯主义展开论战，并试图从理论上对“凯恩斯革命”进行清算。这里，我们首先分别讨论被称之为“新自由主义”的三个学派的思想渊源。

### （一）货币主义的思想渊源

就学术渊源而言，货币主义的源流主要来自两个方面：传统的货币数量论和凯恩斯的货币需求函数。

早期的货币数量理论尽管在表述上不尽相同，但是它们都试图在货币与价格之间建立直接联系却是一致的。在古典经济学家看来，影响市场经济活动的实际力量与货币力量是相互区别的：实际力量决定相对价格和生产要素的收入，货币力量决定一般物价水平。货币不过是覆盖在实物经济上的一层面纱，它对实际经济过程不产生实质性的影响。因此，在古典经济学的理论体系中，经济被分成实物经济与货币经济两个相对独立的层面，前者构成价值理论研究的领域，后者则属于货币理论的研究范围。价值理论主要研究商品供求关系与相对价格，以及均衡产量、均衡价格的决定问题；货币理论则侧重研究货币数量与绝对价格的关系，以及绝对价格水平的决定问题。

① 迈克尔 · H. 莱斯诺夫：《二十世纪政治哲学家》，商务印书馆 2001 年版，第 6 页。

货币理论的思想渊源虽然可以追溯到古希腊罗马时期，但最早采用货币流通量的变动来解释市场上的物价波动，是16世纪法国的重商主义者让·波丹。他用货币数量变化解释16世纪西欧市场物价变动，认为“价格革命”是金银大量流入、货币流通量增加的结果。这是货币数量说的原始理论。此后，洛克、休谟、李嘉图等分析了货币供给与货币价值、物价变动的关系，发展了货币数量理论。休谟分析了货币影响物价的过程，第一次明确论述了货币影响一般物价的时间滞后性问题。他的“时滞”理论对现代货币学派具有重要影响：弗里德曼正是利用这种“时滞”来说明20世纪70年代的“滞胀”问题，并利用统计数据证实了休谟的“时滞”理论。

早期货币数量学说的兴盛时期是19世纪末20世纪初，主要代表人物是美国经济学家费雪、劳夫林，以及英国经济学家马歇尔、庇古等人。

费雪认为，在商品交易中，买者支出的货币总额总是等于卖者收入的货币总额。如以 $M$ 代表货币供应量，它包括银行外部所持有的通货 $M_1$ 和商业银行所持有的支票账户（活期存款）$M_2$ 两部分，以 $V$ 代表货币流通速度，以 $P$ 代表一般物价水平，以 $T$ 代表用货币进行交易的社会商品量，则

$$MV = PT \text{ 或 } P = \frac{MV}{T}.$$

费雪认为，是货币数量决定物价水平，而不是物价水平决定货币数量。费雪还分析了货币数量与物价水平这一因果关系的传导机制，认为从货币量增长到物价水平的上升会有一个过渡期，其间可能有许多小的变动。

费雪的货币数量说着眼于货币的流通职能，把货币数量看做是在一定时期内处于流通的货币量。与此不同，以马歇尔和庇古为代表的剑桥学派着眼于货币的储藏职能，认为货币系用以储存购买力以便随时购买所需商品。因此，在马歇尔和庇古看来，货币数量是指在一定时刻上停息的货币量。只是因为对货币及其职能关注的角度和侧重点不同，费雪的货币数量理论被称为现金交易数量说，而

剑桥学派的货币数量理论被称为现金余额数量说。

马歇尔认为，不管一国供给多少货币，其货币的总价值正好等于以货币形态保持的实物价值，其货币的单位价值决定于货币数量与以货币形态保持的实物价值的比例。马歇尔强调人们持有货币的时间和数量对货币流通速度的影响，进而对币值的影响，这样便把货币量与物价、币值关系的研究引导到货币需求上来，这是在费雪货币数量论基础上的一个进步。1917 年马歇尔的学生庇古用公式表述了现金余额数量说。如果用 $Y$ 表示财富总量，$K$ 表示以货币形式持有的财富与总财富的比率，$M$ 表示货币供给量，则 $\frac{KY}{M}$ 是每一个货币单位的实际价格，即每一个货币单位所能购买到的实物商品量，也就是货币的购买力。如果财富总量 $Y$ 和货币供给量 $M$ 不变，则单位货币的价值必然随 $K$ 的正比例变动，此时物价随 $K$ 的反比例变动。这就是说，货币的价值或一般物价水平取决于现金余额 $K$ 的数量。这个关键的 $K$ 是依据马歇尔的理论假设得出的，因此被称为"马歇尔 $K$"。根据马歇尔和庇古的分析，从社会来看，名义货币需求 $M$ 与名义收入水平 $Y$ 之间保持一个较为稳定的比例关系：

$$M = KPY.$$

其中 $P$ 代表价格水平，$K$ 代表以货币形式持有的财富与名义总收入的比例。这就是著名的剑桥方程式。

现代货币主义的形成与发展除了沿袭早期货币数量论的思想传统外，还深受凯恩斯的货币需求理论的影响。凯恩斯最初是一位货币经济学家，他的《货币改革论》（1923）和《货币论》（1930）在经济学界颇有影响。在《通论》中，凯恩斯试图打破古典二分法，特别强调货币在经济体系中占有重要而特殊的地位。他尖锐地批评货币数量论，认为这种理论表达的只是一些常识。凯恩斯认为，货币需求就是人们在特定时期能够而且愿意持有的货币数量。他将人们持有货币的动机分为三类：

- 为进行正常的商品交易而持有货币的交易动机；
- 为应对不测之需而持有货币的谨慎动机；
- 为选择有利机会进行投机活动从中获利的投机动机。

概而言之，凯恩斯认为，人们之所以需要货币，是因为人们在心理上偏好流动性，愿意持有流动性强的货币。普遍存在的流动性偏好这种心理动机形成对货币的需求。因此，凯恩斯的货币需求理论又称为流动偏好理论。

在凯恩斯看来，由持有货币的三种动机驱动着三类不同的货币需求：交易需求，预防需求，投机需求。前两类货币需求对利率变化不甚敏感，因而在短期相对比较稳定，它们主要取决于收入水平，是收入的递增函数。货币的投机需求则不同，它取决于当前的利率水平、投机者心目中的正常利率水平以及投机者对利率变化趋势的预期。在这里，心理因素、预期因素的影响很大。一般情况下，货币的投机需求与利率呈反向变化，是利率的递减函数；但在某些情况下，心理因素或预期因素会使货币需求发生不规则变动。特别是当利率降低至一定水平时，货币需求就会脱离利率递减函数的变化轨迹，陷入“流动性陷阱”之中。凯恩斯认为，人们持有财富只是在货币与债券这两种形式中进行选择，货币需求有较高的利率弹性。由此可以推知，如果增加货币供给，将会引起利率下降，而利率下降会引起货币需求增加或货币流速下降。这样，货币供给量 $M$ 的增加会被货币流通速度 $V$ 的下降所抵消，所以，$M$ 的变化对名义国民收入 $Y$ 不产生任何影响。

**（二）理性预期学派的思想渊源**

理性预期、货币中性与有效的市场出清是理性预期理论的三个基本假定。在学术渊源上，理性预期学派既继承了古典经济学的理论传统，同时又直接吸收了货币主义甚至凯恩斯主义的一些思想，在此基础上做出理论和方法上的创新。

1. 理性经济人假设

古典经济学、新古典经济学的基本前提之一是理性经济人假设，因而严格地说，它是一切新古典主义经济学的一个重要的思想基础。之所以在讨论理性预期学派的思想渊源时，将其单列出来给予特别关注，不仅仅是因为该学派在形式上亮出“理性”标签，更重要的是，“理性”成为它批判凯恩斯主义宏观经济学的重要武器，成为在新古典主义的旗帜下构建宏观经济学的重要理论基石。

理性经济人假设认为，经济活动的主体具有“理性”行为能力且以“自利”为行为动机，即他们会理性地利用自己所收集到的信息做出使自己目标值最大化的行为决策。在经济学说史上，斯密把自利的经济人作为经济分析的出发点，由此描绘市场配置资源的机制。每个主体参与经济活动的目的在于寻求个人利益最大化，在良好的市场秩序下，个人追求自身利益最大化的自由行动会在“一只看不见的手”引导下无意而有效地增进社会公共利益。西尼尔在 1836 年的《政治经济学大纲》中明确把经济人作为经济理论的基础公理：每个人都希望以尽可能少的牺牲取得更多的财富。约翰·斯图亚特·穆勒则认为，经济人是对经济生活中一般人的抽象，并进一步揭示了经济人所具有的自利、完全理性和公共福利性等本质属性。

在随后的经济学发展中，自利的经济人假设逐渐演化为理性人假设。新古典主义经济学一方面特别强调经济行为主体的“理性”内涵，即强调行为选择的完备性和可传递性；另一方面将数理方法运用到经济行为的分析中，使行为理性的特质就有了量的表征，即经济主体追求其目标值或效用最大化，至于这种目标是利己还是利他则不作具体界定。帕累托把理性经济人定义为具有完全有序的偏好、完备的信息、能选择使自己偏好最大化的个体，并利用数学方法严格证明了理性经济主体在“看不见的手”的引导下，可以达到帕累托最优。

基于理性经济人假设，理性预期学派进一步强调经济行为主体具有理性预期的能力，并且认为，从整体和长期来看，经济主体的理性预期与未来的实际是一致的。

2. 货币中性假说

如前所述，在古典经济学看来，货币经济不过是覆盖于实物经济上的一层面纱，货币对实际经济过程不发生实质性影响。货币是中性的，即流通中的货币数量只影响经济中的价格水平，不会影响就业、产出等实际变量。这种思想可追溯到早期的货币数量论。在古典经济学家看来，任何一种商品的供给和需求，不仅取决于该商品的价格，而且取决于其他所有商品的供求和价格。如果一种商品出现超额供给，则其他商品必然出现超额需求，这种暂时的不均衡将通过自发的价格调整而迅速消除，货币的出现不过是在已有的商品系列中添加一个特殊的商品而已，利息只是这个特殊商品的“价格”。货币均衡的实现和利率的决定过程，同其他任何商品供求均衡及价格的决定过程是一样的，它的存在既无助于也不妨碍经济的全面均衡，货币对经济是“中性”的。总之，经济的长期发展完全是由实物部门决定的，因而政府任何积极的货币政策都是多余的，甚至是有害的。货币政策的任务就是控制货币数量，稳定物价水平，维持货币的购买力。费雪方程式和剑桥方程式清楚地表述了这一立场。

维克塞尔认为，只有当银行利率和自然利率相等时，货币才是中性的，否则经济就会发生累积性扩张或者收缩，货币就不是中性的。哈耶克则认为，货币只有在影响一般价格水平，而不影响相对价格水平的情况下才是中性的，否则货币也会影响经济运行，货币就是非中性的。因此，保持货币中性是实现经济均衡的重要条件。帕廷金（Patinkin）将古典学派传统的货币数量论与瓦尔拉一般均衡理论结合起来，提出实际货币余额这一概念，并通过这一概念，将货币变化引入了一般均衡分析。帕廷金指出，个人的实际货币余额水平在一定时期内是一个常量，货币存量的变动会引起一般价格水平同方向、同比例地变动。商品间的相对价格水平没有受绝对价格水平变化的影响，实际部门也就不会做出调整。

货币中性论的一个隐含前提是，经济行为主体不存在“货币幻觉”。这意味着，经济主体可以透过名义变量的变化把握实际变量的变化。理性预期学派坚持古典经济学关于实物经济与货币经济的“二分法”，并以理性预期发展了货币中性理论。他们认为，只有未预期到的货币供给才影响实际 GDP 等实际经济变量，预期到的货币供给变化完全是中性的。

3. 预期理论

经济学所讲的预期，则是指主体基于对未来的判断而在当前做出的行为决策。严格地说，在经济学分析框架中，经济主体的预期是不言而喻的：经济主体为了谋求自己利益的最大化，其行为决策必须建立在对未来将要发生的事件进行判断的基础上。比如，厂商在生产决策时，要对未来的商品生产价格和市场需求进行预测，然后才能决定生产什么、生产多少以及如何生产。然而，经济学真正关注预期，并明确地把预期引入理论分析之中，则是 20 世纪 30 年代之后的事了。

真正的预期总是与不确定性联系在一起的，而人们对不确定性的认识有一个渐进的历史过程。古典经济学是一种确定性的经济学，因而，预期不会在古典经济学框架中占据一席之地。比如，1930 年由美国的舒尔茨、荷兰的丁伯根和意大利的里奇各自独立提出，1934 年由英国的卡尔多命名的蛛网理论，虽然考察了价格波动对下一期产量的影响以及由此产生的均衡变化，因而涉及预期问题，但是，其价格预期方程并没有考虑市场价格的动态变化，只是简单地把前一期的市场价格作为本期的市场价格。这种预期是确定性的，还不是真正的预期，因而蛛网理论自然也就不属于预期理论。在现实的经济运行中，市场价格不会始终不变，经济主体在经历多次挫折之后会总结经验教训，修正以前对市场价格的预期。

凯恩斯在《通论》中对货币需求、投资水平与经济周期的考察都是基于预期范畴进行的。凯恩斯认为，对于一部分经济变量，人们可以主观地估算其概率分布；但是，对于一些经济变量，人们对它们的变化全然无知，根本无法通过计算估算形成某种预期。比如，从事投资决策的企业家对于不确定的未来，常常既没有估计可能结果的客观依据，也没有任何防止不利结果的办法。在这种情况下，长期投资只能取决于投资人变幻无穷的想象和动物精神的追求，对前景的现时评价与资本增殖的数额不可能有任何真实的关联。可见，凯恩斯一方面重视长期预期，但另一方面他又无法将预期合乎逻辑地引入正式的分析框架之中，因此，在凯恩斯那里，预期只是一个重要的外生变量，他没有办法回答预期如何形成及预期如何影响国民经济运行等问题，没有形成系统的预期理论。

1941 年梅茨勒（Metzler，L）提出外推型预期理论。他认为，对未来的预期不仅要考虑前期的经济变量，而且还要考虑经济变量在未来可能发生的变化。就价格预期而言，

$$P_n = P_{n-1} + \alpha\ (P_{n-1} - P_{n-2}).$$

这种外推型的预期虽然注意到价格可能发生的变化，但还是把过去实际价格的变动看成是未来也将会出现的情况，并没有反映人们对过去预期所做出的修正。1956 年，卡甘（Cagan，P）提出了适应性预期理论。他认为，经济主体会根据前期预期的误差来校正当期预期值：当前期预期价格高于实际价格时，对下一期的预期价格要相应减少；反之，则应增加，即

$$P^e_n = P^e_{n-1} + \beta\ (P_{n-1} - P^e_{n-1}),\ (1 \geq \beta \geq 0).$$

其中 $P^e_n$ 和 $P^e_{n-1}$ 分别代表 $n$ 及 $n-1$ 期的预期价格，$P_n$ 和 $P_{n-1}$ 代表 $n$ 及 $n-1$ 期实际价格。

卡甘的适应性预期已经不只是简单依赖于过去的实际价格，因而比外推型预期又进了一步。但是，这种适应性预期仍然只是基于经济变量的过去数值，它忽略了其他方面有关信息，比如宏观经济政策将要产生的经济效应。

穆斯（Muth，1961）认为，这些预期是不合乎理性的，因为，在任何经济社会里，理性的经济主体都会利用包括信息在内的一切可以利用的资源来寻求最大的利益。在《理性预期与价格运动理论》一文中，穆斯首次提出“理性预期”的概念。在他看来，当对某个经济变量的主观预期等于基于同样信息条件的数学期望时，这种预期就是理性预期。理性预期是经济主体利润或效用最大化的自然结果，是最准确的预期。当然，理性预期并不保证每个人都有同样的预期，也不要求每个人的预期都正确无误，但理性预期的误差平均为零。

**（三）供给学派的思想渊源**

供给学派的思想渊源可以追溯到 19 世纪初流行的萨伊定律：供给自动创造需求。这一古典经济学思想曾被凯恩斯在解释 20 世纪 30 年代经济大萧条时所颠覆。面对 20 世纪 70 年代的滞胀，供给学派重拾萨伊定律，据此否定凯恩斯的有效需求理论，并把经济滞胀的根源归结为凯恩斯主义的需求管理政策，主张抛弃凯恩斯经济学，重新回到古典经济学。

19 世纪的法国经济学家萨伊（Say，Jean-Baptiste）在《政治

经济学概论》（1803）一书中首先提出供给会自行创造需求的论断。随后，又在《政治经济学精义》（1817）和《政治经济学教科书》（六卷本，1828—1839）中表达相近的观点。李嘉图在其《政治经济学及赋税原理》（1817）中、穆勒在其《政治经济学原理》（1825）中都曾重申过萨伊的观点。

萨伊认为，一种商品要由另一种商品来购买，货币作为交换的媒介只是在交换产品中起到一瞬间的作用。因此，一种产品生产出来，就为与它价值相当的其他产品创造了销路，亦即创造了一定的需求。在他看来，社会上某些产品供过于求的原因不在于货币不足，也不是需求不足，而是因为能与之相交换的其他产品太少了，因此，应该扩大生产，以实现供求的均衡。市场上一种产品不足而另一种产品充斥过剩，只是暂时的现象，市场可以自动调节供求的非均衡。萨伊相信市场的自动调节能力，不希望有政府力量的干涉。由萨伊的分析可以得出如下推论：

第一，一切社会生产越多，产品越是多样化，产品就销得越快、越多、越广泛，从而生产者的利润也就越多。

第二，一个企业的繁荣能够促进其他部门的繁荣，因而个体利益能促进社会的普遍利益。企业之间是如此，工农业之间是如此，国与国之间也是如此。

第三，购买和进口外国货物决不会损害本国的生产。因为产品与产品交换，尽管在形式上采用现金，但其来源仍是以前的产品，所以，输入或购买外国货物能为本国产品打开销路。

第四，正确的政策是鼓励生产，而鼓励消费则是拙劣的政策。因为，重要的是提供消费的手段，而不是刺激消费的欲望，只有发展生产，才能提供这些手段。

第五，尽管可能存在局部的暂时的生产过剩，但市场经济具有内在的稳定性，不会发生全面的生产过剩的经济危机。因而应该提倡经济自由，反对政府干预。

与萨伊同时代的经济学家李嘉图称萨伊是欧洲大陆首先正确认识并运用斯密学说的人。在《政治经济学及赋税原理》中，李嘉图推崇并发展了萨伊定律，并进一步阐释了萨伊关于市场自行调节供求、不存在生产过剩危机的观点。李嘉图认为，一个人只要他的欲望没有得到满足，他就需要获取产品，而要获取产品，就必须自己生产出等值的商品并用于交换。因此，人们从事生产是为了消费或销售。生产者不是成为自己产品的消费者，就会成为他人商品的购买者和消费者，因此，他不可能总是生产没有需求的商品。无论是扩大生产还是缩小生产，市场上的需求也会同程度地增加或减少，生产出来的商品必定有购买者消费，不存在卖不出去的产品，因此市场上也不会出现生产过剩的现象。

20 世纪 30 年代以前，萨伊定律尽管也受到非主流经济学家的批评，但在主流的古典与新古典经济学中一直都被视为真理。尤其是在资本主义经济繁荣时期，最适合政府采取清静无为政策（Mills，2003）。但是，在经济萧条时期，萨伊定律就成为应该抛弃的空话。萨伊堪称经济思想史上争议最大的经济学家之一。李嘉图称他为欧洲大陆著作家中首先正确认识并运用斯密原理的人，马克思则认为萨伊是法国庸俗经济学的创始人，凯恩斯主义经济学是从批判萨伊定理开始，20 世纪 80 年代的供给学派又把萨伊定理奉为经典。

萨伊定律的问题在于，把市场经济下的商品交换混同于物物交换。实际上，在市场经济条件下，卖和买在时间上和空间上都是分开的，人们并不是一有销售就非购买不可。当然，萨伊理论也包含某些真理性的颗粒：从长期看，影响一个经济发展的决定性因素应该是该经济体的生产能力，即供给方面，需求只是在短期中显得更为重要。基于需求分析的凯恩斯宏观经济理论在某种意义上说，只是一种短期理论。

## 第二节　新古典主义的理论复兴

就像 20 世纪 30 年代大萧条的经济现实推动了凯恩斯主义的发展一样，20 世纪 70 年代的滞胀，促使曾经被凯恩斯主义暂时边缘化的新古典主义重新走到经济学的前台。新古典主义的灵魂复活了，并在货币主义、理性预期学派和供给学派那里获得了新生。

## 一、货币主义的基本理论

什么是货币主义（monetarism）？综合布鲁纳（Brunner，1968）和弗里德曼（Friedman，1974）等人的观点，我们可以从以下三点基本主张来描述货币主义：

第一，货币最为紧要，它是影响国民收入、就业和物价等实际经济的重要变量。

第二，货币供应量的增长是通货膨胀的根源。

第三，货币当局的行为支配着经济周期中的货币存量变动，因而，通货膨胀、经济萧条或经济增长都可以通过控制货币供应量来唯一地加以调节。

现代货币主义主要代表人物有美国的弗里德曼、布鲁纳、帕廷金、梅尔泽（Melezer），以及英国的沃尔特斯（Walters）、莱德勒（Laidler）、帕金（Parkin）等。

### （一）广义而稳定的货币需求函数

货币主义的理论渊源是"货币数量说"和庇古的"剑桥方程式"。弗里德曼在此基础上提出了他的货币需求理论，发展成为新的货币数量论。

弗里德曼（1956）认为，货币数量理论是关于货币需求的理论，既不是关于产出或货币收入的理论，也不是关于价格水平的理论。弗里德曼的货币数量论融合了凯恩斯的货币需求理论，但他认为凯恩斯的货币需求理论仅仅注意到利息率对货币需求的影响，而忽略了人们对财富的持有量也是决定货币需求的重要因素。在凯恩斯流动偏好函数基础上，他作了一些发展补充，建立新的货币需求函数：

$$\frac{M}{P}=f\left(y,\ w,\ r_m,\ r_b,\ r_e,\ \frac{1}{p}\frac{\mathrm{d}p}{\mathrm{d}t},\ u\right).$$

其中，个人持有的真实货币$\frac{M}{P}$等同于真实收入$y$，但与凯恩斯主义不同，弗里德曼所指的收入是"永久性收入"；$w$为非人力财富与总财富的比例；$r_m$为货币利率；$r_b$为债券利率；$r_e$为股票收益率；

$\frac{1}{p}\frac{\mathrm{d}p}{\mathrm{d}t}$为价格变动率。

可见，与凯恩斯的货币需求函数相比，新的货币需求函数含义更为广泛。

不仅如此，弗里德曼特别强调货币需求函数是一个稳定的函数。这就是说，人们平均经常自愿贮存在身边的货币数量与决定它的为数不多的几个自变量之间，存在着一种稳定的关系。弗里德曼的货币需求函数是可以借助统计方法加以估算的。在 1963 年出版的《1867—1960 年美国货币史》中，弗里德曼和施瓦茨（Friedman and Schwartz，1963）估算出货币需求的利率弹性与收入弹性：1867—1960 年期间，美国货币需求的利率弹性为-0.15，即，利率增加或减少 1%，人们对真实货币的需求量只是减少或增加 0.15%；1869—1957 年期间，美国货币需求的收入弹性为 1.8，即，真实的国民收入每增加或减少 1%，人们对货币的需求量就相应地增加或减少 1.8%。

**（二）温和的货币中性论**

货币主义认为，引起名义国民收入发生变化的主要原因，在于货币当局决定的货币供应量的变化。货币供应量的增长，在短期内不会完全地被价格的增长所抵消，而会对产出产生一定的影响，但在长期内货币供应量的增长会完全地反映为价格的增长，而对产出的增长没有任何影响，货币供应量的增长就会带来物价的上涨，对产出的增长没有贡献，长期内经济增长由劳动力、自然资源、技术等非货币因素来决定，这是一种较为温和的“货币中性论”。

**（三）通货膨胀是一种货币现象**

在西方经济“滞胀”的背景下，现代货币主义的出发点是解决严重的通货膨胀问题，这与凯恩斯主义以解决失业问题为根本目的完全不同。货币主义认为，通货膨胀完全是一种货币现象。一国之所以发生通货膨胀，是因为该国政府选择了赤字财政政策，并利用其权力发行新货币来弥补赤字。当货币供应量的增长速度高于产出增长速度时，这种增长就会表现为物价的上涨，而对产出没有任何作用，导致了高通胀，低增长。因此，政府过多地通过货币政策和财政政策来干预经济并不会带来好的结果，反而会带来不断加速的通货膨胀。

**（四）市场经济具有内在稳定性**

货币主义者认为，自由竞争市场存在着“内在的稳定力”，会自发地实现市场出清，而任何反周期的政策干预只会带来更加糟糕的后果。失业率的暂时上升，物价的上涨都是市场调节过程中的正常现象，经济并不像凯恩斯主义者所认为的那样不稳定，旨在平滑经济波动的稳定性政策反而会成为经济不稳定的因素。

**（五）经济存在自然失业率**

货币主义认为，经济存在一个“自然失业率”水平。经济在长期中会表现出稳定的增长率，这个增长率决定于资本投资、人力资本投资、技术进步以及制度安排等因素，与总需求无关。这个增长率可以称之为自然率。在短期，由于经济人的预期误差，总需求的变化可能会影响产出水平，增长率可能偏离自然率水平；但在长期内，经济人对通货膨胀会有正确的预期，劳动市场又回到长期就业水平，经济增长会回到自然率水平。与自然率相对应的是自然失业率，就是劳动市场实现充分就业均衡时的失业率。

货币主义者还进一步提出了非加速通货膨胀失业率（Non-acceleration Inflation Rate of Unemployment，NAIRU），即预期通货膨胀率与实际通货膨胀率相一致时的失业率水平。如果以 $u^*$ 表示非加速通货膨胀失业率，$u$ 表示实际通货膨胀率，那么，如果 $u<u^*$ 持续几年，人们会预期通货膨胀加剧，于是通货膨胀率就会加速；如果 $u>u^*$ 持续几年，人们会预期通货膨胀减缓，于是通货膨胀率就会下降；如果 $u=u^*$，在没有外部冲击的情况下，通货膨胀率会维持一个水平不变。可见，自然失业率和非加速通货膨胀失业率（NAIRU）描述的实际上是一个问题。

因此，货币主义认为，通货膨胀率与失业率反向增长的“菲利普斯”曲线效应，只能在短期内成立，在长期内不成立。在短期内可以通过提高货币供应量来提高产出，使就业水平提高，从而使失业率低于“自然失业率”，但是长期内失业率会回复到该水平，而通货膨胀率却维持在高水平，只有以更高的通货膨胀率水平才能使失业率重新下降。如此反复，最终的结果是通货膨胀率加速增长，导致严重的通货膨胀危机。因此，通过提高通货膨胀率来使失业率低于“自然失业率”水平，达到充分就业目标的做法是不可取的。即使在失业率长期走低的经济繁荣时期，弗里德曼（Friedman，M.）仍然认为经济形势的新发展并没有否定“自然失业率”假设，正如通货膨胀和失业之间存在反比例关系是短期的过渡现象一样。

## 二、理性预期学派的基本理论

理性预期学派是在反凯恩斯主义的浪潮中兴起的又一个经济学流派，主要代表人物是卢卡斯（Lucas，Robert E. Jr.）、萨金特（Sargent，Thomas J.）和巴罗（Barro，R. J.）。在理论与政策主张上，理性预期学派沿袭了货币主义学派的基本观点，甚至被认为是从货币主义分化发展形成的一个新的分支。卢卡斯和萨金特也被认为是新货币主义者。然而，理性预期学派比货币主义更进一步，有着更为彻底的经济自由主义主张。他们提出了理性预期概念，并将其应用于宏观经济分析，从微观上证明了宏观经济政策的无效性，把被凯恩斯主义颠覆的经济学主流重新颠覆过来，复归于古典主义的传统。他们把理论分析的触角深入到微观层面，为探索构建宏观经济学的微观基础开辟了逻辑通道。20 世纪 80 年代之后，以理性预期学派为主体，逐渐与货币主义融合，形成新古典宏观经济学派（New Classical Marcoeconomics）。

### （一）市场出清假设

理性预期学派坚持古典经济学的基本立场，坚信市场能够出清。他们认为，无论劳动力市场上的工资，还是产品市场上的价格，都具有根据供给与需求迅速调整的充分的灵活性。这种灵活性使得产品市场和劳动市场都不会存在超额供给。一旦劳动市场供大于求即存在超额供给，作为劳动价格的工资就会下降，起到使雇主愿意为所有想工作的失业者提供工作岗位为止；如果产品市场供不应求即存在超额需求，产品价格就会上涨，直至上升到超额需求为零。总之，理性预期学派认为，每一个市场都处于或趋向于供求相等的一般均衡状态。

## （二）理性预期概念

理性预期是理性预期学派的核心概念和理论分析的逻辑起点。

货币主义者弗里德曼曾经提出了预期的概念，但理性预期学派认为那还只是一种适应性预期，即，根据经济变量的过去记录，采取试错方式反复检验与修订，使预期逐渐符合客观过程，由此预测未来。以通货膨胀预期为例：

$$p^e = p^e_{-1} + \lambda\ (p - p^e_{-1}),\ 1 \geq \lambda \geq 0.$$

其中，$p^e$ 表示当前对下一年通货膨胀的预期，$p^e_{-1}$ 表示在上期对当前通货膨胀的预期；$p$ 为当前实际的通货膨胀率。理性预期学派认为，如果从适应性预期的视角看，在短期内，政府可能欺骗公众，如通过通货膨胀来增加就业，达到其政策目标，使其政策短期有效；但是在长期，公众会完全了解政府的行为方式，从而准确地预测政府的行为决策，使得政策长期内无效。因此，理性预期学派认为，适应性预期还不是理性的预期。

所谓理性预期，是指理性的经济人会有效地利用所有的信息，对经济变量的变化做出准确的、与理论模型相一致的预期。它假定个人不致出系统的预期错误，即他们关于未来的推测一般来说是正确的。适应性预期容许理性人没有完全利用所有有用的信息，而理性预期则认为人们总是能做出正确的预期。另一方面，政府对经济信息的反应也不如公众那样及时，政府的决策不可能像个人决策那样灵活。政府的任何一项经济政策，都会为公众的理性预期所捕获，并因公众的及时行为反应而消解。因此，政府欺骗公众的任何企图在任何时候都不可能成功，政策无论在长期还是在短期都将失效。由此出发，理性预期学派反对任何形式的国家干预，听任市场经济的自动调节。

当然，理性预期学派并不认为任何个人在任何时期的预期都是相同的、准确无误的，而是说，从概率分布上看，公众预期误差的均值为零，即公众预期可能会有误差但不会出现系统性误差。虽然每个人不可能像专业的经济预测机构那样做出预测，但是，就像“鸟儿不懂得飞行动力学却能够飞行自如”一样，人们仍然能够做出不偏离经济系统的预期。

### （三）自然率假说与货币中性说

与货币主义一样，理性预期学派坚持自然率假说，反对凯恩斯主义关于失业率与通货膨胀率存在反向关系的菲利普斯曲线。菲利普斯曲线的一个推论是，政府可以选择接受某种适当的通货膨胀率，运用货币政策和财政政策，使总产出和就业达到某种合意的水平。理性预期学派反对这种观点。他们认为，给定微观经济结构，理性经济人基于对通货膨胀率的正确预期而采取的经济行为，会形成经济体唯一的、"自然水平"的总产出和失业率。因此，无论在长期还是短期，菲利普斯曲线都是垂直的，试图增加通货膨胀率换取失业率降低的政策是无效的。

理性预期学派认为，经济总量（总产出和就业等）和通货膨胀率之间不存在一种固定的关系，而经济总量对其自然率水平的偏离，同一定的预期通货膨胀率相联系。这一思想可以用卢卡斯供给方程来表示：

$$Y_t - Y_n = \beta\ (P_t - {}_{t-1}P_t).$$

其中，$Y_t$ 为 $t$ 期的实际产出，$Y_n$ 为自然率产出水平，$P_t$ 是实际价格水平，${}_{t-1}P_t$ 是对第 $t$ 期的价格的预期。

该方程表明，产出偏离自然率水平的程度取决于实际价格与公众预期的价格之差。

理性预期学派认为，由于经济人是理性的，政府所作的预期不可能比公众更理性，因此预期的价格水平一般不会偏离实际的价格水平，从而实际产出即使在短期内也不会偏离自然率水平。正是在这个意义上，理性预期学派的货币中性又被称为"货币的超级中性"。

### （四）李嘉图等价定理

李嘉图曾在《政治经济学及赋税原理》中表述过这样一种思想：政府采用征税与发行公债的方式筹措资金，对人们经济选择的影响是一样的。公债无非是延迟的税收，在具有完全理性的消费者眼中，债务和税收是等价的。巴罗在其 1974 年发表的《政府债券是净财富吗?》一文中，用现代经济学方法重新阐述了李嘉图的上述思想。

通过跨期新古典增长模型，巴罗指出，在完备的资本市场、一次总付税、代际利他和债券增长不能超越经济增长等假设条件下，如果公众是理性预期的，那么，不管政府的融资方式是债券融资还是税收融资，都不会影响经济中的消费、投资、产出和利率水平，因为，当政府发行债券时，具有理性预期的公众都非常清醒：债券变现最终还是要靠增税来完成，现期债券相当于未来税收，政府债券融资只不过是推迟了增税的时间。基于这种理性预期，消费者不会将政府公债融资引起的财政扩张及收入增加看做是意外的幸运收获，他们宁愿将一部分收入储蓄起来以支付未来（甚至子女）的税收负担。因此，消费需求不会上升，更不会出现消费支出的乘数效应。

这样，在理性预期学派那里，不仅政府干预经济的货币政策是无效的，巴罗进一步证明，财政政策也同样是无效的。巴罗的观点在经济学界引起了广泛关注。1976 年，布坎南首次将巴罗的上述观点命名为“李嘉图等价定理”。有人甚至将马罗的观点直接称之为“巴罗—李嘉图定理”。

“巴罗—李嘉图定理”也遭到学术界的批评和质疑。对李嘉图等价定理的疑问之一就是。莫迪利阿尼（Modiligani）的质疑是，人们是否有足够的动机为超出生命界限的未来增税而储蓄。托宾认为“巴罗—李嘉图定理”限制条件太多，与现实不符。曼昆(Mankiw）则从消费者短视、借债约束和代际财富再分配三个角度论证“巴罗—李嘉图定理”并不成立。

## 三、供给学派的基本理论

在凯恩斯主义面对滞胀现实顾此失彼的情况下，凯恩斯主义的又一个批判者——供给学派出现了。它一出场，就站在凯恩斯主义的对立面，把经济滞胀的根源归咎于凯恩斯主义的需求管理政策，主张回归古典经济学的萨伊定律立场，强调经济的供给方面，强调发挥市场的作用，反对国家干预。供给学派没有形成严密的理论体系，其内部存在着两个阵营，即激进的供给学派和温和的供给学派，前者的主要代表人物有蒙德尔、拉弗、巴雷特、罗伯茨，后者的代表人物是费尔德斯坦、埃文斯等人。尽管这两个阵营在理论和政策主张方面存在着许多分歧，甚至同一阵营中在一些问题上的观点和看法也不尽一致，但是在整体上，供给学派作为一个学派，其基本观点和政策主张还是比较相近的。

**（一）复归萨伊定律的古典经济学传统**

自英国经济学家穆勒以来，以法国经济学家萨伊的名字命名的“萨伊定律”，一直流行于西方经济界，直至发生凯恩斯革命的20世纪三四十年代。萨伊定律认为，在完全竞争的市场经济条件下，生产供给能够创造出自己的需求。根据这一定律，自由市场能够使经济达到充分就业均衡，因此，经济根本不可能出现严重的生产过剩、购买力不足的非均衡情况。20世纪30年代的大萧条打破了这一古典教条，凯恩斯否定了萨伊定律，提出有效需求理论。20世纪六七十年代的西方世界的经济滞胀，给了供给学派颠覆凯恩斯主义理论，重拾萨伊定律、复归古典经济学传统的机会。

供给学派认为，凯恩斯主义的有效需求不足导致大量失业的说法只适用于20世纪30年代大危机时期。第二次世界大战之后美国失业率依然较高，特别是20世纪六七十年代西方世界经济滞胀的事实说明，失业问题并不是有效需求不足造成的；相反，倒是美国历届政府信奉凯恩斯主义理论，推行扩张性财政政策和货币政策，干预和破坏市场机制的恶果。在供给学派看来，需求的增加并不一定造成实际产量的增长，很有可能只是单纯增加货币供给量，从而引起物价上涨，导致储蓄率下降，这又会必然提高利率，影响投资和经济的长期增长。只要需求的扩张超过实际供给的增加，通货膨胀就不可避免，而在这种情况下，生产必然出现停滞甚至下降，出现滞胀的局面。

供给学派认为，要解决经济滞胀问题，必须把凯恩斯主义颠倒的东西重新颠倒过来，复归到萨伊定律强调供给的古典经济学轨道上来。

**（二）供给是经济增长的唯一源泉**

供给学派认为，供给是经济增长的唯一源泉，为了促进经济增长，必须增加供给。经济增长决定于劳动和资本等生产要素的供给和有效利用。在生产要素中，资本至关重要。资本积累决定着经济增长的速度，因此，应当鼓励储蓄和投资。储蓄是投资的源泉，投资是由储蓄转化而来。在某种意义上，增加供给、促进经济增长又取决于储蓄的多寡。通过研究美国以及西方其他发达国家的经济增长情况，供给学派发现，储蓄率的高低与经济增长速度呈正相关关系，储蓄率高的国家经济增长通常较快，储蓄率低的国家增长相对较慢。他们认为，美国经济增长缓慢的原因就在于储蓄率低，而低储蓄率是由凯恩斯主义的需求管理政策造成的。正是由于第二次世界大战美国各届政府遵循依据凯恩斯主义理论，片面强调提高需求水平，鼓励消费，并且采取一系列阻碍人们储蓄积极性的政策，才使得美国的储蓄率和投资率下降，从而经济增长缓慢甚至停滞。

供给学派强调供给是经济增长的决定性因素，并由此进一步强调供给背后的创造性和能动性。供给学派认为，经济增长取决于“依赖性效果”的大小：当需求依赖于产出时，经济增长的速度依赖于供给者或者企业家的创造能力。在供给学派看来，企业并不是普通的商品供给者或生产要素的需求者，也不是根据市场需求被动地提供市场所需商品的生产单位。从本质上说，企业在引起和创造需求方面起着主要的作用。企业的决策，尤其是投资决策，在决定消费者的需求数量和需求类型方面起着关键性作用。

**（三）以市场机制刺激要素投入**

为了促进经济的增长，摆脱停滞的局面，就应当增加供给，而供给的增加又依赖于生产要素的投入。那么，如何增加要素投入呢？

供给学派认为，消费者和厂商等经济主体提供生产要素或从事经营活动的基本动机是为了谋取经济利益，他们都是根据外界的利益刺激来安排自己的各项经济活动。因此，应该发挥市场机制的作用，以利益刺激就会影响经济主体的行为：对实际工资的刺激将影响劳动力的供给；对储蓄和投资报酬的刺激会影响资本的供给和利用。为了增加要素的投入，就应该对人们提供各种刺激，诱导他们增加要素投入。自由市场会自动调节生产要素的供给和需求，从而达到生产要素的市场均衡和有效利用。

在各种刺激手段中，供给学派尤其强调减税，认为减税是增加刺激的最有效的手段。供给学派认为，劳动者、储蓄者和投资者进行经济活动的最终目的是为了获得尽可能多的报酬和利益，这里所说的报酬不是总报酬，而是除去各项纳税之后的净报酬。在总报酬一定的情况下，税率特别是边际税率越高，净报酬越低，人们从事经济活动的积极性越低，从而越不利于供给的增加和经济的增长。由于税收是税率与税收基础的乘积，税率除了直接影响税收之外，还通过影响生产，影响税收基础，从而间接地影响税收。供给学派进而提出了反映税率与税收倒U形关系的拉弗曲线（Laffer Curve）。拉弗曲线表明，当税率较低时，税收会随着税率的增加而相应地增加；但是，当税率超过某一临界值之后，税收则会随着税率的提高而下降。因此，供给学派竭力主张大幅度减税，特别强调降低边际税率的作用。

## 第三节　政策主张

### 一、货币主义的政策主张

货币主义者反对国家干预，奉行自由主义，但并不是无政府主义者。他们认为，政府虽然不能像凯恩斯主义者主张的那样成为推动经济增长的主体，但也应该在经济发展中有所作为，即作为自由市场的“助手”发挥作用。货币主义者也强调政策的作用，但认为政策的重点应该放在货币政策上。进而言之，货币政策的目标应该集中于稳定物价，治理通货膨胀，而不能同时兼顾充分就业。

第一，凯恩斯主义的财政政策是无效的。

货币主义认为，如果没有相应的货币政策配合，凯恩斯主义的纯粹财政政策会使政府支出对私人支出产生“挤出效应”，从而降低整个经济的增长能力。实际上，以需求管理为宗旨的财政政策最终都要通过货币供应量的增减来实现其经济调节的作用，而长期扩张性的政策必然导致通货膨胀。由于自然失业率的存在，扩张性的政策只不过是利用人们短期内预期失误来达到降低失业率的作用。在长期内，失业水平会回复到自然失业率水平上。因此，以充分就业为目标的财政政策不仅对减少失业是无效的，而且还会带来日益严重的通货膨胀。

第二，货币政策应服从“单一规则”。

货币主义认为，以往的“相机抉择”的货币政策虽然可能在短期内提高产量，但是长期而言会造成更大的混乱。此时，货币不能成为拉动经济的手段，却可能成为经济扰动的破坏性因素。所以，他们主张放弃“相机抉择”的货币政策，代之以公开的稳定的货币增长计划，形成所谓货币政策的“单一规则”。这就是说，货币管理当局应事先向公众公布一个货币供应量的增长率，然后每年按这一增长率来增加货币，让公众形成稳定预期。这个货币供应量的增长率取决于一国实际经济增长率和劳动力增长率。只要制定合理的货币供应增长率，就可以既保证经济增长又防止通货膨胀。

第三，关于货币政策的目标和工具。

凯恩斯主义者希望货币政策目标应该包括：经济增长，充分就业，稳定物价。然而，货币主义者认为，货币政策的目标应该是唯一的，即定位于稳定物价，提供一个稳定的经济环境，其他的经济目标应由市场自发地实现。在货币政策工具方面，货币主义者主张取消贴现率和部分存款准备金率制度，保留公开市场业务作为实现中间目标的手段，并以固定的货币供应量增长率作为业务活动的硬性约束。

第四，实行浮动的汇率制度。

为了与国内货币政策相适应，货币主义者相应地提出了弹性汇率的政策主张。国际贸易理论已经证明，一国不可能在固定汇率制和资本自由流动的情况下，保持本国国内货币政策的独立性。因此，要实现货币主义者“单一规则”的货币政策主张，实现与本国实际经济增长率和劳动力增长率相适应的货币增长率，必须实行完全浮动的汇率制度。

货币主义的政策主张曾经在一定程度上影响了西方国家如英国和美国的经济政策。应该说，货币主义政策在缓和通货膨胀问题上起到了一定的积极作用，但其作用也是极其有限的，它不能有效地消解西方国家经济波动和高失业的现象。

## 二、理性预期学派的政策主张

理性预期学派坚持古典经济学信条，在政策主张上有着比货币主义更浓厚的自由主义色彩。他们坚信市场能够做好一切事情，市场比任何经济学模型更聪明，所有问题都源于市场之外的干预。这是理性预期学派政策主张的基调。

首先，宏观经济政策的目标应该是为公众提供一个稳定的、可测的经济环境，而不能直接干预经济的运行。在理性预期学派那里，不仅政府干预经济的货币政策是无效的，财政政策也同样是无效的。

其次，政府的政策目标应该是稳定物价，而不是充分就业。与货币主义者一样，他们虽然主张政府不要干预经济，但也绝不是纯粹的无政府主义者。他们认为，政府所做的事情只有一件，那就是稳定物价。政策的唯一目标就是将物价水平稳定于某个合适的水平上，从而为公众提供稳定的、可测的经济环境。在他们看来，由于理性预期的存在，即使在短期内也不存在通货膨胀率和失业率之间的替代关系。因此，他们根本就不相信菲利普斯曲线。在没有政策干预的情况下，经济中的失业是一个自然失业率水平，是“自愿性失业”，政府无需过多干预。任何人为的使得产量和就业水平高于自然率水平的政策刺激都不可能取得成功。增加货币供应量不一定能带来产量和就业的增长，却会导致更高的通货膨胀率；而减少货币供应量，虽然能缓解通货膨胀却不一定会降低产量和就业。在理性预期学派看来，充分就业不应该成为政府的政策目标，也是政府根本就无法完成的任务。

再次，要避免政策的多变性。当经济低迷时，公众的理性预期政府会采取刺激性措施，如扩大政府投资，增加货币供应量；当经济高涨时，理性的公众又会预期政府将采取紧缩性政策。根据理性预期，厂商和工人可以采取有效措施来保护自身利益，使得他们所得的相对价格不变，最终使得财政政策和货币政策无效。理性预期学派主张，政府应该取信于民，制定稳定性的政策措施，因为，如果公众真的失去了关于政府政策的信息，只会增强经济的不稳定性。在财政政策方面，政府应该以平衡预算目标；在货币政策方面，政府应该制定一定的货币增长率目标，每年以此增长率稳定增长，让公众知道政府的货币增长目标以消除他们的通货膨胀预期。只有这样经济才能稳定在自然率水平。

最后，主张通过一系列的微观经济政策增加总供给。凯恩斯主义认为经济的衰退与萧条是有效需求不足造成的，因此主张政府要通过增加商品和劳务的有效需求来促进经济增长。凯恩斯主义的政策因此也就被称为需求管理政策。与此相反，理性预期学派把政策的重点放在增加总供给上，建议实施刺激产出和就业的微观经济政策，如减少工会权力，减少失业津贴，鼓励劳工的职业流动性，等等。

### 三、供给学派的政策主张

在政策主张上，供给学派偏重财政政策，这点似乎与凯恩斯主义相近；但是，供给学派强调经济的供给方面，所有政策主张的最终指向和归宿都是供给管理，这又与凯恩斯主义的需求管理政策截然相反。

供给学派认为，在经济的供给方面存在两种最重要的相对价格：一种相对价格决定着人们的收入如何配置于消费与储蓄；另一种相对价格决定着人们的时间如何配置于工作与闲暇，或者闲暇与增加人力资本。当一个人把一单位收入用于即期消费时，就必须付出一定的代价，即由于没有把这一单位收入用于储蓄和投资而放弃的未来收入。供给学派认为，这一未来收入的价值取决于边际税率。边际税率越高，未来收入的价值越低。因此，提高税率会鼓励即期消费，从而减少储蓄和投资；而减税则相反，会刺激储蓄和投资，减少即期消费。另一方面，减税可以提高闲暇的相对价格，使得人们增加工作时间或者增加人力资本，减少闲暇。

可见，供给学派经济政策的基本策略是通过改变相对价格进而改变对生产的刺激，因此，减税是其所有政策主张的核心。

首先，减税刺激资本形成。供给学派主张，一方面，要实施加速资本折旧的政策，使得企业能够提前收回投资，有利于刺激企业投资；另一方面，实施降低资本增值税的政策，刺激投资的增加。

其次，减税刺激储蓄。储蓄是投资的源泉。供给学派认为，要增加投资，必须先增加储蓄；要增加储蓄，就必须有足够的经济刺激，使得储蓄者能够从储蓄中得到足够的收益。因此，供给学派极力主张对所有的利息收入和股息收入减税。

再次，减税刺激劳动供给，降低个人收入所得税税率。供给学派认为，较高的个人所得税税率会减少劳动者的收入，挫伤劳动者的工作热情。因此，为了增加劳动供给这种要素投入，他们主张降低个人所得税税率，刺激劳动者的工作积极性，鼓励他们增加工作时间，减少闲暇。

最后，减税刺激企业技术创新。经济社会的供给水平不仅取决于要素投入，还取决于技术水平的高低。供给学派认为，从企业税收中扣除企业的研究和开发费用，能够刺激企业技术创新，促进社会的技术进步，从而有利于供给增加和经济增长。

除了减税政策之外，供给学派的政策主张还包括以下几个方面：

（1）削减政府的社会福利支出。供给学派认为，巨额的社会福利支出助长了舞弊和浪费行为，败坏了社会风气，促进了懒惰，增加了贫困。比如，失业保险制度在某种意义上会鼓励人们失业；抚养儿童家庭补助会在一定程度上催生更多的无父亲家庭。供给学派主张尽量削减社会福利支出，包括降低保险津贴和福利救济金额，严格限制领受条件。除了那些与救济老年贫困和赤贫等相关的公共设施外，他们主张停办多余的福利项目。

（2）反对过多的规章法令。供给学派指出，政府颁布的法规通常增加了企业的生产成本，消减利润，抑制企业经营的创造性和积极性，不利于经济增长。

（3）供给学派的部分经济学家还反对国家控制货币的发行量，主张恢复金本位制。在他们看来，恢复金本位制使得联邦储备系统控制货币数量有所依据，能够限制它管理货币的权力，同时，也能消除民众的看涨心理，恢复他们对美元的信心，保持物价的稳定。

## 第四节　简　　评

从 20 世纪 60 年代末到 70 年代，西方国家经济滞胀，暴露了凯恩斯主义理论及其政策主张的缺陷，为新古典主义理论复归经济学主流提供了契机。这一时期，在复归古典主义传统的旗帜下，货币主义、供给学派和理性预期学派纷纷崛起，形成了一股声讨凯恩斯主义的潮流。作为经济思想史上的一个重要环节——否定之否定环节，这股潮流根据当时经济滞胀的社会实践，不仅在新的理论层面上扬弃了古典主义传统，而且还在批判凯恩斯主义的同时吸收其合理内核，融入了诸多理论创新。这股潮流对于人类经济学发展的历史贡献是巨大的。除了供给学派之外，这股理论潮流其他两大学派的重要代表人物都曾获得诺贝尔经济学奖：货币主义学派的弗里德曼（1976），理性预期学派的卢卡斯（1995）。

面对西方经济滞胀的社会现实，这些学派从不同的角度反思和构建新的理论，它们批判凯恩斯主义的矛头指向也不尽相同，其政策主张各异，但是，当我们把这些学派置于主流经济学历史发展的长河之中，不难发现，它们有着大致相近的基本立场，也不可避免地刻有历史局限性的相似印记。

第一，将主流经济学的发展走向重新导向古典主义传统，重现新古典主义。

经济主体具有理性的行为目标和能力，各类市场能够自动出清，经济能够自行达到充分就业均衡，政府应该尽量减少经济干预、让市场自行发挥作用，等等，这些曾经被凯恩斯主义否定的古典主义的基本信条，在货币主义、理性预期学派和供给学派那里重新发扬光大。比如，货币主义者认为，经济存在一个“自然失业率”水平，自由竞争的市场本身具有内在的稳定性，会自发地实现市场出清，任何反周期的政策干预只会带来更加糟糕的后果；理性预期学派不仅坚持关于经济产出水平、失业率等宏观经济状况的自然率假说，而且在经济分析中，强调经济行为人理性决策的决定性作用及其所实现的经济的连续均衡；供给学派主张以减税为手段，通过市场机制刺激资本形成、刺激劳动供给、刺激企业技术创新，从经济供给方面促进经济增长。

当然，这一时期的货币主义等学派并不是简单地复古，而是在新的历史条件下进行许多有意义的理论创新，甚至批判地吸收了凯恩斯主义的合理内核。这是一种在更高层次上的理论回归，是发展过程中的复归。比如，弗里德曼在复活古典货币数量论基本思想的同时，将其改造成“名义国民收入的货币理论”，并做了大量的实证检验。另一方面，虽然弗里德曼反对凯恩斯主义，但他公开承认，在货币需求理论的研究上接受了凯恩斯流动偏好理论中把货币作为一种资产的思想，并采纳了凯恩斯关于流动偏好动机的分析思路。理性预期学派的理性预期概念也是对凯恩斯关于企业的心理预期分析的一种理论扬弃。

第二，深入微观层面透析宏观经济问题，为奠定宏观经济学的微观基础、完善宏观经济学构架开辟了逻辑通道。

凯恩斯主义一反古典主义、新古典主义以微观经济主体为逻辑出发点的研究范式，直接以宏观经济整体为研究对象，使主流经济学内部分化发展出一个新的学科分支——宏观经济学。但是，宏观经济学的诞生，并不意味着分析宏观经济现象可以撇开微观个体。总供给、总需求、总就业量等宏观经济变量是由具体的微观的经济变量加总而成的，每一个宏观经济现象背后都有着深刻的微观层面的原因。理性预期学派认为，经济活动主体具有理性预期，他们在理性预期基础上所作的经济决策，构成了整个社会经济活动的基础，因此，应该根据经济主体的行为动机和行为方式来解释宏观经济现象、说明宏观经济问题，制定宏观经济政策必须考虑微观个体的理性预期及其在理性预期基础上的行为反应。他们批评凯恩斯主义的总量分析只简单考虑政府干预对国民经济总体的影响，没有顾及具有理性预期的公众对政府政策的反应，因而政府的需求管理政策也就丧失了效力。理性预期学派的货币中性假说、自然率假说也是建立在微观分析基础之上的。

理性预期学派直接将理论分析的触角深入到微观层面，货币主义和供给学派也在其宏观经济分析中融入微观元素，这些理论努力既是坚守古典主义、新古典主义立场的一种表现，又为日后主流经济学中宏观理论与微观理论的融合，为奠定宏观经济学的微观基础、完善宏观经济学构架开辟了逻辑通道。

第三，深化和拓展了经济问题的理论研究。

无论是相对于传统的古典主义、新古典主义，还是相对于凯恩斯主义宏观经济理论而言，这一时期的新古典主义复兴潮流，在许多方面都深化和拓展了经济理论，极大地推进了主流经济学关于经济问题特别是宏观经济问题的研究。

比如，古典主义、新古典主义经济学的一个基本特征，是强调经济主体行为的理性，而货币主义、理性预期学派则以预期或理性预期深化和扩展了新古典经济学关于经济人理性行为的分析。在古典主义、新古典主义经济学那里，经济主体从事经济活动时已掌握完全的、充分的信息，他们会根据市场变化随时调整自己的行为，但是，传统的经济学并不重视预期的作用。卢卡斯等人吸收凯恩斯主义关于心理预期的观点，提出理性预期这一新的概念，补充和发展了新古典经济理论，并因此在宏观经济分析引入动态分析方法。货币主义虽然没有明确提出预期理论，但是，在他们论证扩张性货币政策失效的原因时，是从居民和厂商等微观经济主体根据过去和现在的信息合理地预测政府行为的角度展开的。这种后来被称为适应性预期的概念，为卢卡斯等人提出理性预期理论奠定了基础。此外，还有货币主义、理性预期学派对菲利浦斯曲线的批评与否定，还有卢卡斯总供给函数、宏观经济学的微观基础、实际的经济周期模型等许多新的宏观经济理论。

第四，引入了许多新的分析方法，推动了经济学方法的进步。

首先，新古典复兴时期的这些学派在论证自己的理论观点时，大量使用数理模型，力图使自己的理论在逻辑上更严谨，在形式上更完备，在内容上更精确，且不说理性预期学派的理论分析调动了概率论、微分方程、差分方程等数学工具。这与此前的身为数学家的凯恩斯只用一般逻辑分析方法研究宏观经济问题形成了鲜明对比。

其次，依据宏观经济问题的动态特征，强调动态分析方法。一切经济活动都存在于时间长河的流变之中。随着时间的推移，新的经济事件不断涌现，不断对原有经济格局形成新的冲击或扰动。每个经济主体都会努力对变化的经济事件作出反应，进而调整自己的经济行为。此前传统的经济学分析基本上是静态的。无论是局部均衡分析还是一般均衡分析，都没有时间概念。卢卡斯等经济学家把理性预期引入经济变量的时间系列分析，能够更全面、更准确地把握具有长期的、动态的特征经济现象，从而更深刻地揭示经济现象的本质。

最后，注重实证研究，强调计量分析。货币主义者弗里德曼和施瓦茨于1963年出版《1867—1960年美国货币史》，借助统计方法估算弗里德曼的货币需求函数，并测算出货币需求的利率弹性与收入弹性；而理性预期学派的经济学家，几乎都擅长用计量经济学方法论证他们所设计的各种理论模型。

第五，变革经济政策，重新审视政府在经济活动中的地位。

新古典复兴思潮从不同角度批判了凯恩斯主义经济理论及其政策主张，在一定程度上发展和完善了宏观经济政策理论，丰富了政策工具箱，尽管他们提出的经济政策也还存在这样或那样的缺陷。货币主义把批判的矛头指向凯恩斯的财政政策，提出并论证单一的货币政策；供给学派着重批判凯恩斯主义的有效需求理论，从经济的供给方面提出减税等政策主张；理性预期学派从理性预期概念出发否定凯恩斯主义的政府干预，得出政策无效的结论。

第六，在经济滞胀的特定历史背景下复兴新古典主义这股思潮，也不可避免地带有历史的局限性。

一方面，在理论上存在各自的片面性。货币主义者认为“货币最重要”，经济的一切问题都可以通过货币政策来解决，而其他的问题则可由市场自行解决。许多经济实践都已经证明了这种观点的片面性。弗里德曼用经验数据测定了美国的货币增长率、货币需求的利率弹性和收入弹性，但这仅仅是美国货币增长率的一种可能，并不代表任何一个经济可用同样的方法来得出相应的货币增长率，货币需求函数也不是他所说的那样是一个稳定的、可以通过经济计量方法来准确计算的函数。理性预期学派的政策无效论的论证，依赖经济主体掌握充分信息并能做出合理预测的前提，但在实际经济活动中，由于信息的获得是有成本的，信息在不同的个体以及公众和政府之间是不对称的；而且，从实践来看，即便是专业的预测机构也常常犯系统性的错误，更何况个人和单个企业。因此，大众的理性预期不足会导致政策失效。供给学派过分倚重萨伊定律，并没有严格的理论论证，其理论在许多方面是紊乱的、自相矛盾的，因此，很难称得上是一个成熟的经济学流派。

另一方面，新古典复兴思潮的政策主张也并非完备。货币主义单纯从货币领域的表象出发主张“单一规则”，认为货币增长率仅取决于一国实际经济增长率和劳动力增长率，简单地控制货币数量，简化了政府管理经济的行为。实际上这两个增长率也是难以测定的，而仅仅依靠“单一规则”很难抑制通货膨胀和避免经济停滞的局面。美国运用扩张财政政策导致很快的经济复苏，不仅反驳了货币主义的“单一规则”，而且严重打击了理性预期学派的“政策无效论”；美国里根政府曾奉行供给学派经济政策，目的是通过减税增加供给，提高生产率，消除滞胀，但是，减税的结果却是税收降低、赤字高涨，以及储蓄率、投资率、生产率等全面下滑，正好与供给学派的理论相悖。

**【参考文献】**

[1] Bureau of the Census (The United States), Historical statistics of the United States, Colonial Times to 1970, New York: Basic Books, 1976.

[2] De LONG J B. The Triumph of Monetarism [J]. Journal of Economic Perspectives, 2000, 14 (1): 83-94.

[3] FINNK G. Supply-Side Economics [M]. American University Press, 1982.

[4] FRIEDMAN M. Studies in the Quantity Theory of Money [M]. University of Chicago Press, 1956.

[5] FRIEDMAN M, SCHWARTZ A S. A Monetary History of the

United States, 1867—1960 [M]. University of Chicago Press, 1963.

[6] LUCAS R, SARGENT T J. Rational Expectations and Econometric Practice [M]. University of Minnesota Press, 1981.

[7] SARGENT T J, WALLACE N. Rational Expectations, the Optimal Monetary Instrument and the Optimal Money Supply Rule [J]. Journal of Political Economy, 1975, 83 (4): 241-254.

[8] 保罗·罗伯茨. 供应学派革命 [M]. 上海: 上海译文出版社, 1987.

[9] 埃克伦德, 郝伯. 经济理论和方法史 [M]. 北京: 中国人民大学出版社, 2000.

[10] 约翰·米尔斯. 一种批判的经济学史 [M]. 北京: 商务印书馆, 2005.

[11] 布赖恩·斯诺登, 霍华德·文, 彼得·温纳齐克. 现代宏观经济学指南 [M]. 北京: 商务印书馆, 1998.

[12] 吉尔伯特·C. 菲特, 吉姆·E. 里斯. 美国经济史 [M]. 沈阳: 辽宁人民出版社, 1981.

[13] 阿瑟·林克. 一九〇〇年以来的美国史 [M]. 北京: 中国社会科学出版社, 1983.

[14] 德怀特·L. 杜蒙德. 现代美国 1896—1946 年 [M]. 北京: 商务印书馆, 1984.

[15] 马丁·费尔德斯坦. 20 世纪 80 年代美国经济政策 [M]. 北京: 经济科学出版社, 2000.

[16] 刘绪贻主编. 美国通史 [M]. 北京: 人民出版社, 2002.

# 第四章　凯恩斯主义的发展

## 第一节　凯恩斯主义发展路线图：凯恩斯→新古典综合学派和新剑桥学派→新凯恩斯主义

凯恩斯创立了具有划时代意义的崭新宏观经济学理论，对经济学的贡献可以直追亚当·斯密。随后处于英国的剑桥大学经济学家与美国麻省剑桥的哈佛大学和麻省理工学院的经济学家将其理论发扬光大，分别形成了新剑桥学派（New Cambridge School，或称后凯恩斯主义经济学（Post-Keynesianism））和新古典综合学派（Neoclassical Synthesis，后又相继改称后凯恩斯主义主流经济学（Post-Keynesianism Mainstream Economics）和现代主流经济学的新综合（New Synthesis of Modern Mainstream Economics））。在继承凯恩斯学说的两大分支中，美国的新古典综合学派在当时的经济学界显得更为强势，掌握了主要的话语权，处于主流经济学的支配地位。到了20世纪80年代，新古典综合学派的理论因受到致命的批评和滞涨的挑战而陷于颓势。同时，在回应对新古典综合学派的批评，或者更准确地说，在回应对凯恩斯学说的批评中，新凯恩斯主义（New Keynesian Economics）诞生、发展并壮大，并与新古典主义经济学并列成为20世纪80年代以来的两大主流宏观经济学理论之一。这个发展脉络参见图4-1。

### 一、凯恩斯主义第二代的出现：新古典综合学派与新剑桥学派

在20世纪40年代，凯恩斯的理论由汉森（Hansen，Alvin）

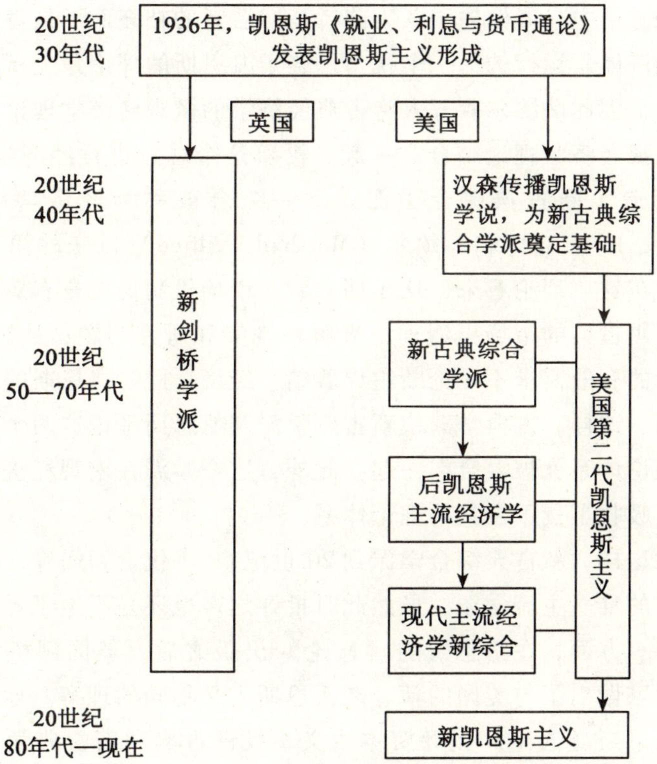


图 4-1　凯恩斯主义发展路线图

**注**　图中美国第二代凯恩斯主义先后有不同的称呼，但是理论体系是一致的，这些称呼中以新古典综合学派用得最多，也最为我们所常见。另外，称呼的变化也反映出新古典综合学派不断兼收并蓄其他理论为己所用的性质，“综合”的性质名副其实。

在美国广为传播，然后被萨缪尔森（Samuelson，Paul）、托宾（Tobin，James）、索罗（Solow，Robert）、海勒（Heller，Walter E.）、克莱因（Klein，Lawrence）、莫迪利艾尼（Modigliani，Franco）等发展，在与新自由主义思潮的论战中，逐渐形成声势浩大的新古典综合学派，一直活跃到20世纪70年代末80年代初。在他们看来，凯恩斯宏观经济思想与古典学派和新古典学派并无实质上的矛盾，尽管在凯恩斯看来是宏观经济分析方法革了古典经济学的命，而美国的凯恩斯主义者倾向于认为前者是对后者的补充而不是替代，是研究经济体系运行的另一个视角。鉴于凯恩斯的理论是全新的宏观经济学，因此萨缪尔森等人将古典经济学的微观经济学理论与凯恩斯的宏观经济学理论结合在一起，沿着这个思路进行经济学研究，从而打造了新古典综合学派。此一综合被称为经济学继穆勒（Miller, John S.）和马歇尔（Marshall, Alfred）以来的第三次大综合。在这一理论看来，从长期来看，市场机制仍然是有效的，此时适合用古典的市场出清理论来解释现实和研究问题；从短期看，凯恩斯的有效需求不足论断主导着整个经济，此时凯恩斯的理论是正确的。这样，古典学派或新古典学派与凯恩斯理论这两个完全对立的理论体系就被混合在一起。此外，这个学派在宏观经济学领域也广泛吸收了货币主义的理论体系。

就这样，新古典综合学派到 20 世纪 60 年代走到巅峰，成为经济学中的唯一主流学派，虽然此时批评之声也还是不绝于耳。

另一方面，在凯恩斯的《通论》出版之后，英国剑桥大学的经济学家做出了与美国的新、老凯恩斯主义不同的理解。他们更为重视凯恩斯《通论》批评资本主义、批评古典和新古典学派的经济理论和关注收入分配的思想，从而指责和他们同时代的美国凯恩斯主义偏离了凯恩斯《通论》的思想实质。在按照自己的理解鼓吹和发展凯恩斯理论，并在与美国的凯恩斯主义——新古典综合学派争论的过程中，以英国剑桥大学经济学家为主的学者们形成了新剑桥学派（New Cambridge School)，又称后凯恩斯主义(Post Keynesianism)。它们的主要代表人物在英国有琼·罗宾逊（Robinson, Joan）夫人、卡尔多（Kaldor, Nicholas)、斯拉法（Sraffa, Piero)、帕西内蒂（Pasinetti, Luigi L.）等，在美国有戴维逊（Davidson, Paul)、温特劳布（Weintraub, Sidney）等。但是，论在经济学界的地位，尽管这些学者尤其是罗宾逊夫人受到广泛尊重，但新剑桥学派整体上影响远远不及与他们同时代的美国凯恩斯主义、货币主义以及后来的新凯恩斯主义、新古典主义。他们实际上处于主流经济学的边缘。

## 二、新古典综合学派的缺陷与新凯恩斯主义的崛起

在20世纪80年代以前，美国主流的凯恩斯主义理论——新古典综合学派不仅受到自称为坚持凯恩斯主义传统的英国新剑桥学派的批评，而且一直遭到深受古典学派和新古典学派影响的经济学家的批评：在20世纪50—70年代受到弗里德曼的货币主义的批评，从70年代起又受到以卢卡斯为代表的新古典主义的批评。前者的批评并未伤筋动骨，而后者的批评则直指要害，以至于美国当时的主流凯恩斯主义学派——新古典综合学派——渐渐沉沦下去。

那么，新古典综合学派在20世纪70年代遇到的挑战是什么呢？这要从它的理论特点说起。

如我们知道的，凯恩斯理论出发点是：在微观层面存在着名义工资的刚性，在宏观层面有三个基本心理规律导致了总需求的不足。在凯恩斯看来，正是二者的结合带来经济周期性的波动，导致非自愿失业的出现，导致经济偏离充分就业均衡，偏离帕累托效率。其中的逻辑是：当总需求减少时，一般物价水平会下降，但是工人不愿意降低名义工资，这就导致实际工资上升；实际工资上升使得厂商更不愿意再降低价格来吸引需求，而是通过减少产量和解雇工人来应对订单的减少。结果，名义工资的刚性和总需求不足就导致了经济衰退和失业。

关于需求的理论是新古典综合学派理论体系最重要的组成部分，其思想渊源当然是凯恩斯。凯恩斯关于需求和有效需求不足的思想在分析工具上被发展成收入-支出交叉图、IS-LM模型和总需求曲线，它们迄今为止仍然主导着经济学教科书。而其关于供给的理论虽然用总供给曲线来表现，但是却缺乏好的理论来解释它。事实上，新古典综合学派的供给理论以菲利普斯曲线最有影响，而总供给曲线的绘制却过于简单。菲利普斯曲线同样一直是宏观经济学的一个主要工具，但是与收入-支出交叉图和IS-LM模型不同，它一直是宏观经济学分歧的焦点，并一直在修正发展之中。

到了20世纪70年代，1973年第一次石油危机引发高通货膨胀率与高失业率并发的滞涨，让菲利普斯曲线所代表的通货膨胀率与失业率之间的替代关系不复存在。这一方面让新古典综合学派的理论在经验数据上受到打击，另一方面使得对新古典综合学派的理论所进行的批评也多了起来并受到越来越多的人的认同，以至于卢卡斯声称凯恩斯主义已经死亡，“你不可能看到一个优秀的40岁以下的经济学家们会把他们自己或他们的著述贴上‘凯恩斯主义’的标签。实际上，当人们被归类为‘凯恩斯主义者’时，甚至会感到生气。在学术研讨会中，如果讲的是按凯恩斯主义方式建立的理论，人们不再认真地对待；听众开始相互叽叽喳喳并怪笑”①（Lucas，1980）。这个说法也得到年轻的新凯恩斯主义者布林德的证实：“（到1980年的时候），在美国很难看到一个做学术研究的40岁以下的宏观经济学家会自称是凯恩斯主义者。”②（Blinder，1988）

新古典综合学派面临的困境是，一方面它无法解释为什么通货膨胀率与失业率之间的替代关系会消失，另一方面它也不能提出有效的应对滞涨的办法。而事实上，导致这个困境的是它在理论上的缺陷：缺乏供给理论和微观经济学基础，我们在后面还会提到这些。这样，新古典综合学派走过了其辉煌鼎盛的20世纪60年代，在70年代进入四面楚歌的低谷。

## 三、凯恩斯理论的复兴：新凯恩斯主义的崛起

到20世纪70年代晚期，情况有了一些变化。一些年轻的经济学家如阿克洛夫（Akerlof，George）、斯蒂格利茨（Stiglitiz，

---

① Robert E. Lucas，Jr. The Death of Keynesian Economics，Issues and Ideas. Chicago：University of Chicago Press，1980：18-19.

② A. S. Blinder. The Fall and Rise of Keynesian Economics. Economic Record，1988，64：278-294.

Joseph E.)和曼丘（Mankiw，Gregory)① 等一方面坚持从凯恩斯的论述中寻求对现实经济问题的解释，另一方面又开始对主要是来自新古典主义尤其是卢卡斯的批评进行认真反思。沿着这些思路，他们将古典的均衡与理性原理与凯恩斯的名义刚性理论有机地结合起来，试图再造凯恩斯主义。进入20世纪80年代后，越来越多的年轻学者加入到他们的阵营，循着同样的思路进行经济学研究，并且在学术界异常活跃，在主流经济学杂志上发表了大量的论文，在经济学界产生了深远的影响，形成了声势浩大的新凯恩斯主义。从20世纪90年代至今，新凯恩斯主义声誉日隆，与新古典主义形成宏观经济学的两大主流。2001年，阿克洛夫和斯蒂格利茨获得诺贝尔经济学奖。

## 第二节　新古典综合学派

### 一、汉森对新古典综合学派的奠基作用

汉森在凯恩斯主义在美国的发展中起到了承上启下的作用，为新古典综合学派的形成奠定了基础。他把凯恩斯的经济学理论传播到美国，曾被称为“美国的凯恩斯”。汉森在接受凯恩斯学说之前是信奉新古典经济学说的，主要研究经济周期理论。在凯恩斯的《通论》发表之后，他成为凯恩斯学说的信奉者，并以哈佛大学经济系为阵地，广泛而狂热地宣传凯恩斯学说，他在1953年出版的《凯恩斯学说指南》成为当时最有影响的凯恩斯理论入门读物，其地位正如萨缪尔森的《经济学》。汉森通过教授凯恩斯学说，影响了一代经济学家，为新古典综合学派的形成奠定了基础。

汉森的主要贡献就是解释、传播和发展凯恩斯主义，促成了新古典综合学派的形成。具体理论上，汉森最为人称道的理论主要是

① Mankiw一般译为“曼昆”，但从读音看，Mankiw应翻译成“曼丘”更为准确。

三个方面。

其一是他发展了希克斯（Hicks，John）的 IS-LM 模型，并促使这个模型成为解释凯恩斯有效需求理论和财政货币政策的标准模型，也是迄今为止宏观经济学教科书中所使用的模型。

其二是他与萨缪尔森一起提出了乘数-加速数模型，用来解释经济活动的周期性变化，使之成为解释经济周期的重要理论。

其三是发展了凯恩斯国家干预的政策主张，提出了功能性财政和补偿性财政政策的观点，主张以财政政策作为工具来服务于充分就业等政策目标，财政预算不谋求一年一度的平衡，而是着眼于一个周期中的总体平衡。这些观点后来被托宾和海勒等人继承和发展，并被美国政府所采纳，在 20 世纪五六十年代成为美国经济政策的基调。

## 二、新古典综合学派的基本理论体系

以萨缪尔森和索罗等人为杰出代表的美国凯恩斯主义形成于 20 世纪 40—50 年代，影响力一直持续到 20 世纪 70 年代乃至 80 年代。萨缪尔森自己曾经先后将自己所在学派称为新古典综合学派、后凯恩斯主流经济学和现代主流经济学的新综合，等等，其中以新古典综合学派的称呼更为学界所接受。其代表人物璀璨如星辰，都留下了耀眼的光芒，如萨缪尔森、索罗等。如前面所说，这个学派一直活跃到 20 世纪 70 年代才逐渐式微。

新古典综合学派全面继承了凯恩斯的理论体系，他们关注到的是资本主义在短期内出现衰退的可能性，并按照凯恩斯的理论寻找解释的原因和救治的举措。在他们看来，一方面，资本主义的市场机制有问题，存在着不完全性，市场不能随时出清。尤其是在劳动市场上存在名义工资刚性，影响到充分就业的实现。另一方面存在着三个心理规律导致有效需求不足：

- 随着人们收入的增加，人们用之于消费的比例在减少，此即边际消费倾向递减规律；
- 随着投资的增加，投资的边际资本效率（即新增投资的利润率）会递减，此即边际资本效率规律；

• 人们存在着对资产流动性的偏好，而货币的流动性最大，因此人们倾向于持有货币资产，这导致对货币的需求呈现刚性，此即流动性偏好规律。

发达的资本主义国家是成熟的市场经济，人们收入水平高，生活水平好，因此第一个规律导致消费增长缓慢。再加上在成熟的市场经济中利润机会都已经用完，因此投资的利润率极低。而与此同时，由于流动性偏好规律的存在又致使利息率难以持续下降，两个方面结合起来就导致投资不足。如我们所知道的，一个经济体的总产出由个人、企业、政府和外国人四方购买，现在个人消费与私人投资都不足，从而导致总需求不足，进而导致生产过剩和生产能力闲置，结果是工人失业与经济衰退。更为严重的是消费或投资的减少具有自我强化的乘数效应：需求减少→产量下降→收入降低→消费低迷→需求进一步减少……因此资本主义经济的衰退与失业是现实而严重的。同时，根据总需求等于消费、投资、政府购买和净出口之和，当消费和投资不足时，政府干预就有了用武之地，可以动用财政政策例如赤字政策刺激需求，而且可收到以小博大的乘数功效；也可以用宽松的货币政策降低利率刺激投资和消费，同样可以产生乘数效应。

新古典综合学派对凯恩斯的理论进行了全方位的发展。

首先，他们将凯恩斯的理论标准化，用规范的分析框架阐释凯恩斯的有效需求理论的精髓。他们用收入-支出交叉图分析简单的乘数原理；引入货币市场，用 IS-LM 模型对乘数原理加以扩展；再从 IS-LM 模型中推导出总需求曲线（AD 曲线），将其与立足于劳动市场分析的总供给曲线（AS 曲线）结合起来分析宏观经济的短期总量均衡。其思路是，一个经济体的总体表现取决于总供给与总需求的相互作用。在短期，由于三个心理规律的作用，资本主义经济长期陷于需求不足之中，生产能力总是闲置，因此，只要刺激需求就能使闲置的生产能力利用起来。总需求取决于商品市场与货币市场的同时均衡。在商品市场，总产出于取决于由消费、投资、政府购买与净出口构成的总需求，而消费和投资与利率有关。这一方面的关系可以用 IS 曲线分析。而在货币与资产市场，利率决定于对货币的需求与供给，对货币的需求就是流动性偏好，取决于总产出和利率，货币市场的均衡可以用 LM 曲线分析。既然 IS 曲线表明总产出决定于总需求，总需求中的投资与消费又决定于在货币市场上形成的均衡利率，而 LM 曲线表明利率又决定于在商品市场上形成的均衡总产出，因此就应该把 IS 和 LM 曲线结合起来，分析商品与货币市场的同时均衡。IS-LM 分析仍然是需求分析，如果考虑到价格变化通过影响实际货币供给而影响到利率，进而影响到商品与货币市场都均衡时的总需求，我们就得到了总需求曲线。另一方面，在劳动市场，价格影响到实际工资，进而影响就业和产出，这就将价格与总供给联系起来，形成总供给曲线。因此，AD 曲线和 AS 曲线的交点就可以用来分析宏观经济的均衡。进一步，他们在总供给分析方面，又引入了菲利普斯曲线工具，讨论了价格上涨环境中物价变化与产量和就业的关系，分析了通货膨胀与失业之间的相互交替关系。

其次，新古典综合学派将凯恩斯的总需求理论进行了扩展，并探索了其微观经济学基础。对总需求的重要组成部分——消费需求，莫迪利艾尼和杜森贝利分别提出了生命周期假说和相对收入假说，对凯恩斯的绝对收入假说进行了修正。关于实物投资，托宾提出了投资的 q 规则理论，论证了资产市场（股票市场）与投资品市场的关系对投资的影响，指出企业市值与企业资产的重置成本的比较对投资决策的影响，将股票价格与实物投资联系在一起。萨缪尔森则将投资决定的加速数原理和乘数原理结合起来，分析了经济的周期性波动。在货币需求方面，托宾等人对凯恩斯的流动性偏好理论进行补充，提出了个人基于风险考虑进行资产组合的资产选择理论。如今我们耳熟能详的“不要把所有的鸡蛋放到一个篮子里”就是来自这一理论。这一理论也将金融资产与实物资产联系起来，将货币需求与投资联系起来。这些理论都是宏观理论，但是也都是从个人决策者的最优化行为出发来展开分析的，是将凯恩斯理论微观化的一个努力。

再次，新古典综合学派将凯恩斯的理论动态化和长期化。其中最为著名的是哈罗德-多马模型和托宾的新古典增长模型，前者是凯恩斯投资与储蓄关系理论在长期中的扩展，后者则是融入了新古典学派的分析方法，具有了新古典学派的性质。托宾新古典增长模型的影响极为深远，其对技术进步的强调、对增长因子核算的分析等，都影响了后来经济学的进展；而其对资本积累的分析，也影响到发展经济学。到了20世纪80年代，又在托宾新古典增长理论的基础上催生出内生增长理论（即新增长理论）。

最后，新古典综合学派将凯恩斯的理论政策化，提出和完善了一整套从调节需求入手，以熨平经济波动、稳定经济为宗旨的总需求管理政策。凯恩斯的理论本来就有着强烈的政策倾向。凯恩斯论证了资本主义经济的不稳定性，提出了国家干预经济的思想。从他的有效需求理论可以直接推导出，国家应该用财政支出来弥补私人投资与消费的不足。新古典综合学派将这一思想具体化，并让它变得具有操作性。凯恩斯本人是强调财政政策作用的，但是新古典综合学派后来与时俱进，也提出了货币政策主张；凯恩斯的理论本来强调的是反危机，因此力推“扩张性财政政策”，而后来的凯恩斯主义者还关注了如何防范和消除经济过热及其引起的通货膨胀。在20世纪50年代，美国的凯恩斯主义者提出并建议政府推行了“补偿性财政货币政策”，以取代凯恩斯本人的“扩张性财政政策”；在20世纪60年代，他们又提出并推行了“增长性赤字财政政策”。此外，他们的政策也包括财政货币政策的松紧搭配，考虑在不同的经济形势下如何进行财政和货币政策在宽松（扩张性）与紧缩程度之间进行搭配，以取得最好的政策效果。他们还提出并推行了微观的经济政策来补充宏观经济政策的不足，这包括能源与农业政策、社会福利政策、收入政策、人力政策，等等。

从上面对美国20世纪80年代以前的凯恩斯主义理论的梳理可以看出，当时的新古典综合学派之“综合”是名副其实的。

首先，它是凯恩斯宏观经济学理论与新古典学派的微观经济理论的综合。萨缪尔森的《经济学》教材于 1948 年推出第一版后不断更新，并成为其后的所有经济学教材的一个样本。从该教材中可以看到，宏观经济学与微观经济学被统一起来，相互“补充”：宏观经济学分析资源的利用问题，以资源得到有效率的配置为前提；微观经济学分析资源的配置问题，以资源能够获得充分利用为前提。

其次，美国凯恩斯主义者也将新古典学派的研究方法运用于宏观经济理论之中。一方面，他们强调微观和理性分析，在沿着凯恩斯的思想或受其启发建立宏观经济理论时，也都竭力从微观的角度分析个人理性选择出发展开研究，从而为在凯恩斯主义宏观理论中建立新古典学派的微观基础迈出了第一步。无论是前面提到的生命周期假说还是新古典增长模型，都是如此。另一方面，他们也运用了新古典学派的一般均衡分析方法，IS-LM 模型就是该方法在总需求分析中的应用。

再次，美国的凯恩斯主义者还推动了微观经济学的发展与完善，例如萨缪尔森提出的显示性偏好理论与社会福利函数理论，奥肯对平等与效率关系的分析等。

最后，他们也直接吸收了其他学派的观点，例如他们强调，自己同货币主义一样，也重视货币政策在总需求管理中的重要作用；他们还吸收了货币主义的自然失业率理论和负所得税方案；他们也注重供给分析，从供给的角度解释菲利普斯曲线与滞涨的关系等。

从后来经济学的进展看，美国老一辈的凯恩斯主义者对推动西方主流经济学的发展做出了重大贡献，同时也暴露了致命缺陷。一方面，他们的理论基本上还是总需求理论，他们对总需求进行了非常完善和细致的分析，但是对总供给不仅缺乏足够的分析，而且其有限的理论也不能令人信服。例如，他们在总供给方面极为倚重的菲利普斯曲线一开始就是从经验数据中总结出来的，缺乏理论论证。这种先天不足导致的结果是，菲利普斯曲线所反映的通货膨胀与失业之间的交替关系始终因为与层出不穷的现实经济问题不一致而受到诘难，而凯恩斯主义者对此却没有提出足够令人信服的回应。美国老的凯恩斯主义犹如一只有完善需求理论但缺乏完善供给理论的跛脚鸭。另一方面，尽管他们希望将宏观经济学与微观经济学结合起来，也在尝试着在宏观经济学中建立微观基础，但是这方面的工作远远没有完成。

## 第三节 英国的凯恩斯主义：新剑桥学派

凯恩斯的理论建立后，英国剑桥大学的学者如罗宾逊夫人和斯拉法等人与美国的汉森一样，对凯恩斯的理论推崇备至，并积极解释和发展。罗宾逊夫人甚至自我否定了自己1933年在《不完全竞争经济学》中建立的厂商理论。然而与汉森及其后继者不同，新剑桥学派认为凯恩斯理论的重点不是需求，而是对资本主义制度的结构的历史的分析，凯恩斯更为关注的是收入分配问题；凯恩斯是完全否定古典和新古典学派的经济理论的，因此不应该将凯恩斯的理论与古典经济学说综合起来；他们主张应该将李嘉图的收入分配思想与凯恩斯的学说结合起来。

新剑桥学派理论的核心是收入分配，观点可以归纳为如下几个方面：

（1）收入分配理论不能以边际生产力理论为基础，而要以价值理论为基础，收入分配与价值理论二者不可分离。

（2）把收入分配与经济增长结合起来，说明了经济增长中收入分配格局的变化，主要是工资与利润相对份额的变化，得出在资本主义经济中随着经济增长工资相对份额下降而利润相对份额上升的结论。

（3）指出了资本主义社会收入分配的不合理性，提出了以改善收入分配为基调的社会政策主张，要求消灭食利者阶层，实现收入分配均等化，从根本上解决资本主义社会的问题。

在新剑桥学派看来，分配论不过是价值论的延伸，要研究分配理论，就要研究价值理论。他们认为价值应该具有客观的物质基础，而不能像边际效用学派那样看成是由主观心理活动决定的。因此，他们主张从李嘉图的劳动价值论传统中探讨价值的客观性与物质性。由于商品多种多样，价格也随时在变化，因此为了保证价值的客观性，需要找出一个不变的价值尺度来衡量所有商品的价值，而李嘉图的劳动价值论中却没有这个尺度。为此，斯拉法于 1960 年发表了《用商品生产商品》一书，探讨如何建立一个标准合成商品生产体系，把标准商品作为不变价值尺度，以此计算利润率，并计算利润和工资在价值中的相对份额。这样，不管商品价格如何变化，利润率总表现为商品数量之间的一种比率。罗宾逊夫人高度评价了斯拉法的努力，认为它是对李嘉图—马克思劳动价值论的重大发展，就应该从这里出发将李嘉图—马克思的价值理论与凯恩斯的宏观经济理论结合起来，实现经济理论的第二次凯恩斯革命。

同为凯恩斯理论的继承者与传播者，英国与美国的凯恩斯主义者旨趣迥异，因此两者之间发生了激烈的争论，相互指责对方偏离了凯恩斯理论的精神实质。英国的凯恩斯主义指责美国新古典综合学派将凯恩斯所批评的古典经济学理论与凯恩斯的理论混同在一起。

第一，英国的凯恩斯主义认为凯恩斯的理论有很强的历史观，在分析现实问题时引入历史时间维度，强调当前经济状态的历史成因和未来经济前景的不确定性，而新古典综合学派却基于古典学派的均衡观来解释凯恩斯理论，抽象掉了历史时间维度，没有考虑到过去经济决策的不可逆转性与未来经济决策的不可预期性。

第二，在英国的凯恩斯主义看来，新古典综合学派的理论分析过于抽象，回避了现实问题的复杂性。新古典综合学派在建立理论模型时尽可能地简化，将很多复杂因素给抽象掉了，自以为是地认为要抓住主要的变量，因此往往做出大胆的假设。因此，他们的均衡实际上是一个虚构的概念，因为现实中经济总是处在不均衡之中。

第三，英国的凯恩斯主义认为，新古典综合学派过于强调凯恩斯三个基本心理规律导致有效需求不足的观点，忽视了凯恩斯对资本主义收入分配不合理的批评。这既背离了凯恩斯的主要思想，也误诊了资本主义经济问题的症结。

## 第四节　新凯恩斯主义

### 一、新凯恩斯主义的思想渊源

#### （一）对凯恩斯理论的继承与新古典主义范式的应用

新凯恩斯主义的思想渊源当然是来自凯恩斯的思想，这使得他们与过去的凯恩斯主义者（新古典综合学派）在结论上有了一些共鸣；与此同时他们也从古典学派那里继承了看问题的基本方法，并从新古典主义宏观经济学那里借鉴了研究问题的工具。

在根本上，他们是凯恩斯的追随者。因此，他们相信非自愿失业的存在，相信市场不完全性与工资刚性、价格刚性的存在是导致名义总需求波动产生实际影响的原因。也就是说，他们仍然认为，由于工资或价格的刚性，当名义的总需求忽然下降时，企业会以实际变量而不是名义变量来应对。在接到的订单减少时，企业会减少产量和解雇工人，而不是削减工资和降低价格以维持销量；而工会或工人希望仍然维持名义工资不变，但是因为总需求不足带来的价格下降提升了实际工资，从而引起厂商减少工人雇佣量。同新古典综合学派一样，在结论上他们也认为，短期内经济会偏离充分就业均衡水平，而财政和货币政策对此是有所作为的，是可以影响实际变量的；而且，他们也坚信，IS-LM 模型是分析宏观经济学总需求模型的最好方式。与新古典综合学派不同在于，他们从微观层面解释了名义刚性为什么会存在，并进一步解释了实际刚性为什么会存在，从而将凯恩斯的宏观经济理论建立在坚实的微观经济学基础上，而不是把两者拼凑在一起。

此外，巴罗、格罗斯曼（Barro and Grossman，1971）和马林沃德（Malinvaud，1977）的一般非均衡理论（general disequilibrium）也为新凯恩斯主义的理论研究带来灵感。这个理论致力于在一般均衡的框架里研究，当有市场不能出清时，会产生什么样的资源配置。也就是要研究，一个或多个市场不能出清时，该市场的不均衡是如何影响到其他相关市场的供给与需求的。这样，一般非均衡就为后来的新凯恩斯主义提供了可资借鉴的思路，其中的一些可能的结果——即某个或某些市场如产品和劳动存有过度供给时——受到新凯恩斯主义的关注。显然，当总需求减少时，产品难以卖出，因而企业减产减员；企业减产减员又反过来抑制了需求，因此一个市场出现问题影响到所有的市场，致使整个经济陷于恶性循环。这正是一般（非）均衡的思路。同时，有问题的市场之问题出现在名义工资的刚性上，所以要对工资刚性加以解释，由此催生了新凯恩斯主义的理论层出不穷地问世。

**（二）对新古典主义的批评做出的回应**

新凯恩斯主义的理论是一些年轻学者在应对新古典主义的挑战中诞生的。要坚持凯恩斯的理论结论，沿凯恩斯的思路解释经济衰退，就要弥补其缺陷，回应其受到的批评。事实上，正是对批评的回应，产生了众多属于凯恩斯阵营的卓有影响的理论，使得凯恩斯主义得以重生。在这些批评中，卢卡斯的批评最击中要害、切入核心，因而也受到最认真的对待。因此，布林德（Blinder，Alan）把新凯恩斯主义描述成“卢卡斯之后的凯恩斯”①，不是没有道理的。而曼丘也非常赞同这一点，他在一个访谈中谈道：“最大的影响无疑来自卢卡斯。他把（20 世纪）60 年代形成的凯恩斯主义共识撕开一道裂缝。他提出新的和让人兴致勃勃的思想，真正地撕裂了宏观经济学。今天宏观经济学家们的分歧主要来自卢卡斯及其追随者的批评。你知道，我不同意卢卡斯提出的解决方案，但我非常认真地对待卢卡斯提出的问题。”②

新古典主义的批评主要集中在凯恩斯理论的微观基础上。新古

---

① A. S. Blinder. Keynes after Lucas. Eastern Economic Journal，1986，12（3）：209-216.

② Brain Snowdon，Howard Vane. New Keynesian Economics Today：the Empire Strikes Back. The American Economist，1995，39（1）：48-65.

典主义认为，宏观经济结果无论好坏，都是一个一个个体所做理性选择的结果，因此应该从个体的理性行为出发来探寻宏观经济表现的根源，将宏观经济模型建立在微观个人选择的基础上，让宏观经济学具有坚实的微观经济学基础。而凯恩斯的宏观经济学理论恰恰缺乏坚实的微观经济学基础。凯恩斯的理论认为市场会不均衡，会出现非自愿失业。但在新古典主义看来，凯恩斯和老的凯恩斯主义者未能解释，为什么理性的经济活动主体如劳动者、企业等会接受这个对大家都不好的宏观经济结果，为什么他们不做出恰当的反应来消除失业和经济衰退。凯恩斯主义者认为名义工资的刚性是名义总需求波动带来实际影响的原因，但是却未解释何以理性的劳动供给者和厂商会坚持名义工资刚性，任由其导致对大家都不利的失业和减产出现，而不对其做出调整；而且，理性的劳动者应该关心的是实际工资而不是名义工资，因此，坚持名义工资刚性显然是与其利益不符的。

而在卢卡斯看来，任何一个理论如果要让人接受，就必须让人们在人行道上看不到 100 美元的钞票。因为按照新古典经济学的理论，当人们是理性的时候，会抓住任何一个获利机会，因此一旦看到有钱，就会马上捡起来，人行道上就会出现没有任何钱的市场出清状态。巴罗（1979）则批评道：“在一个自尊自重的模型中，经济活动与决策的主体不应该是非理性的，他不会不去完成明显有益于双方的交易”①。

年轻的新凯恩斯主义者既坚持凯恩斯对经济的洞见，也深深认识到其缺陷，从而认同卢卡斯等人的批评。按照凯恩斯的思路，当名义工资刚性与新古典主义的生产技术结合起来时，总需求的不足会带来经济衰退，从而实际工资是逆周期变化：经济衰退时实际工资反而上升。而曼丘则指出，如果引入理性预期，则此类模型几无意义，因为这类模型意味着人们欢迎衰退。“衰退一定是颇受欢迎

① R. J. Barro. Second Thoughts on Keynesian Economics. American Economic Review, 1979, 69 (2): 54-59.

的。固然一些人会遭解雇，但是大部分人会乐享更高的实际工资，因为价格下降而名义工资未变……如果正向《就业、利息和货币通论》和我的教授们过去教给我的，高实际工资和低就业相伴，那么大部分家户应该欢迎经济衰退才对。"① 但是，实际数据显示实际工资确实没有与经济周期反向运动，最多是轻微地逆经济周期变化，更多的时候是独立于经济周期的，新的理论必须对此加以解释。而名义工资刚性看起来却大大违背了理性行为，也必须得到微观层面的解释。新凯恩斯主义之新正在于为凯恩斯主义宏观经济学建立微观基础。

在从微观层面为凯恩斯主义理论构建基础时，他们与新古典主义宏观经济学一样，选择用古典学派的微观经济学范式，从个人理性与市场均衡出发来解释何以会存在着名义刚性和实际刚性。同时，既然相信个人是理性的，那么就没有理由不相信人们在进行预期时也是理性的。因此，新凯恩斯主义经济学直接吸收了新古典主义宏观经济学的理性预期假说，将理性预期假说作为理论研究的基石之一。曼丘评论说："如果我们假定人们是理性的，但是在人们进行预期时除外，此时假定人们是非理性的，这样做将是非常古怪的。"② 萨金特和卢卡斯将理性预期和市场出清结合起来，论证系统性的货币政策对经济没有实际影响，只影响名义变量。对此做出回应，费希尔（1997）坚持市场出清的假说，承认理性预期的存在，证明了系统性的总需求管理政策在理性预期存在的前提下仍然可以起到稳定经济的作用，而不是中性的。因此可以说，新凯恩斯主义的研究范式基本上是新古典主义的（理性与均衡）。但是，立足于不同的出发点（市场不完全与不能出清），他们得出了凯恩斯主义的结论。

---

① N. G. Mankiw. Comment on J. J. Rotemberg and M. Woodford "Markups and the Business Cycle". NBER Macroeconomics Annual, 1991: 129-130.

② Brain Snowdon, Howard Vane. New Keynesian Economics Today: the Empire Strikes Back. The American Economist, 1995, 39 (1): 48-65.

因此，说新凯恩斯主义是新古典主义挑战的产物，并不为过。曼丘（1992）声称："新古典主义的挑战已经得到解决。凯恩斯主义经济学已经获得重生，成为一个有着强壮微观经济学肌肉的躯体①。"

## 二、新凯恩斯主义的基本理论框架：凯恩斯主义出发点与新古典主义方法的结合

根据上面的分析，新凯恩斯主义的特点已经非常清晰了，可以用这样的公式来描述什么是新凯恩斯主义：将凯恩斯主义的出发点与新古典主义的方法结合起来，为凯恩斯主义的宏观经济理论建立坚实的微观基础。从后面介绍的各种理论来看，它们的分析框架都是与这个公式吻合的。

一方面，新凯恩斯主义同新古典主义一样，要分析个体决策者是如何进行理性选择的，是如何寻求效用或利润的最大化的。同新古典主义一样，他们认为在面临预期问题时，单个的决策者会利用理性预期的方式进行。所谓理性预期就是利用模型进行预期，是与模型一致的预期方式。还是同新古典主义一样，他们认为任何一个宏观经济结果都是微观层面上的单个决策者理性选择的结果，应该从这个角度来分析宏观经济变量的变动规律。但是，与新古典主义不同的是，他们认为价格与工资是刚性的，而且价格与工资的刚性是与人们的理性行为一致的。他们恰恰就是要研究何以理性的单个决策者出于最大化自己利益的考虑，会选择保持某种程度的价格与工资刚性。正是因为这个刚性，导致市场不能出清。因此，可以说，他们用新古典主义的方法否定了新古典主义的价格灵活性假设，也否定了其市场出清假设。

另一方面，在宏观层面，他们维护了凯恩斯理论的结论。当总需求发生波动时，由于价格和工资不能及时调整，市场不能出清，

① N. G. Mankiw. The Reincarnation of Keynesian Economics. European Economic Review, 1992, 36 (2-3): 559-565.

所以带来产量与就业的波动；而且，他们还用各个企业的实际刚性与名义刚性的相互加强作用，进一步说明了总需求波动对实际变量的影响。

由此可见，新凯恩斯主义结论的关键在于名义工资刚性，而新凯恩斯主义之新也就在于对名义工资刚性进行了基于理性行为的微观经济学解释。同时他们也解释了实际工资刚性、名义价格刚性和实际价格（相对价格）刚性，并提出了信贷配给理论和协调失灵理论。换言之，他们的主要理论包括劳动市场不完全理论——解释名义与实际的工资刚性，产品市场不完全理论——解释名义的和实际的价格刚性，金融市场不完全理论——解释信贷配给问题，以及具有一般均衡视角的协调失灵理论。换一个角度来看，他们的理论是有关实际刚性和名义刚性的理论。

因为新凯恩斯主义与新古典主义在研究方法上高度相似，为了更好理解新凯恩斯主义的理论框架，我们可以用一个表格（表4-1）来比较它们之间的异同。

表 4-1　**新凯恩斯主义与新古典主义的比较**

| | 理性行为 | 均衡分析 | 理性预期 | 市场是否完善 | 充分就业均衡 |
|---|---|---|---|---|---|
| 新古典主义宏观经济学 | 是 | 是 | 存在 | 是 | 基本成立 |
| 新凯恩斯主义宏观经济学 | 是 | 是 | 存在 | 否 | 经常被偏离 |

## 三、关于工资与物价刚性的理论

### （一）关于名义工资刚性的理论

名义工资出现刚性，主要原因在于劳资双方签订的工资合同将工资固定住了，使得工资在一个经济周期中保持相对稳定。这里的合同有明确的合同，也有隐性合同，但合同关于工资的条款都是类似的。在明确的合同中，工资的固定是成文的，因此不能随意更改。隐性合同是劳资双方墨守的君子协定，双方都同意工资在经济波动或总需求发生变化不超过某一个程度时保持稳定。之所以会有这样的协定，是因为双方对风险的态度不同。一个企业的出资方往往有很多，而每一个股东都是分散投资的，因此对一个企业的风险并不太介意；企业经理负责具体管理一个企业，他们不能分享全部的利润，因此也不太介意企业的运营风险。因此，在企业一方对风险是持中性态度的。反观工人就不一样了，他们只在一个企业工作，不能频繁地跳槽，因此对风险的态度是回避的。这样，风险中性的企业和风险回避的工人就可以在工资的稳定性上达成一致：保持工资在经济周期中的相对稳定，而把经营风险由工资中转移到利润中，进而由劳动市场转移到资本市场，由工人转移到股东。由于隐性合同没有法律保障，因此，以促进就业为目的的隐性合同反而导致了失业。

工资合同限制了工资的调整，而各个公司合同期限的交错特性又再次强化了工资的刚性，使得工资的调整更为迟滞。一个劳资合同会跨越不同的时期，而每个企业所签合同的时间起点各不一样，这样就在时间进程中形成犬牙交错的一串合同：当一个合同在期满需要重新议定时，其他合同还处于执行之中。另一方面，重新议定合同时，必然要参考其他企业的工资，而其他企业限于合同约束而不能调整名义工资。结果，重新议定的名义工资也就具有了刚性，需要调整时也得不到充分调整。由于合同时期犬牙交错，这种刚性会持续很长时期。

**（二）关于实际工资刚性的理论**

关于实际工资刚性，效率工资模型做出了大量的解释。按此理论，由于劳动市场的不完全，劳动效率是实际工资的函数，是随着实际工资的提高而提高的。其原因在于：

（1）高实际工资降低了员工懈怠偷懒的动机，鼓励其付出努力。由于信息不对称，上司对下属在工作期间所作所为缺乏足够了解，因此员工有懈怠偷懒的动机，而提高实际工资可以增加其懈怠偷懒的预期机会成本：未被发觉则罢，一经发觉并予以解雇，则招致巨大损失。

(2) 较高的实际工资削弱了员工经常转换工种的动机，保持了员工队伍的稳定性，从而确保了员工之间的默契配合。

(3) 较高的实际工资让员工感觉受到公正待遇，从而愿意付出更多的努力。

(4) 较高的实际工资降低了员工组建工会的可能性，减少了员工与雇主之间的摩擦。

(5) 在劳动市场存在着信息不对称的前提下，提高实际工资可以吸引更多的求职者，以便从中筛选出优秀者。而低实际工资只能吸引低水平的求职者，却将高水平的优秀人才赶向其他企业。

(6) 在发展中国家，较高的实际工资还有利于改善员工的营养状况，提高劳动效率。

此外，局内人/局外人模型也提供了解释：已经就业者相对于劳动市场的求职者而言有过多的议价权，往往会以求职者的失业为代价实现自己的高实际工资。

由于效率工资高于市场出清的工资水平，因此会带来劳动市场的失业，表明分权决策的市场均衡是无效率的。

**（三）关于名义价格刚性的理论**

关于名义价格刚性，新凯恩斯主义也作了比较多的解释。在面临名义总需求的变化时，单个的商品价格应该做出调整，否则的话，总产量和就业这些实际变量就会做出调整，从而出现经济波动，而这些波动是大家都不愿意看到的，因而是与理性行为不符的，是与帕累托效率不符的。然而，曼丘的菜单成本理论指出，调整价格固然会带来收益，但是也是有成本的，就像餐馆更改菜单一样。单个企业的菜单成本或许比较小，但是会被相互促进而放大。例如，如果所有的企业都充分调整价格，菜单成本不会显著。但是如果调整价格不能取得共识，则单方面的调整价格会带来更高的成本或更小的收益。与此同时，由于市场的不完全性，小的菜单成本足以带来巨大的产量与就业损失。

阿克洛夫和雅伦用近似理性解释了为什么名义价格刚性会存在：由于不存在完全的理性，人们对价格是否调整无法及时认识，因此这导致了价格和工资调整存在着惯性。

价格刚性的原因还在于，很多企业都采用成本加成定价的方式，因此价格对成本变化反应快，而对需求的变化反应迟钝。尽管是根据成本定价，往往也是在遇到不可逆转的成本上涨时才考虑提价，同时由于工资成本很稳定并且占据很大比例，所以导致价格也相对稳定。企业之所以普遍采用成本加成定价，原因有如下一些方面：

第一，信息不完全。厂商不能及时判断需求变化的持续性，但会感受到成本的变化，并且进行试探性的调价以观察需求的反应。

第二，考虑与消费者的关系。一般而言，消费者能够理解价格随着成本上升而上调，但不能接受价格随着需求增加而上涨。

第三，简化定价决策。很多企业都经营差别化的产品和多样化的业务，所销售的产品成百上千，要想准确了解每一个产品的需求状况并不容易，而了解总体的成本却相对简单。

第四，寡头厂商之间的缄默勾结。当一个行业的厂商数量较少，每一个厂商都具有举足轻重的影响时，往往会避免价格竞争，而按照成本定价是避免价格战的有效策略。

也有很多的企业会与交易对象签订价格合同，结果价格受合同的限制而呈现某种程度的刚性。当然，价格合同中也允许价格有所变化，但是因为前面所提到的理由，一般规定价格随着交货时生产成本的上升而调整，但不能因为需求的变动而调整。无论是明确的成文合同，还是隐性的合同，都会对价格的变动做出上述规定。此外，也更有一些合同会简单保持价格稳定，而不需要考虑交货时成本或需求是否发生变动。这样做对购销双方都有好处：对供货方而言，可以减少不确定性，制定连续的生产计划；对购买方而言，可以保证关键性的中间产品在未来有一个稳定的来源，减少寻找货源的成本；而且，固定价格的合同也会避免屡次讨价还价引起的交易成本，尤其是对交易量小的商品而言更是如此。

总而言之，有定价权的厂商往往会将价格固定一段时期。另外，不同的厂商价格稳定区间的起止期是交错的，这又进一步加强了价格的刚性，使得价格调整更为缓慢。例如，假设两个企业的定价都是在两期以后调整，但是企业A在时期1定价，然后延续到时期2，到时期3再重新调整……企业B在时期2定价，然后延续到时期3，到时期4再重新调整……换言之，在这个例子中，一类企业在奇数期间调价，另外一类企业在偶数期间调价。这样，在总需求减少的环境中，价格本来应该下调，但是，由于一类企业的价格仍然在执行之中而不能调整，则影响到整体价格的下调；而正在调整价格的企业在观察到其他企业的价格未变时，对价格调整的力度就会减弱。结果，一类企业价格未作调整，一类企业价格做了部分下调，则整体价格的调整就会非常不充分，而且这种刚性会延续一段时期。

**（四）关于实际价格刚性的理论**

关于实际价格刚性，新凯恩斯主义认为，在面临名义总需求波动例如总需求下降时，企业不情愿降低自己的价格，尤其是企业希望保持自己的价格与其他价格或总价格之间的固定比例关系。当总需求意外减少，如果其他企业价格都不发生变化，那么总产量就会减少；总产量的减少导致某一个企业收益减少和成本上升。在这种情况下，该企业为了实现最大利润，应该是下调价格的。如果该企业由于种种考虑而不下调价格或者不充分下调价格，那就表明存在着某种程度的实际价格刚性——希望自己的价格与其他企业价格的相对固定的比例关系，即当其他企业不降价时，自己也不愿意降价。事实上，这种实际价格刚性是存在的。

企业缺乏下调相对价格的动力，原因在两个大的方面：

一方面，总需求减少时其边际成本曲线会上升，因此即使保持实际相对价格不变，由此导致的需求减少从而产量减少也不会节省多少成本。那么为什么在总需求下降时，生产成本会上升呢？新凯恩斯主义的主要解释有：

第一，因为“厚市场效应”，在经济发生衰退时，商品买卖的信息变得难以获取，可供选择的交易对象也减少，购买中间产品变得困难，所以企业的生产成本反而会上升。

第二，由于信息不对称，企业获取外部融资较难，因此要依赖内部资本市场。在繁荣时期因为利润高而形成较充足的内部资本来源，从而可以寻求从内部资本市场融资，但是当名义总需求下降时其利润减少从而内部资本也会减少，于是不得不依赖外部资本市场，其结果是资本市场上的融资成本会增加。

第三，如前面说过的，存在着形形色色的实际工资刚性。

另一方面，在名义总需求减少时其收益曲线也会左移（即总体上收益会减少），因此即使降低相对价格也不会有太多的收益。新凯恩斯主义对此作的解释有：

第一，在企业销售产品时也存在着“厚市场效应”——当经济繁荣时，企业更容易将自己的信息传递给消费者，从而使得需求更有弹性，维持低一些的价格能够吸引更多的消费者；而当经济衰退时，即使降低价格，也难以有效地对消费者进行宣传，从而难以吸引足够的消费者。

第二，从产品的构成而言，繁荣时期的产品需求更富有弹性，而衰退时期则相反，因此在衰退时降价也不能刺激太多需求。

第三，繁荣时期吸引了更多的厂商加入，竞争因此变得激烈，价格不能提高；而在衰退时期，很多厂商退出，竞争减弱，从而降价动机也随之减弱。

第四，由于信息不完全，现有的客户和潜在的客户对产品的了解是不同的。因此，提价导致现有的客户立马流失，降价却难以迅速吸引潜在的未来客户加入。

在新凯恩斯主义的理论中，实际刚性与名义刚性是相互强化的，从而放大了名义总需求波动对实际经济变量的影响。名义刚性表明，即使面临需求减少，企业也不情愿降低价格；而当部分企业不降价时，在实际刚性的作用下，其他企业要保持与其价格相对不变，因此也不会降低价格。于是名义总需求的减少就会变成实际总需求的减少，从而带来宏观经济的波动。

同时，实际刚性也强化了菜单成本的影响。价格调整的成本虽然小，看起来对价格调整所起的障碍作用有限，但是另一方面，在遇到总需求减少而其他企业价格不变时，实际刚性导致调整价格增加的收益也是有限的。因此，菜单成本与实际刚性的结合，就很容易阻碍价格进行调整。

## 四、信贷配给理论

斯蒂格利茨等人考虑到了资本市场上的信息不对称，提出了信贷配给理论。在他们看来，由于信息不对称，利率不能由市场供求调节，从而也不能出清市场。反过来，利率事实上起到了一个发信号和筛选的作用。如果利率由市场供求状况决定，则可能偏高，会鼓励企业去经营风险项目，或者招来收益虽然高但风险也突出的企业，却驱逐了虽然收益低支付不起利率但是收益有保证的安全项目，增加了银行的风险。这就是信贷市场上的逆向选择。因此，为了降低风险，银行会降低利率，使得收益低但是风险也低的企业愿意来申请贷款，并通过筛选机制留下这些企业而规避高收益但高风险的企业。这表明，由信息不对称产生的低利率带来信贷资金供不应求，使银行得以主动地将资金在不同的需求者之间进行配给。

信贷配给的结果是迫使企业转向股票市场融资，而股票市场融资与银行贷款融资给予企业经理的约束是不一样的，后者更为直接和有效。与此同时，信贷配给也造成一个信号发布的效果，让投资者认为依赖股票市场的企业可能风险会比较高。

信贷配给还会通过影响有效供给而导致经济出现周期性波动。在经济扩张的过程中，企业对信贷资金的需求也增加，这就强化了信贷配给。当信贷配给对企业形成越来越大的约束时，有效供给会受到限制，会导致一般物价上涨。而一般物价的上涨再次减少了信贷资金的实际值，强化了信贷配给，从而抑制经济的扩张，到一定程度会促使经济运行转向。如果经济衰退本来就发生于有效供给的减少，那么同样是导致价格上升，再导致实际信贷资金减少，从而强化了对有效供给的压缩作用，对经济衰退起到推波助澜的作用。

信贷配给的另外一个后果是，投资与利率无直接关联，货币政策影响经济的渠道主要不是利率。从现实中看，投资的波动比利率的波动要大，而且不同步。而货币政策调高利率也好调低利率也好，对信贷资金的数量没有实质性影响。如果货币政策以调控信贷资金的投放为渠道，则能够更有效地影响投资，从而影响总需求。

## 五、非充分就业均衡

### （一）各类刚性带来的非充分就业均衡的一般模型

我们可以在总供给与总需求框架下讨论工资或物价的刚性对充分就业均衡的影响。

设总供给方程与总需求方程分别由（4-1）、（4-2）表示：

$$y_t = y_{t-1} + \beta \ (p_t - p_t^E) \ + \varepsilon_t, \tag{4-1}$$

$$p_t = -\alpha \ (y_t - y_{t-1}) \ + M_t + \mu_t. \tag{4-2}$$

其中 $y$ 代表总产量，$p$ 代表一般物价，$M$ 代表需求方面的外生冲击例如货币政策，$\varepsilon_t$ 与 $\mu_t$ 则分别是供给与需求方面的白噪声，是一个随机冲击，其期望值为 0。变量右下角的 $t$ 表明时期，右上角的 $E$ 表明是期望值，例如 $p_t^E$ 代表对 $t$ 期价格的预期。将（4-1）向未来推移一个时期我们有：

$$y_{t+1} = y_t + \beta \ (p_{t+1} - p_{t+1}^E) \ + \varepsilon_{t+1}, \tag{4-3}$$

$$p_{t+1} = -\alpha \ (y_{t+1} - y_t) \ + M_{t+1} + \mu_{t+1}. \tag{4-4}$$

由于新凯恩斯主义认为预期是理性的，因此，可以利用理性预期的原理对第 $t$ 期的总产量与一般物价求解，这样可以得到（4-5）、（4-6）：

$$E\ [y_t] \ = E\ [y_{t-1} + \beta \ (p_t - p_t^E) \ + \varepsilon_t], \tag{4-5}$$

$$E\ [p_t] \ = E\ [-\alpha \ (y_t - y_{t-1}) \ + M_t + \mu_t]. \tag{4-6}$$

这样，在第一个时期，一共有 4 个方程：（4-1），（4-2），（4-5），（4-6）；同时也有 4 个需内生决定的未知变量：$y_t$，$y_t^E$，$p_t$，$p_t^E$。求解这个方程组得到：

$$y_t = y_{t-1} + \frac{\beta}{1+\alpha\beta}(M_t - M_t^E) + \frac{1}{1+\alpha\beta}(\beta\mu_t + \varepsilon_t), \quad (4\text{-}7)$$

$$p_t = M_t - \frac{\alpha\beta}{1+\alpha\beta}(M_t - M_t^E) + \frac{1}{1+\alpha\beta}(\mu_t - \alpha\varepsilon_t). \quad (4\text{-}8)$$

依据同样的原理，对时期 $t+1$ 的总产量与一般物价水平求解，我们可以得到下面的结果：

$$y_{t+1} = y_t + \frac{\beta}{1+\alpha\beta}(M_{t+1} - M_{t+1}^E) + \frac{1}{1+\alpha\beta}(\beta\mu_{t+1} + \varepsilon_{t+1}), \quad (4\text{-}9)$$

$$p_{t+1} = M_{t+1} - \frac{\alpha\beta}{1+\alpha\beta}(M_{t+1} - M_{t+1}^E) + \frac{1}{1+\alpha\beta}(\mu_{t+1} - \alpha\varepsilon_{t+1}). \quad (4\text{-}10)$$

要把时期 $t+1$ 的总产量表达成已知变量的函数（或外生变量的函数），需要将时期 $t$ 和时期 $t+1$ 联系起来。因此，将（4-7）代入（4-9）中，可以得到下面的结果：

$$y_{t+1} = y_{t-1} + \frac{\beta}{1+\alpha\beta}(M_t - M_t^E) + \frac{\beta}{1+\alpha\beta}(M_{t+1} - M_{t+1}^E) +$$
$$\frac{1}{1+\alpha\beta}(\beta\mu_t + \varepsilon_t) + \frac{1}{1+\alpha\beta}(\beta\mu_{t+1} + \varepsilon_{t+1}). \quad (4\text{-}11)$$

如果假设货币政策的执行与公众的预期是同时进行的，那么在理性预期的条件下，人们平均而言能够预测到货币政策的变化，只有突然的货币政策改变才会导致人们的预测失误。换言之，公众在预测货币当局的货币政策时不会犯系统性错误。因此我们有：

$$M_t - M_t^E = \delta_{M_t},\ \text{其中}\ E[\delta_{M_t}] = 0. \quad (4\text{-}12)$$

尽管（4-12）表明 $M_t - M_t^E$ 的期望值为 0，但是 $M_{t+1} - M_{t+1}^E$ 的期望值却不是 0，

$$E[M_{t+1} - M_{t+1}^E] \neq 0. \quad (4\text{-}13)$$

这是因为，$M_t$ 和 $M_t^E$ 是同时进行的，而 $M_{t+1}$ 和 $M_{t+1}^E$ 却是先后进行的：$M_{t+1}$ 在时期 $t+1$ 期实现，而 $M_{t+1}^E$ 却是在时期 $t$ 对时期 $t+1$ 期的货币量预期，是在时期 $t$ 形成的。因此，无论公众如何做出预期，在公众做出预期后，货币当局总是可以改变货币政策让公众的预期失误。在（4-13）背后的原理是：公众是根据对时期 $t$ 和时期 $t+1$ 的货币量来确定工资与价格的，价格一旦确定，就不能再更改。因

此，时期 $t$ 的价格或许可以和时期 $t$ 的货币量一致，但是时期 $t+1$ 的价格却不一定会和时期 $t+1$ 的货币量一致。即使到了时期 $t+1$，公众修改自己的预期，与实际的货币量保持一致，但是却不能调整价格。这个结果在模型中就表现为（4-13）。

这样，将（4-12）代入到（4-11）中，我们有：

$$\begin{aligned} y_{t+1} &= y_{t-1}+\frac{\beta}{1+\alpha\beta}\delta_{M_t}+\frac{\beta}{1+\alpha\beta}(M_{t+1}-M_{t+1}^{E})+ \\ &\quad \frac{1}{1+\alpha\beta}(\beta\mu_t+\varepsilon_t)+\frac{1}{1+\alpha\beta}(\beta\mu_{t+1}+\varepsilon_{t+1}) \\ &= y_{t-1}+\frac{\beta}{1+\alpha\beta}(M_{t+1}-M_{t+1}^{E})+ \\ &\quad \frac{\beta}{1+\alpha\beta}\delta_{M_t}+\frac{1}{1+\alpha\beta}(\beta\mu_t+\varepsilon_t)+\frac{1}{1+\alpha\beta}(\beta\mu_{t+1}+\varepsilon_{t+1}). \end{aligned} \tag{4-14}$$

从（4-14）中可以得出如下结论：

（1）每一个时期预料之外的外在冲击会促使总产量偏离充分就业的均衡水平，这正是新古典主义的结论。也就是说，如果我们假定已经实现的初始状态为充分就业均衡，即 $y_{t-1}$ 为充分就业的产量，则时期 $t+1$ 的外在冲击 $\mu_{t+1}$ 和 $\varepsilon_{t+1}$ 会导致 $y_{t+1}$ 与 $y_{t-1}$ 偏离，这体现为（4-14）中的最后一项 $\frac{1}{1+\alpha\beta}(\beta\mu_{t+1}+\varepsilon_{t+1})$。

（2）一个时期的外在冲击会影响到下一个时期，这是因为，即使预期到在上个时期出现的外在冲击，而且也想采取措施调整工资与价格来应对外在冲击，但是由于价格或工资的刚性却难以做到，从而导致产量对充分就业的偏离会持续下去。也就是说，时期 $t+1$ 的产量会因为时期 $t$ 出现的外在冲击而继续偏离在时期 $t-1$ 实现的充分就业的产量，即使在时期 $t+1$ 已经认识到了时期 $t$ 出现的外在冲击，这体现为（4-14）中的 $\frac{1}{1+\alpha\beta}(\beta\mu_t+\varepsilon_t)$。这一结论是与新古典主义不同的。

而且，（4-12）也给出了明确的政策含义：宏观需求管理政策不仅是有效的，也是必要的。这是因为，价格与工资的刚性表明私人部门不能随时调整价格与工资，但是政策变量却是可以随时调整的。换言之，宏观经济管理当局相对于私人部门具有优势。例如，在时期 $t$，固然宏观经济管理当局同私人部门一样未能预测到外在的冲击，所以才有了外在的冲击以 $\frac{1}{1+\alpha\beta}$ （$\beta\mu_t+\varepsilon_t$）的程度影响总产量，使之偏离充分就业的水平。但是，到了时期 $t+1$ 时，当局却可以改变货币政策，使之超越私人部门的预期，从而以 $\frac{\beta}{1+\alpha\beta}$ （$M_{t+1}-M_{t+1}^E$）的程度来抵消上一个时期外在冲击的延续。即，当局只要通过货币政策确保 $\frac{\beta}{1+\alpha\beta}$ （$M_{t+1}-M_{t+1}^E$） $+\frac{1}{1+\alpha\beta}$ （$\beta\mu_t+\varepsilon_t$） $=0$，就可以在 $t+1$ 期再将产量水平恢复到 $t-1$ 期的充分就业水平。

**（二）费希尔的预定价格的交错调价模型（the model of pre-determined price and staggered price adjustment）**

费希尔（Fischer，1977）考虑了这样一种定价模式：每一个企业都为今后的几个时期确定价格，不同时期的价格是不一样的，但是都是事先已经确定而不能临时随着经济环境的变化而更改；与此同时，不同的企业定价的时间不一样。下面我们借用罗默（Romer，2001，pp. 285-288）在教科书中的叙述来解释费希尔的模型。

为了建立模型，可以假设企业预先确定今后两个时期的价格，并且在时间上错开确定。这样，在同一个时期 $t$，就存在着两个价格：$p_t^1$——厂商在上一个时期，即 $t-1$ 期，为这个时期 $t$ 确定的价格，和 $p_t^2$——厂商在上上个时期，即 $t-2$ 期，为 $t$ 期确定的价格。也就是说，$p_t^1$ 和 $p_t^2$ 是企业在不同的时期为同一个时期定的价。另一方面，在时期 $t$ 定价的企业要确定下两个时期 $t+1$ 和 $t+2$ 期的价格，即 $p_{t+1}^1$ 和 $p_{t+2}^2$。在这些符号中，右下标表示价格生效的时间，右上标表明价格制定的时间与生效时间相距的距离。如果在每一个时期都有一半的企业定价或调价，则时期 $t$ 的一般物价指数可以表示为：

$$p_t=\frac{1}{2}\left(p_t^1+p_t^2\right). \tag{4-15}$$

在微观层面，每一个企业的最优定价由下式表示：

$$p_t^*=(1-\phi)\,p_t+\phi m_t. \tag{4-16}$$

其中，$p$ 代表一般物价，$m$ 代表货币量或者一般的总需求冲击，右下标的 $t$ 代表发生的时间。由于企业是在现期决定未来的价格，要依据未来一般物价与货币量，因此，企业的定价就是求解未来最优价格的期望值：

$$p_t^1=E_{t-1}[p_{it}^*]=E_{t-1}[(1-\phi)p_t+\phi m_t], \tag{4-17}$$

$$p_t^2=E_{t-2}[p_{it}^*]=E_{t-2}[(1-\phi)p_t+\phi m_t]. \tag{4-18}$$

将（4-15）代入（4-17）和（4-18）中得到：

$$\begin{aligned} p_t^1 &= (1-\phi)\frac{1}{2}E_{t-1}[(p_t^1+p_t^2)]+\phi E_{t-1}[m_t] \\ &= (1-\phi)\frac{1}{2}(p_t^1+p_t^2)+\phi E_{t-1}[m_t] \end{aligned} \tag{4-19}$$

$$\begin{aligned} p_t^2 &= (1-\phi)\frac{1}{2}E_{t-2}[(p_t^1+p_t^2)]+\phi E_{t-2}[m_t] \\ &= (1-\phi)\frac{1}{2}(E_{t-2}[p_t^1]+p_t^2)+\phi E_{t-2}[m_t] \end{aligned} \tag{4-20}$$

利用（4-19）可以解出 $p_t^1$：

$$p_t^1=\frac{2\phi}{1+\phi}E_{t-1}[m_t]+\frac{1-\phi}{1+\phi}p_t^2. \tag{4-21}$$

要从（4-20）中解出 $p_t^2$，必须先解出 $E_{t-2}[p_t^1]$。根据理性预期原理，利用（4-19）求 $t-2$ 期的期望值可以得到：

$$E_{t-2}[p_t^1]=\frac{2\phi}{1+\phi}E_{t-2}[m_t]+\frac{1-\phi}{1+\phi}p_t^2. \tag{4-22}$$

将（4-22）代入（4-20）解出 $p_t^2$：

$$p_t^2=E_{t-2}[m_t]. \tag{4-23}$$

将（4-23）代入（4-21）可以得到：

$$p_t^1=E_{t-2}[m_t]+\frac{2\phi}{1+\phi}(E_{t-1}[m_t]-E_{t-2}[m_t]). \tag{4-24}$$

将（4-23）和（4-24）代入（4-15）可得：

$$p_t=E_{t-2}[m_t]+\frac{\phi}{1+\phi}(E_{t-1}[m_t]-E_{t-2}[m_t]). \tag{4-25}$$

（4-16）是根据宏观层面总需求来制定的企业最优价格，最优价格也对应着最优产量，因此（4-25）表明了宏观均衡时的一般物价水平。同时，（4-16）依据的宏观经济前提是总需求，由下式表示：

$$y_t = m_t - p_t, \tag{4-26}$$

因此，将（4-25）和（4-26）结合起来可以得到总产量为：

$$y_t = \frac{1}{1+\phi}\ (E_{t-1}\ [m_t]\ -E_{t-2}\ [m_t])\ +\ (m_t - E_{t-1}\ [m_t]). \tag{4-27}$$

这个结果表明，在不存在信息不完全问题从而预期总是正确的条件下，产量为零：$y_t = 0$，此为充分就业的水平。①

在（4-27）式中，第二项结果可以为零，因为货币政策的变化与对货币政策的预期可以同时进行，因此在理性预期的条件下可以做到趋向于正确。但是第一项总是可以做到不为零，原因是：当私人部门在 $t-2$ 期做完对 $t$ 期货币量的预期后，货币当局可以在 $t-1$ 期调整货币供给；结果，$E_{t-2}$ $[m_t]$ 一旦确定之后，$m_t$ 可以随后改变，尽管 $E_{t-1}$ $[m_t]$ 可以与之相等，但是 $E_{t-2}$ $[m_t]$ 已经固定。这表明，即使当期的货币政策被预期到了，即第二项为零，货币政策是可以具有实际效果的，而不是呈现出货币中性，即第一项为非零。

进一步，（4-27）还表明，可以用货币政策来抵消外在总需求的冲击，以保证经济的稳定运行。例如，设想（4-26）中总需求冲击 $m$ 包括两个部分，由政策控制的部分 $m^*$ 和货币政策不能控制的部分 $v$，即 $m = m^* + v$。这样，（4-27）就变成：

$$\begin{aligned} y_t &= \frac{1}{1+\phi}(E_{t-1}[m_t^* + v_t] - E_{t-2}[m_t^* + v_t]) + (m_t^* + v_t - E_{t-1}[m_t^* + v_t]) \\ &= \frac{1}{1+\phi}(E_{t-1}[m_t^*] - E_{t-2}[m_t^*]) + (m_t^* - E_{t-1}[m_t^*]) + \\ &\quad \frac{1}{1+\phi}(E_{t-1}[v_t] - E_{t-2}[v_t]) + (v_t - E_{t-1}[v_t]). \end{aligned} \tag{4-28}$$

设想理性预期继续成立，则（4-28）式中的第二项与第四项均可为零：$v_t - E_{t-1}$ $[v_t]$ $=0$ 和 $m_t^* - E_{t-1}$ $[m_t^*]$ $=0$。但是即使存在着理性

① 这里的价格与产量均为对数值：$y = \ln Y$，$p = \ln P$。因此，$y_t = 0$ 表明经济中的总产量 $Y$ 为 1。事实上，1 也是表示一个指数。

预期，因为时间先后的问题，第三项也可以不为零：$E_{t-1}[v_t]-E_{t-2}[v_t]\neq 0$，这样就会导致 $t$ 期产量的波动。但是，当局可以在 $t$ 期改变政策如货币供给，这种改变因为时间先后的问题可以让私人部门虽然在 $t-1$ 期预测到了，即 $m_t^*-E_{t-1}[m_t^*]=0$，但是在 $t-2$ 期无论如何预测不到，从而有 $E_{t-1}[m_t^*]-E_{t-2}[m_t^*]\neq 0$。换言之，当局可以用 $E_{t-1}[m_t^*]-E_{t-2}[m_t^*]\neq 0$ 来抵消 $E_{t-1}[v_t]-E_{t-?}[v_t]\neq 0$，从而保证 $t$ 期的产量仍然处在充分就业的均衡状态：$y_t=0$。

这个模型也表明了实际刚性与名义刚性的相互作用。从(4-16)来看，$(1-\phi)$ 代表了实际刚性的大小，即相对于其他价格，厂商的价格应该在多大程度上保持一致。$(1-\phi)$ 越大，或者 $\phi$ 越小，则实际刚性越大。这样，在存在名义刚性时，实际刚性会放大名义刚性的影响。从(4-27)可以看到，$\phi$ 越小，则 $y$ 受到外在冲击 $E_{t-1}[m_t]-E_{t-2}[m_t]$ 的影响就会越大。也就是说，当存在名义刚性时，其他厂商的价格固定；为了保持与其他厂商价格一致性，另外一些厂商的价格也会跟着固定。结果价格刚性被加强。一旦出现外在的需求冲击，宏观经济受到的影响也就被放大。另一方面，即使没有实际刚性，名义刚性也足以导致经济偏离充分就业均衡。即当 $1-\phi=0$ 或 $\phi=1$ 时，体现为 $E_{t-1}[m_t]-E_{t-2}[m_t]\neq 0$ 的外在需求冲击也会一半影响到产量（见(4-27)），一半影响到价格（见(4-25)），而其原因在于名义刚性。

在费希尔的模型中，将价格换成工资，结论也是一样的，因为价格是依据工资确定的。

**（三）泰勒的价格固定和交错调整模型（the model of fixed price and staggered adjustment）**

泰勒（Taylor，1979，1980）的模型与费希尔的模型实质相同而形式不同。他要考虑的是价格刚性不是价格预先确定，而是价格一旦确定后，会在多个时期里保持不变。我们还是借用罗默（Romer，2001，pp. 288-296）在教科书中的叙述来解释泰勒的模型。

对企业而言，每一个时期都有一个最优价格，分别用 $p_{it}^*$ 和 $p_{it+1}^*$ 表示。这两个价格的制定模式仍然是遵循(4-16)。但是，出于某种考虑，企业打算在两个时期固定价格。显然，最好的固定价格是基于 $p_{it}^{*}$ 和 $p_{it+1}^{*}$ 来制定的。设固定价格为 $x_t$，则它适合 $t$ 和 $t+1$ 两个时期。可以假定这个固定价格按照下式设定：

$$x_t=\frac{1}{2}(p_{it}^{*}+E_t[p_{it+1}^{*}]). \tag{4-29}$$

这种定价模式的理由是：厂商确知 $t$ 期的最优价格，但是对 $t+1$ 期的最优价格只能预期；同时，假定存在着确定性等价（certainty equivalence）和经济不增长。利用（4-16）给出的 $p*=(1-\phi)p+\phi m$，（4-29）变成：

$$x_t=\frac{1}{2}\{(1-\phi)p_t+\phi m_t\}+\frac{1}{2}\{(1-\phi)E_t[p_{t+1}]+\phi E_t[m_{t+1}]\}. \tag{4-30}$$

在每一个时期，存在着两类单个价格：一个价格现期确定，一个价格是上一时期延续下来。在时期 $t$ 存在着 $x_t$ 和 $x_{t-1}$ 两个价格，因此一般物价为：

$$p_t=\frac{1}{2}(x_t+x_{t-1}). \tag{4-31}$$

将（4-31）代入到（4-30）中可以得到：

$$x_t=\phi m_t+\frac{1}{4}(1-\phi)(x_{t-1}+2x_t+E_t[x_{t+1}]), \tag{4-32}$$

再求解 $x_t$ 可得：

$$x_t=\frac{11-\phi}{21+\phi}(x_{t-1}+E_t[x_{t+1}])+\frac{2\phi}{1+\phi}m_t. \tag{4-33}$$

可以用待定系数法对（4-33）求解 $x_t$，最终的结果是：①

$$x_t=\frac{11-\phi}{21+\phi}\left[1+\left(\frac{1-\phi^{\frac{1}{2}}}{1+\phi^{\frac{1}{2}}}\right)^2\right]x_{t-1}+\left\{\frac{11-\phi}{21+\phi}\left[1-\left(\frac{1-\phi^{\frac{1}{2}}}{1+\phi^{\frac{1}{2}}}\right)^2\right]+\frac{2\phi}{1+\phi}\right\}m_t. \tag{4-34}$$

将（4-34）和（4-31）结合起来求解 $p_t$，再将结果代入到总需求函数（4-26）中可得：

---

① 详细的解法可以参见 D. Romer. Advanced Macroeconomics. New York：McGraw-Hill/Irwin，2001：289-290.

$$y_t=\frac{1-\phi^{\frac{1}{2}}}{1+\phi^{\frac{1}{2}}}y_{t-1}+\frac{1}{1+\phi^{\frac{1}{2}}}(m_t-m_{t-1}). \qquad (4\text{-}35)$$

仔细比较（4-35）和（4-28）会发觉，两个公式的实质结论是一样的。

需要指出的是，无论是费希尔模型还是泰勒模型，它们都是凯恩斯主义的方法，但都不是严格意义上的新凯恩斯主义理论，因为它们只是假设而没有解释为什么会有预先定价或固定价格这样的定价模式，没有将其与企业的利润最大化行为联系起来。这两个模型的重要性在于：

第一，证明了理性预期条件下需求管理政策的有效性。

第二，从假设微观层面的刚性出发来推导其宏观经济后果，为基于理性行为推导微观层面刚性的新凯恩斯主义的出现起到了推动作用。

第三，这两个模型证明了微观企业之间的相互影响会放大刚性及其影响。

**（四）协调失灵带来的非充分就业均衡**

协调失灵理论是新凯恩斯主义者用来解释宏观经济中出现非自愿失业和经济衰退的重要理论。这一理论认为，宏观经济中存在着多重均衡，这些均衡在帕累托效率上有优劣之分，要想实现有效率的均衡，需要所有的经济决策者协调一致，而社会中单个的经济决策者没有能力协调其他决策者的行动，结果导致总需求实际减少，将宏观经济拉入有非自愿失业和闲置生产能力的无效率均衡。

协调失灵理论主要包括布莱恩特（Bryant，John）的不完全信息模型，戴蒙德（Diamond，Peter）的搜索模型，墨菲（Murphy，Kevin M.）、施雷夫（Shleifer，Andrei）和维什尼（Vishny，Robert W.）的递增收益模型。在这些模型的基础上，库珀（Cooper，R.）和安德鲁（Andrew，J.）构建了一个统一的模型，他们普遍认为，在社会经济中存在着所谓的“策略互补”（strategic complementarities）和溢出效应（spillover），即：假定经济中有 $I$ 个经济人，令反应函数（reaction function）$y_i^*(y)$ 表示经济人 $i$ 在 $y$ 给定时的最优选择，其中，$y$ 代表其他经济人的选择；$y_i^*(y) \in [0, \bar{y}]$，且连续；令 $V(y_i, y)$ 表示经济人 $i$ 选择 $y_i$ 而其他经济人选择 $y$ 时的收益；反应函数的斜率为：

$$p = -\frac{V_{12}}{V_{11}}.$$

因经济中存在“策略互补”（也称行动互补，即：其他经济人的策略选择 $y$ 增加时，将引起第 $i$ 个经济人策略选择 $y_i$ 的增加），易知 $V_{12}>0$，进而知 $p>0$，表明反应函数向右上方倾斜，如图 4-2 所示。$y_i^*(y) \in [0, \bar{y}]$，且 $p>0$，则反应函数曲线与 45°线交点的个数必定为奇数，为简化起见，此处只分析三个交点。

在 $A$，$B$，$C$ 三个交点中，只有 $B$，$C$ 是稳定的均衡，$A$ 点是不稳定的，因为只要一部分经济人预期产出高于或低于 $A$ 点的水平，其产出就会向 $B$ 或 $C$ 均衡点运动。如果经济处在 $C$ 点，其他经济人选择产出 $y_1$ 时，经济人 $i$ 也选择产出 $y_1$，即 $y_1 = y_1^*$，此时经济处于均衡状态。然而与 $B$ 点相比，经济人在 $C$ 点的收益 $V(y_1, y_1)$ 显然要低于其在 $B$ 点的收益 $V(y_3, y_3)$，所以，$C$ 点的均衡比 $B$ 点要差。

同时，由于经济社会中存在溢出效应（即外部性），如果经济人都增加产出，经济的产出水平向 $y_3$ 运动，会使所有经济人的状况都得到改善，然而，一旦经济的初始均衡处于 $C$ 点，这种情况却不会发生，因为经济中缺乏协调经济人统一行动的机制。结果，经济就陷于一种低于充分就业水平的无效率均衡中。①

在这种情况下，政府就应该对经济进行干预，调节经济的运行，如调高人们对经济的预期，使经济摆脱低水平均衡，实现有效率的均衡。

## 六、新凯恩斯主义的政策结论

新凯恩斯主义承袭了凯恩斯的理论与政策主张。他们相信，在

① 本模型的具体解法参见 D. Romer. Advanced Macroeconomics. New York：McGraw-Hill/Irwin，2001：316-319.

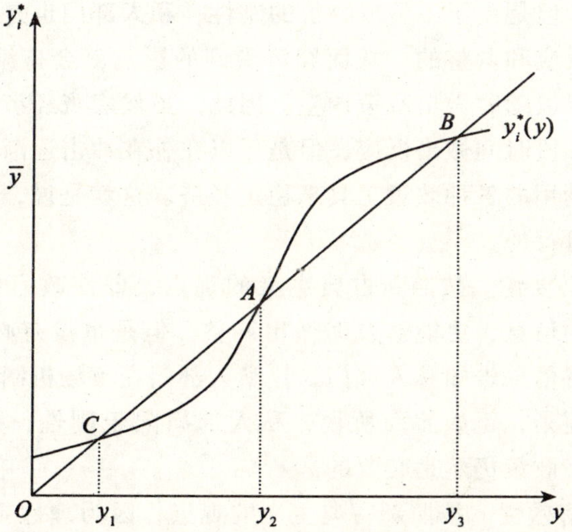


图 4-2　多重均衡的情形

面临需求方面的外在冲击时，由于市场的不完全性，即使存在理性预期，宏观经济也会偏离正常轨道，因此政府用总需求管理政策干预经济是必要的、可行的和有效的。但是另一方面，新古典综合学派可以说是政策主张与实践的集大成者；与他们不同，新凯恩斯主义的政策主张却不那么系统、完整，也不如新古典综合学派那么强烈、鲜明，在一定程度上带有折中的色彩。新凯恩斯主义是在应对卢卡斯的挑战中产生的，更多的是理论上的而不是政策上的。

尽管如此，新凯恩斯主义还是有一些基本的政策结论。在其理论框架中，个体在不完全市场中的理性选择带来非帕累托最优的宏观经济后果，因此政府对经济的干预仍然是有用的。根据新凯恩斯主义理论的逻辑推理，总需求管理政策是必要的、可行的和有效的。

（1）可行性。按照新古典主义的观点，在遇到不可预见的外生冲击而导致整个经济出现人们不愿意看到的波动时，即使政府有能力干预经济，却也会因为看不到外在冲击的内在性质与发生时间路径，也就无从采取政策。但是在新凯恩斯主义看来，一旦外在冲击影响到经济运行，私人部门即使认识到外在冲击，而且也有意愿做出调整，但是由于工资或物价的刚性，私人部门也是没有能力做出应有的反应和调整的，从而经济受到的影响就会持续一段时期。而政府却可以随时做出政策调整。因此，虽然宏观经济政策管理者不能在第一段时间做出反应，但是可以在外在冲击逐渐明朗后根据手中可以利用的各种政策工具来稳定经济。这就是说，宏观需求管理政策是可行的。

（2）必要性。按照新古典主义的观点，即使政府拥有比私人部门更多的信息，更能够及时做出调整，但是也没有必要这样做，完全可以将信息告知私人部门，让私人部门在市场机制的作用下自行调整。但是，正如前面所说，私人部门限于刚性，是欲为而不能。因此，政策仍然是必要的。

（3）有效性。按照新古典主义的观点，因为理性预期的存在，人们总会预测到政府的政策改变，并提前做出行为调整，从而使得政府的政策无效。

例如在货币当局希望增加货币量刺激经济时，人们会事先提高名义工资或价格水平，从而保持实际工资和相对价格没有变化，以至于货币量的任何改变只带来名义变量如名义收入和工资的变化，而于实际变量如产出与就业丝毫没有影响。新凯恩斯主义认同理性预期，也相信人民或许能够正确地预见到政府政策的改变，同样也希望调整名义工资或物价以应对货币量的改变。但是，无所不在的刚性束缚了单个决策者的手脚，让他们无力采取抵消需求管理政策作用的各种举措。因此，政策也是有效的。

具体在货币政策上，新凯恩斯主义与过去的凯恩斯主义者在货币政策的传导机制上有着不同的观点。后者基本承袭了凯恩斯的见解，认为货币供应量通过影响利率而影响到宏观经济。前者基于信贷配给理论认为，利率不能起到配给资金的作用，货币政策影响总需求的过程中受到信贷资金可得性的影响。因此，货币当局要影响总需求，就必须考虑对信贷资金的可获得性进行调控。

另一方面，也要指出，在新凯恩斯主义阵营中，不同的人的政策观点也略有差别。曼丘的理论也在很大程度上受到弗里德曼、卢卡斯和基德兰德与普雷斯科特的理论的启发。受动态不一致性的影响，他也赞成货币规则，反对积极干预的相机抉择政策。但格林沃德和斯蒂格利茨则支持积极干预的相机抉择政策，他们认为政府的稳定政策对经济所起到的稳定作用要多于弗里德曼和卢卡斯等人所声称的不稳定作用。斯蒂格利茨就对弗里德曼所鼓吹的货币政策规则持怀疑的态度。但是另一方面，无论是斯蒂格利茨还是曼丘，他们对政府干预经济的政策所能够起到的作用也还是持一定的保留态度，不像托宾等人那样认为政府政策对抗击经济衰退和稳定经济是无所不能的。他们一致认为，政府应该干预经济，但也要适可而止，不能过头。

## 第五节　对凯恩斯主义理论与政策的简短评论

### 一、关于凯恩斯的理论与新古典综合学派的理论

凯恩斯的理论开创了现代宏观经济学的新篇章，新古典综合学派竭力将凯恩斯的宏观经济学理论与新古典主义的微观经济学理论调和起来，新剑桥学派则强调凯恩斯的理论与新古典学派的差别，新凯恩斯主义进一步地将新古典主义的微观经济学理论与凯恩斯的宏观经济学理论有机地结合起来。应该说，自始至终，凯恩斯主义都是西方经济学中的主流：在20世纪五六十年代几乎是唯一的主流，自20世纪80年代以来则在主流的西方经济学中与新古典主义并驾齐驱。

从今天的观点看，凯恩斯的理论与新古典综合学派的宏观经济学理论是有很大的局限性的，这个局限性就在于：第一，他们理论的出发点都是未经验证的假设，而且看起来与个体的理性行为不一致。第二，他们将微观理论与宏观理论隔离开来。凯恩斯本人没有微观经济理论，也就更谈不上为宏观经济理论建立微观基础；新古典综合学派虽然回归了新古典主义的微观经济理论，但是将新古典主义的微观经济学与凯恩斯的宏观经济理论拼凑在一起，而不是将二者有机地结合起来。在论述宏观经济学理论时，仍然假定是总体

的独立活动导致了总体的结果，这个结果与个人的决策与行为没有直接的关联。因此，凯恩斯的理论与新古典综合学派的理论都是未完成的不完整理论。

新古典综合学派在不完整的理论基础上提出了一整套系统、全面的总需求管理政策体系，因此在一些学者如曼丘（1992）看来是缺乏原理支撑的。曼丘认为，与其说凯恩斯与新古典综合学派的思想是经济学理论，不如说是宏观经济工程学，因为它们是从宏观经济管理的角度来为当局出谋划策的。应该指出的是，作为宏观经济工程学，战后的美国凯恩斯主义是非常成功的，它们促成了美国经济在第二次世界大战后持续到 20 世纪 60 年代末期的长期繁荣。

另一方面，新古典综合学派也有着时代的局限性。到了 20 世纪 70 年代，凯恩斯主义的总需求管理政策不再灵验。不过，这不应该标志着凯恩斯主义的失败，应该是暴露了凯恩斯主义的局限性。当时的问题出在供给方面，而凯恩斯主义的理论基本是需求理论。另外，一些新的问题是逐渐出现的，旧的理论不能解释也就在情理之中。例如作为经济学发展的标志性理论的理性预期原理，它适用于通货膨胀的环境，但不适用于物价稳定的环境。因此这一理论在 20 世纪 70 年代出现也就有其道理，但是却不能说它反证了新古典综合学派理论的错误。它只是说明，新古典综合学派的理论体系不能适应经济形势的发展，不能解释新的问题，开始显得陈旧过时，需要创新和发展。而正是对新古典综合学派的局限的弥补，导致了新凯恩斯主义的产生。从这个意义上说，新古典综合学派起到了与其时代相称的应有作用，而新凯恩斯主义的诞生与发展又标志着凯恩斯主义的新生。这个除旧布新的过程正好见证了凯恩斯主义的生命力，也是经济学理论进展的必由之路。

## 二、关于新凯恩斯主义

新凯恩斯主义从 20 世纪 70 年代末期开始逐渐兴起，对新古典综合学派的局限性进行修补。它们继承了凯恩斯的理论，在一些方面也与新古典综合学派有共同之处：认同需求不足，坚持人为市场不完全性与各类刚性的存在。而其新之所在，有三个方面：

（1）在宏观经济学中建立坚实的微观基础。

（2）基于个人理性和均衡的存在建立经济模型。

（3）在自己的模型中运用理性预期假说。

因此，新凯恩斯主义纠正了新古典综合学派的理论缺陷，也弥补了其时代局限性，并维持了凯恩斯主义的基本结论，从而将凯恩斯主义理论向前大大推进了一步。更重要的是，新凯恩斯主义的研究使凯恩斯主义宏观经济学超越了宏观经济工程学，成为真正的宏观经济学理论。

对新凯恩斯主义，霍韦特（Howitt，Peter）称为凯恩斯主义复兴（Keynesian Recovery），布林德称为凯恩斯主义复辟（Keynesian Restoration），曼丘称为凯恩斯主义再造（Keynesian Reincarnation）。他解释道，再造是因为凯恩斯主义融入另外一个肌体内而获得重生，强调的是新凯恩斯主义与过去凯恩斯主义的区别。“凯恩斯精神在某种意义上得到恢复，但它看起来又不像老凯恩斯。事实上，凯恩斯很可能根本就不承认新凯恩斯主义者为凯恩斯主义者。”① 曼丘的研究在精神上继承了凯恩斯，在细节上则提出了批评。

应该说，新凯恩斯主义的宏观经济学仍然具有新古典主义的性质，因为它强调个人理性与均衡的存在性作为宏观经济学的基础，主张将理性预期纳入到分析框架之中。新凯恩斯主义宏观经济学仍然是新古典主义微观经济学与凯恩斯主义宏观经济学的综合，只是它比新古典综合学派更进一步，将两个理论体系有机地结合起来。正如有学者（Leslie，1993）评论的那样：“新凯恩斯主义将一桶满满的粗砂倾倒于新古典主义顺滑运行的范式之中。”② 新凯恩斯主义的研究范式是新古典主义的，基本假设或出发点则是凯恩斯主义的，因而结论也是凯恩斯主义的。从这个意义上说，新凯恩斯主

① N. G. Mankiw. The Reincarnation of Keynesian Economics. European Economic Review，1992，36（2-3）：559-565.

② D. Leslie. Advanced Macroeconomics：Beyond IS-LM. London：McGraw Hill Book Company，1993.

义在理论上并不具有革命性。“（新凯恩斯主义）理论并不是革命性的，不过它也没打算在理论做出革命之举。相反，它是反对理论上的革命的，它的目的就是回击新古典主义的抨击，捍卫新古典综合学派的精神。”①

既然新凯恩斯主义与新古典主义有着共同的研究范式，就涉及两者之间正确性的比较了。应该说，新凯恩斯主义与新古典主义同属西方经济学的两大主流理论。西方经济学中的微观经济学属于比较成熟的理论体系，虽然是新古典主义的理论，但是是唯一的主流理论。在宏观经济学上则有两大主流：新凯恩斯主义宏观经济学与新古典主义宏观经济学，两者都以新古典学派的微观经济学为基础。虽然这两大主流相互之间存在争论与分歧，但是应该说它们在各自的研究领域是正确的。新古典主义宏观经济学着眼于宏观经济的长期趋势，新凯恩斯主义则着眼于短期的调整过程，如果将二者综合起来，就会形成对经济的一个比较全面的理解。

另一方面，也应该指出，新凯恩斯主义固然利用理性行为与均衡原理为凯恩斯的宏观经济学理论建立了微观基础，弥补了新古典综合学派的缺陷，但是，作为新凯恩斯主义和新古典主义共同基础的理性行为与均衡原理也存在着自己的缺陷。

首先，理性行为并非放之四海而皆准的，行为经济学已经证明了大量非理性行为的存在。在传统的理论中，理性意味着一个人只需要试一次就可以正确解决问题。但是因为理性的有限以及理性常识的缺乏，传统的理论又引入学习机制加以补救，认为人们会犯错误，但也会在短时期内马上纠正过去的错误，从而通过演化使得理性原理继续适用。这样理性就变成一次迅速的学习过程。张五常则进一步认为，经济的演化会将缺乏理性的行为淘汰掉，剩下的就是理性行为了。但实际上这是错的：一方面，非理性的人不一定会被淘汰，例如在金融市场上，作为准理性人的噪音交易者并不会被淘汰，他们也能获利。另一方面，更严重的是，在很多场合下人们往

---

① Brain Snowdon, Howard Vane. New Keynesian Economics Today: the Empire Strikes Back. The American Economist, 1993, 39 (1): 48-65.

往没有更多的机会去学习。例如婚姻、择业和退休储蓄，根本没有学习机会，而日常消费是可以学习的。因此，这样就需要重新建立学习的理论，学习模型将更为复杂、精致。

其次，均衡不一定存在。主流经济学理论中的均衡存在的前提非常苛刻，要求偏好是凸性的，生产函数是凸性的，这些要求在现实中很难总得到满足。例如，收益递增规律就表明生产函数是凹性的，因此没有稳定均衡存在的。收益递增的问题说明了网络经济中一些企业为何会持续增长，如微软和美国在线；也说明了各个国家的经济增长没有收敛，而是富者愈富，贫者愈贫。有些经济学家通过做试验的方式检验了均衡是否能够实现，结论是否定的，原因是存在着协调失败（coordination failure）。其试验规则如下：$N$ 个参与试验者在［0，$E$］的范围内选择努力程度 $e$，然后按照公式 $U_i=\alpha\min\{e_1, e_2, \cdots, e_N\}-\beta e_i$，$\alpha>\beta>0$ 获得报酬。显然，最有效率的均衡是所有的人都选 $E$，但试验结果是这个均衡并未实现。类似的试验笔者也在课堂上做过，也没有实现最有效率的均衡。再以微观经济学同样也是新凯恩斯主义极为倚重的纳什均衡为例，可以看到很多环境下理论上预测的纳什均衡并未出现。按照纳什均衡原理，所有的人下棋只会有一个结局，这个结局对棋手而言可能仅仅取决于他是先下还是后下。但事实并非如此。同样的道理，古诺均衡只是理论上的存在，现实中很难达到。

## 三、对凯恩斯主义的总体评论

自凯恩斯的《通论》于1936年发表以来，凯恩斯主义理论就成为西方经济学中的主流理论，这个主流地位除了在20世纪70年代受到强烈质疑和挑战之外，一直到今天都没有被动摇。在凯恩斯主义的发展过程中，凯恩斯主义的理论也是在与时俱进，随着经济形势和经济环境的变化而逐渐发展的。在20世纪70年代以前，以新古典综合学派为代表的凯恩斯主义主导着西方经济学界；20世纪70年代，是凯恩斯主义从新古典综合学派到新凯恩斯主义过渡的时期，凯恩斯主义理论仍然是西方经济学中的主流，但是主导支配地位被削弱；从20世纪80年代到现在，凯恩斯主义以新凯恩斯主义宏观经济学的身份重新发挥重大影响，与新古典主义的宏观经济学并驾齐驱成为西方经济学中的两大主流。

凯恩斯主义的影响不仅表现在学术上，也表现在实践中。不仅凯恩斯主义的政策主张被美国政府所广泛采纳，其代表人物还直接参与了经济政策的制定。在新古典综合学派时代有海勒、托宾、克莱因等，在新凯恩斯主义时代有费希尔（Fischer，Stanley)、萨默斯（Summers，Larry)、斯蒂格利茨、雅伦（Yellen，Janet)、泰勒（Taylor，John)、伯兰克（Bernanke，Ben）和曼丘等。

另一方面，在理解西方经济学时，应该淡化学派之间的区别。从标签上看，凯恩斯主义与其他学派有别，但是它们都同属于西方经济学；而且就当今而言，新凯恩斯主义与新古典主义同属于西方经济学的主流。这表明，它们在本质上是一致的。

首先，在研究方法上它们是一致的，都主张从个人理性行为出发建立以均衡为基准的理论模型，并且把宏观经济学建立在微观经济学基础之上。

其次，它们也都同意经济学需要从微观和宏观两个层面展开分析。在微观经济学方面，各个学派的观点基本上是一致的，没有根本的分歧。发生在微观经济学理论上的进展，也都是起补充和扩展的作用，而不是否定的作用。而在宏观经济学领域，它们也都同意要从微观角度出发展开分析，同意总供给与总需求的相互作用影响了宏观经济的运行，同意要区分短期经济波动和长期经济增长，同意要区分货币经济与实体经济，同意要区分封闭经济与开放经济。

再次，主流经济学不同学派之间的争论与其说是根本的分歧，不如说是理解宏观经济问题角度的不同，因而不同的学派是可以综合成主流经济学的。正因为如此，不同学派有争论的理论都进入到了各个时期流行的经济学教科书中。要说谁的理论更为正确，是很难轻易地下结论的。但是，凯恩斯主义注重了短期的经济失衡，注重了各种现实的市场不完善性，而新自由主义则关注了长期趋势，抽象掉了其中复杂的现象。如果把二者结合起来，就会有一个关于宏观经济的全景式的看法。

最后，在对市场机制的看法上，凯恩斯主义也好，新古典主义也好，事实上它们都在不同程度上认同市场机制的效率。

那么我们应该如何对待凯恩斯主义呢？

第一，作为一个学派来看，应该将凯恩斯主义看成理解经济问题的一个视角，但不是全部。应该辩证地对待凯恩斯主义的理论与其他学派的理论，根据研究问题的不同而借鉴不同学派的内容。

第二，作为西方经济学中的主流理论之一来看，应该更看重凯恩斯主义或其他学派研究问题的规范方法，而不是直接参考其研究结论。

第三，在参考凯恩斯主义尤其是新凯恩斯主义的研究范式时应该认识到，基于理性与均衡的研究方法是有用的和部分正确的，但是这种方法也有其局限性，不能解决全部问题。

第四，在研究中国经济问题时，应该借鉴包括凯恩斯主义在内的各个学派研究问题的方法，而不是直接参考这些学派的理论，应该将西方经济学中不同学派的有用的方法与中国的实际问题结合起来。就我国目前市场经济的发展来看，从研究问题的技术层面来看，新凯恩斯主义的方法更为可取一些。

**【参考文献】**

[1] BARRO R J. Second Thoughts on Keynesian Economics [J]. American Economic Review, 1979, 69 (2): 54-59.

[2] BLINDER A S. Keynes after Lucas [J]. Eastern Economic Journal, 1986, 12 (3): 209-216.

[3] BLINDER A S. The Fall and Rise of Keynesian Economics [J]. Economic Record, 1988, 64 (187): 278-294.

[4] FISCHER S. Long-Term Contracts, Rational Expectations, and the Optimal Money Supply Rule [J]. Journal of Political Economy, 1977, 85 (1): 191-205.

[5] LESLIE D. Advanced Macroeconomics: Beyond IS-LM [M]. London: McGraw Hill Book Company, 1993.

[6] LUCAS R E Jr. The Death of Keynesian Economics, Issues and Ideas [M]. Chicago: University of Chicago Press, 1980.

[7] MANKIW N G. Comment on J. J. Rotemberg and M. Woodford "Markups and the Business Cycle" [G] //NBER Macroeconomics Annual, 1991.

[8] MANKIW N G. The Reincarnation of Keynesian Economics [J]. European Economic Review, 1992, 36 (2-3): 559-565.

[9] ROMER D. Advanced Macroeconomics [M]. New York: McGraw-Hill/Irwin, 2001.

[10] SNOWDON B, VANE H. New Keynesian Economics Today: The Empire Strikes Back [J]. The American Economist, 1995, 39 (1): 48-65.

[11] TAYLOR J B. Staggered Wage Setting in a Macro Model [J]. American Economic Review, 1979, 69 (2): 108-113.

[12] TAYLOR J B. Aggregate Dynamics and Staggered Contracts [J]. Journal of Political Economy, 1980, 88 (1): 1-23.

# 第五章 发展经济学的兴起与发展

## 第一节 引 言

发展经济学是研究发展中国家经济增长和经济发展问题的学科，它诞生于20世纪40年代末。从第二次世界大战后产生至今，发展经济学历经了三个阶段的演变：

### 一、第一阶段（20世纪40年代末至60年代中期）

第一阶段从20世纪40年代末至60年代中期，是发展经济学的形成和繁荣时期。这个时期的发展经济学理论观点比较鲜明，即强调物质资本积累、工业化和计划化，强调发展中国家刚性结构、内向型发展和建立宏大的理论体系。资本积累在这一时期受到特别重视的原因有：

其一，西方经济学家认为，马歇尔计划以流入资本的方式帮助欧洲经济重建取得成功，这种经验似乎可移植到发展中国家。

其二，哈罗德-多马模型把静态的凯恩斯投资理论推演成为动态的增长模式，这个模式突出了储蓄率和经济增长率之间的直接关系。刚刚从第二次世界大战废墟中独立起来的广大发展中国家迫切需要建立独立的经济体系，实现国民经济的迅速增长，很多经济学家认为哈罗德-多马模型与其说适用于发达国家，不如说更适用于发展中国家，从而被广泛应用于对发展中国家的研究。

第一阶段的发展经济学认为发展中国家的经济具有结构上的特点，如刚性、滞后、短缺、过剩、低供求弹性等。这些特点决定了发展中国家的经济既不同于西方发达国家的经济，也不同于十八九世纪处于发展中阶段的西方国家当时的经济。结构的特殊性使价格机制和市场调节的均衡作用不可能实现，也使经济增长的利益不易普及到广大人群，从而造成有增长而无发展的现象。1929 年的世界性大危机和 20 世纪 30 年代苏联相对成功的工业化事实，使人们相信市场不再是万能的，萧条时期如果没有政府的干预，经济就不可能在较短的时间内从萧条中解脱出来，国家计划可以快速地使一个国家实现工业化。经济学家们意识到要使发展中国家从“恶性循环”或贫困陷阱中解脱出来，没有政府对经济的干预和周密的计划就不可能迅速地积累尽可能多的资本促进工业部门的扩张，从而不可能实现工业化。因此，第一阶段的发展经济学家认为，应当以动态的观点，从互相联系的因果关系中研究经济发展问题，不应当仅寄希望于市场调节，而应当发挥国家干预的作用，有计划地对资本积累和工业建设做出安排。

早期发展经济学的政策取向是建立在刚性结构基础上的有计划的工业化路径，尽管一些发展中国家在这些政策导向下取得了举世瞩目的成绩，但由此也引发了许多严重的问题，如农业停滞不前、工业效率低下、国际收支恶化、文化教育落后等，使这些国家陷入了困境，而少数实行市场经济、走出口开放政策的国家在经济上却取得了惊人的进步。20 世纪 60 年代中后期，一些持新古典主义思想的发展经济学家经过深入分析，对第一阶段的结构主义进行了大量批驳，认为过分强调结构差异忽视竞争性均衡，过分强调结构刚性忽视市场价格机制，过分强调政府对经济的干预，缺乏经济自由，导致发展中国家价格偏离边际替代率，造成资源配置扭曲。许多发展经济学家主张采用新古典主义思路指导发展中国家的经济发展问题，从而在发展经济学中出现了“新古典主义复兴”，发展经济学的研究思想由此进入了第二阶段。

## 二、第二阶段（20 世纪 60 年代中期至 80 年代中期）

第二阶段从 20 世纪 60 年代中期到 80 年代中期。这一时期是新古典主义的复兴时期，即把第一阶段发展经济学家否定的东西又重新加以肯定。这一时期发展经济学的发展概括起来主要有以下几点：

（1）强调发展目标的多元化。第一阶段发展经济学家基本上只是把GNP的增长作为首要目标，而这一时期的发展经济学家强调目标的多元化，除了增长之外，还强调增加就业、减轻贫困、分配公平和乡村发展等。

（2）重新强调市场机制的作用。20世纪60年代中期以来，越来越多的发展经济学家认为，计划失败和不适当的政府干预是导致资源配置无效率和经济增长缓慢的根本原因，他们相信市场机制不仅对发达国家是有效率的，对发展中国家同样是有效率的，并提出了把政府政策导致的价格扭曲重新矫正过来的主张。

（3）提倡外向型发展战略。这一时期发展经济学家反对进口替代的内向型发展战略，而主张实行出口鼓励的外向型发展战略，应该从内向的贸易保护走向开放型的自由贸易。

（4）重视农业发展的重要性。过于侧重工业化的国家应当重视工农业的平衡发展；过于强调重工业的国家应注意轻工业的发展。

（5）不重视宏大理论的创建，而转向个案研究，微观分析。在制定发展计划时，应该包括所有的投入，不只是资本、劳动和自然资源，还有科学研究、教育和营养条件，从而在相互作用的发展系统中的每一阶段，物质资源和人力资源的质量都可以提高。

第二阶段的发展经济学在研究发展中国家的经济发展问题时，大多将注意力集中在资本积累、技术进步、人口流动、促进出口等方面，很少思考制度因素的形成、变化和过程。对制度因素的忽视，使新古典理论体系存在较大的局限性，难以解释和说明发展中国家经济发展中的一些重要问题。20世纪80年代初期以来，新制度经济学、新政治经济学迅速且广泛的传播，激发了许多发展经济学家突破既往的分析思路和旧有框架，寻求另外的方式来研究发展中国家纷繁复杂的经济现象，这样，发展经济学进入了一个新的发展阶段——发展经济学第三阶段。

### 三、第三阶段（20 世纪 80 年代中期以来）

第三阶段从 20 世纪 80 年代中期以来。这一时期发展经济学的发展主要体现在如下几个方面：

（1）发展的制度因素受到了强调。许多发展经济学家认识到要推进发展中国家的经济发展，除应关注资本积累、技术引进和创新、产业结构的转变、人口控制、人力资本投资、出口鼓励等因素外，更应该重视基本制度因素对经济发展的促进或阻碍作用。

（2）新增长理论骤然兴起。一批西方经济学家放松了新古典增长理论的报酬递减假定，相继提出了各种各样的增长模型。

（3）环境和可持续发展问题受到重视。由于资源过度利用和生态环境的破坏严重，使得发展经济学家越来越多地关注和研究资源、环境和经济发展的关系。

（4）对社会资本及其在经济发展中的作用问题日益成为发展经济学家研究的一个重要课题。20 世纪 80 年代以来，由于自然资源、生态环境和可持续发展问题受到普遍关注，提出了自然资本的概念，但自 90 年代以来，社会资本这个原来由社会学家提出的概念越来越多受到经济学家的重视，认为发展中国家建立社会信用体系对经济发展是特别重要的。

（5）进入 21 世纪后，除了一如既往地重视全球环境问题的研究之外，世界经济全球化和一体化趋势日益深化，促使发展经济学理论越来越走向多元化、多学科的交叉化，产生了许多融会不同学科思想的新的发展理论。

## 第二节 思想渊源

发展经济学作为一门独立学科的历史只有 60 多年，但其思想渊源可以追溯至亚当·斯密甚至更早时期。斯密认为经济增长表现在社会财富或国民财富的增长上，国民财富的增长决定于两个条件，即劳动生产率和从事生产劳动的人数，而影响劳动生产率的是分工，从事生产劳动的人数多寡和人口的增减有关，更取决于资本的丰歉，人口、分工和资本积累等是研究经济发展必须探讨的问题；斯密更强调在一个封闭的社会里，国民财富的增长要受到本国资源和技术条件的限制，通过对外贸易则可以突破这种限制而利用外部条件促进增长，而且一国的经济增长是一个长期的、与国家的决策密切相关的动态过程，存在有多种前景趋势。斯密关于经济增长的理论涉及国民财富的性质、人口增长、资本积累、对外贸易、宏观经济政策和未来经济前景等。据阿瑟·刘易斯自称，他的“无限剩余劳动供给”论点就是斯密资本积累促进经济增长思想的“再生和发展”。

斯密以后的经济学家或多或少地继承了斯密的某些发展理论。李嘉图把在工业革命中显现出来的现代工业资本积累看做是经济增长的驱动力，并且，李嘉图和斯密一样认为，经济增长表现在社会物质财富的增长上，社会财富的增长取决于劳动数量的扩大和劳动生产率的提高。马尔萨斯把资本、人口、土地和技术看成决定经济增长的基本因素，认为技术创新是经济增长的决定性因素之一，一种新机器的发明就像土地的肥力一样，会给社会带来巨大的生产力，“最能促进生产的三个重要因素是资本的积累、土壤的肥沃程度和旨在节约劳动的发明”。① 李斯特根据当时德国国情和国际环境看到不发达国家与发达国家之间的差异性，提出落后国家发展经济时必须考虑本国的特点，不应该盲目追随先进国家的模式。李斯特指出，两个同样具有高度文化的国家，要在彼此自由竞争下双方获利只有当两者在工业发展上处于大体上相等的地位时才能实现。如果一个国家在工业上、商业上还远远落后于别国，那么即使具有发展这些事业的精神与物质手段，也必须首先加强它自己的理论，然后才能使它具备条件与比较先进的国家进行自由竞争。马歇尔把变化中的社会经济看成是运动中的各种经济力量互相联系、互相作用的有机体，它的增长、变化和发展是经济学研究的主题或主要目标。经济增长和发展是运动的过程，但不是力学上的机械的位置移

① 马尔萨斯：《政治经济学原理》，1820 年伦敦版，第 470 页。

动，而是如生物学上的有机的向前运动。经济发展是一个和谐的、累积的过程，它的行进依靠自动的均衡机制，经济发展的前景是令人乐观的，通过扩散效应和涓流效应，增长会自然而然地带来良好的发展。因此，有经济学家认为马歇尔注意的焦点其实是经济增长，是借用边际革命的许多创新方法来研究变化和增长，同时承袭斯密关于资本积累与劳动力对经济增长的影响的思想。诺贝尔经济学奖获得者加里·贝克尔认为斯密、穆勒和马歇尔对人力投资作出了重要而开创性的研究工作，并把马歇尔《经济学原理》中的一句话“所有资本中最有价值的是对人本身的投资”作为其著作《人力资本》第一编的题下名言①。

第一部以经济发展为主题的著作是熊彼特的《经济发展理论》(1912，1934)，该书以“创新”理论为核心，通过研究资本主义经济发展的实质、动力与机制，探讨经济发展的模式、周期波动和经济发展的长期趋势。在熊彼特的理论体系中，经济发展是对经济现状扰动的动态过程，增长就是连续方式的经济事实的变动，其意义就是每一单位时间的增多或减少，能够被经济体系所吸收而不会受到干扰。熊彼特认为经济增长的研究对象是生产要素或资源在数量上的变化，它主要表现为一种数量上的改变，是静态的过程；而发展是质量的变化，是动态的过程，是一种事物根本的改变，是打破旧的均衡后实现的一种新均衡。1949 年，哈佛大学出版社出版了张培刚 1945 年完成的博士论文《农业与工业化》(*Agriculture and Industrialization*，《哈佛经济丛书》第 85 卷)。该书提出一个根本性的观点：农业国或经济落后国家，要想做到经济起飞和经济发展，就必须全面（包括城市和农村）实现工业化。人口、资源或物力、社会制度、生产技术、企业家的创新管理才能是发动和定型工业化进程的重要因素。哈佛大学国际发展中心主任帕金斯教授(Perkins，Dwight H.）说：“在熊彼特的《经济发展理论》之后，

① 转引自谭崇台：《发展经济学》，山西经济出版社 2000 年版，第 24、25 页。

*Agriculture and Industrialization* 一书就算是最早最有系统的著作了。"①《农业与工业化》是第一部试图从历史和理论上系统探讨农业国工业化问题的学术专著，曾获哈佛大学 1946—1947 年度最佳论文奖和"威尔士奖金"，被看做现代发展经济学的奠基性作品。

第二次世界大战结束的前后几年，战后经济重建是引起人们重视的首要问题，这一时期出现了几种关于发展或增长问题的著述：

其一，是曼德尔鲍姆（Mandelbaum，K.）的《落后地区的工业化》（1947）和罗森斯坦-罗丹的《东南欧工业化问题》（1943）。曼德尔鲍姆提出，东欧和东南欧地区经济不发达的原因是缺少工业化，落后国家常见的经济病是"大规模的农村伪装失业"，使就业不能扩大的是需求不足和资本稀缺。罗森斯坦-罗丹以"货币外在性"、"互补性"、"不可分摊性"等概念论证发展中国家要从根本上解决贫穷落后面貌，关键在于以"大推进"方式实现工业化。

其二，是现代经济增长模型。哈罗德在《关于动态理论的一篇论文》（1939）、《动态经济学导论》（1948）中提出的动态经济增长模式，类似于多马在《资本扩张、增长率和就业》（1946）、《扩张和就业》（1947）中提出的增长模式，被人们合称为哈罗德-多马模式。该模式基于对凯恩斯短期理论的长期化、动态化研究，突出分析资本积累在经济增长中的作用，指出资本匮乏是阻碍经济增长的关键因素，只有持续的资本形成才会有持续的经济增长。不少经济学家认为这个模式与其说适合发达国家，不如说更适合发展中国家，纷纷将其运用于发展中国家的经济计划和决策研究中，于是，人们把哈罗德-多马模式的建立作为现代发展经济学诞生的理论标志。

第二次世界大战后，从瓦解的殖民体系中纷纷独立起来的发展中国家迫切需要谋求本国经济的发展，两大阵营的冷战格局促使发达世界出于利益动机需要援助不发达世界，发达国家与发展中国家

① 张培刚：《农业与工业化》，华中科技大学出版社 2002 年版，第 2 页。

经济联系的日益密切直接影响到发达国家的经济和贸易发展，在人道主义、政治角逐和出口鼓励的利益等多种情形下，越来越多的西方经济学家对发展中国家的经济发展问题产生浓厚兴趣，导致一门新的独立学科——发展经济学——产生，并迅速成为当时各大学经济学系的热门课程。1950 年，刘易斯在曼彻斯特大学开设发展经济学课程，拉·明特在牛津大学举办了一次关于发展问题的研讨会，1952—1953 年，发展经济学被引进哈佛大学和耶鲁大学。20 世纪 50 年代，大批刊物致力于经济发展问题的探讨，涌现了越来越多的经济发展文献、发展理论和发展模型，对发展中国家经济发展问题的研究成为当时经济学界的一股新潮。据《经济学论文索引》所载，发展问题的文章的数目在从 1950—1954 年到 1960—1964 年的 10 年间增加了三倍。① “以 1945 ~ 1960 年这段时期为高峰的非殖民化运动重新激发了对发展经济学的兴趣。许许多多的新的独立的国家和拉美比较古老的国家发现它们自己处于追求国民经济增长为目的的形势下……这样，数以百计的迄今还只是国内问题专家的经济学者改弦更张，以发展经济学家的名义而出现，成千的比他们前辈对政策问题更为敏感的人为了把自己训练成为‘第二代’发展问题专家而拥入大学和研究院的课堂。”② 发展经济学理论研究由此从兴起走向繁荣。

## 第三节　理论体系

在与发展中经济共生共荣的过程中，发展经济学涌现了多种不同理论，主要有基于结构主义的发展理论、基于新古典主义的发展理论、基于制度主义的发展理论、基于激进主义的发展理论以及

① 杰拉尔德·迈耶：《老一代发展经济学家和新一代发展经济学家》，载迈耶、斯蒂格利茨主编《发展经济学前沿——未来展望》，中国财政经济出版社 2003 年版，第 9 页。

② 转引自谭崇台：《发展经济学》，山西经济出版社 2000 年版，第 27 页。

21世纪的多种学科交汇的新发展理论等。20世纪90年代以来的世界经济日趋一体化和多元化，发展中国家自身的经济发展路径和发展模式也越发多样化，促使发展经济学的理论探索走向新的交汇与融合。

## 一、基于结构主义的发展理论

基于结构主义的发展理论显著特色是，强调发展中国家经济具有结构上的特点，如刚性、滞后、短缺、过剩、低供求弹性等，发展中国家具有市场经济不发达、市场分散、市场机制难以有效发挥作用、经济增长利益难以普及到广大民众等特征。鉴于此，发展中国家的经济发展问题就体现为刚性结构的转变，即大规模的经济变化和重大的经济结构转换。

### （一）二元经济结构

发展中国家刚性经济结构的特点主要体现为“二元结构”。“二元结构”一词最早出自发展经济学家阿瑟·刘易斯的《无限劳动供给下的经济发展》(1954）一文。该文构建了一个包含二元经济结构思想的人口流动模型，它是发展经济学中第一个关于农村剩余劳动力向城市迁移的模型。该模型假定：第一，发展中国家工资水平不变。第二，存在无限劳动供给。基于这两个假设的两部门模型分析了具有不同行为准则的现代部门和传统部门之间交互作用的发展过程，前者的特征是以现代方法进行生产、劳动生产率和工资水平较高的现代工业部门，其工资率像新古典经济学所假定那样，是由劳动边际生产力确定的；后者的特征是以传统生产方法进行生产、劳动生产率极低的非资本主义部门，其工资率按照古典经济学的传统是由制度决定的，其数量相当于生存水平。刘易斯认为，传统经济部门的劳动者集体消费他们的产品，每个成员的收入都大约等于平均劳动产出，是自身或家庭式的雇佣关系，劳动生产率很低甚至几乎为零，因此，劳动力的供给是具有充分弹性的。现代工业部门是通过从传统领域吸收劳动力而发展的，生产目的在于雇佣劳动和获取利润的产品销售，劳动者的工资取决于非工业部门领域劳动者的收入。发展中国家农村存在着巨大的剩余劳动力，只要工业部门扩大生产，就可以按照现行工资水平雇佣到任何数量的劳动力。

沿着刘易斯的二元经济结构思路，拉尼斯（Rains，G.）和费景汉把农业剩余劳动力向城市迁移的过程划分成三个阶段：第一阶段，向工业部门转移的是农业边际生产率等于零的那部分劳动者。这部分农业劳动力转移到工业部门不会引起农产品总量的减少和粮食短缺，农业产品总量不减少工业部门工资水平就不会提高，从而工业部门的劳动供给是无限的。第二阶段，向工业部门转移的劳动力是农业劳动边际生产率大于零但低于农业劳动者的平均收入水平，这部分农业劳动力开始从农业部门转移出去时，农业总产出会有所下降，这时社会就出现农产品和粮食短缺，从而导致粮食价格上涨，工资水平也会相应地提高。因此，第二阶段工业部门的劳动供给曲线是上升的。在第三阶段，剩余劳动力消失了，农业部门的工资水平不再由制度决定而是由市场决定，因此这一阶段农业部门的工资高于不变制度工资，而工业部门的工资水平必须升得更高，否则农业劳动力就不愿转移到工业部门。所以，第三阶段的劳动供给曲线上升得更为陡峭。拉尼斯和费景汉认为，发展中国家经济发展的关键在于如何把传统农业中的剩余劳动力全部转移到现代工业部门去，而农业劳动生产率的提高是保证工业部门扩张和农业剩余劳动力转移的必要条件。在一个停滞的农业中，农业剩余不能满足工业部门扩张产生对农产品日益扩大的需求，工业部门的持续扩张也不能够得以实现，这样农业剩余劳动力也不可能全部转移出去。

20世纪60年代和70年代的大部分时间里，刘易斯的两部门模型成为最常用来解释存在剩余劳动力的发展中国家发展过程的一个模型，直到今天这个理论还有许多拥护者。对刘易斯模型的另一个拓展是1972年的凯利（Kelley，A. C.）、威廉姆森（Williamson，G.）和奇塔姆（Cheetham，R. J.）模型（KWC Model）。KWC Model既分析生产技术的二元性，也考虑了两个部门的需求条件和不同的人口增长模式，但它没有考察收入分配、就业、消费增长以及影响经济发展过程的制度因素等。虽然乔根森（Jorgenson，D.）和托达罗（Todaro，M. P.）对剩余劳动力的假设与刘易斯不同，但也是在承认存在一个二元经济结构的前提下分析农村剩余劳动力向城市迁移。乔根森模型假设剩余劳动的存在，但在并不严格的意义上，农业领域一般工资高于边际劳动产出，而后者并非必然为零。同时也假设在农业领域发生了要素中性的技术进步，认为技术进步对农业生产、降低人口增长率、减少贫困和失业是非常重要的。托达罗认为，农业劳动者是否迁入城市不仅取决于城乡实际收入差异，而且还取决于城市就业率或失业率。当城市失业率很高时，即使城乡实际收入差距很大，一个农业劳动者也不会轻易决策向城市迁移。

与刘易斯的部门“二元”有所不同的是缪尔达尔（Myrdal，G.）的“地理上的二元经济”，即发展中国家存在着经济发达地区与不发达地区并存的二元结构。市场力量的作用通常并不造成地区平等，而是相反，造成地区不平等。由于历史偶然性的作用，国内某些地区的经济发展一旦启动并取得成功，将会激发各种内部经济和外部经济，使之以牺牲其他相对停滞或衰退的地区为代价，促成先发展的地区进入持续增长。如果只凭市场力量发挥作用，而不受任何政策干预的阻碍，那么，工业生产、商业、银行、保险、航运，实际上几乎所有的经济活动——在一个发展的经济中，都能获得大于平均利润的收益，以及除此之外，科学、艺术、文学、教育和一般更高的文化，所有这一切云集在某些地区，而使得该国的其他地区都或多或少地处于死水一潭的落后状态。这种不平衡发展到一定程度就会使地区间的经济发展、人均收入、工资水平和利润等产生差距，这种差距的产生进而引起累积性因果循环，使发展快的地区发展得更快，发展慢的地区发展得更慢，从而逐渐增大地区间的差距，形成地区性的二元经济结构。

发展经济学家除了研究发展中国家内部的二元结构问题之外，还探讨了世界范围内存在的二元结构问题，这种世界性的“二元结构”思想最早来自普雷维什（Prebisch，R.）和辛格（Singer，

H.)。他们从结构差异考察出口初级产品的发展中国家与出口制成品的发达国家之间贸易条件之不平等，认为世界是二元的：发达的中心国家和落后的外围国家。外围国家的生产结构是非匀质的、单一的，即生产技术落后、劳动生产率低的领域与使用现代技术、具有高生产率的领域同时存在，缺乏不同行业的多元化经营，也没有行业内的垂直一体化和部门之间的相互补充。与此不同的是，中心国家的生产结构从根本上讲是匀质的、多元化的，现代化的生产技术贯穿于整个经济，覆盖了资本、中间产品和最终消费品等相对广泛的领域。外围国家生产结构的非匀质性和单一化使其不可能达到与中心国家同等的生产和技术进步，由此，外围国家初级产品出口部门的劳动生产率增长大大慢于中心国家制造业部门的增长，外围国家的平均收入的增长同样慢于中心国家的平均收入的增长。中心与外围存在一个内在的不平衡发展趋势，它们之间发展差距的日益扩大表现在技术进步的渗透和扩散方面，产业多元化、部门间互补性和生产垂直一体化方面等。

**（二）刚性结构的转换**

面对如此刚性僵硬的二元经济结构，如何有效地转变并实现发展中国家的快速发展是早期发展经济学家更为重视的议题。除罗森斯坦-罗丹外，这些发展经济学家还包括：纳克斯（Nurkse，R.），纳尔逊（Nelson，R. R.），赫尔希曼（Hirschman，A.），钱纳里（Chenery，H. B.）与斯特劳特（Strout，A. M.），佩鲁（Perroux，F.），罗斯托（Rostovs，W. W.），缪尔达尔，库兹涅茨（Kuznets，S.）等。

罗森斯坦-罗丹提出在二元经济结构基础上采取“大推进”的投资方式来克服经济中存在的资本供给和投资的不可分性，主张对各产业部门同时、按同一比例进行大规模的投资，使整个经济各部门按同一速度全面增长，从而实现工业化。如果投资只集中于一个部门或行业，即使这个部门或行业建成了，它也是孤零零的独立部门，与其他部门的联系没法产生。与此类似，纳克斯认为发展中国家刚性结构的存在必然导致发展中国家的“贫困恶性循环”。要冲出这种困境，唯一的方式是必须全面地、大规模地在国民经济各部门进行投资，以克服不同地区、不同产品的供求弹性差异，为其他地区和行业的新企业提供广阔的市场并诱导新的投资。

纳克斯提出：资本的供给受储蓄能力和愿望所左右，资本的需求则受投资刺激支配。从供给方面看，资本形成存在一个恶性循环：低收入——低储蓄能力——低资本形成——低产出——低收入；从需求方面看，资本形成也存在一个恶性循环：低收入——低购买力——投资引诱不足——低资本形成——低产出——低收入。因此，要打破这个“贫困恶性循环”的陷阱，必须大规模地增加储蓄扩大投资，促进资本形成。同样地，纳尔逊分别考察了不发达国家的人均资本、人口增长率、产出的增长与人均收入增长的关系，并综合研究了在人均收入和人口按不同速率增长的情况下人均资本的增长与资本形成问题，指出发展中国家过快的人口增长是阻碍人均收入迅速提高的“陷阱”，必须大规模地进行资本投资，才能实现人均收入的大幅度提高和经济增长。

赫尔希曼在《经济发展战略》一书中用“联系效应”概念分析发展中国家的结构转换：发展中国家应当集中有限的资本和资源首先发展一部分主导型产业，以此为动力逐步扩大对其他产业的投资，带动其他相关产业的发展，即发挥新的经济增长有效机制——联系效应。在国民经济中，各个产业部门之间存在着某种关系，这种关系决定了各产业部门之间互相联系、互相影响、互相依存。在发展中国家，农业特别是生存农业的联系效应很微弱，而工业部门的后向联系效应明显低于发达国家。因此，发展中国家应当优先发展进口替代工业，因为进口替代工业本身具有较大的前向和后向联系，可以在尽量减少进口机器设备和原材料的前提下尽量多使用本国原材料等投入，生产出国内工业发展急需、人民生活必需的产品。当进口替代工业发展到一定程度后，还可以由市场工业消费品为主转向生产资本品为主，进而完全取代工业投入的进口，独立地发展起民族工业体系。

世界性范围内存在的二元结构问题需要从发展中国家的外部谋

求克服战略，钱纳里与斯特劳特的《外援与经济发展》一文的“两缺口”模型集中体现了这种战略思想。该模型分析发展中国家在经济发展中存在着国内资源不足、经济结构不平衡等问题，认为影响经济结构变动的主要因素是储蓄、投资、出口和进口，发展中国家要实现均衡的经济增长，必须积累足够的资本，使资本形成率到达经济发展计划目标所要求的水平。在工业增长的早期阶段，储蓄不足是国内资本形成的主要制约因素，一旦工业进展顺利，进口资本设备、中间产品或者原材料作为主要的工业投入，结构变动的制约因素是外汇短缺，而不再是国内储蓄。钱纳里等人认为，如果发展中国家能成功利用外资便可以逐渐克服储蓄、外汇和技术的约束，增加国民总储蓄和总投资，进而促进经济增长顺利实现经济结构的转换。

与以上不同的是，法国经济学家佩鲁用“增长极”论证不发达地区的结构转换机制。增长并非同时出现在所有的地方，它以不同的强度首先出现于一些增长点或增长极上，然后通过不同的渠道向外扩散，并对整个经济产生不同的最终影响。配鲁的分析可归纳如下：

第一，整个工业体系包含某些有活力的部门或有推动力的产业，这些部门或产业通过多种形式的关联效应和外部性，推动其他产业的发展。

第二，产业间的相互作用常常会打破平衡，尤其因为它的非竞争性，或更确切地说，是它的寡头竞争。

第三，由于人际交往，地区性集中给产业结构和增长带来了某些特殊效应。

一个在区域上集中和增长的复杂产业极，将会强化经济活动，导致公共需求增加，并出现相互关联。当产业极带来市场在空间上的扩大时，增长便不会是处处均匀的了。此时，增长是通过生产的积聚和以其辐射作用而带动的。因此，经济发展是一个支配单位起作用的不平等、不平衡的动态过程，支配、不平等和不平衡是这一过程的重要特征。发展中国家要打破这种不平衡、不平等的结构性特征，实现工业化的经济发展，必须建立增长极，通过增长极自身的发展和对其他地区或部门的影响，带动整个经济的发展。

不同发展经济学家对发展中国家刚性结构的转换和经济增长提出了不同的观点。库兹涅茨认为："经济增长是给一国居民提供种类日益增多的经济产品的能力长期上升，这种不断增长的能力是建立在先进技术以及所需要的制度和思想意思之相应的调整的基础上。"① 库兹涅茨把国民产品及其组成、人口、劳动力等作为分析的基础，提出了现代经济结构转换中的六个相互关联的方面：

- 总产量和人口的快速增加；
- 生产效率的增长率；
- 经济从农业生产占主导地位向制造业和服务业占主导地位的改变；
- 社会结构和思维方式的转变；
- 由通信和运输技术改变引起的国家之间的相互依赖；
- 世界经济中的分化迹象。

库兹涅茨反复强调行业结构的明显转变是由技术变动引起的，尽管一定的农业比重下降和制造业、服务业比重上升可以被归结到消费需求的变动上，这是由于收入增加、消费品可选择面加宽、食品需求低弹性等引起的，另外，也可以部分归结到比较优势的变化及随后引起的各国之间贸易的增加，但是，最主要的决定因素则是技术变化的影响。随着生产结构的变化必然会发生经济结构其他方面的变化，库兹涅茨把经济结构的变动归纳为：

- 从农业向非农业的转变；
- 从工业向服务业的转变；
- 生产单位规模的变化；
- 从个人企业向非个人的经济组织转变和劳动力职业身份相应发生改变；

① 西蒙·库兹涅茨：《现代经济增长：发现与思考》。载郭熙保主编：《发展经济学经典论著选》，中国经济出版社 1998 年版，第 57 页。

• 消费结构的变化；

• 国内外供给产品相对份额的变化。

罗斯托把经济部门划分为主要增长部门、互补性增长部门、派生增长部门，经济增长是通过不同方式、不同主导部门不断重复起飞来完成的。一个增长的社会必须考虑四个基本点：

• 对于为产出迅速增长打基础的部门生产的产品，必须有扩大的有效需求；

• 必须把新的生产函数和生产能力的扩大引入这些部门；

• 社会必须能够产生在这些关键部门发动起飞最初所需要的资本；

• 主导部门必须是这样的部门：它们的扩张和技术变革引起其他部门对增加生产能力的一系列要求，并诱导出新的生产函数的潜力。

## 二、基于新古典主义的发展理论

### （一）市场—价格机制

这种经济发展理论的基础是新古典主义经济学，因此，即使在不发达经济中，支配经济变动的机制也是由供给与需求相互影响而形成的市场价格。供给弹性、需求的价格弹性以及要素的替代弹性都较高，价格的变动必然较快地引起产品的供给数量与需求数量以及生产产品的要素配合比例的变化。在市场—价格机制中，“高”的价格吸引更多的供给而抑制需求，“低”的价格鼓励更多需求而抑制供给，只有均衡价格使供给和需求达到平衡，使需求价格和供给价格一致。因此，他们把假定的有效率的资源配置的实现视为经济发展的主要目标，关注发展中国家的现实同理想的帕累托最优状态之间的差距。推崇自由市场-价格机制的发展经济学家有：鲍尔（Bauer，P.），克鲁格（Krueger，A.），约翰逊（Johnson，H. G.），利特尔（Little，I.）和米尔利斯（Mirrless，J. A.），拉尔（Lal，Deepak）和巴拉萨（Balassa，B.），巴格瓦蒂（Bhagwati，J.）等。这些发展经济学家从不同角度对发展中国家的市场价格机制给予了多维的论证。

鲍尔批评结构主义发展经济学家对政府过于信任，而对市场却信心不足。他指出，企图通过政府权力的扩张来改进现存市场和获得更有效的资源使用，等于是在为一个不可实现的理想放弃可获得的产出。欠发达国家的真正困境不是市场失灵而是政府失灵，即政府未能在保护产权、实施合约和不干预市场方面做得很好。鲍尔强调经济成就是以个人努力、自由贸易、政府有限管理以及遵从法治为基础的，政府应该通过一系列有效的特定的工作，促进经济的发展和人民生活水平的提高，同时放松对经济生活的控制。国家对经济生活的过多干预会造成低效率和不公正，从集中预测中获得的结果，比市场经济中大量的参与者分散预测的结果要糟，因为“在一个不确定的世界上，唯一的、集中的预测类似于把所有的鸡蛋放在同一个篮子里”。鲍尔认为早期结构主义发展经济学的特征是对“现实的忽视”，包括对贸易活动的忽视、对经济绩效的主要决定因素的忽视、对价格和供求数量之间关系的忽视，是对自由市场的忽视和对计划的偏好。置身于明确的财产制度和有限的制度行为中的市场，与作为一种为了迎合计划者的偏好和收入再分配而设计的命令控制系统相比，更易于产生财富。鲍尔明确地表示，发展问题的分析不应当是“无价格的”（priceless）。①

克鲁格通过对计划管理体制下的寻租行为进行深入分析，认为计划管理体制抑制了价格弹性对经济的激励作用，而且它对经济活动的干预易于引发租金成为非法寻租活动的目标，从而导致腐败的产生。在价格机制扭曲情形下，政府趋向于实行越来越多的干预，由此又使得越来越多的资源投入到寻租活动中，这样形成一个“政治的恶性循环”，即人们基于竞争性寻租的社会成本，认为市场机制的运作不能实现社会经济发展目标，于是政府政治力量加强对经济的干预，寻租活动又进一步增加，最后不得不诉诸更进一步

① 转引自谭崇台：《发展经济学》，山西经济出版社2000年版，第105页。

的经济干预。

约翰逊对比国家计划和价格机制不同，认为发展中国家的经济滞后且缺乏效率，集中控制和管理的预期结果很难实现，而市场机制可以为资本积累、技术创新提供激励，既促进经济增长又实现经济效率。稍微不同的是约翰逊并不主张完全的自由放任政策，并不认为市场机制可以完全替代政府集中规划去促进经济增长和经济发展，市场机制是发展中国家经济增长和经济发展的重要工具。

利特尔和米尔利斯主张用世界价格来估计所有商品的价值，一个国家转向自由贸易政策将会获得更多的收益。他们运用“社会成本—收益”来分析包括贸易产品、生产要素、社会投资在内的价格弹性问题。其中，贸易产品区分为三类：需求和供给弹性无限的商品、需求和供给弹性有限的商品、当前不进行贸易但若国家采用最优的贸易政策在将来可能进行贸易的商品。产品的国内价格因各种扭曲和不完善可以用外汇的影子价格进行矫正，使国内产品和外国产品可以进行比较，或者，这些产品用世界价格来确定价值。如果政府由于某种原因而不能使用一次性的税收和补贴，使用其他的财政工具或行政控制，在消除起初商品的边际成本与社会收益的差别同时，又会在这个经济中的其他领域产生新的边际成本与社会收益差异，即新的价格扭曲，因此，政府的计划价格不能准确地反映价格扭曲的程度，必须实行公共部门国内资源成本适度定价的具体政策。

在研究国际市场价格机制问题时，拉尔、巴拉萨认为贸易保护不但不会矫正国内价格的扭曲，反而会使价格扭曲更为严重，与世界市场更加脱节。国家控制的出口鼓励只会使生产者追求简单产品的出口最大化，而不是促进出口商品附加值的提高。在较高的关税壁垒下，由于进口价格弹性的差异，进口替代工业因低关税鼓励资本货物进口而得以大规模扩张，农业等劳动密集型因出口价格弹性较小而相对萎缩，较高的关税壁垒使制成品价格偏高，从而扩大与农产品的比价，造成工业与农业收入分配不公，对农民的地位和状况更为不利，最终导致发展中国家整体国民经济低效率。作为对国家统制教条的替代，拉尔支持在国内经济和贸易中普遍地依靠自由市场，支持有限的政府作用和有限的干预。在存在市场不完全性和政府进行干预的地方，应该通过利用市场机制，如通过税收和补贴，或在公共部门决策中利用影子价格，而不是用直接控制的手段——价格控制、限额、配给制、政府配置等来做这一点。

还有发展经济学家认为发展中国家的不发达并非是由于第一世界及其控制的国际组织对其的掠夺，而是由于发展中国家政府过度管制、腐败、效率低下和缺乏经济刺激造成的。解决欠发达问题需要做的并不是改革国际经济体系，并不是调整二元的经济发展格局，限制人口增长或构建一个更有效率的中央政府，而是在政府许可范围内推进自由市场和放任工商业者自由发展，通过市场价格这只"看不见的手"来实现资源配置和刺激经济增长。通过繁荣竞争的自由市场，促进自由贸易和出口增长，引进发达国家的投资，消除要素市场、产品市场和金融市场上政府的过度干预和价格扭曲，发展中国家完全可以提高经济效益提升经济增长。

总而言之，新古典主义从渐进、连续的发展观出发，强调经济的发展是以边际调节来实现的，均衡状态是稳定的，市场—价格机制是一切调节的原动力，从而也是经济发展的重要机制。

**（二）农业的重要性**

刘易斯的二元结构思想受到了与他同在 1979 年获得诺贝尔经济学奖的舒尔茨（Schultz，T. W.）的批评。舒尔茨认为在 20 世纪 50 年代以二元经济结构为中心的发展理论影响下，农业成为"糟糕经济学的很多牺牲品"，工业化被推崇到损害农业的地步，结果农业被榨取了，农民、农业的作用被忽视了。舒尔茨反对轻视农业的看法，他认为"并不存在使任何一个国家的农业部门不能对经济增长做出重大贡献的基本原因"①，欧洲、日本、墨西哥等国正是通过农业而实现了较快的经济发展。但是，舒尔茨也肯定了当时

① 西奥多·舒尔茨：《改造传统农业》，商务印书馆 2003 年版，第 5 页。

的发展中国家传统农业是不能对经济增长做出贡献的，只有现代化的农业才能对经济增长做出重大贡献，而问题的关键是如何把传统农业改造为现代农业。舒尔茨着重从三个方面进行了分析：

（1）传统农业的基本特征是什么？

（2）传统农业为什么不能成为经济增长点源泉？

（3）如何改造传统农业？

围绕这三个问题，舒尔茨抨击了经济学理论中传统的农业观点。

在分析传统农业的特征时，舒尔茨驳斥了两种长期流行而且影响深远的观点：一种认为传统农业中生产要素配置效率低下，另一种是有名的隐蔽性失业理论。持第一种观点的人认为，传统农业社会中的农民愚昧、落后，对经济刺激不能做出正常反应，经济行为缺乏理性，所以生产要素配置的效率必然低下。舒尔茨根据社会学家对某些发展中国家的详细调查资料证明，传统农业中的农民并不愚昧，他们对市场价格的变动能够做出迅速而正确的反应，他们多年的努力使现有的生产要素的配置达到了最优化，重新配置这些要素并不会使生产增长，外来的专家也找不出农民对生产要素的配置有什么低效率之处。隐蔽性失业理论，就是本章第一节中刘易斯等人认为传统农业部门存在边际生产率为零的劳动力。舒尔茨根据印度 1918—1919 年流行感冒所引起的农业劳动力减少使农业生产下降的事实证明：在传统农业中，农业产量的增减与农业人口的增减之间有着极为密切的关系，农业劳动力的减少必然使农业产量下降。所以，“贫穷社会中部分农业劳动力的边际生产率为零的学说是一种错误的学说”。①

舒尔茨用收入流价格理论解释传统农业停滞落后、不能成为经济增长源泉的原因。即传统农业中，由于生产要素和技术状况不变，所以持久收入流来源的供给是不变的，即持久收入流的供给曲

---

① 西奥多·舒尔茨：《改造传统农业》，商务印书馆 2003 年版，第 54 页。

线是一条垂直线。另一方面，传统农业中农民持有和获得收入流的偏好和动机是不变的，所以对持久收入流来源的需求也不变，即持久收入流的需求曲线是一条水平线。这样，持久收入流的均衡价格就长期在高水平上固定不变。这就说明了来自农业生产的收入流来源价格是比较高的，即传统农业中资本的收益率低下，在这种情况下，就不可能增加储蓄和投资，也无法打破长期停滞的均衡状态。因此，改造传统农业的出路在于寻找一些新的生产要素作为廉价的经济增长源泉。

那么，如何才能通过引进新生产要素改造传统农业呢？舒尔茨着重论述了三个问题：

（1）建立一套适于传统农业改造的制度；

（2）从供给和需求两方面为引进现代生产要素创造条件；

（3）对农民进行人力资本投资。

舒尔茨是人力资本的创导者之一，他认为资本不仅包括作为生产资料市场的物而且应该包括作为劳动力的人。所以，引进新生产要素，不仅要引进杂交种子、机械这些物的要素，还要引进具有现代科学知识、能运用新生产要素的人。农民的技能和知识水平与其耕作的生产率之间存在着有力的正相关关系，对农民进行人力资本投资的方式包括教育、在职培训以及提高健康水平。舒尔茨确立了农业在发展中国家经济发展中的重要作用，不仅是理论上的一个重大突破，而且对当时的发展中国家重新制定发展战略具有实践意义。

除了舒尔茨之外，关注发展中国家农业问题的还有梅勒（Mellor，J. W.）、速水佑次郎（Hayami，Y.）和拉坦（Ruttan，V. M.）等。梅勒把传统农业向现代农业的转变过程划分为三个阶段；第一阶段是技术停滞阶段；第二阶段是劳动密集型技术进步阶段，即低资本技术动态农业发展阶段；第三阶段是资本密集型技术进步阶段，即高资本动态农业发展阶段。在梅勒的理论中，大多数低收入国家基本处于第二个阶段，其资源状况是劳动力充裕和资本稀缺，因而，农业发展应该尽量避免使用与工业发展相竞争的、具有替代劳动性质的资本投入，而多使用与劳动力相互补充的投入。20 世纪 70 年代初，日本农业发展经济学家速水佑次郎和美国经济学家拉坦提出农业发展的诱导型技术与制度创新理论。速水和拉坦不是把农业技术和制度的变革看做是科学技术进步和工业增长的产物，而是将其视为对资源禀赋状况和产品需求增长的动态反应。一个国家选择什么样的技术进步道路，是由该国的资源禀赋状况决定的。对于一个土地资源丰富而劳动力资源稀缺的国家来说，选择机械技术进步的道路是最有效率的，相反，对一个土地稀缺而劳动力丰富的国家而言，选择生物化学技术进步的道路是最优的。

## 三、基于制度主义的发展理论

### (一) 制度内生性

发展经济学家一方面把市场—价格机制对资源的合理配置放在理论和政策建议的中心位置，提出“矫正价格”；另一方面，认为价格扭曲的关键是政府政策的误导和政策体系的冲突，由此，一些经济学家提出，经济发展的更为一般的要求是“矫正制度”（getting the institutions right），要使价格和政策正确，还必须“使制度正确”。如果一味强调市场机制，那么经济学家们就会忽略真正的配置机制，包括：

- 权力在社会中的分配；
- 市场这种制度集合在其他制度集合中的运作及其相互影响；
- 个体和集团心理的起因及后果；
- 知识的形成，或者说在一个未来完全不确定的世界中什么才是知识；
- 资源配置、总收入水平、收入分配以及组织和控制四者之间所具有的累积因果关系的确定等。

这样，在 20 世纪 80 年代以来的发展经济学理论与模式中，新制度经济学的浸染非常明显。巴丹（Bardan，P.）、格林德尔（Grindle，M. S.）、斯蒂格利茨（Stiglitz，J. E.）、明特（Myint，H.）、阿德尔曼（Adelman，I.）、托马斯（Thomas，V.）、克拉夫茨（Crafts，N.）等著名发展经济学家都从不同角度强调了发展中国家制度的重要性。这一理论模式的核心是：社会稀缺资源仅仅由市场在各部门间进行配置的观点是不对的，在任何社会中，决定资源配置的因素是那个社会的组织结构，即各种社会制度。

托马斯指出，发展中国家金融市场的自由化通过经济增长带来了巨大的好处，但也带来了更大的动荡和福利损失，特别是穷国更是如此。发展中国家需要采取更严格的监管机制、更适合的监督标准、更大的金融透明度、对预防流动性危机的更有效的风险控制机制以及在债券人和借款人之间对付现存债务威胁的更好的风险共担机制。但是，不良的治理结构和腐败增加了金融部门的脆弱性，而且，在腐败盛行的地方，穷人面临着更高的税收而得到的是更低水平的社会服务，基础设施的投资也偏离于帮助穷人的项目，通过兴办小型企业摆脱贫困的能力也受到了损害。因此，公民自由、参与和制度能力对预防腐败、取得基础广泛的发展是重要的。政府一揽子政策需要从以下转变开始：

• 在促进经济增长的同时促进机会平等，而不仅仅是追求短期的最大增长率；

• 在实行自由化和私有化的同时，要关注建立竞争性和高效率的监管框架，以取代单纯追求最大限度的市场自由化；

• 努力保证公民的自由，使公民参与变革的过程，培养公民实施政策变革的能力，而不是仅仅使政府的政策正确。①

巴丹批评新古典经济学把国家仅仅看做是一个各个集团相互竞争的竞技场，而不是把国家本身视为在同其他各种集团进行冲突与协作的错综复杂的博弈中一个有策略的行动者。巴丹不赞同 D. 诺斯等人在解释制度变迁与经济发展的关系时夸大相对价格作用的说法，他指出，在经济调节过程中仅凭“矫正价格”是不够的，在实际情况下，调节的结果取决于一国的组织结构和制度。在许多穷

① 维诺德·托马斯：《发展的挑战之回顾》，载迈耶等主编《发展经济学前沿——未来展望》，中国财政经济出版社 2003 年版，第 123～127 页。

国中，妨碍有益的制度变迁的政治阻力可能更多地与分配冲突以及讨价还价的能力不对称联系在一起的；而且，分配冲突使得集体行动在中央国家机关层面以及地方政府和社区组织层面变得非常困难，特别是在许多穷国，地方政府层面的制度失效比宏观层面的制度失效更加严重。巴丹说："世界上（尤其是农村地区的）绝大多数穷人的日常生活主要依赖当地的公共物品（道路、服务推广、电力、灌溉、教育、公共卫生和环境卫生）的供应和当地公共用地（森林、渔场和牧场等）的管理。但是运作良好的地方自治制度常常是不存在的，而且发展计划通常是由遥远的、不协调的、有时甚至是腐败的中央官僚机构来管理，后者没有责任心，对当地人民的需要漠不关心。"①

制度主义者强调文化和文化进程在形成那些对经济生活和制度调节产生影响的社会结构、个人特性与目标、商品、偏好及生活方式中的超凡作用，认为权力和文化同等重要。个体从一产生就别无选择地被融入某种文化和社会之中，并以那个社会特有的方式在社会许可范围内使自己成为社会化了的人，随后，他们的行为和选择将一方面强化那些他们所选择的文化成分，另一方面那些未被选择的文化成分将被弱化。诺斯认为，文化信念是制度结构的基本决定因素，不仅经济学，而且心理学、社会学、政治学、人类学、法学和历史学，都应该回答文化信念由来的问题和它们如何随时间的推移而导致制度变革和社会资本形成的问题。卡拉·霍夫和斯蒂格利茨深刻指出："在很多不同背景下，非市场的互动能够导致可能与多重均衡相关的互补性，并不仅仅是偏好和技术决定了结果和行为。决定行动最为重要的因素是一个人所处的环境，包括该环境中特定的制度……在历史、信念以及机会不变的情况下某些行为和特性会得到报酬，而另一些则不能。相对于后者，得到报酬的行为和特性往往会增加，这可能进一步提高它们的报酬。随着时间的推

① 巴丹：《分配冲突、集体行动与制度经济学》，载迈耶等主编《发展经济学前沿——未来展望》，中国财政经济出版社 2003 年版，第 201 页。

移，环境和信念中的初始差异可能不仅会得以维持，还会放大。”①

对于这些观点，阿德尔曼作了非常系统的概述：“经济发展是一个多维度的、非线性的、路径依赖以及动态的过程，这个过程涉及发展各个方面之间互动的系统性转变，因此要求在政策和制度上随着时间的推移进行可预见的转变……世界银行和国际货币基金组织必须学会承认：发展是一个复杂的、非惟一的、非线性的过程，这个过程取决于国家的初始条件，取决于它们的经济、制度、社会文化和政治历史。”②

**（二）技术内生性**

在新制度经济学和新政治经济学日渐走入发展经济学研究领空时，1986年罗默（Romer，P.）在《政治经济学杂志》（1986年10月号）上发表论文《收益递增与长期增长》，提出了一个由外在效应、产出生产中的报酬递增和新知识生产中的收益递减三个要素共同构成的竞争性均衡模型。该模型有三个基本前提：

- 第一，技术进步是经济增长的核心，技术就是将投入转换成产出的方式；
- 第二，大部分技术进步乃出于市场激励而致的有意识行为的结果，亦即技术进步是内生的，创意或知识品（ideas）改进了生产技术；
- 第三，创新能使知识成为商品。

罗默指出，许多一般私人商品是使用竞争性的（rivalrous）和占有排他性的（excludable），而知识品（ideas）则具有极不相同的性质。

首先，使用上的非竞争性（nonrivalrous）。知识品一旦创造出

① 卡拉·霍夫、约瑟夫·斯蒂格利茨：《现代经济理论与发展》，载迈耶等主编《发展经济学前沿——未来展望》，中国财政经济出版社2003年版，第305页。

② 艾尔玛·阿德尔曼：《发展理论中的误区及其对政策的含义》，载迈耶等主编《发展经济学前沿——未来展望》，中国财政经济出版社2003年版，第90页。

来，任何具有相关知识的人都可以使用它。

其次，具有占有上的排他性，至少部分地具有这种特点。由于这两方面的特殊性，就产生了两个重要的结果：第一，使用上非竞争性的商品可以无界期地累积增长；第二，由于不完全的排他性和不完全的独占性，从而知识可以产生溢出效应（spillover）。

最终，一个创新的经济具有长期的收益递增。

1992 年，罗默在世界银行发展经济学年会上进一步把其思想运用到发展中国家和地区的发展战略的研究中，并认为能否提供和使用更多的创意或知识品，将直接关系到一国或地区经济能否保持长期增长。根据罗默的理论，一国若要取得经济增长的成就，就必须重视知识的进步与知识的累积，发达国家在经济增长方面之所以比不发达国家具有优势，正因为发达国家的人力资本存量和技术水平的存量大大超过不发达国家。因此，对于发展中国家而言，国家在教育和科技投入方面具有十分重大的责任和努力空间。

卢卡斯（Lucas，R.）提出了一个与罗默类似的模式，该模式引入舒尔茨和贝克尔的人力资本理论，以人力资本的外在效应为核心建立一个内生增长模式。卢卡斯指出，由于各国的人力资本存量的差异及其收益递增性质，各国的经济增长也必然存在着差异。卢卡斯给出了富国与穷国贫富差距扩大的四个理由：

（1）富国与穷国的人力资本存在差异。

（2）两类国家人力资本的个人收益也存在差异。

（3）资本市场的不完全性，即富国害怕穷国的政治风险。

（4）殖民垄断控制现象的消除，也不利于国际资本的流动（殖民垄断利润消失）。

发达国家的人力资本比发展中国家高，虽然发达国家资本富裕，但发达国家的经济增长不会趋于下降而有可能是上升的。卢卡斯认为现实经济是以不完全竞争为市场条件的，因而产生规模收益递增，这种结果是由于人力资本积累而来的。于是，卢卡斯把经济增长的源泉和动力归结为人力资本内生、积累与增长。换言之，知识积累、技术创新及专业化人力资本不仅能使自身的收益递增，而且使经济增长动态化、长期化。因此，在开放经济的条件下，各国间人力资本禀赋的差异通过国际贸易可能得到强化，并形成专业化生产，从而更有助于人力资本禀赋更丰裕国家的经济增长，其结果是各国的经济发展不仅必然存在差异，而且这种差异有可能进一步扩大。

在吸收罗默和卢卡斯思想的基础上，格罗斯曼（Grossman，G. M.）和赫尔普曼（Helpman，E.）强调产业研究不仅产生了能够使一个公司生产新产品的特有的专利性技术信息，而且也应有助于总体科学知识的发展，这种科学知识能够被其他公司所采用去生产更好的产品。外部关系对一个国家增长活动的影响是：

（1）国际交换开辟了促进技术信息传播交流的渠道。

（2）国际竞争鼓励每一个国家的企业家去追求新的和有特色的思想和技术。

（3）国际一体化加大了创新公司运转的市场规模。

（4）国际贸易减少了资源劳力和人力资本的再分配。

在这个过程中，每个国家在贸易中既有所得又有所失，拥有较大高技术部门和需要雇用大量劳动力的国家可能会从与之相关的拥有相对大量不熟练劳动力的国家的合作中获得长期的收益。

为了探讨发展中国家的模仿对发达国家的创新、发展中国家与发达国家间技术扩散以及发展中国家与发达国家间贸易对各自经济增长的影响，格罗斯曼和赫尔普曼 1991 年在《质量阶梯与产品周期》一文中提出内生创新与模仿的质量竞争两类产品周期模式。该模式认为，新产品首先在发达国家研发出来，随后为发展中国家所模仿。对研发活动的投资，取决于潜在的收益与研发成本的理性分析比较。由于新产品要优于老产品，发达国家成功的创新者在一定时间内能够获得利润，而当发展中国家的模仿开始后，创新者的利润逐渐流失；另一方面，发展中国家厂商由于其成本低于发达国家的，因此，成功的模仿者同样可以在一定时间内获得利润，但当发达国家的创新者推出更新的产品时，其利润流也会被打断在这一动态过程中。就这样，发达国家的领导者、追随者与发展中国家的模仿者之间的创新与模仿的博弈，保持了总的创新率与总的模仿率不变，维持了贸易与经济的稳定均衡增长。

## 四、基于激进主义的发展理论

持激进主义的发展经济学家不同程度地受到马克思主义的影响。他们包括：巴兰（Baran，P. A.），弗兰克（Frank，A. G.），桑托斯（Aantos，D.），沃勒斯坦（Wallerstein，I.），阿明（Amin，S.），格里芬（Gfiffin，K.），马里尼（Marini，L.）等。这些发展经济学家都认同发展中国家与发达世界之间存在着“依附—支配”关系，但是对不发达国家在国际经济体系中的地位、依附形式、依附和不平等的根源、摆脱依附的方向和具体政策，存在许多不同见解。

最激进的依附论源于巴兰所著的《增长的政治经济学》，它是战后关注不发达国家问题的马克思主义者最主要的著作。但与马克思不同，巴兰认为外围地区的经济发展不利于发达国家的首要利益。巴兰根据马克思的剩余价值理论提出了经济剩余概念，经济剩余包括三个部分：实际经济剩余，潜在经济剩余，计划经济剩余。那些利益集团为了维持前资本主义形式的经济剩余价值的榨取，与当地的前资本主义精英组成联盟，这些精英同样会受到资本主义发展所带来的不利影响，其经济剩余价值被外国资本分流或被本国精英挥霍在奢侈品消费上。巴兰认为不发达的根源是经济剩余被转移到发达国家，从而造成发达国家与不发达国家经济发展的差异，因此，不发达国家消除停滞的唯一出路是政治革命，是建立可以抵制帝国主义掠夺的社会主义体制。

弗兰克是以“都市—卫星城”来解释这种支配—依附关系的。根据弗兰克的观点，由于生产是以市场和利润为目的，与世界经济的融合把殖民地变成了资本主义经济，与世界资本主义制度的结合及经济剩余价值的分配导致了极少数地区的发展和其他大多数地区的不发展。在自由市场制度下，卫星国不可能摆脱“不发达的发展”，唯一的政治出路是必要的且在当时可行的社会革命。外国投资、援助和贸易起着榨取剩余价值的渠道的作用，区域一体化只能起到强化榨取过程的作用，除非现存的国内或国际的都市—卫星城结构被推翻，否则工业化、进口替代或其他方式都不会打破榨取剩余价值与不发达这个恶性循环。弗兰克并不支持刘易斯的二元经济结构之说，“除了据称来自二元结构的政策以外，有关存在二元结构的理论本身在理论上是站不住脚的”，“全世界对世界资本积累和有关生产方式转变进程的任何严肃分析都指出，国际分工及其理论分析长期以来始终与二元经济或二元社会的理论不相容”。①“另一种政策以同样的二元主义假定为前提，它认为发展必须从先进的资本主义部门向落后的传统部门扩散，认为后者正在或必须逐渐被‘现代化’并‘结合’进世界社会与经济的主导部门。这种概念与政策实际上强调了国际上工业国与‘第三世界’之间的一切‘进步的’和改良主义的资产阶级意思形态、理论和政策，以及发展中国家内部的二元社会。我认为它在理论上没有根据，在实践上不真实，在政策上不可行。”②

沃勒斯坦的基本观点与弗兰克相似，宣称从16世纪起世界就已进入资本主义体系。但沃勒斯坦认为弗兰克的局限在于仍将不发达现象作个案分析，认为只有把低度发展的现象与整个资本主义世界的周期性节律和长期趋势联系起来才能真正理解低度发展现象。因为，资本主义经济的本质特征就是实现利润的最大化，只要有利可图它就要继续生产，直至扩张到利润的边际为止，所以，资本主义从一开始就是一种世界经济而非民族国家的现象。这是一种真正的“世界主义”的眼光，即是说发达与不发达都是世界资本主义发展变化的结果，而非某一地区和某一国家的现象。这是他的理论被称为世界体系论的一个重要原因。他以“核心”和“外围”的概念取代了弗兰克“都市中心”与“卫星”，核心经济主要指制造

①② 安德列·冈德·弗兰克（A. G. Frank）：《依附性积累与不发达》，译林出版社1999年版，第116、117页。

业、银行业及相关的先进经济活动，而外围经济则基本局限于初级产品的生产。与弗兰克一样，沃勒斯坦的世界经济体系是由外围的剩余价值流向核心构成的，但与弗兰克的区别在于，他不仅用国际劳动分工和技术领先来解释为什么核心地区能占有其余地区的剩余价值，而且考虑到了政治的因素，即认为政治力量的不对等强化了世界的不平等。核心经济能够发展出强大的国家机构，这种强大既表现在国内又表现在与他国的关系之中。外围经济只能产生弱小的国家，意味着它们无力控制与国际经济相联系的条件，其从属经济的地位因此变得更为确定。沃勒斯坦认为外围地区的头面人物即买办，是核心地区吞占剩余价值的帮凶。在他看来，国家无疑是国际经济的副产品，甚至宣称，在当今的世界经济中，既没有封建体系也没有社会主义体系，只有一个世界经济体系，在形式上被确定为资本主义。因此这个世界体系的基本政治现实不是国家政权而是阶级斗争，是外围地区对核心的阶级斗争，这种阶级斗争与种族意识、民族主义和国际主义纠缠在一起。

阿明从不平等交换中得出了中心—外围之间的支配—依附结论。阿明对不发达与发达世界间关系的理解是："对世界体系和资本主义生产方式运行的根本法则进行有区别的分析，必然导致一些结论……得出的第一个结论是直接有关经济方面的，那就是存在着不平等交换，这意味着价值转移。"阿明给不平等交换下的定义是："在报酬差距大于生产率差距时，就有了世界资本主义体系的不平等交换。"① 在这种不平等、不对称的体系中，外围国家的发展进程是在来自中心的竞争结构以内进行的，中心决定着外围所采取的不同结构，外围处于补充性的、被统治的依附地位。这种"支配—依附"之说受到桑托斯的首肯：战后发达国家与发展中国家的支配—依附关系主要表现为技术—工业依附，发达国家的跨国公司向不发达国家的工业部门投资，转而用技术和工业优势继续控

① 萨米尔·阿明（S. Amin）：《不平等的发展——论外围资本主义的社会形态》，商务印书馆 2000 年版，第 123 页。

制独立国家的经济，是一种技术—工业统治。中心国家掠夺外围国家财富的主要途径是不平等交换。世界经济把所谓的民族经济统一在一个商品、资本甚至劳动力的世界市场内，在这个世界市场内产生的关系是不平等的联合关系，一部分国家的发展是以牺牲另外一些国家的发展为代价的。

同样地，马里尼认为外围地区的资本主义具有对工人“超级剥削”的特征。进入外围地区寻找市场出路的中心地区公司最终将外围地区的生产纳入资本主义生产体系，以致阻碍了外围的内部积累和国内市场的成长，“超级剥削”和它所增加的剩余转移是外围地区停滞和不发达的主要原因。

## 五、多种学科思想交汇的发展理论

从20世纪90年代以来，发展经济学的理论研究越来越趋向于与其他不同学科的交融会合，进入21世纪后这种不同学科思想交汇的研究更加突出明显，研究的中心和重点也越来越多元化。

### （一）全球环境与发展中世界

发展中国家的环境退化、人口结构变化、食品与饮用水安全、城市化等问题，已经引起各种学科的理论在发展经济学研究中同时出现。

在中国改革开放初期的1983年，我国经济学家有人提出：“在制定经济计划时，把生产、人口、资源和环境四个因素作统一的考虑，在发展经济的同时，控制人口增长，注意资源节约，并做好环境保护，对我国来说，是势在必行的。”① 为了满足全国十多亿人口的基本需要，我国的资源和能源消耗是巨大的，而且我国的资源和能源浪费也相当严重，因此，要“进一步大大节约资源，节约能源”，提高生活质量，使小康水平具有丰富充实的内容。

托达罗也指出，人口增长、城乡人口流动与城市的发展等，使贫困与环境恶化相互作用导致一个自循环的陷阱，公众出于无知或

---

① 《谭崇台文集》，武汉大学出版社2006年版，第61页。

经济所需会无意地破坏或耗竭他们赖以生存的资源，发展中国家所承受的环境压力甚至扰乱其经济发展步伐。托达罗为发展中国家政府列出六项改善环境的政策选择：

（1）合理的资源定价。

（2）动员全社会的参与。

（3）明晰产权和资源所有权。

（4）给穷人更多更好的经济选择。

（5）提高妇女的经济地位。

（6）减少工业污染。

发达国家可以从三个方面帮助发展中国家改善经济发展中存在的环境问题：贸易自由化，债务减免，经济与技术援助。①

1980 年联合国环境规划署（UNEP）委托世界自然保护联盟（IUCN）起草的《世界自然环保战略》中首次出现“可持续发展”概念。1987 年，《我们共同的未来》获得联合国通过，可持续发展被定义为“既满足当代人的需要，又不对后人满足其需要的能力构成危害的发展”。1992 年，联合国环境规划署、世界自然保护联盟、世界自然基金会（WWF）共同发表了《保护地球》的报告。1992 年 6 月，在巴西里约热内卢召开的联合国环境与发展大会达成了最后共识：为实现人类持续发展，为保护发展的基本条件和自己的家园地球，要彻底改变传统的发展观念，努力建立起人与自然和谐的持续发展的新观念和新战略。联合国《1998 年人类发展报告》声明：环境破坏打击最重的总是那些生活在贫困状态的人。

斯蒂格利茨（Stiglitz，J. E.）是西方世界中替发展中国家利益说话的少数学者之一：“所有发展中国家现在都面临着忽视环境的代价，而且有些国家还非常严重。对于臭氧减少、全球变暖和生物多样性的担心，也使采取集体行动以遏制有可能对世界造成灾难性后果的趋势的迫切要求显得更加突出了。”“发展中国家推行有

① 迈克尔·托达罗：《发展经济学》（原书第 9 版），机械工业出版社 2009 年版，第 321 页。

益于环境的政策意愿随着成本、政治决心、对环境需要做什么和如何做到方法的日益清醒的意识，以及实施特定行动的能力的变化而变化。环境保护与经济增长之间的权衡不再是一个问题，环境资源的枯竭只能导致短期的增长。”“十年前，人们还可以对环境挑战置之不理而去强调增长、稳定和减贫的首要地位。21 世纪的世界不会让我们再这样奢侈了……从目前的风险观念以及环境系统的巨大惯性来看，即使全球气候变暖的结果不像现在想象的那样严重，采取直接措施减缓这一进程也是划算的、适当的，而以后再采取行动将大大增加缓解退化的费用。”①

**（二）权利贫困与不平等**

以穷人发展为己任的发展经济学一直都在努力探索贫困的根源。尽管贫困在过去半个多世纪中有了很大改善，但 21 世纪的发展中国家还有 12 亿人生活在极端贫困状态。如何有效地使这部分群体摆脱贫困是许多经济学家孜孜以求的目标。过去很长段时间以来，人们把贫困简单地等同于收入水平的低下，等同于经济状态的落后，但是越来越多的研究表明收入低下只是贫困的表现之一。

1955 年库兹涅茨就呼吁注意经济增长与收入不平等之间的关系，把它描绘成“多数经济分析和思考的重要内容”，而 1994 年开罗的人口和发展国际会议给出的回应是：“尽管人们为消除贫困现象付出了几十年的努力，但贫富国家的差距和国家之间的不平等仍在加大……大范围的贫困对于发展来说是最大的挑战。”②

霍夫和斯蒂格利茨具有与此类似的观点：“个人对那些会影响他们生活和生计的决策所拥有的发言权是一种根本权利。五十年前，不平等的加剧不仅被当作发展的自然伴随物，而且被认为能够实实在在地促进发展。我们今天意识到不平等的这种加剧不仅不是

① 杰拉尔德·迈耶、约瑟夫·斯蒂格利茨主编：《发展经济学前沿——未来展望》，中国财政经济出版社 2003 年版，第 163 ~ 171 页。

② 转引自迈克尔·托达罗《发展经济学》（第 9 版），机械工业出版社 2009 年版，第 124 页。

必然的，而且实际上对增长也是不利的——它会增加信贷和土地租赁市场的代理成本，会导致教育普及和市场进入的政治机制，而且会使社会冲突恶化。”①

社会学家布厄迪尔（Bourdieu，P.）曾在《世界的贫困》一书中提出，穷人的窘迫往往源于他们没有选择，而没有选择的主要原因之一是穷人在市场竞争中缺乏必要的文化资本。教育程度相对低迷的历史使他们积淀或内化了的适应主流社会的才能也相当贫瘠，或其内化的禀性迥异于社会主流文化，因而他们的生存心态、他们所能建构或鉴赏的文化财产都绝非是主流社会能够认同和接受的，而作为制度化形式的文化资本，既在代际之间潜移默化地传递着，又承担了贫困跨代传递的媒介。

布劳与邓肯指出，一个人的成就绝不是偶然的，它可能受个人的天赋才能、后天努力和家庭背景等多方面因素的影响，上一代的社会不平等现象可能全部或部分地在下一代中再现。

阿马蒂亚·森是著名的研究发展中国家贫困问题的经济学家，他说：“发展是自由的扩展，自由是享受人们有理由珍视的那种生活的可行能力。”“贫困应该被理解为权利的缺乏，可行能力的被剥夺，而不仅仅是收入低下。”② 每个公民的社会权利必须涵盖公正和适当的资源分配权、医疗权、财产权、住房权、迁徙权、工作权、教育权、娱乐权等，贫困群体的产生和长期难以改变其弱势地位的根本原因正在于部分公民的社会权利缺失，它是制度层面对贫困群体的政治、经济、社会和文化权利的限制和歧视所导致。正因如此，2000 年《联合国千年宣言》把消除贫困和不平等作为新世纪的首要目标：“不得剥夺任何个人和任何国家得益于发展的权

① 卡拉·霍夫、约瑟夫·斯蒂格利茨：《现代经济理论与发展》，载迈耶等主编《发展经济学前沿——未来展望》，中国财政经济出版社 2003 年版，第 306 页。

② 阿马蒂亚·森：《以自由看待发展》，中国人民大学出版社 2002 年版，第 15 页。

利。必须保障男女享有平等的权利和机会"；"我们将不遗余力地帮助我们十亿多男女老少同胞摆脱目前凄苦可怜和毫无尊严的极端贫穷状况。我们决心使每一个人实现发展权，并使全人类免于匮乏"；"促进性别平等和赋予妇女权能，以此作为战胜贫穷、饥饿和疾病及刺激真正可持续发展的有效途径"。① 贫困者一方面面对收入风险和波动的脆弱性，一方面缺乏政治权利，缺乏充分保护自己不受风险打击的手段，他们在经济上被边缘化的状态往往导致在社会上也被边缘化，在资源和权力两个方面都处于极为不利地位。应该说，琳·斯奎尔对贫困的表述代表了新时期发展经济学家对贫困的共识："贫困不是一种一无所有的状态，而是一个人仅有的一点点东西很容易失去。"②

### （三）协作失灵与多重均衡

20 世纪 50 年代的"二元结构"、"大推进"理论在 20 世纪 90 年代受到发展经济学家的新挖掘。发展经济学家们在重新探讨"大推进"等理论时，重新定位欠发达为一种大规模的协作失灵，导致协作失灵的主要原因就是需求互补性。需求互补性的核心在于设定投资与市场需求之间存在某种关联性，也即是有关生产要素、变量、经济结构或部门之间存在着某种相互依存性，从而使经济有加速发展的可能性。在低收入国家，对大多数产品的需求是高度缺乏弹性的，这种低需求弹性的存在使供给适应需求变得相当困难，特别是在小规模市场上，因需求不能适应供给而带来的风险却大于一个大规模的正在形成的市场风险。协作失灵的存在导致经济停滞在一个低收入水平或增长水平的均衡状态，或是令一个阶层陷入极度贫困中。新一代发展经济学家德布拉吉·瑞（Ray, D.）进一步补充了罗森斯坦-罗丹的互补性：由于

① 《联合国千年宣言》（中文版）第 66 ~ 69 页。

② 拉维·坎波尔、琳·斯奎尔：《关于贫困的思想演变：对相互作用的探讨》，载迈耶等主编《发展经济学前沿——未来展望》，中国财政经济出版社 2003 年版，第 146 页。

代理人特定行动使其他人在采取同样行动时发生的相对偏好的改变，互补性导致了各种均衡的产生，如：同样基础条件下的两个均衡，一个是行业的长期停滞，一个产业的“萎靡不振”将影响到另一个产业的决策行为；一个是行业的扩张，每个产业的兴旺刺激其他产业的扩大规模；正是由于这种互补性，一个企业家认为市场需求大幅减小，他就会减少投资，如果所有企业家根据相同的预期减少投资，整个经济就会由于投资不足而降低对所有产品的需求，欠发达成为一种自我实现的预期。①

在通过对“二元结构”的再度挖掘，墨菲等发现当经济中规模报酬递增的现代工业部门与规模报酬不变的传统农业部门并存时，这样的二元结构存在三个潜在的均衡：在第一个均衡中，由于工业化所产生的剩余无法达到建设基础设施所花费的成本，所以经济无法实现工业化。在第二个均衡中，经济实现了工业化，当高固定成本的企业能够产生足够的剩余并支付基础设施建设成本时，就会出现均衡。第三个均衡，当使用传统技术的企业预期收入为零，单个这样的企业投资就不划算，但如果很多同类企业同时进行投资，整个经济的收入就会增加，而使用规模报酬递增技术的企业也有利可图，均衡就产生。据此推理，只有相当数量的企业同时走工业化之路时，基础设施建设才能顺利进行，但是，基础设施的建设恰恰是保证所有企业进行大规模投资的前提条件，这样，由于协作失灵导致了不发达经济中的“低水平均衡陷阱”，跳出陷阱走向工业化均衡的路径就是政府以公共补贴等形式进行大规模的协调投资。

如何看待不发达经济呈现出的这种非帕累托排序的多重均衡特征呢？斯蒂格利茨指出，在这种多重均衡并存的状态中，历史起着至关重要的作用，历史事件会不同程度地损害墨守成规的企业的对外开放，可能会使经济从一个均衡走向另一个均衡，从而影响着长

① D. Ray. History and Coordination Failure. Journal of Economic Growth, 1998, 3 (3): 267-276.

期的技术进步率。促使经济从“坏”的均衡转向更“优”均衡的有效途径是政府的政策干预和法制，如果政策和法制在某一时点对经济系统的扰动足够大，其影响往往具有持久性，能够推动经济沿着向另一个均衡收敛的方向前进。① 对与协作失灵、多重均衡相关的理论研究，发展经济学家们还处在进一步探索途中。

## 第四节　影　　响

### 一、理论影响

20 世纪的西方许多经济学家都是走新古典主义路线，把发展中国家与发达国家视为同一体，主张他们的经济理论是适用于一切国家的准则。发展经济学的兴起打破了新古典主义静态的、“单一经济学”的、自由主义的一贯传统模式，从动态的、刚性经济结构转换、制度差异中探索不发达经济的状况、原因和影响等。特别是早期的发展经济学提出发展中国家的经济不能像新古典主义那样看成是一种边际的、增量的调节，而是需要大规模的经济变化和重大结构改进，成为 20 世纪经济学理论研究中的一次创举，促进了现代西方经济学研究的多元化。

首先，基于结构主义的发展理论采用整体主义研究方法，强调局部的功能应从系统和经济结构的整体特征上去认识，累积因果关系使经济系统具有不稳定特征，发展中国家的经济变化过程是典型的非均衡过程，而且制度是一个包括了诸多非经济因素的复杂的非线性动态过程。结构主义发展理论重视对历史初始条件和随机事件相互作用的研究，注重经济分析过程中的时间、地点的差异研究，等等，这些研究方法不仅丰富了发展中国家的探索路径，同时也推进了制度经济学的繁荣和发展。

---

① 卡拉·霍夫、约瑟夫·斯蒂格利茨：《现代经济理论与发展》，载迈耶等主编《发展经济学前沿——未来展望》，中国财政经济出版社 2003 年版，第 281 ~288 页。

其次，重视市场机制作用的新古典主义发展理论在与结构主义发展理论的争论过程中，也慢慢发生改变，从过去的不了解经济与经济制度就肤浅或机械地将之运用的状态，逐渐向更具灵活性转变，不再拘泥于简单的、缺乏现实性的假设，博弈论、最优控制和随机最大化等理论就最好地说明了新古典理论这一变化。而新贸易理论和新增长理论本身已证明新古典能够处理不完全竞争和模型中的其他“扭曲”，斯蒂格利茨被认为是在这方面做出突出贡献的经济学家。甚至有经济学家认为，达特和詹姆士（Jameson，K. P.）的研究工作从某种程度上看就是促使了新古典主义发展理论与结构主义发展理论彼此更加融洽，在未来的理论演变过程中新古典很有可能成为结构主义的一个译本，当然这条道路肯定是漫长而曲折的。

发展经济学对现代经济学理论研究的贡献更可以从诺贝尔经济学奖中反映出来，西蒙·库兹涅茨、冈纳·缪尔达尔先后于 1971 年、1974 年获得该奖，这两位经济学家都是长期致力于对经济发展问题探索，而且后者更是在发展中国家坚持了长达 10 年以上的深入调查。1979 年的诺贝尔经济学奖同时授予两位研究发展中问题的经济学家阿瑟·刘易斯、西奥多·舒尔茨，他们的获奖理由是：在经济发展方面做出了开创性贡献，深入研究了发展中国家在发展经济中应特别考虑的问题。刘易斯和舒尔茨的开创性工作一度引领发展经济学的研究方向，奠定了发展经济学理论成为西方经济学的一个重要分支甚至是核心领域的基础，以至于 20 世纪 90 年代以来的许多诺贝尔经济学奖获得者的研究领域都与发展中经济密不可分。比如，诺斯（North，D.）建立了包括产权理论、国家理论和意识形态理论在内的制度变迁理论；阿马蒂亚·森（Sen，A.）的获奖是因为对福利经济学几个重大问题做出了贡献，包括社会选择理论、对福利和贫穷标准的定义、对匮乏的研究等；蒙代尔获奖的理由是对不同汇率制度下的货币与财政政策及最适宜的货币流通区域所作的分析；约瑟夫·斯蒂格利茨是“对充满不对称信息市场进行分析”领域做出重要贡献；菲尔普斯（Phelps，Edmund S.）的卓越贡献在于提出著名的“经济增长黄金律”；保罗·克鲁格曼（Krugman，P.）研究了发展中国家的国际贸易模式与区域经济活动。这些经济学家之所以获得诺贝尔奖的主要原因，不仅仅在于他们对现代经济学理论作了历史性突破，更在于他们把发展经济学理论研究与现代经济学发展作了恰如其分的融合和贯通，深化了对发展中国家经济发展问题的探索和追寻。由此可见，地球村经济的一体化，使得以发展中国家为特定研究对象的发展经济学成为世界经济学人共同关注的重要领域。

## 二、实践影响

1950—1965年的发展中国家在早期发展经济学理论指导下，主张实行内向型的进口替代战略和国家干预，政府启动了对基础设施、电力、教育和医疗等项目的投资，不发达国家的经济得到了一定程度的恢复和发展，各国相继建立了自己的民族产业和初级产品出口产业。这一时期发展中国家平均国内生产总值增长率达到4.9%，人均GDP增长率为2.5%，略高于当时的发达国家。① 但是，过于强调国家有限机制的管理作用，忽视了市场机制在一定条件下对经济发展的有益调节，过于强调工业化发展忽视了农业，导致发展中国家的经济绩效与政策预期不一致，如农业停滞不前、工业效率低下、国际收支恶化、文化教育落后等，发展中国家经济并未能如理论设想一样走出困境，有的国家甚至深陷新的困境。这也是第一阶段发展经济学之所以被许多经济学家所诟病的主要原因。

20世纪60年代到70年代初，新古典自由贸易和开放式发展战略引导了越来越多的发展中国家拓宽与世界其他国家的往来，许多发展中国家积极引进外国资本和技术并鼓励出口，发展中国家国内生产总值增长率平均达到6.5%，人均GDP增长率是3.9%。1965—1980年间，整个发展中国家的GDP和人均值增长率都超过了发达国家，许多发展中国家获得了暂时的经济兴旺和良好势头。然而，地区发展战略的差异使得发展中世界形成三种不同的发展

① 转引自谭崇台：《发展经济学》，山西经济出版社2000年版，第450~451页。

格局：

• 国家主义与民族主义的发展战略使得拉美地区的经济持续发展到 20 世纪 70 年代，进入 1980 年代后，债务危机和通货膨胀困扰着拉美国家，以致在后来的很长一段时期内拉美国家都无法走出债务阴影。

• 政治体制、种族、文化和信仰等问题阻碍了非洲国家的经济持续稳定地向前发展的态势，在 20 世纪 70 年代非洲开始出现停滞，一直到 21 世纪都保持着世界上最贫穷落后地区的称谓。

• 20 世纪 60 年代亚洲少数国家正确采取市场机制与政府计划相结合的发展模式，以政治上的高度集中和经济上的高度开放实现了经济的快速繁荣，在 20 世纪 80 年代成为少数由发展中国家进入发达国家行列的国家和地区，也一度成为其他不发达国家和地区努力学习效仿的榜样。但是，这种高度的自由、开放使高速增长的东亚经济却在 1997 年受到金融危机的冲击，其高度自由开放的发展模式也引起人们的深刻反思。

1980 年之前的中国对当时的整个发展经济学理论及其演变一无所知。改革开放后的 30 多年中，最大发展中国家的中国经济学家注意到发展经济学的特色，结合中国经济发展的现实，对经济发展理论作了认真的研究，翻译、引进和出版了大量发展经济学著作、教材，发表多篇有关发展经济学的论文，这些学术成果既传播了发展经济学，也加快了中国财经类大学、综合性大学的经济学系先后开设发展经济学课程及纷纷设立发展经济学研究机构的步伐。中国经济学家的勤勤恳恳工作不仅使中国从最初的对发展经济学一无所知到逐渐有所了解，而且，在传播发展经济学理论过程中努力结合中国的社会实践，对发展经济学的两面性作了非常客观、准确的评价，把发展经济学理论运用到中国的经济发展过程中，提出了一些具有一定新意的理论观点，如：

• 中国特色的社会发展阶段与经济发展理论；

• 地区差距与不平衡发展战略；

• 市场经济、经济全球化与对外开放战略；

• “三农”问题与社会主义新农村建设研究；

- 自主创新和建立创新型国家理论；
- 农村剩余劳动力迁移与城市化；
- 经济结构调整与新型工业化；
- 快速增长的“丰裕中贫困”新论；
- 资源、环境与节约型社会建设；等等。

这些新理论不仅为中国的经济发展提供了有价值的理论指导，而且也进一步繁荣了发展经济学这门学科的学术影响，发展经济学专业理论词汇，如二元经济、剩余劳动力、人口流动、劳动力迁移、刘易斯拐点、增长极、托达罗模型、前向联系与后向联系、库兹涅茨曲线、经济发展战略等，已经普及为中国百姓耳熟能详的日常用语。时至今日，发展经济学已经成为中国许多大学经济学专业学生的必修课之一，经济发展研究机构在政府机构和高校中纷纷设立，使经济发展理论的研究不断深化、与时俱进。

## 第五节　简　　评

发展经济学不同理论在不同历史阶段产生了不同的影响。基于结构主义的发展理论指导了从“二战”后刚刚独立起来的发展中国家经济的恢复、重建和发展，基于新古典主义的发展理论影响了20世纪60年代至80年代的发展中国家经济政策，越来越多的发展中国家在这一时期从内向型发展战略转向外向型发展战略，20世纪80年代以后的发展中国家发展战略更多地受制度主义理论的引导，发展中国家在进一步加强与世界各国的沟通和交流中不断重视本国的制度变革。激进主义的发展理论自始至终都存在着，激进主义主要强调富国与穷国之间的不平等地位和阶级冲突，并没有提出一系列具体的、有效的经济发展战略，它只是强调不同社会阶级是如何相关的、阶级利益是如何对立的以及这些又是如何影响经济行为的。不难看出，这些不同理论并不是绝对对立或相互排斥的，也不存在谁是对的或是错的，谁是较好或较坏，在对特定问题的分析中，可能因为内在特征使某种理论有比较优势；而且，以一定方式被运用过的各种理论都具有历史性特征，用不同的理论对某特定事物的分析会导致不同的含义，当然它们不能看成是对全部真实世界的描述。

由于信息资料与分析工具的改善，现在的发展经济学理论更加趋向微观化、多元化，而且更关心穷人的“本质性”问题，许多研究范围的深入细致扩大了对发展中国家微观经济的调查、设计和分析。与国际上某些更有声望的学者所从事的领域越来越远离贫穷与剥夺相比，发展经济学家们越来越关注把大的发展问题与现实性小问题有机地结合起来，以求在理论研究中更加显示出经济现实性与政策实用性的融洽。另一方面，如果人们最终要关注贫穷、饥饿、不平等及其他发展问题，并要通过政策对以上问题做出改善，那么，就必须承认，经济学是相互依赖的，不能够分割的。在发展经济学研究中，也和在许多其他经济情况下一样，要进行不熟悉的交替。有理论是必要的，但仅仅有理论是不够的，只进行数字罗列和经济计量也是不够的，理论分析的“基准”应该是对现实问题做出解释，解释的质量既取决于理论化的能力也取决于对所研究现象的全面了解。这就要求在理论探索中努力打破传统的经济学界限，并考察历史、政治学和制度等许多其他领域。

经过60多年的讨论与实践，发展经济学围绕着“发展中国相对于发达国家为什么落后或不发达，即落后的根源和障碍是什么”，对发展目标进行了这样的探索轨迹：国内生产总值——非货币指标（人类发展指数）——减缓贫困——权利与能力——自由——可持续发展；从研究市场失灵到研究非市场失灵，再从新市场失灵上升到制度失灵的探索中，寻找政府与市场在配置资源过程中的最佳定位，把政策改革由“因为贫穷所以贫穷”上升到“使所有政策适当”，再上升到“使制度适当”。① 这种迂回曲折的演进轨迹使人们已经清楚了许多发展问题，如市场与物权、人力资本与技术创新、金融机制、贫困问题、农业与工业化、可持续发展、国际市场与对外贸易、政府作用等。这些来之不易的对发展的理

① 杰拉尔德·迈耶：《发展的思想》，载迈耶等主编《发展经济学前沿——未来展望》，中国财政经济出版社2003年版，第2页。

解，反映了发展经济学理论对半个多世纪的历史考察和质疑。当然，还依然存在一些疑问，比如：

（1）如何建立稳定的政府机制；

（2）国民价值体系与文化是怎样影响发展的，社会资本是如何产生的？

（3）何种程度的不平等对经济增长与发展是有益的？

（4）以怎样的速度执行经济改革，决定改革成功的时间与因素是什么？

（5）货币市场与资本市场的开放程度应该是多少？

（6）对于任何经济体而言，政府与私人领域的最佳结合点应该在哪里？政府进行干预的范围是哪些？政府干预的程度应该怎样衡量？等等。

这些疑问与21世纪发展中国家面临着诸多有待解决的难题，包括全球化问题、环境退化、人口结构变化、城市化问题、食品与饮用水安全、收入分配与贫富差距、民主制度与国家治理等，都需要经济学家继续从事或艰难或曲折的理论探索，把发展经济学研究推向更广、更深、更符合发展中现实的适用性学科。

某些人认为，20世纪50年代，发展经济学作为经济学中一个独立分支学科出现是引人瞩目的，20世纪60年代和70年代是发展经济学的全盛时期，而从70年代中期以来它开始衰落。从某种意义上说，这种看法不无道理。如，发展经济学和经济学其他分支学科之间的界限越来越模糊，对第三世界感兴趣的发达国家的学生越来越少，这影响了发展课程的普及，但这只是一种误解。历史表明，与其他经济学分支相比，发展经济学是多种不同思想交织在一起的学科。事实上，许多发展经济学家已经关注到发展经济学领域不同思路的交叉存在，根据视角、战略和目的的不同，足以能够证明在发展经济学文献中，交互存在着不同的替代性思想，对发展中经济研究的数量和质量也一直都在提高。如果说发展经济学在某种含义丰富的意义上衰亡了，那么这既是对发展经济学家的一种伤害，也是对他们的理论结构的伤害。总之，只要发展中国家还存在，就有许多新的经济发展问题必须研究，这是发展经济学取之不尽、用之不竭的源泉。

**【参考文献】**

[1] 谭崇台. 发展经济学 [M]. 太原：山西经济出版社，2000.
[2] 谭崇台. 谭崇台文集 [M]. 武汉：武汉大学出版社，2006.
[3] 谭崇台. 西方经济发展思想史 [M]. 武汉：武汉大学出版社，1993.
[4] 阿瑟·刘易斯. 二元经济论 [M]. 北京：北京经济学院出版社，1989.
[5] 迈克尔·托达罗. 发展经济学 [M]. 第9版. 北京：机械工业出版社，2009.
[6] 杰拉尔德·迈耶，约瑟夫·斯蒂格利茨. 发展经济学前沿——未来展望 [M]. 北京：中国财政经济出版社，2003.
[7] 联合国千年宣言 [OL]. http://www.un.org/chinese/millenniumgoals/unsystem/documentation.htm.
[8] 阿马蒂亚·森. 以自由看待发展 [M]. 北京：中国人民大学出版社，2002.
[9] 弗兰克. 依附性积累与不发达 [M]. 北京：译林出版社，1999.
[10] 萨米尔·阿明. 不平等的发展——论外围资本主义的社会形态 [M]. 北京：商务印书馆，2000.
[11] 杰拉尔德·M. 迈耶. 发展经济学先驱理论 [M]. 昆明：云南人民出版社，1996.
[12] 西奥多·舒尔茨. 改造传统农业 [M]. 北京：商务印书馆，2003.
[13] 郭熙保. 发展经济学经典论著选 [M]. 北京：中国经济出版社，1998.
[14] 张培刚. 农业与工业化 [M]. 武汉：华中科技大学出版社，2002.
[15] 马尔萨斯. 政治经济学原理 [M]. 北京：商务印书馆，1979.

[16] 马颖. 发展经济学 60 年演进 [J]. 国外社会科学, 2001 (4).
[17] 颜鹏飞. 激进政治经济学 [M]. 武汉：武汉出版社, 1996.
[18] RAY D. History and Coordination Failure [J]. Journal of Economic Growth, 1998, 3 (3): 267-276.

# 第六章　新制度经济学

在当代西方经济学体系中，人们通常所指的新制度经济学并不是指一个统一的经济学流派，而是指使用制度分析方法的分属于不同经济学流派的经济学家。本章中所指的新制度经济学的含义是指第二次世界大战后出现的有别于美国老制度主义经济学家（the Old Institutional Economists）凡勃伦（Veblen，T. B.）和康芒斯（Commons，J. R.）的新制度经济学家。鉴于采用制度分析方法的经济学家门派众多，本章限于篇幅不可能对所有门派的新制度经济学理论进行述评，只能选择最具有代表性的学者和流派。为此，在本章中，我们选择了三位新制度经济学的主要代表人物及其主要代表作一概述。他们分别是激进制度主义经济学（the Radical Institutional Economics）的领军人物加尔布雷斯（Galbraith，J. K.）和两位新古典主义制度经济学家（the Neoclassical Institutional Economists）、诺贝尔经济学获奖者科斯（Coase，R. H.）和诺斯（North，D. C.）。

## 第一节　激进主义制度经济学家：加尔布雷斯

### 一、历史背景与理论渊源

20 世纪 60 年代兴起的激进主义制度经济学在林林总总的当代经济学流派当中独树一帜。制度经济学中的这一支既反对在西方经济学中居于主导地位的新古典经济学，又有别于其他各种新自由主义思潮，却在一定程度上受到凯恩斯主义的影响。激进制度主义经济学家虽然人数不多，但其声势和影响却很大。可以划归为激进制度经济学这一分支的经济学家大部分在美国，包括加尔布雷斯（Galbraith，J. K.）、贝尔（Bell，D.）、科姆（Colm，G.）、鲍尔丁（Boulding，K. E.）、海尔布罗纳（Heilbroner，L.）、格鲁奇（Gruchy，A. G.）、沃德（Ward，B.）等，在欧洲的激进制度经济学家有瑞典的缪尔达尔（Myrdal，G.）、英国的甘布尔（Gamble，A.）以及法国的佩鲁（Perroux，F.）等。限于篇幅，本节仅概述被公认为最有影响的激进制度主义经济学家加尔布雷斯的激进制度经济学理论和他的政策主张。

西方经济学界一般认为，激进主义制度经济学的直接理论渊源是以凡勃伦和康芒斯为代表的美国老制度主义经济学，激进制度主义经济学承袭老制度主义经济学的理论风格尤其表现在坚持对制度因素展开分析、对新古典主流经济学的批评、对资本主义社会的弊端进行剖析这三个方面。老制度主义经济学在20世纪30年代达到鼎盛之后逐渐衰落，随之而来的是凯恩斯主义的兴起。第二次世界大战后，凯恩斯的经济学说经过他的追随者补充和发展而形成凯恩斯主义学派，尤其是以萨缪尔森为代表的一批美国经济学家将马歇尔的微观经济学与凯恩斯的宏观经济学综合起来，创立了一个被称为“新古典综合”（亦称“后凯恩斯主流经济学”）的经济学理论体系。这个体系所提出的以“需求管理”为主要内容的政策主张在西方发达国家产生过很大的影响，各国纷纷采用赤字财政政策，在促进经济增长和增加就业方面曾一度收效明显。然而，到了60年代中后期，随着借助于赤字财政来刺激经济的效应逐渐递减，西方发达国家相继陷入高通货膨胀与高失业并存的“滞胀”泥潭。在这一背景之下，原先处于主流地位的“新古典综合派”受到来自先前被称做“异端邪说”的各种其他经济学流派的抨击，包括加尔布雷斯在内的激进主义制度经济学们也参与其中。

从加尔布雷斯学术思想形成过程中可以明显地觉察到，他的就学环境和职业生涯在他的学术思想上打下了深刻的烙印。加尔布雷斯1931年从加拿大安大略农学院毕业后，前往美国加州伯克利大学攻读博士学位。在伯克利求学的三年里，他从研读斯密、李嘉图、马克思、马歇尔、德国历史学派、凡勃伦等人的著作中汲取了丰富的理论营养。1934 年他获得博士学位后前往哈佛大学担任讲师，在那里他结识了约翰·F. 肯尼迪。他与肯尼迪家族的关系为他今后的政治生涯铺平了道路。加尔布雷斯后来就职于或参与政府部门的多种工作，包括在农业调整调查局就职，参与调查罗斯福新政中的公共项目，担任白宫总统竞选班子撰稿人，出任美国物价管理局副局长，担任《财富》杂志编辑，第二次世界大战期间担任美国战略轰炸调查团团长，60 年代出任美国驻印度大使，等等。担任或参与上述工作使他有机会触及美国社会经济的方方面面，不仅让他感悟到美国政府部门的内部运行机制，意识到权力的重要性，而且使他亲身体察到垄断企业和利益集团对美国经济的支配性影响和收入分配不均使得普通民众的生活状况恶化。这些经历和感受无疑成为加尔布雷斯理论研究的丰富源泉。

## 二、激进主义的制度经济学理论

加尔布雷斯继承了德国历史学派和美国老制度主义经济学家在经济分析中采用将制度因素和社会经济结构相结合的制度—结构分析方法，在他所撰写的《美国资本主义》、《丰裕社会》、《新工业国》、《经济学和公共目标》、《权力的剖析》等一系列著作中，强调“权力结构”对当代资本主义社会所施加的影响，主张政府应当在宏观经济调节中发挥职能，在对新古典主流经济学予以批判的同时，对当代美国资本主义社会进行了深入的剖析。这一小节主要概述他关于资本主义社会二元体系理论以及他有关企业内部权力结构的理论。

### （一）二元体系理论

作为一位制度经济学家，加尔布雷斯运用制度—结构分析方法，对美国当代资本主义社会作了较为深入的剖析，在此基础上，提出了他的“二元体系理论”。他指出，当代美国社会实际上是一个“计划系统”（planning system）与“市场系统”（market system）并存的“二元社会”。在“计划系统”中，规模大小不等的公司不是同质的。在一个极端是一些较小的公司，其组织形式还处于初步；在另一个极端则是像通用汽车公司、美国电话电报公司等大公司。规模越大的公司，个人在其中的作用就越小，而组织的权威就越大。“计划系统”中的大公司内部所实行的是“计划经济”模式。而“市场系统”却是小商号的天下，既有竞争性的也有垄断性的厂商。这类厂商在地区分布上可以分为两类：一类是本身同地区因素密切相关的行业，如农业；另一类是个人服务业，包括汽车修理厂、加油站、修理铺、洗衣房、旅馆、小零售店等。此外，在机器不断替代人力的环境下，涌现了不少新的分散的、无法标准化但又与小商号尤为匹配的业务。在“市场系统”中，“所涉及的不是技术，而是随劳务量的增加，提供劳务所需的时间也必须按比例地增加”。① 这些厂商总是要将其利润扩大到最大限度，“由于在价格和生产上不存在控制力量，因此在市场系统残存着明显的、新古典派体系的平均主义倾向”。②

在加尔布雷斯看来，“计划系统”和“市场系统”之间存在着巨大的差别。当谈及导致这些差别的原因时，他鲜明地指出：“计划系统与市场系统的差别，并不在于要摆脱市场的束缚和实行控制经济环境这种愿望，而是在于用以实现这一愿望的手段和凭这些手段所达到的成就。”③ 具体而言，两者的差别主要表现在如下六个方面：

第一，内部权力结构不同。在“计划系统”中，大公司不断扩大规模。随着所有权与经营权的分离，在公司内部，“权力已经转移到组织本身——转移到公司的专家组合（technostructure）”④那里。所谓“专家组合”，亦即“技术结构阶层”，是由“许多人

① 约·肯·加尔布雷斯：《经济学和公共目标》，商务印书馆 1980 年版，第 59 页。

② 约·肯·加尔布雷斯：《经济学和公共目标》，商务印书馆 1980 年版，第 51 页。

③ 约·肯·加尔布雷斯：《经济学和公共目标》，商务印书馆 1980 年版，第 55 页。

④ 约·肯·加尔布雷斯：《经济学和公共目标》，商务印书馆 1980 年版，第 46 页。

组成的复合体，其中有科学家、工程师、技师，有营业员、广告员、推销员，有对外联络专员、院外活动者、法学家、对华盛顿官场具有专门知识的人，有调解员、经理、董事。这就是专家组合”。① 在出现专家组合的情况下，所发生的奇异现象是，“只要企业是赚钱的，专家组合就拥有十足的权力，而资本所有人，即股东，则在这方面是没有份的”。② 而在属于“市场系统”的商号中，由个人指挥的企业还没有过渡到现代公司制度的最初阶段，权力仍然掌握在业主手中，“这里取得利润的是主管的那个人，或者至少是，按照他赚取利润的能力而经受考验和获得报酬的”。③

第二，在获取利润的手段和程度上的区别。在“计划系统”中，一方面，大公司可以通过扩大规模，同时增进对成本、技术、价格等因素的控制，使之成为争取最大利润的一种方式；另一方面，获取最大利润并不是主要目的，当利润超过某一界限时，大公司管理层关注的是如何借助公司的发展本身获取更多的报酬。相反，“市场系统”中的小企业，即使所在行业的利润优厚，其他企业也会加入该行业。在这种情况下，要想作为一个小型的垄断者保持现有地位比一个大型垄断者要困难得多。即使短期内其利润非常高，不久也将回落。事实上，“市场体系”中的很多小业主，尤其是农场主，每天起早落夜地劳作，随时为其顾主们做好准备，不仅自己不厌其烦地工作，而且还要他的妻子儿女和他一道工作。他们不仅得不到受工会保护行业中的工人一样的最低工资保障，甚至得不到一个工人应得的报酬。加尔布雷斯把小业主这种“降低其自己的报酬，并在可能范围内，以此同样施之于他的雇员”的做法称为“自我剥削”，并认为“市场系统之所以能够存在，至少部分

① 约·肯·加尔布雷斯：《经济学和公共目标》，商务印书馆 1980 年版，第 82 页。

② 约·肯·加尔布雷斯：《经济学和公共目标》，商务印书馆 1980 年版，第 46 页。

③ 约·肯·加尔布雷斯：《经济学和公共目标》，商务印书馆 1980 年版，第 50 页。

系由于它具有会使它的参与者甘愿降低报酬的那种能力”。①

第三，在控制价格方面表现出不同。在“计划系统”中，由于该系统对资源分配具有强有力的影响，“价格已经不再具有突出的重要意义，重要的是对价格、成本、消费者、供给者和政府的影响力量的全面展开。比较重要的也许不是价格，而是商号说服消费者和政府买它的东西而不要别作选择时所使用的智力、机智和狡谋”。②“计划系统”中的大企业之所以能够这样做，是因为“这些商号所生产的和销售的会影响它们的价格，这就是说，对价格它们是有权力的。当商号取得了这个权力时，那么，一般来说，它所首先要确定的是价格，而不是计划中的生产”。③ 然而，“市场系统”却是另外一番图景。对于居于这个系统中的所有小商号来说，“价格仍然是个外在因素。他不得不在它无法控制那些因素的情况下进行生产”。④ 加尔布雷斯指出，“市场系统的参与者要使他们的价格保持稳定或控制他们的供给量时，必须采取集体行动，或者是获得政府的协助。这样的能力容易引人注目，而且成效往往不大，甚至一无所成。自发的集体能力，能够被少数几个叛离者所破坏”。⑤

第四，在推进技术进步方面的差别。根据加尔布雷斯的观点，在现代社会中，与科学技术进步相伴随的是，企业投资面临的风险越来越大，所需要的物质资本和人力资本增大。整个社会中所生产和销售的大部分商品和劳务由“计划系统”中的大企业所提供，

---

① 约·肯·加尔布雷斯：《经济学和公共目标》，商务印书馆 1980 年版，第 78 ~ 79 页。

② 约·肯·加尔布雷斯：《经济学和公共目标》，商务印书馆 1980 年版，第 113 页。

③ 约·肯·加尔布雷斯：《经济学和公共目标》，商务印书馆 1980 年版，第 116 页。

④ 约·肯·加尔布雷斯：《经济学和公共目标》，商务印书馆 1980 年版，第 113 页。

⑤ 约·肯·加尔布雷斯：《经济学和公共目标》，商务印书馆 1980 年版，第 55 页。

与此同时，这些大企业资助了为技术进步所需要的研发工作，因此，大企业对技术进步起了重要的推动作用。他写道：“如原子能及其应用、现代航空运输、现代电子发展、计算机发展、重大的农业革新，没有一样是市场系统中个人发明家的产物。”相形之下，“市场系统下的革新，一般也与新古典派模式所描写的相适应。就是说，革新进度是极有限的……它特别感到严重缺乏的是专门技术与科学人才，和现代技术发展几乎是必不可少的与之相适应的组织”。① 此外，开展新技术研发必然涉及资金投入问题。“由于在市场系统下的利得，大多不会长期地高于足以抵偿企业家的精力和资本的那个水平，这就使企业利得不能成为储蓄的十分可靠的来源。于是商号资本的来源将依赖外界，而计划系统下的商号却不是这样。”②

第五，在对消费者能否施加影响方面表现出差别。“计划系统”中的大公司，不仅有能力直接控制价格和成本，而且通过“这些价格能取得消费者的良好反应”，并且使“所定的价格”能够“与用以说服消费者的那一套说词相配合”，③ 以此直接影响消费者偏好。另一方面，当大公司在对生产设备进行设计时，“所注意的不是出于出品的耐久性，也不十分注意其适用性。它所注意的是要使其出品怎样才能获得销路，怎样才能投消费者之所好”。④ 而在“市场体系”中，虽然小企业为数众多，但它们作为价格接受者既分散，又无法操纵价格并影响消费者行为。加尔布雷斯尖锐地指出，新古典经济学对于这些现实存在熟视无睹，在其教科书中仍然坚持“消费者主权”说，即消费者似乎通过货币投票就能决

① 约·肯·加尔布雷斯：《经济学和公共目标》，商务印书馆 1980 年版，第 52 页。

② 约·肯·加尔布雷斯：《经济学和公共目标》，商务印书馆 1980 年版，第 51 页。

③ 约·肯·加尔布雷斯：《经济学和公共目标》，商务印书馆 1980 年版，第 118 页。

④ 约·肯·加尔布雷斯：《经济学和公共目标》，商务印书馆 1980 年版，第 60 页。

定生产，而事实上存在的垄断现象被说成是“越出常轨的例外”,① 似乎“消费者的选择仍然控制着一切。经济学就这样在人不知，鬼不觉的情况下，披上了具有掩盖公司权力的作用的一件外衣”。②

第六，对政府的影响存在明显差异。加尔布雷斯指出，“计划系统”和政府之间一直保持着密切关系，二者之间存在着拥有“一个共同目标的现象”，对此他称之为“官僚的共生现象（bureaucratic symbiosis)”。③ 因此，在战后以来的美国，“凯恩斯革命实际上已经被计划系统所同化。此后，政府政策所密切反映的是计划系统的需要。政府支出被长期地定在高水平上，在很大程度上集中于军事和工艺制品，或者是军事或工业发展。这类支出为计划系统提供了直接支援，却不会受到国会或其他方面的攻击，因为这是符合国家安全或其他国家利益的目标的”。④ 在加尔布雷斯眼中，“计划系统”与政府官僚之间的这种共生关系实际上所表明的是“计划系统对政府的权力”。⑤ 而在“市场系统”中，情况却截然相反。“市场系统中的各个成员既无法在具有特征的形式下影响其顾客，因此，他也无法影响政府。”⑥

在分析了“计划系统”和“市场系统”两个系统之间的重大差别的基础上，加尔布雷斯进一步指出，这类差别所反映的是两者之间在资源配置上的不平等关系和收入分配上的不均等关系。他

① 约·肯·加尔布雷斯：《经济学和公共目标》，商务印书馆 1980 年版，第 17 页。

② 约·肯·加尔布雷斯：《经济学和公共目标》，商务印书馆 1980 年版，第 14 页。

③ 约·肯·加尔布雷斯：《经济学和公共目标》，商务印书馆 1980 年版，第 145 页。

④ 约·肯·加尔布雷斯：《经济学和公共目标》，商务印书馆 1980 年版，第 181 页。

⑤ 约·肯·加尔布雷斯：《经济学和公共目标》，商务印书馆 1980 年版，第 198 页。

⑥ 约·肯·加尔布雷斯：《经济学和公共目标》，商务印书馆 1980 年版，第 51 页。

说："计划系统在很大程度上是市场系统所屈从的那个环境中的一部分。市场系统所使用的动力、燃料、机器、设备、原料和交通运输就是计划系统供给的。市场系统的参与者所购入的消费品和劳务中很大一部分，也是它供给的……市场系统于买进时，在价格上显然不能不服从于计划系统的规定。市场系统出售其产品和劳务时，其中的一个很大部分，其价格不是由它自己控制的，实际上不得不屈从于计划系统的市场力量之下。"① 他还说："计划系统和市场系统之间的关系，它们不同的发展进度，前者对后者的进行剥削，由此造成的收益不均衡，是现代经济的主要特征。"② 对于这个主要特征，新古典经济学几乎没有做出陈述，相反，却仍然在"突出价格的作用"，这在加尔布雷斯看来，这样做意在"把现代商号更加广泛地行使权力这一现象掩蔽起来"。③ 加尔布雷斯进而提出对"二元体系"实行改革的呼吁，即"彻底纠正计划系统与市场系统之间的关系，必须从这两部分经济间权力的均等开始"。④

**（二）企业内部权力结构理论**

如果说以上概述的"二元体系"理论可以理解为加尔布雷斯的激进主义制度经济学理论所涉及的整个市场层面的话，那么，他的企业内部权力结构理论则可以看做是他运用激进主义制度经济学理论对企业层面所进行的分析。加尔布雷斯认为，现代资本主义与一个世纪以前或50年前的资本主义相比有着天壤之别，它在许多方面已经发生了巨大的变化，其中一个根本性的变化就是以上提到的，随着公司规模不断扩大，在所有权与经营权相分离的同时，公司内部经营管理的权力已经转移到"专家组合"手中。他写道：

① 约·肯·加尔布雷斯：《经济学和公共目标》，商务印书馆 1980 年版，第 56 页。

② 约·肯·加尔布雷斯：《经济学和公共目标》，商务印书馆 1980 年版，第 134 页。

③ 约·肯·加尔布雷斯：《经济学和公共目标》，商务印书馆 1980 年版，第 114 页。

④ 约·肯·加尔布雷斯：《经济学和公共目标》，商务印书馆 1980 年版，第 248 页。

“各个公司规模的大小不同，其规模越大，个人在其中所起的作用就越小，组织的权威就越大。就那些成立已久的极其巨大的公司来说——我把它们称作成熟的公司——组织的权力是绝对的。”①

加尔布雷斯认识到，有两个因素促成了“专家组合”的形成：

第一个因素是由集体做出的决定具有高度权威性。在现代科学技术进步加速的背景下，在日益扩大的企业内部，对技术知识的要求越来越专业化，与此同时，企业所面临的风险也越来越大。这就要求公司在做出任何一项重大决定时，需要足够多的专业人员提供他们的知识、经验或直觉，并且把各自拥有的资料加以综合。在其中，每一个人只是为决策提供部分参考意见，没有一个人能够单独做出决定，而必须由集体或专业委员会这样的组合来决定。因此，“结果是，专家组合对做出决定时所需要的知识越来越富有垄断性，其权力越来越大”。②

第二个因素是在公司存续和发展的悠久历史过程中，将权利赋予“专家组合”手中成为自然而然的事情。随着公司范围的扩大，股东人数越来越多，由于继承关系、遗产税、慈善行为、转换股份等因素的作用，会使股份持有者越来越分散。其结果是，各个人在资本总额中所占份额越来越小。在这种情况下，如果大部分股东个人不想放弃投票权的话，将通过投票方式选举出主持公司日常经营的代理人。于是，经理这一职业便应运而生，到了现代社会，进一步成为被加尔布雷斯称为“专家组合”的职业群体。

正是在这两个因素的作用下，“在成熟的公司中，权力已经从股东转移到管理部门”，③ 于是，“在大公司里，股东一般总是居于被动地位的收入领受者，控制权则掌握在管理部门的手里，其补

---

① 约·肯·加尔布雷斯：《经济学和公共目标》，商务印书馆1980年版，第84页。

② 约·肯·加尔布雷斯：《经济学和公共目标》，商务印书馆1980年版，第85页。

③ 约·肯·加尔布雷斯：《经济学和公共目标》，商务印书馆1980年版，第90页。

充人员也由它自己挑选”。①

加尔布雷斯在陈述其企业内部权力理论时，把“权力”定义为“由个人或集体把自己的目标强加给别人的能力”。他进而指出，“由于权力的存在而引起三个问题：拥有权力的究竟是谁……;使用权力的目的何在；赢得别人的同意或屈从时，使用的是什么手段？就计划系统中大公司的经济来说，拥有权力的是专家组合”。加尔布雷斯以“权力”概念为起点，阐述了他有关现代大企业内部权力结构理论，该理论涉及他所说的“使用这种权力的目标何在的问题”。②

在他看来，“专家组合”关注的是两方面的目标：一个是“保护性目标”（the protective purpose），另一个是“积极性目标”（the affirmative purpose）；同这两个目标相联系的是“保护性利益”和“积极性利益”。

就“保护性目标”而言，它所关注的是保护“专家组合”的地位和威信。这是因为专家组合有两种“保护性需要”（the protective needs）：其一是它必须求得生存；其二是它必须防止任何人把它排挤出去。对“专家组合”生存和发展构成威胁的有四种可能的来源，它们分别是所有人和债权人、工人（通常是通过工会）、消费者、政府。为了消除由这四种来源造成的威胁，“专家组合”的一个基本策略，就是“力求控制价格、成本、需求、政府的措施等因素，使收益趋于稳定”或者“保证有一个基本的、无间断的收益水平”。③ 因为“有了某一基本水平的收益，股东们就会沉静下来。只有当收益很差，或者红利无着，甚至发生亏损，

① 约·肯·加尔布雷斯：《经济学和公共目标》，商务印书馆 1980 年版，第 86 页。

② 约·肯·加尔布雷斯：《经济学和公共目标》，商务印书馆 1980 年版，第 93 页。

③ 约·肯·加尔布雷斯：《经济学和公共目标》，商务印书馆 1980 年版，第 97 页。

他们才会各个地或集体地鼓噪而起”。① 加尔布雷斯并不觉得“出于保护性动机而行使权力是一种蓄意的行为”，而只是“出于迫不得已”。②

所谓“积极性目标”主要是指商号自身的发展，因此，“发展就成为计划系统的，也就是大商号在其中居于主导地位的社会的主要目标”。加尔布雷斯对“发展”何以作为“积极性目标”的理由做出了详细解释。他说：“一般说来，大商号比小商号更加能够控制其价格和成本；说服或对付其消费者；由此就更加能够保护它自己，使它的利润不致因竞争而降低，从而使它能保持收益，也就是其资本的来源；对于它所不能控制的工资成本，就更加能够进行转嫁；就更加能够赢得它所需要的社会对它的态度和政府对它的措施。这就是说，它可以更好地保护它自己，避免发生收益方面的不利变动，以致引起股东或债权人的干预，避免发生公众方面的不利反应，以致引起工会或消费者或政府的干预。”③ 他还从权力瓜分的角度谈到大商号规模进一步扩大给“专家组合”所带来的除了“金钱利益”之外的其他利益。在公司进一步扩张的同时，将给“专家组合”中的成员带来更多的职位和更多的升迁机会，并且带来来源于“分成许多部门的范围相当大的‘利润中心’”④ 的收益。在推进公司发展方面，“计划系统”主要有两种策略：其一是“由原有的公司这一实体扩大其生产和销售”，其二是“与它的经营范围有关或无关的一些较小的商号相联合，从而同它的专家组合或多或少地统一起来”。第二种策略的充分发展形态就是合并，

① 约·肯·加尔布雷斯：《经济学和公共目标》，商务印书馆 1980 年版，第 95 页。

② 约·肯·加尔布雷斯：《经济学和公共目标》，商务印书馆 1980 年版，第 97 页。

③ 约·肯·加尔布雷斯：《经济学和公共目标》，商务印书馆 1980 年版，第 102 页。

④ 约·肯·加尔布雷斯：《经济学和公共目标》，商务印书馆 1980 年版，第 103 页。

“合并是扩张的最简捷方式”。①

在以上分析基础上，加尔布雷斯讨论了“保护性目标”和“积极性目标”二者的相互关系。他认为，反映这两者之最理想状态是“把收益的可靠水平和专家组合求之最切的发展两者相结合”。② 在一般情况下，专家组合“首先是适应其保护性利益，使价格受到控制，然后是适应其积极性利益，使商号获得发展（使专家组合获得报酬），同时为了有必要表示收益在增进，在贯彻积极性目标时，会酌情限制”。③ 然而，在刚刚实行合并的背景下，为了确保合并成功，“主要目标是增进接收的（有时也包括被接收的）公司的专家组合的金钱报酬和威信。达到这一点的方式不是提高收益率，而是扩大规模”，因为“一般说来，公司越大，保护性就越强。在发展的道路上走得越远，它的有形的金钱报酬和其他报酬就越多”。④

加尔布雷斯特别提到价格控制在协调两个目标中所扮演的角色。他说：“计划系统中的商号对价格的控制，跟它在别的方面使用权力时的情况一样，是受专家组合的保护性目标和积极性目标的支配的。”在具体操作中，“最安全的办法是先把价格定下来，而不是从控制生产着手，以免由此对价格发生难以预料的影响。然后按照哪个价格可以行销的数量来调节生产”。⑤ 在他看来，“控制价格是为了使收益能够保持一个最低水平，是为了保证不至于由于无拘束的价格使商号（和行业）陷入亏损境地。这方面的控制牢

① 约·肯·加尔布雷斯：《经济学和公共目标》，商务印书馆 1980 年版，第 105～106 页。

② 约·肯·加尔布雷斯：《经济学和公共目标》，商务印书馆 1980 年版，第 119 页。

③ 约·肯·加尔布雷斯：《经济学和公共目标》，商务印书馆 1980 年版，第 121 页。

④ 约·肯·加尔布雷斯：《经济学和公共目标》，商务印书馆 1980 年版，第 107～108 页。

⑤ 约·肯·加尔布雷斯：《经济学和公共目标》，商务印书馆 1980 年版，第 115～116 页。

靠以后，专家组合就可以把保护性目标放开，专心致志于积极性目标”。①

加尔布雷斯反对新古典经济学至今仍然坚持厂商生产的唯一目的是最大限度利润的推论。他认为，“在任何情况下，争取最大利润也并不是专家组合的主要目的。超过了利润的某一限界时，专家组合中的成员就会借助发展本身而得到更多的报酬”。② 早在20世纪60年代出版的《新工业国》一书中，他就表达了这一观点。在那本书中他写道，同市场规则相容的利润最大化并非必然，垄断性企业可以选择利润最大化之下的水平，这种行为却和企业追求垄断地位的目标不相容。计划不是寻求市场机会的结果，而是市场不确定的结果。对市场的从属性以及对市场结果的从属性已经不复存在，因此，没有充分的理由相信利润最大化仍然是专家组合追求的目标。③

## 第二节 新古典制度经济学代表人物：科斯和诺斯

### 一、历史背景和理论渊源

以科斯和诺斯为代表的新古典制度经济学于20世纪60年代开始在美国后来逐步在其他西方国家流行。新古典制度经济学家们强调从现实世界的经济生活出发，利用新古典经济学方法分析制度对经济的重要性以及制度自身的形成过程等问题。新制度经济学兴起的背景是新古典经济学在解释现实经济现象方面出现了危机。众所周知，新古典经济学的理论范式是在理性人的假定之下利用边际分析方法在成本—收益比较的基础上研究人们的经济决策，这种方式

① 约·肯·加尔布雷斯：《经济学和公共目标》，商务印书馆1980年版，第117页。

② 约·肯·加尔布雷斯：《经济学和公共目标》，商务印书馆1980年版，第83页。

③ John Kenneth Galbraith. The New Industrial State. Harmondsworth: Penguin Books, 1972: 122.

强调价格机制的重要性，认为自由市场交易能促使资源达到最优配置。制度在新古典经济学范式中被假定是既定的，不会对资源配置产生影响，因此是不重要的。尽管在其理论框架上，新古典经济学建立了一个完善优美的理论体系，然而却在解释现实经济中广泛存在外部性、“信息不对称”、“道德风险”、“搭便车”、“逆向选择”等现象和行为时无法给出令人满意的答案。正是为了补充新古典经济学在现实解释力方面的不足，科斯和诺斯分别从微观和宏观角度提出了各自的新古典制度经济学理论。

在微观经济学领域，新古典经济学长期以来忽视了对企业的探讨，显示中运行的企业被经济学同行们看做是一个尚未打开的“黑箱”。在传统的新古典经济学理论体系中，企业仅仅是产品的生产者和供给者，它根据市场信息（主要是价格）来调整自己的供给行为。新古典经济学对企业的处理方式是将其视为一个追求利润最大化的单位，并没有深入探讨企业的内部行为，甚至连企业理论本身在新古典经济学体系中也并不显得如其他理论一样重要。但是，现实生活中的企业却表现出千差万别。自英国产业革命起步以来，现代企业制度相继建立，到了 20 世纪初西方各国基本上完成了从自由竞争到垄断的过渡，西方各国中存在着竞争和垄断并存以及各种不同形式企业林立的状况。现实中存在的有关企业的种种现象急需从理论上加以解释。诸如，为何社会中会存在着诸多类型和不同规模的企业？是什么因素决定了企业的规模和边界？显然，当人们面临各式各样的与企业运行相关的问题时，新古典经济学处理企业“黑箱”的传统方式无疑已经面临着挑战。科斯正是基于对这些现象和问题的思考提出了“交易成本”（transaction cost）的概念，进而为经济学家们从新制度经济学角度分析现实中的企业开了先河。

在宏观经济学领域，新古典经济学同样也忽视了制度的作用。新古典经济学自 19 世纪中期以来从静态的和微观的角度一直关注短期内资源的有效配置问题，因此忽视了对长期经济增长的分析。尽管自战后初期直到 20 世纪 60 年代中期这一段时间内，各种新古典经济增长模型相继出现，这在一定程度上弥补了新古典经济学忽视经济长期增长问题的缺陷，但这些增长理论或者从物质总量增长的角度，或者从人力资本或技术进步的角度分析了促成经济增长的因素，但均没有触及与长期经济增长相关的制度因素。这些新古典经济增长理论分析方式的隐含前提是：既然人们能够获得自己生产的全部收益，那么产权保护就应当是完善的。然而，正如诺斯所指出的那样，完善的产权保护无论是在经济史中还是当今西方发达国家都是罕见的。正是出于对弥补新古典经济学忽视制度因素的考虑，诺斯从宏观经济学角度探讨了经济史上的制度变迁和经济增长的关联，为新古典制度经济学理论体系的建立做出了重要贡献。

尽管科斯和诺斯创立新制度经济学理论体系是为了弥补和修正新古典经济学在制度研究方面的缺陷和不足，但在研究方法上，他们基本上秉承的是新古典边际分析方法和成本—收益分析方法。然而，由于科斯和诺斯两人所处的学术环境的不同，致使在两人的学术思想形成过程中，受到不同的学术渊源的影响。虽然他们均旨在新古典研究方法的框架内引入对制度因素的探讨，但两人在研究的切入点和研究风格上表现出较大的差异。

就科斯而言，他就读于伦敦经济学院并于后来供职于芝加哥大学，普兰特（Plant，A.）、奈特（Knight，F. H.）以及威克斯蒂德（Wicksteed，P.）等人曾经对他产生了深刻影响。作为科斯导师的普兰特，深信只有看到或接触到某些事物时才能对其有所了解，这一主张深刻地影响到科斯的一生，致使他始终反对“课堂经济学”，而主张经济学研究应密切联系实际。此外，普兰特力主在经济研究中采用简洁方法的理念也被科斯所继承。在伦敦经济学院求学时，经罗宾斯（Robbins，L.）引荐，科斯认真研读了奈特所著《风险、不确定性和利润》和威克斯蒂德所著《政治经济学常识》。奈特的著作引发了他对经济组织和机构的持久兴趣，而威克斯蒂德则极大地激发了科斯的研究才能，使他能够在无需求助于高等数学的前提下对受约束的选择进行分析。①

---

① 参见约翰·伊特韦尔、默里·米尔盖特、彼得·纽曼主编：《新帕尔格雷夫经济学大辞典》（第1卷），经济科学出版社1996年版，第495～496页。

就诺斯而言，20 世纪 50 年代，当他在加州伯克利大学读书时受到一些信奉马克思主义的学者们的影响，并且在经济史学者 M. M. 奈特（F. 奈特的弟弟）指导下完成博士学位论文。后来，诺斯以副研究员身份前往国民经济研究所工作，对美国 1790 年至 1860 年间早期国际收支进行定量研究。在那里，诺斯同西蒙·库兹涅茨共事，深受其影响。20 世纪 60 年代，随着“新经济史运动”在美国兴起，当时国民经济研究所与美国经济史协会正酝酿启动一项对经济史开展定量研究的合作项目，正在国民经济研究所工作的诺斯恰逢其时，为他提供了充分施展才能的机会。①

## 二、科斯的交易成本理论和他对产权交易的分析

### （一）交易成本和企业组织

科斯是新古典制度经济学的创始人，他创立了交易成本分析范式，并用此对企业组织和存在外部性问题时的产权交易进行了分析。科斯强调对经济学赖以成立的基础进行考察，他指出：“不仅对于防止由于缺乏对理论所依赖的假设的了解而产生误解和不必要的争论，也由于正确判断在相互冲突的假设集同进行选择上对经济学具有的重要性，这种考察是必不可少的。”② 然而，传统新古典经济学在分析市场运作时却忽视了对企业本身的考察，他们对企业在理论上的处理方式与现实世界中企业的存在方式并不一致，因此，企业变成了一个未能解释清楚的“黑箱”。对此，科斯指出，有必要对现实中企业的运作方式进行仔细考察。在《企业的性质》中，科斯正是利用交易成本的分析范式对企业组织的存在及其运行等问题进行了开创性的研究。

在现实经济中，资源配置的方式多种多样，价格机制和企业组织二者都是协调资源配置的方式，甚至还存在其他的方式。那么，

① 参见王宏昌编译：《诺贝尔经济学奖金获得者讲演集：1987/1995》，中国社会科学出版社 1997 年版，第 261～262 页。

② 罗纳德·科斯：《企业的性质》，载路易斯·普特曼、兰德尔·克罗茨纳编：《企业的经济性质》，上海财经大学出版社 2000 年版，第 76 页。

到底是什么原因使得经济中存在不同的资源配置方式？或者什么因素决定了人们在不同的资源配置方式之间进行选择？在科斯理论出现之前，正统新古典经济学认为，市场价格机制主导了经济社会的资源配置。但是，科斯通过观察发现，现实社会却不是这样的。他指出："例如，在经济理论中，我们看到，生产要素在不同用途上的配置由价格机制决定。当要素A在X用途上的价格高于它在Y用途上的价格时，除非存在其他方面的补偿优势，否则A将从Y流向X，直至X和Y之间的价差消失。但是，在现实世界中，我们发现，在许多领域，这种理论并不适用。如果一个工人从部门Y换到了部门X，指导他这样做的并不是相对价格上的变化，而是他被命令这么做。"① 这说明，企业内部的资源配置在现实社会中是在行政管理下进行的，而企业就像是市场这一"大海"中的"小岛"。对此，科斯提出的疑问是："考虑到人们通常认为价格机制将完成协调职能这一事实，我们不禁会问，这种组织为什么是必需的？为什么有这些'意识力量的小岛'呢？"② 显然，科斯认为现实经济市场和企业共存的现象说明了市场和企业都可以成为实现资源配置的方式，即两者可以被互相替代：在市场经济中，专业化的生产活动可以由市场信号和价格机制来解决资源配置问题；而在企业的内部，却是行政管理替代了价格机制。

与此同时，在现实经济社会中，不同企业内部的资源配置方式也存在着很大的差异，即价格机制被内部行政管理的替代程度也是不同的。科斯对此进行了举例说明。他写道："在一家百货公司，把各个部门安置在大楼的不同部位既可以由管理机构决定，也可以通过对大楼不同部位实行价格竞标来完成。在兰开夏的棉纺织业中，一个纺织商可以租用动力和场地，可以赊购织机和棉纱。但是，各种生产要素的这种协调通常是在没有价格机制干预的情况下

① 罗纳德·科斯：《企业的性质》，载路易斯·普特曼、兰德尔·克罗茨纳编：《企业的经济性质》，上海财经大学出版社2000年版，第77～78页。

② 罗纳德·科斯：《企业的性质》，载路易斯·普特曼、兰德尔·克罗茨纳编：《企业的经济性质》，上海财经大学出版社2000年版，第78页。

进行的。显然，包含了对价格机制的取代的‘垂直’一体化的程度随行业和企业而不同。”① 那么，存在这种差异的来源是什么？尽管人们已经认识到，企业组织的存在是对价格机制的替代，但是，替代的原因仍需要探索。

为了对这些问题给出解释，科斯提出了交易成本的分析范式，用交易成本的概念来解释企业是如何替代价格机制的。概而言之，科斯认为，价格机制和企业组织内部协调都需要支付交易成本，具体采取哪种资源配置方式则取决于两者运行中对交易成本大小的比较。科斯指出，尽管价格机制能够通过“看不见的手”自身引导资源实现最优配置，但是，价格机制并不像正统新古典经济学所说的那样是无摩擦的，在现实经济中价格机制的运作也是要耗费成本的，在有些场合，这种成本相当高昂。尽管科斯并没有详细地解释交易成本的概念，但是，他提出问题的方式却为后来交易成本理论范式的发展奠定了基础。具体而言，科斯从两个方面详细描述了价格机制运行中为什么存在交易成本。

第一，由于市场中信息不对称等问题的存在，因此，“通过价格机制‘组织’生产的最明显的成本是发现相关价格的成本”。②在正统新古典经济学中，价格的发现是在瞬间完成的，因此，该过程不存在任何成本，然而，在现实社会中却大相径庭。在现实生活中，需求者很难判断他所购买商品的质量如何，也很难知道市场的供求情况，因此，也就无从得知市场均衡价格；供给者也很难判断需求者的偏好和市场竞争情况，因此，也很难确定价格。科斯指出：“专业出售这类信息的人的出现可以降低这一成本，但不会完全消除这一成本。”③ 这是因为从专门出售信息的人那里购买信息也是需要花费成本的。此外，科斯还强调交易过程中存在着签约和

① 罗纳德·科斯：《企业的性质》，载路易斯·普特曼、兰德尔·克罗茨纳编：《企业的经济性质》，上海财经大学出版社 2000 年版，第 79 页。

② 罗纳德·科斯：《企业的性质》，载路易斯·普特曼、兰德尔·克罗茨纳编：《企业的经济性质》，上海财经大学出版社 2000 年版，第 81 页。

③ 罗纳德·科斯：《企业的性质》，载路易斯·普特曼、兰德尔·克罗茨纳编：《企业的经济性质》，上海财经大学出版社 2000 年版，第 81 页。

谈判费用。他写道："为市场上进行的每一笔交易谈判和达成一份独立合同的成本也必须考虑在内。在某些市场上，如农产品交易所，人们发明了一种技术来最小化这些合同成本，但是这些成本仍无法完全消除。"① 而在企业内部，某一生产要素不必与其他生产者就生产要素签订契约，企业的作用恰恰在于用一个契约替代了一系列的契约，因此可以节省进行契约谈判和签订契约的成本。在这个过程中，"这里，必须注意企业雇用生产要素时所订立的合同的特征。在某一报酬（它可以是固定的也可以是浮动的）水平上，生产要素通过合同同意在某些限度内服从企业主的指挥"。②

第二，市场交易中长期契约存在的不确定性也会带来交易成本。科斯指出，在市场交易中，人们可能倾向于签订长期契约，这是因为"如果订立一份较长期的合同而不是几份短期合同，就可以避免订立每份合同的某些成本。或者，由于人们的风险态度，他们可能更愿意订立一份长期合同而不是短期合同"。③ 但是，合同的期限越长，可能出现的不可预测的因素就越多，亦即不确定性就越大，人们要想把将来不确定性的因素完全写入合同条款中就越困难。科斯指出："就商品或服务的供给方来说，由于很难作出预测，合同期限越长，买方就越不可能——也越不应该——规定供应方的行为。对服务和商品的供应方来说，他对此可能无所谓，他可以采取多种行动；而对服务或商品的购买者来说，却并非如此。买方并不知道他将希望供给商采取哪一种行动。因此，所提供的服务被表示为一般条款，具体细节留待以后解决。合同所规定的只是商品或服务的供应商应该采取的行动的范围，而其行为的细节，合同中并没有规定，由买方在以后决定。当资源配置（在合同范围以内）以这种方式决定于买方时，我称之为'企业'的这种关系就

① 罗纳德·科斯：《企业的性质》，载路易斯·普特曼、兰德尔·克罗茨纳编：《企业的经济性质》，上海财经大学出版社 2000 年版，第 81～82 页。

② 罗纳德·科斯：《企业的性质》，载路易斯·普特曼、兰德尔·克罗茨纳编：《企业的经济性质》，上海财经大学出版社 2000 年版，第 81～82 页。

③ 罗纳德·科斯：《企业的性质》，载路易斯·普特曼、兰德尔·克罗茨纳编：《企业的经济性质》，上海财经大学出版社 2000 年版，第 82 页。

会出现。”① 因此，科斯表明尽管在市场中人们可以采取长期契约的方式节省签约成本，但是长期契约存在着的种种交易成本也促使企业对市场的替代。

在科斯看来，市场体系中企业组织的存在是因为价格机制的运行存在着较高的交易成本，而各种生产要素通过企业组合在一起，通过某个权威人士来控制企业内部资源配置，那么，价格机制的运行成本便被节省下来了。也就是说，在企业内部，对各种生产要素的配置不需要关注内部交易价格、不需要考虑谈判和签约问题，因此较之于市场交易，企业内部交易具有很大的成本优势。那么，既然在企业内部既能实现资源配置又能节约大量成本，那么，为什么市场还会存在？或者说，为什么企业没有完全替代价格机制？这个问题意味着需要对企业的规模和范围进行研究。对于这个问题，科斯也利用其交易成本理论进行了分析。他指出，在企业内部组织生产也是存在成本的，而这些成本的存在使得企业不能无限制地扩大规模。科斯写道：“首先，随着企业规模变大，在企业主的职能上，可能存在收益递减，就是说，在企业内部组织更多交易，成本可能上升……其次，随着被组织的交易的增加，企业主可能无法把生产要素安置在其价值最大的用途上，就是说，他无法最好地利用生产要素。因而，有一点也必须被达到，那就是资源浪费造成的损失必须等于公开市场上的交易成本，或当交易被另一个企业主组织时的成本。最后，一种或多种生产要素的供应价格可能上升，因为一个小企业的‘其他优势’要超过一个大企业。”② 这意味着企业内部组织生产的成本随着企业规模的扩大而增加，一旦一家企业再多组织一项交易的成本大于通过市场价格机制来组织这项交易的成本，那么，这项交易就应该由市场来完成。基于此，科斯指出了企业扩张的边界出现在“直到再在企业内组织一项交易的成本等于

① 罗纳德·科斯：《企业的性质》，载路易斯·普特曼、兰德尔·克罗茨纳编：《企业的经济性质》，上海财经大学出版社 2000 年版，第 82 ~ 83 页。

② 罗纳德·科斯：《企业的性质》，载路易斯·普特曼、兰德尔·克罗茨纳编：《企业的经济性质》，上海财经大学出版社 2000 年版，第 86 页。

通过公开市场上的交换方式进行同一交易的成本或在另一企业内组织它的成本”。① 也就是说，想要确定企业的规模，既要考察市场交易的成本，同时也要考察企业内部交易的成本。只有在这样的前提下，才能确定每一个企业生产多少种产品和每一种产品生产多少，进而确定企业的规模。

总之，科斯利用交易成本的概念分析了企业存在的原因及其规模。市场交易和企业组织在科斯看来是互相替代的，它们的区别在于，市场交易是通过价格机制来决定资源配置的，而企业组织则是通过企业家行政管理来决定资源配置。两种资源配置中都存在交易成本，两者之间的选择则取决于价格机制和企业内部管理各自交易成本的相对大小。科斯在对企业组织的分析中开创了交易成本的分析范式，其意义不仅在于推进了对企业“黑箱”的解释，更为重要的是，交易成本分析范式为经济学其他领域的研究提供了更贴近现实的分析工具。

**（二）科斯对外部性和产权交易的分析**

在《企业的性质》中，科斯利用交易成本范式分析了企业组织存在的问题，而在《社会成本问题中》科斯再次利用交易成本范式分析了产权交易对外部性问题。西方经济学界对外部性问题的关注历史悠久，包括马歇尔、庇古和萨缪尔森等均讨论过外部性问题，而科斯有关外部性问题的讨论涉及产权交易理论的起源。萨缪尔森和诺德豪斯在其合著的《经济学原理》中对外部性给出了如下定义：“外部性指的是在生产和消费中一个人使他人遭受到额外的成本或收益，而强加在他人身上的成本或收益没有经过当事人以货币的形式进行补偿时，外部性或溢出效应就发生了，而且这种影响并没有通过市场交易的形式反映出来。”② 由此可见，外部性的存在造成了社会成本和私人成本的偏差，由于人们在做出经济决策

① 罗纳德·科斯：《企业的性质》，载路易斯·普特曼、兰德尔·克罗茨纳编：《企业的经济性质》，上海财经大学出版社 2000 年版，第 85 页。

② 萨缪尔森、诺德豪斯：《经济学》，人民邮电出版社 2004 年第 17 版，第 616 页。

时考虑的仅仅是自身的私人成本，因此，外部性必然会造成资源的无效率配置，而这一点正是科斯的分析问题的起点。

针对由外部性所导致的无效率的资源配置，经济学家们纷纷提出了各自的解决方案，其中最为流行的是庇古的分析思路。庇古的思路是：由于外部性导致了社会成本和私人成本的差异，不管这种外部性是正的还是负的，均导致了资源的非最佳配置，这就要求政府通过补贴或者征税的方式进行干预，以纠正这种无效率的资源配置。比如，按照庇古的逻辑，如果一家工厂对附近的居民造成了污染，导致工厂生产的社会成本大于其私人成本，那么，政府应该对这家工厂征税，以使其私人成本和社会成本相一致。庇古在《福利经济学》中提出，他的目标是“确定在现存的法律制度下，自我利益的自由行使在多大程度上会倾向于以最有利于产生大量国民收益的方式来分配国家资源；在多大程度上，国家改善‘自然’趋势的行动是可行的”。① 在他看来，“甚至在最先进的国家，也存在许多缺陷和不完善之处……存在许多妨碍社会资源以最有效的方式进行分配的障碍……政府现在或最终会控制经济力量的行使，以此来促进经济福利，并由此促进其所有公民的总福利”。② 庇古的思路对主流经济学产生了重要影响，在科斯理论问世之前，庇古的传统主宰了针对外部性问题的分析模式。

科斯以铁路公司火车运行而产生的火星引发沿途谷物发生火灾的案例剖析了庇古的分析模式。假设铁路公司每天开一班车，每年能得到 150 美元的服务价值；开两班车，则能得到 250 美元的服务价值，并且假设开一班车的成本为 50 美元，两班车的成本则为 100 美元。在完全竞争的情况下，每天开两班车将使铁路公司有利可图。但假设每天一班车导致谷物火灾的损失为 60 美元，两班车

① R.H. 科斯：《社会成本问题》，载 R. 科斯、A. 阿尔钦、D. 诺斯等著：《财产权利与制度变迁》，上海三联书店、上海人民出版社 1994 年版，第 34 页。

② R.H. 科斯：《社会成本问题》，载 R. 科斯、A. 阿尔钦、D. 诺斯等著：《财产权利与制度变迁》，上海三联书店、上海人民出版社 1994 年版，第 35 页。

导致120美元的损失。此时，每天开一班车将能提高总产值，但是每天开两班则将会造成损失，这是因为第二班车增加了服务价值为100美元，但是却承担了追加的50美元运行成本和60美元谷物损失成本。按照庇古的思路，由于铁路公司要承担对谷物火灾损失的责任，因此，最终结果是铁路公司每天开一班火车。由于科斯同时考虑到了铁路沿途农夫的反应，在铁路公司承担谷物损失的情况下，农夫面临这样的情况：如果他的谷物因火车引起的火灾而烧毁，他将从铁路公司那里得到相当于市场价格的赔偿；如果他的谷物完好无损，他将通过销售以市场价格获得收入。因此，该农夫将毫不关心他的谷物是否被烧毁。当铁路公司无需承担赔偿时，情况则完全不同，此时火灾造成的任何损失都会减少农夫的收入，那么该农夫将放弃那些损失超过收益的耕地。这种分析思路表明，当铁路公司对谷物损失无需负责变成必须负责时，结果将增加铁路沿线的耕地，尽管这并不一定会增加谷物的产出。由此可见，庇古的解决方式并没有达到最优的资源配置，甚至会造成资源的浪费。那么，庇古的解决方式为什么不能带来最优呢？科斯指出，“原因在于庇古似乎并没有注意到他的分析所针对的是完全不同的问题。他的分析是正确的，但他得出的具体结论却是不合逻辑的。争论中的问题并非是否要开追加的列车，或加快车速，或安装消烟器，问题在于是否要建立一套制度来规定铁路公司应赔偿它所引起的火灾损失。当经济学家在比较不同社会安排时，适当的做法是比较这些不同的安排所产生的社会总产品，而对私人产品和社会产品作一般的比较则没有什么意义”。① 这就是说，科斯认为，庇古的思路导致错误结论的根源在于，福利经济学仅仅对外部性问题的表现进行分析，而并没有意识到问题的本质是行使特定行为的权利。福利经济学正是忽视了人们对行为的权利才考虑由政府来解决市场运行中出现的障碍。

① R. H. 科斯：《社会成本问题》，载 R. 科斯、A. 阿尔钦、D. 诺斯等著：《财产权利与制度变迁》，上海三联书店、上海人民出版社1994年版，第40～41页。

针对上述案例，科斯提出了新的思路。在他看来，遇到甲的行为使乙遭到损害这种外部性问题时，人们应该意识到，这类“问题具有相互性，即避免对乙的损害将会使甲遭受损害，必须决定的真正问题是：是允许甲损害乙，还是允许乙损害甲？关键在于避免较严重的损害”。① 为了说明其分析方式，科斯详细地分析了走失的牛群损害庄稼的案例。他列举的案例是：有两块毗邻的土地，一块是养牛者的牧场，另一块是农夫的庄稼耕地，牧场走失的牛群将由于践踏耕地而损害庄稼。法律可以规定如下的权利配置：牧场主要对走失牛群产生的庄稼损失负责；或者牧场主无需对此负责，损失完全由农夫自己负责。科斯的目的在于表明，只要产权界定得清晰明确，那么，牧场主和农夫中的一方将调整自己的行为，选择继续经营还是将资源用到其他的用途上，但是不管过程怎样，最终的结果都将导致总产量的最大化。首先，考虑牧场主必须对损失负责的情况。倘若他的收入扣除赔偿外还有剩余，而且如果他放弃养牛之后不能从事其他更好的营业的话，那么，他将会与农夫签订契约，愿意承担赔偿责任，并继续他的养牛经营；另一方面，对农夫而言，如果他获得的赔偿大于他在市场上出售庄稼而获得的收入，他将放弃耕种而允许养牛者放牧。类似的情况也将出现在牧场主无需对损失负责的情况下。此时，对农夫而言，他将考虑支付给牧场主一笔费用，让牧场主放弃养牛，如果种庄稼所得在扣除这笔费用后仍有收益的话；而如果这笔费用大于牧场主养牛所得，牧场主也会同样接受这笔费用而放弃养牛。因此，科斯的分析表明，不管初始的产权界定得如何，“如果定价制度的运行毫无成本，最终的结果（产值最大化）是不受法律状况影响的”。② 也就是说，在不存在交易成本的情况下，无论牧场主是否需要承担损害庄稼的责任，

---

① R. H. 科斯：《社会成本问题》，载 R. 科斯、A. 阿尔钦、D. 诺斯等著：《财产权利与制度变迁》，上海三联书店、上海人民出版社 1994 年版，第 4 页。

② R. H. 科斯：《社会成本问题》，载 R. 科斯、A. 阿尔钦、D. 诺斯等著：《财产权利与制度变迁》，上海三联书店、上海人民出版社 1994 年版，第 11 页。

双方都有动力采取可能提高产值的各种不同的措施，这是因为每一个生产者都将分享收入增加的成果。

为了突出这种分析方式的现实性，科斯另外通过现实中的法律案例，再次强调在交易成本为零时，法院关于损害责任的判决对资源的配置结果没有影响。这是因为只要重新安排能够使产值达到最大化，就可以通过市场交易以及人们之间讨价还价的方式来改变初始的权利界定，从而实现资源的最优配置。这便是后来被人们称之为科斯定理的主要内容。库特（Cooter，R.）从三个角度阐释了科斯定理：

• 从自由交换的角度来看，科斯定理指的是法定权利的最初分配从效率角度看是无关紧要的，只要这些权利能自由交换的话；

• 从交易成本角度来看，科斯定理指的是，法定权利的最初分配从效率角度看是无关紧要的，只要进行交换时的交易成本为零的话；

• 从市场结构的角度来看，科斯定理指的是法定权利的最初分配从效率角度看是无关紧要的，只要这些权利能在完全竞争的市场上进行交换。①

然而，科斯的关注点并不是零交易成本情况下发生的交易。科斯的真实目的在于分析当市场中存在交易成本时，不同的产权界定对资源配置所产生的影响。科斯指出："迄今所阐述的观点都假定……在市场交易中是不存在成本的。当然，这是很不现实的假定。为了进行市场交易，有必要发现谁希望进行交易，有必要告诉人们交易的愿望和方式，以及通过讨价还价的谈判缔结契约，督促契约条款的严格履行，等等。这些工作常常是成本很高的，而任何一定比率的成本都足以使许多在无需成本的定价制度中可以进行的交易化为泡影。"② 与零交易成本假设不同，现实社会中存在着大

① 参见约翰·伊特韦尔、默里·米尔盖特、彼得·纽曼主编：《新帕尔格雷夫经济学大辞典》（第1卷），经济科学出版社1996年版，第458页。

② R. H. 科斯：《社会成本问题》，载R. 科斯、A. 阿尔钦、D. 诺斯等著：《财产权利与制度变迁》，上海三联书店、上海人民出版社1994年版，第20页。

量的交易成本，而且交易成本可能高到足以使交易无法达成，因此，零交易成本的交易结果在现实社会中可能根本无法达到。科斯指出，在这种情况下，由于交易成本的存在阻碍了产权交易的达成，因此，不同的产权界定会产生不同的资源配置结果。他指出："一旦考虑到进行市场交易的成本，那么显然只有这种调整后的产值增长多于它所带来的成本时，权利的调整才能进行……合法权利的最初界定会对经济制度的运行效率产生影响。一种权利的调整会比其他安排产生更多的产值。但除非这是法律制度确认的权利的调整，否则通过转移和合并权利达到同样后果的市场费用如此之高，以至于最佳的权利配置以及由此带来的更高的产值永远也不会实现。"① 可见，当存在交易成本时，法律的权利界定直接关系到产值最大化的实现与否，产权的界定不仅是确立法律制度的结果，而且也是节约交易成本的重要方式。这表明，初始的产权界定对最终的经济结果有着重要的意义，正如科斯在《社会成本问题注释》中强调的那样，在正交易成本的情况下，法律在决定资源配置如何利用方面起着极为重要的作用。

## 三、诺斯的制度变迁理论

### （一）制度变迁和经济增长

诺斯是新制度经济学的另一位主要代表人物，与科斯在微观经济学层面上对交易成本进行制度分析的思路不同，诺斯则是在宏观经济学层面上分析制度对经济增长的影响。诺斯认为，传统新古典经济学的逻辑起点是：在资源稀缺情况下，利用边际分析方法来确定人们追求最大化的行为方式。他指出，新古典经济学的这种最大化定理断言，"无论投资于何种资本存量都有最大收益率，相对于其他存量，具有最高收益率的存量的数量将会增加，以确保各种存量收益率的均等……在这种条件下，总产出与人均产出的增长将取决于储蓄率（和投资率）和人口增长率。如果收入的储蓄部分产

① R.H. 科斯：《社会成本问题》，载 R. 科斯、A. 阿尔钦、D. 诺斯等著：《财产权利与制度变迁》，上海三联书店、上海人民出版社 1994 年版，第 20 页。

生的产出增长恰好等于人口的增长，那么人均收入增长将为零。换言之，储蓄率高于人口增长率将产生正的人均收入增长率”。① 诺斯还指出，传统新古典经济学的这种分析方式在表面上看是非常完美的，但是，“从经济史学家的观点来看，这种新古典公式似乎可以解释一切有趣的问题，其中包括：世界是和谐的，制度并不存在，所有的变化都可以通过市场的完全运行来实现。简言之，信息费用、不确定性、交易费用都不存在”。② 然而，新古典经济学这种貌似完美的结果却是建立在非常严格的假设之上的。在诺斯看来，“这一模型假定这样一种激励结构，它使得个人在边际上完全能获得投资的社会收益，即私人收益与社会收益相等”。③ 也就是说，新古典经济学的暗含前提是有效的产权保护和零交易成本，但是，在现实社会中，这种前提是很难成立的。诺斯写道：“为了使第一个假定成立，产权被充分地界定且其没有行使成本（即交易成本为零）是必要的。这样的条件从未有过。通观历史，今天的许多资源更近似于公共财产而不是排他性的所有。其结论是，作为达到有效率的边际均衡所需要的条件无论在罗马共和国还是在20世纪的美国或苏联从未存在过。社会所曾达到的最好状态是提高私人收益使之尽可能接近社会效益，以提供充分的刺激来实现经济增长。但增长比停滞或萧条更为罕见这一事实表明，‘有效率’的产权在历史中并不常见。”④

鉴于新古典经济学对产权和制度的忽视，诺斯提出了新的制度分析模式。他指出：“解释历史中的经济实绩需要人口变迁理论，

① 道格拉斯·C. 诺斯：《经济史中的结构与变迁》，上海三联书店、上海人民出版社 1994 年版，第 4 ~5 页。

② 道格拉斯·C. 诺斯：《经济史中的结构与变迁》，上海三联书店、上海人民出版社 1994 年版，第 5 页。

③ 道格拉斯·C. 诺斯：《经济史中的结构与变迁》，上海三联书店、上海人民出版社 1994 年版，第 5 页。

④ 道格拉斯·C. 诺斯：《经济史中的结构与变迁》，上海三联书店、上海人民出版社 1994 年版，第 5 ~6 页。

需要知识存量增长理论，也需要制度理论，这是为了填补上述新古典模型的欠缺。”① 诺斯所创立的理论正是从制度变迁的角度解释经济史和经济增长过程。制度的概念贯穿诺斯理论的始末，而诺斯也从多个维度讨论了制度的构成。从总体上讲，他认为制度是“一系列被制定出来的规则，守法程序和行为的道德伦理规范，它旨在约束追求主体福利或效用最大化利益的个人行为”。② 从这个定义中可以发现，制度包含了法律、习俗和道德等因素。诺斯还指出，制度的重要性在于消除或降低社会中存在的不确定性，而正是不确定性的存在对人们的行为决策产生了很大的负面影响。比如，只有在能确信获得全部收益的情景下，人们才有激励进行生产活动。此外，诺斯的制度定义还可以从以下几个方面进行理解：

• 首先，制度是一种约束机制，只有对人们行为进行一定的约束，人类的组织才有可能形成，人类的文明才能存在。

• 其次，制度也是一种激励机制。在诺斯看来，有效的制度能大大提高效率。

• 最后，制度还是一种收入过滤器，制度可以调整社会中各要素和各阶级之间的收入分配。

在他和托马斯合著的《西方世界的兴起》一书中，诺斯从西欧经济史的角度详细地描述了制度变迁对经济增长的重要影响。他主要通过对法国和西班牙的衰退以及荷兰和英国成功崛起过程的比较分析来强调产权制度变迁的重要性。

在法国，自查理七世获取了对法国财政的控制权以后随心所欲地设立税赋，与此同时，各地被人为地分割成独立的赋税区，各区之间的货物流动还需要缴纳关税。尽管在农业方面，法国正逐步建立起来土地私人所有权，但是市场的分割阻碍了农业技术的传播，

---

① 道格拉斯·C. 诺斯：《经济史中的结构与变迁》，上海三联书店、上海人民出版社 1994 年版，第 7 页。

② 道格拉斯·C. 诺斯：《经济史中的结构与变迁》，上海三联书店、上海人民出版社 1994 年版，第 225 ~226 页。

限制了农产品市场的发展，从而也导致了法国农民长期处于贫困状态。另外，在工业方面，皇室与行业的结盟加固了工业中存在的垄断，遏制了新企业的进入和创新的产生。法国的这种状况遏制了法国经济的发展。诺斯探讨了其中的原因，他写道："法国经济未显示长期稳定的经济增长是由于法国没有发展有效的所有权的缘故。除资本市场外，要素市场运行超前了。土地所有权已经确立并受到了保护。土地已经变成可转移的，而劳动还有待于免除其奴役义务。另一方面产品市场由于国家政策所致，一直跟中古后期那样不完善。行会、垄断和对地方市场的保护一直延续不衰。因此法国经济丧失了可以从交易部门得到的增益。"① 可见，在诺斯看来，法国经济发展受到限制的主要原因在于产权制度的不完善导致了交易的缺失，而交易正是市场繁荣和经济收益的来源。

西班牙的情况与法国非常相似。西班牙完成统一的过程非常漫长，但是，一旦实现了统一，皇室的权力就变得至高无上，进而垄断了对税收的支配权。西班牙皇室的税收主要来源于国内的牧羊业和海外殖民地，但是，随着海外殖民扩张的失败，西班牙皇室税源便越来越依赖于国内的牧羊业。在这种背景下，皇室为了促进牧羊业的发展，便放松了对土地的保护，进而阻碍了土地排他所有权制度的建立。诺斯对西班牙的问题进行了总结，他指出，在农业方面，"对羊主团有利的法令有效地阻挠了有效的土地所有权的发展……因此从事可耕农业简直没有什么刺激，而对农业进行改进就更缺乏动力了"。② 不仅如此，在工商业方面，"随着王权财政困难加剧，侵占、没收或是单方面改变合同便成为屡见不鲜的事情，最终影响了从事商业、工业以及农业的每个个体。结果人们被迫抛弃生产性的职业。由于所有权得不到保障，经济停滞是不可避免的

---

① 道格拉斯·C. 诺斯、罗伯特·托马斯：《西方世界的兴起》，华夏出版社 1989 年版，第 139 页。

② 道格拉斯·C. 诺斯、罗伯特·托马斯：《西方世界的兴起》，华夏出版社 1989 年版，第 143～144 页。

结果”。①

与法国和西班牙形成鲜明的对照，荷兰和英国则是利用建设完善产权制度促进经济增长的成功典范。

荷兰在 17 世纪时仍是一个资源贫乏的小国，主要依赖对外贸易和海运业的发展。由于荷兰地处欧洲西部的地理位置，也为其贸易发展提供了有利的条件。更为重要的是，荷兰率先建立了完善的产权保护制度，保护产权的转让和交易，取消限制经济活动的措施，鼓励有效率的组织的发展。正是荷兰对产权的保护繁荣了市场交易，促进了市场竞争和创新的发展，其中，最大的创新在于资本市场的形成，即建立了阿姆斯特丹股票交易所。诺斯强调了荷兰经济上取得成功的重要性，他指出：“荷兰的成功之所以倍加有意义，是因为它是一个资源相对有限的小国。荷兰不是依靠自然的恩赐，而是发展了比其对手有效的经济组织并在这样做的过程中获得了在经济上和政治上都与其国家之小规模不相称的重要性。”② 由此可见，正是有效的经济制度使荷兰成为欧洲首先摆脱资源贫乏陷阱的国家。

直到 16 世纪，英国都没有任何迹象显示能够实现持续的经济增长，然而，随后英国皇室在追求财政收入的过程中，不自觉地把产权的控制权交给了由商人和拥有土地的中上阶层人士组成的代议制议会，而当时议会的兴趣在于通过限制国王的权力来终止各种限制以有利于经济发展的措施，并保护私有产权和竞争。正是在这种背景下，“到 1700 年英国的制度框架为经济增长提供了一个适宜的环境。工业管制的衰败和行会权力的下降使劳动得以流动和经济活动得以创新，稍后又进一步得到了专利法的鼓励。资本的流动受到合股公司、金首饰商、咖啡馆和英格兰银行的鼓励，他们都降低了

① 道格拉斯·C. 诺斯、罗伯特·托马斯：《西方世界的兴起》，华夏出版社 1989 年版，第 144 页。

② 道格拉斯·C. 诺斯、罗伯特·托马斯：《西方世界的兴起》，华夏出版社 1989 年版，第 145 页。

资本市场的交易成本；也许最重要的是，国会至上和习惯法中所包含的所有权将政治权力置于急于利用新经济机会的那些人的手里，并且为司法制度保护和鼓励生产性的经济活动提供了重要的框架。英国在不利的开端之后到1700年经历了持久的经济增长。它发展了一套包含在习惯法中的有效的所有权。除排除了要素和产品市场上自由配置的障碍外，英国已开始用专利法来保护知识的私有权了。现在的舞台已为产业革命布置就绪”。① 诺斯的分析表明，在英国经济起飞的过程中，建立完善的产权制度是最为根本的，也正是各方面产权制度的完善才促使人们有动力进行研发和创新，这就进一步地解释了为什么产业革命首先发生在英国的原因。

既然诺斯通过对经济史的研究表明有效的制度如此重要，那么，在经济史上为什么无效率的制度能够长期存在呢？在诺斯的概念中，无效率的制度指的是阻碍经济增长的制度，而它长期存在的原因在于交易成本的存在阻碍了制度效率的改进。诺斯指出：“如果随着所有权而来的专有和实施可以免费得到保证，即无需交易成本，那么达到经济增长确实是简单的……不过一旦我们回到实际交易成本的现实世界，实现经济增长的问题便更复杂了。”② 在一个无交易成本（包括组织成本在内）的社会中，只有产权的收益进入人们的计算，因此，人们总是可以做到私人收益和社会收益的相等。但是，在真实的世界中，交易成本无处不在。此时，由于有效的产权保护属于公共品，私人收益明显小于社会收益，因此，就会导致有效产权保护的供给不足。诺斯认为，由于交易成本的存在，“除非创造新的制度安排所带来的私人收益可能超过成本，否则新的制度安排是不会提出的。我们应马上指出这一公式的两个重要方面。（1）设计新的制度安排需要时间、思想和努力（即它是有代

① 道格拉斯·C. 诺斯、罗伯特·托马斯：《西方世界的兴起》，华夏出版社1989年版，第170页。

② 道格拉斯·C. 诺斯、罗伯特·托马斯：《西方世界的兴起》，华夏出版社1989年版，第6页。

价的），但是由于人们可以模仿新的制度形式而不补偿设计新的制度措施的那些人，因而在私人和社会的收益和成本方面会有重大差距。（2）政府的方案需要承担为坚持未来决定而增加的费用，就是说撤销费用高于自愿组织的费用”。① 正是由于这些交易成本的广泛存在，才导致了无效率的制度能够长期存在。由此可见，在诺斯的理论中，交易成本的作用类似于物理学中的摩擦力，使得经济能够长期稳定在某一状态之下。同时，诺斯也细分了交易成本的来源并利用欧洲经济史的案例做出了解释。交易成本存在的主要原因是无法克服“搭便车”行为和缺乏保护产权所必需的技术。西班牙的衰退恰好可以用此进行解释。诺斯觉得，由于西班牙皇室依赖牧羊集团提供的税收而丧失了对土地提供保护的激励，其中的根本原因也源自于收税的交易成本。尽管皇室也知道保护土地所有权会增加农业产出，从而能创造更多的税收机会，但是，正是因为对分散的农民进行收税的交易成本过高，使皇室放弃了产权保护的努力；而荷兰商人寡头制的出现，英国国会支配地位的取得恰恰大大降低产权保护的实施成本，从而为实施产权保护提供了激励。

### （二）国家行为和制度变迁

诺斯非常强调制度变迁对经济增长的推动作用。那么，到底是哪些因素推动了制度变迁的发生呢？由于制度变迁的供给属于明显的公共物品，因此，可能存在“搭便车”问题，并导致制度变迁的供给不足。显然，新古典经济学的理性人利益最大化的分析范式无法为历史上存在的制度变迁提供令人信服的解释。制度变迁的过程似乎是非理性的决策行为，不少学者试图对此做出解释，诺斯则强调利用国家行为来进行解释。

在诺斯看来，制度变迁是否能发生，这取决于创新者对预期收益和预期成本的对比，但是，制度变迁的收益却具有公共物品的属性。这就引发了外部性和“搭便车”问题，从而导致个人对制度

① 道格拉斯·C. 诺斯、罗伯特·托马斯：《西方世界的兴起》，华夏出版社1989年版，第7页。

变迁的供给不足。诺斯由此推断，制度变迁的供给者势必应该是国家。他指出："制度创新来自统治者而不是选民，这是因为后者总是面临着搭便车问题。对统治者来说，既然他没有搭便车问题，他就要不断进行制度创新以适应相对价格的变化。"① 在诺斯的理论中，最重要的制度变迁在于产权的界定和保护，国家的主要作用也正是在于界定和保护产权。那么，为什么国家有动力来保护产权呢？或者到底是什么因素决定了国家的行为？为了回答这个问题，首先必须弄清国家的性质是什么。在诺斯之前，对国家的讨论存在契约理论和掠夺理论两种。契约理论强调国家是公民达成契约的结果，国家应该为公民服务；掠夺理论则认为国家是某一利益集团或阶级的代理人，它将代表该利益集团或该阶级对其他阶级进行压榨。诺斯认为这两种国家理论均过于片面，他强调说："契约方法可以解释为什么国家提供一个经济地使用资源框架，从而促进福利的增加。然而，国家既作为每一个契约的第三者，又是强制力的最终来源，他成为为控制其决策权而争斗的战场……尽管契约论解释了最初签订契约的利得，但未说明不同利益成员其后的最大化行为，而掠夺论忽视了契约最初签订的利得而着眼于掌握国家控制权的人从其选民中榨取租金。"②

诺斯强调应当从博弈规则的角度来对国家进行解释。他从暴力潜能的分配角度阐述了国家的性质。他认为，如果暴力潜能在公民间进行平等分配，便会产生契约型国家；如果暴力潜能的分配是不平等的，那么便产生了掠夺性国家。因此，他强调"正是'暴力潜能'分配理论使两者统一起来。契约论假定主体间暴力潜能的平等分配，而掠夺论假定不平等的分配"。③ 诺斯认为，暴力潜能

---

① 道格拉斯·C. 诺斯：《经济史中的结构与变迁》，上海三联书店、上海人民出版社 1994 年版，第 32 页。

② 道格拉斯·C. 诺斯：《经济史中的结构与变迁》，上海三联书店、上海人民出版社 1994 年版，第 22 页。

③ 道格拉斯·C. 诺斯：《经济史中的结构与变迁》，上海三联书店、上海人民出版社 1994 年版，第 22 页。

的分配应协调统治者和被统治者的双方利益，国家应该具备契约和掠夺的双重属性。诺斯通过三个特征描述了他的国家模型。

首先，国家为了获取收入，用一组服务与公正做交易，由于提供这些服务存在着规模经济，因此，国家作为一个专门从事这些服务的组织，它的社会总收入高于每一个社会个体自己保护自己拥有的产权的收入。

其次，国家试图像一个带有歧视性的垄断者那样活动，为了使国家的收入达到最大化，它将选民分为各个集团，并为每一个集团设计产权。

最后，由于总是存在着能提供同样服务的潜在竞争对手，国家受制于其选民的机会成本，它的竞争对手是其他国家，以及在现存政治—经济单位中可能成为潜在统治者的个人。

正是由于国家具备这三个方面的特征，这就决定了国家实际上是有动力对私人产权进行界定和保护的，即国家是有动力推动制度创新和变迁的。诺斯指出，这是因为国家有两个目的："一是界定形成产权结构的竞争和合作的基本规则（即在要素和产品市场上界定所有权结构），这能使统治者的租金最大化；二是在第一个目的框架中降低交易费用以使社会产出最大化，从而使国家税收增加。"① 正是国家的第二个目标将导致一系列公共产品或服务的供给，以便降低界定、谈判和实施作为国家经济交换基础的契约所引起的费用。诺斯还指出，这两个目的可能是不一致的，"第二个目的包含一套能使社会产出最大化而完全有效率的产权，而第一个目的是企图确立一套基本规则以保证统治者自己收入最大化……这种基本矛盾是使社会不能实现持续经济增长的根源"。② 追求最大化的统治者给个人带来了巨大收益，但这一结果可能导致增加交易成

① 道格拉斯·C. 诺斯：《经济史中的结构与变迁》，上海三联书店、上海人民出版社 1994 年版，第 24 页。

② 道格拉斯·C. 诺斯：《经济史中的结构与变迁》，上海三联书店、上海人民出版社 1994 年版，第 25 页。

本的产权结构的产生。

正是由于国家具备暴力潜能的特征使得国家一方面能代表大部分人的利益，另一方面可以克服新制度创新中的供给不足，因此，在制度变迁的供给中，国家就自然具备了比较优势。但是，诺斯在肯定国家提供产权保护和降低交易成本的正面作用的同时，也指出国家身份的矛盾性。他认为："国家的存在是经济增长的关键，然而国家又是人为经济衰退的根源。"① 这是因为由于竞争和交易成本的存在，国家统治者可能会制定无效的产权结构。竞争的压力使得统治者为某些利益集团提供优惠产权，尽管这种产权可能有损效率；交易成本的存在也可能迫使国家采取无效的产权制度，这在西班牙皇室为牧羊集团提供特权的案例中体现得淋漓尽致。这种无效率的产权将阻碍国家的经济增长。诺斯写道："在与更有效的邻邦相处的情形下，相对无效率的产权将威胁到一个国家的生存，统治者面临着或者灭亡或者修改基本所有权结构以使社会降低交易成本和提高增长率的选择。"② 这就导致了国家具有不稳定的特征。诺斯还指出，引起国家不稳定和发生变化的另一个来源是相对价格的变化，这是因为相对价格的变化将产生新的利益集团或者改变现存利益集团的相对地位。在他看来，"提高一个选民集团谈判力量的相对价格的变化，可以导致规则的改变以给这一集团更多的收入，或者，这一集团的选民可以迫使统治者放弃一些规则的制定权"。③ 正是这些因素所导致的国家不稳定性，使国家总是摇摆于兴衰之间。

总而言之，在诺斯看来，国家是一个有别于一般组织的特殊组织，但是，国家行为也和个人行为一样受到利益最大化的驱使。此

① 道格拉斯·C. 诺斯：《经济史中的结构与变迁》，上海三联书店、上海人民出版社 1994 年版，第 20 页。

② 道格拉斯·C. 诺斯：《经济史中的结构与变迁》，上海三联书店、上海人民出版社 1994 年版，第 29 页。

③ 道格拉斯·C. 诺斯：《经济史中的结构与变迁》，上海三联书店、上海人民出版社 1994 年版，第 30 页。

外，国家在实施收益最大化行为时也必须考虑选民的机会成本，这就决定了国家会提供能促进经济增长的公共物品，尤其是有可能为制度创新和变迁创造条件。因此，从这一点来看，制度变迁的过程极易受到国家行为的影响，正是因为有国家行为的存在，才有可能不发生“搭便车”现象。因此，国家愿意承担提供制度变迁的成本。由此可见，对国家理论的探讨对于理解制度变迁过程有着非常重要的意义。

**（三）意识形态和制度变迁**

在诺斯的制度变迁理论中，另一个起着重要作用的角色便是意识形态。诺斯对意识形态的强调同样根源于新古典经济学对现实社会问题的解释力不足。他认为，在新古典模式的行为函数中有一对无法避免的矛盾，即新古典模式既假定个人追求利益最大化，又假定规则会被人们遵守。诺斯指出：“同意通过建立一整套控制人们行为的规则来限制行为是符合新古典主义者的利益的……但违反这些规则也符合新古典主义者的利益，只要有关利益和成本的个人主义的计算要求这样的行为。”① 然而，通过现实的观察可以发现，人们基本上能遵守这些规则，尽管违反规则能使个人获得收益，也就是说，人们并不总是会去选择“搭便车”行为。显然，这些现象都是新古典分析模式所无法解释的。对此，诺斯提出：“个人效应函数远比新古典理论迄今为止体现的简单假定复杂。社会科学家的任务是拓展理论以便能预言人们什么时候像搭便车那样行动和什么时候他们不那样。理论不扩展，我们就无法说明由大团体行为所导致的大量现实的变化。”② 针对新古典理论在这方面存在的不足，诺斯指出，社会强有力的道德和伦理法则也是经济体制中可行的社会稳定因素，即强调意识形态对于建立经济秩序的重要性。他写

① 道格拉斯·C. 诺斯：《经济史中的结构与变迁》，上海三联书店、上海人民出版社 1994 年版，第 49 页。

② 道格拉斯·C. 诺斯：《经济史中的结构与变迁》，上海三联书店、上海人民出版社 1994 年版，第 50 页。

道："如果没有一种明确的意识形态理论或者知识社会学理论，那么，我们在说明无论是资源的现代配置还是历史变迁的能力上就存在着无数的困境。"①

诺斯指出，每个人的行为都受到一整套习惯、准则和行为规范的约束，而这些习惯、准则和规范最初形成于家庭，然后通过教育过程和其他机构获得，而意识形态则使得在这些知识基础之上的个人和团体的行为方式理性化。诺斯认为，不同的意识形态起源于地理位置和职业的专门化，"最初，它（指意识形态——笔者注）是经验各异的相邻的人群在地理上的分布。这种各异的经验逐渐结合成语言、习惯、禁忌、神话和宗教，最终形成与其他人群相异的意识形态。这些今天幸存下来的民族的差异性，导致了相互冲突的意识形态"。② 也就是说，意识形态来源于个人自身的经历以及周边环境的影响，这些因素都导致人们形成了自身的思维习惯，从而成为他们的世界观的基础。诺斯从三个方面强调了意识形态的构成内容：

第一，意识形态是一种节约机制，人们能通过意识形态认识自身所处的环境，并且能被某种世界观引导而使决策过程简单化。

第二，意识形态不可避免地与个人在观察世界时对公正所持的道德、伦理评价相互交织在一起，这意味着人们有一种关于可能的非此即彼的选择观念，即不同的人们在相互对立的理性和意识形态中进行选择。

第三，当人们的经验与其思想不相符时，他们就会改变其观点，实际上人们试图去发展一套更"适合"于其经验的新的理性，但是，人们在改变其意识形态之前，其经验和意识之间的矛盾必须有一定的积累。

上文提到制度变迁的困难主要在于难以克服"搭便车"行为，而诺斯强调意识形态的作用正是能够有助于减少"搭便车"行为，

① 道格拉斯·C. 诺斯：《经济史中的结构与变迁》，上海三联书店、上海人民出版社 1994 年版，第 51 页。

② 道格拉斯·C. 诺斯：《经济史中的结构与变迁》，上海三联书店、上海人民出版社 1994 年版，第 56 页。

这是因为意识形态的存在为人们施加了道德和伦理准则方面的约束，这决定了人们在“搭便车”时必须承担额外的精神负担。那么，什么样的意识形态才能算成功的意识形态呢？诺斯从两个方面强调了成功的意识形态的特征，认为不管某种意识形态能证明现存的产权结构和交换条件是否合理、公正，或者是抨击现存结构不合理，它必须具备如下两个方面的特征才是能称得上是成功的：

第一，“大凡成功的意识形态必须是灵活的，以便能得到新的团体的忠诚拥护，或者作为外在条件变化的结果而得到旧的团体的忠诚拥护”。① 这里，诺斯对比分析了马克思主义意识形态和自由市场意识形态。他指出，马克思主义的意识形态已经对现实情况进行了调整，“与保留下来的马克思关于剩余价值和失业大军的正统理论相比，已经试图去说明这些变化，同时从新的群体中为马克思主义招兵买马，因为他们确信其社会地位是不公平的”。② 同样，考虑到普遍存在的外部性以及以非市场形式的资源配置方式增多，自由市场的意识形态也进行了调整，并产生了一些新的理论。

第二，“任何一个成功的意识形态必须克服搭便车问题，其基本目的在于促进一些群体不再按有关成本与收益的简单的、享乐主义和个人的计算行事。这是各种主要意识形态的一个中心问题，因为无论是维持现存的秩序，还是推翻现存的秩序，离开上述行为都是不可能的”。③ 当人们相信产权制度是公平的时候，即使侵犯产权按照成本—收益进行分析是合算时，人们也不会去这么做，因此，这样的意识形态的存在会大大降低规则和制度的执行成本。诺斯举例说：“如果每一个人都相信私人家庭‘神圣不可侵犯’，那么，可以在室内无人而门不闭户的情况下不应担心房屋被毁坏或盗窃。如果一个美丽的乡村被认为是公共‘物品’，个人就不会随便

---

① 道格拉斯·C. 诺斯：《经济史中的结构与变迁》，上海三联书店、上海人民出版社 1994 年版，第 58 页。

② 道格拉斯·C. 诺斯：《经济史中的结构与变迁》，上海三联书店、上海人民出版社 1994 年版，第 58 页。

③ 道格拉斯·C. 诺斯：《经济史中的结构与变迁》，上海三联书店、上海人民出版社 1994 年版，第 59 页。

扔抛杂物。如果个人相信政治民主的价值，他们就会把投票当作一项公民的义务来履行。"① 这些行为都有利于市场交易的繁荣和经济增长，而这些因素也正是新古典理论所忽视的。

诺斯的意识形态理论提出了有别于传统新古典理论的理性人分析假设，在新古典理论看来，理性至上的决策人会按照成本—收益的严格对比来采取行动。但是诺斯认为，这种分析方式不能很好地解释经济史中的现象。他指出，在分析制度变迁和经济史时，必须考虑一些非理性的因素，而他的意识形态理论正是从道德和伦理等非理性角度对制度变迁过程做出了解释。诺斯总结道："一个有关制度变迁的动态理论如果限于严格的对个人主义的、有理性目的的活动的新古典约束，我们就无法以此来解释从古代犹太人顽强的斗争到 1935 年通过社会保障法期间所发生的大多数现实变化。现实的经济变化的发生不仅是因为相对价格的变动对新古典模型产生压力，而且是因为不断演变的意识形态观念使得个人和集体对自身地位的公平性产生相互对立的观点，并使他们按照这些观点而行动。"②

## 第三节　简要的评价

### 一、对加尔布雷斯激进制度经济学理论的评价

加尔布雷斯不仅被公认为激进制度经济学的主要代表人物，而且他还是一位著名的社会活动家，曾经对美国社会产生过广泛而重要的影响。国内外经济学界对加尔布雷斯的评价涉及他与美国老制度学派的关系、凯恩斯主义对他的影响、他对新古典主流经济学的批判、他对资本主义社会种种弊端的剖析以及他作为著名的社会活

① 道格拉斯 · C. 诺斯：《经济史中的结构与变迁》，上海三联书店、上海人民出版社 1994 年版，第 59 页。

② 道格拉斯 · C. 诺斯：《经济史中的结构与变迁》，上海三联书店、上海人民出版社 1994 年版，第 64 页。

动家对美国当代社会产生的影响等多个方面。鉴于本章的任务在于对 20 世纪前后制度经济学的演进作一回顾，因此，笔者仅就他与美国老制度主义经济学之间的继承关系以及他的理论贡献进行分析并就他对制度经济学的发展所做的理论贡献做出评价。

就加尔布雷斯同美国老制度主义经济学之间的承继关系而言，以凡勃伦和康芒斯为代表的美国老制度主义经济学理论无疑成为加尔布雷斯激进制度经济学理论的直接渊源。

首先，从观察和分析问题的总体角度来看，加尔布雷斯在运用制度—结构分析方法对美国资本主义社会进行剖析时所沿袭的是凡勃伦的理论表述风格，这一点尤其在《美国资本主义》和《丰裕社会》这两部著作中得到了充分的体现；而当他运用“权力结构”框架探讨当代美国经济中的市场结构和企业内部结构时带有明显的康芒斯的研究传统的色彩，并且在他的后续著作《新工业国》和《经济学和公共目标》中展现了出来。

其次，若是对美国老制度经济学所提出的概念工具同他提出的概念工具作一对比，可以明显地观察到两者之间在理论上的承继关系。例如，在凡勃伦那里资本主义制度被称做“价格体系”，而在加尔布雷斯那里美国的市场经济制度被表述为由“计划系统”与“市场系统”所构成的“二元体系”。又如，当加尔布雷斯分析美国资本主义社会中的各种抗衡力量以及何以对公共目标施加影响时，又显现出在研究思路上受到康芒斯影响的迹象。在康芒斯那里，政府和法庭被视为调节利益冲突的机构；而在加尔布雷斯那里，市场上供求双方的竞争被称做“抗衡力量”，借助于这种力量虽然催生了许多新的制度与组织，但由于垄断的发展，这种具有制度约束力的抗衡力量仍然会失败。加尔布雷斯由此提出了政府应当介入并且对私人经济实行干预的理由。

再就加尔布雷斯对制度经济学的发展所做的理论贡献而言，笔者认为加尔布雷斯对制度经济学理论的推进主要体现在他提出的有关资本主义社会存在“二元体系”的市场理论以及有关企业内部的“权力结构”理论上。

第一，从他提出的以“二元体系”为特征的市场理论来看。

加尔布雷斯运用“制度—结构分析方法”，从垄断企业在现实经济中已占据支配地位这一事实出发，勾勒出美国社会存在着“计划系统”和“市场系统”相互并存的“二元体系”特征，并且从权力结构、对价格和原料的控制、影响政府及说服消费者能力等方面对两个系统之间的差异进行了描绘。笔者认为，加尔布雷斯不仅指出了现代资本主义社会所特有的市场结构与社会结构，而且分析了在这些结构内部“市场体系”从属于“计划体系”的不平等性质，因而从总体上坚持了老制度经济学的理论传统。此外，他的探讨同新古典主流经济学教科书中仍然以完全竞争市场结构（也就是在他所说的“市场系统”）作为分析当代资本主义市场行为的范本而把以垄断为主体的市场结构看做是对完全竞争偏离的做法相比，更贴近于当代资本主义社会的现实。

第二，从他的企业内部权力结构理论来看。

加尔布雷斯从现代企业中所有权和经营权相分离的现实出发，指出在“计划系统”的大企业中权力已经转移到作为“专家组合”的企业管理阶层手中，并通过对“保护性目标”和“积极性目标”的分析，进一步刻画出当代资本主义社会大企业内部权力结构的构成以及“专家组合”何以组织生产和分配的过程。他由此得出了不赞同新古典主流经济学教科书依旧简单地把追求利润最大化作为垄断企业经营的首要目标的推论。

总之，加尔布雷斯在继承美国老制度主义经济学理论的同时，采用制度—结构分析方法，力图从市场结构和企业内部权力结构相结合的视角，揭示当代资本主义社会中市场的实际运行过程并打开现代企业（尤其是大企业）的“黑箱”。在他看来，随着大公司的兴起，“专家组合”的权力扩张甚至有将其意志强加于全社会之上的势头，“这样的公司已不再受市场的限制，已凌驾于市场之上，市场已成为它的工具”。①

---

① 约·肯·加尔布雷斯：《经济学和公共目标》，商务印书馆1980年版，第91页。

## 二、对科斯和诺斯推进新古典主义制度经济学的评价

自 20 世纪 60—70 年代以来，新制度经济学的兴起对新古典主流经济学的发展产生了重要的影响。由新制度经济学所带来的分析范式不仅影响了产业组织理论、信息理论、产权理论、委托—代理理论以及经济发展理论等经济学分支，而且这一影响也波及法学、政治学、历史学和人类学等其他社会科学诸多领域。科斯、诺斯等新制度经济学领军人物先后获得诺贝尔经济学奖，这无疑表明新制度经济学的研究成果已经得到经济学界的认可。如同以上笔者所作的评价一样，对新古典主义制度经济学的评价也集中在理论承继和理论贡献两个方面。

### （一）对新古典制度经济学的承继关系问题作一讨论

这实际上是一个西方经济学理界争论多年而未得出一致看法的难题。众所周知，一直以来，包括科斯和诺斯在内的几乎整个新古典主流经济学阵营一致不认可美国老制度主义经济学同新古典主义制度经济学相互之间存在着某种关联性。科斯曾经说过，美国老制度主义“是反理论的，而且缺乏一种可以把他们所收集到的事实凝聚在一起的理论，他们几乎没有任何东西能够传承下来”。① 诺斯也认为，新制度经济学“必须是理论性的，否则它将走上老制度经济学因缺乏理论上的聚焦点而灭亡的道路”。② 包括科斯和诺斯在内，主流经济学家对待美国老制度学派的态度同当年边际学派抨击德国历史学派为“理论上的不生产”的态度如出一辙。在笔者看来，新古典主流经济学家实际上并没有正面回答美国老制度主义经济学同新古典制度经济学之间是否存在关联的问题，而只是以指出对方在理论上存在缺陷的方式回避了对问题的回答。事实上，我们在制度经济学理论的总体演进过程中可以看到，美国制度学派

① Ronald Coase. The New Institutional Economics. American Economic Review, 1998, 88 (2): 72.

② Douglas C. North. The New Institutional Economics. Journal of Institutional and Theoretical Economics, 1986, 142 (1): 235.

不仅从现实的人出发尝试建构不同于边际学派理性主义有关人类经济行为的假设，而且还提出了包括“交易”、“集体行动”、“运行规则”等在内的概念工具。老制度学派所做的这些努力成为可供后人推进制度分析的重要的理论元素和素材。在国际经济学同行中，对忽视美国老制度学派所作贡献的做法表示了异议。例如，德国著名制度经济学家、弗莱堡大学教授范伯格（Vanberg，V.）对美国制度学派做出了公允的评价。他写道：“在讨论新制度经济学的理论传统时，新制度经济学通常被人们用来同美国‘老’制度学派对比……两种‘制度主义’的主要差异通常在这一事实中可以发现，即美国制度学派在理论上和方法上沿着经济学中新古典传统的相反方向得以发展，而新制度经济学却是从这一传统内部产生的。但前者却是在使得对制度问题的关注（制度问题曾经是古典政治经济学的核心问题，但在很大程度上一直被新古典正统所忽视）得以复兴的意义上被称为非正统。”①

**（二）对新古典制度经济学的理论贡献进行评价**

新古典制度经济学的问世，无论从制度经济学的历史演进过程来看，还是从它对新古典经济学理论体系的长远影响来看，都是一场重大的理论创新。依笔者之见，仅就科斯和诺斯两人对新制度经济学的发展所做出的贡献做出评价，可以主要归纳为以下两个方面：

第一，创立了“交易成本”研究范式。传统新古典经济学所描述的经济是无摩擦的，市场交易过程中不存在任何成本，市场中的定价和价格信息传递都是免费的，因此，在这种情况下，市场很容易达到供求均衡。然而，在现实的市场交易却存在着包括定价、谈判、组织运行等诸多的成本。这就导致了传统新古典经济学同现实社会的脱离。正是基于此，科斯指出：“在建立一种理论时，经济学家常常忽视对其赖以成立的基础的考察。然而，这种考察不仅

① Viktor Vanberg. Carl Menger's Evolutionary and John Commons' Collective Action Approach to Institutions: A Comparison. Review of Political Economy, 1989, 1 (3): 334-335.

对于防止因对有关理论赖以成立的假设缺乏了解而出现的误解和不必要的争论是必不可少的，而且对于经济学在一系列不同假设的选择中做出正确的判断也是极为重要的。”① 科斯以企业组织对市场的替代作为切入点，创造性地建立了交易成本分析范式，探寻存在交易成本背景下经济的运行情况。继科斯之后，诺斯运用交易成本范式解释历史上一些国家的兴衰。此外，当代一些新的经济学分支领域，如合同理论、产业组织理论、信息理论、委托代理理论、产权经济学理论等都因为或多或少与交易成本范式关联而迅速发展。可以说新制度经济学的交易成本范式的建立是新古典体系内部的一次具有突破性意义的理论创新。

第二，将制度因素引入了新古典经济学体系中。在新制度经济学出现之前，无论是在微观经济学还是宏观经济学领域，制度不是作为一个外生变量被束之高阁，就是作为一个虚变量被引入经济分析中。因此，传统新古典经济学基本上是在既定的制度框架内把企业制度简化为一套生产函数，并围绕着如何实现市场均衡而展开分析，因而忽视了制度的重要性和制度产生与变迁过程。以科斯和诺斯为代表的新制度经济学家不仅将制度因素内生化于经济分析之中，而且指出制度产生的原因在于克服过高的交易成本，因而将制度与交易成本联结在一起，并尝试在基础上建立起新制度经济学的理论大厦。科斯和诺斯分别从不同角度把制度因素引入经济分析之中。科斯引入了交易成本和产权制度，并认为在现实社会中由于交易成本为正，故产权制度对资源配置起着关键作用；而诺斯引入了制度安排和路径依赖，甚至把意识形态概念引入新古典体系，并依据历史经验指出有效率的制度有助于促进经济增长，认为制度变迁是由于国家组织和意识形态等诸多因素推动的结果。

需要指出的是，以科斯和诺斯为代表的新制度经济学家为了修正新古典经济学在制度分析方面的缺陷而引入并创新了一些制度分析工具，但他们在基本的研究方法上依旧秉承了新古典经济学的边

① R. 科斯：《企业的性质》，载路易斯·普特曼、兰德尔·克罗茨纳编：《企业的经济性质》，上海财经大学出版社 2000 年版，第 75 页。

际分析方法和成本—收益分析方法。这两种方法均强调交易均衡出现在帕累托最优点上，即交易将进行到耗竭所有的收益，进一步的交易将带来效用损失（成本上升）为止。然而问题在于，新古典的基本分析方法就其本质来说是短期的和静态的，但制度分析就其本质来说却是长期的和动态的。新制度经济学带来的理论创新实际上已经在一定程度上偏离了新古典范式，它的进一步演进必然会对新古典经济学的整个范式带来更大的冲击。就科斯的本意来说，他所设想的新制度经济学的创新包含了远比"交易成本"概念多得多的内容。他相信将交易成本同制度以及经济绩效联系起来加以考察，这将是新制度经济学家们进一步努力的方向。为此，他写道："交易成本取决于一国的各种制度：它的法律体制、政治体制、社会体制、教育体制以及它的文化，等等。实际上，它指的是对一个经济的绩效起决定性作用的那些制度，而且正是这一点向经济学家们昭示了'新制度经济学'的重要意义。"①

**【参考文献】**

[1] 约·肯·加尔布雷斯．经济学和公共目标［M］．北京：商务印书馆，1980.

[2] 科斯 R．企业的性质［M］//路易斯·普特曼，兰德尔·克罗茨纳主编．企业的经济性质．上海：上海财经大学出版社，2000.

[3] 科斯 R．社会成本问题［M］//科斯 R，阿尔钦 A，诺思 D，等著．财产权利与制度变迁．上海：上海三联书店，上海人民出版社，1994.

[4] 道格拉斯·C. 诺斯．经济史中的结构与变迁［M］．上海：上海三联书店，上海人民出版社，1994.

[5] 道格拉斯·C. 诺斯，罗伯特·托马斯．西方世界的兴起［M］．北京：华夏出版社，1989.

---

① Ronald Coase. The New Institutional Economics. American Economic Review, 1998, 88 (2): 73.

[6] COASE R. The New Institutional Economics [J]. American Economic Review, 1998, 88 (2): 72-74.
[7] NORTH D C. The New Institutional Economics [J]. Journal of Institutional and Theoretical Economics, 1986, 142 (1): 230-237.
[8] VANBERG V. Carl Menger's Evolutionary and John Commons' Collective Action Approach to Institutions: A Comparison [J]. Review of Political Economy, 1989, 1 (3): 334-360.

# 第七章　金融经济学的兴起与发展*

金融经济学是探讨经济主体在不确定性环境下如何对资源进行跨期配置决策的科学。20 世纪 50 年代以前，金融市场上经济主体对资源的配置主要通过货币资金的借贷活动来完成。在货币经济条件下，经济学家关注的重点是货币的职能、货币供求均衡下的利率和汇率决定机制以及货币政策等宏观金融问题。尽管包括凯恩斯在内的部分经济学家在这一时期对不确定性环境下个体的资产选择行为、股票价格的变化规律、资本市场均衡等问题进行过研究，但总体上看，这些研究基本上是建立在定性分析或单纯的描述性统计基础之上的。进入 20 世纪 50 年代以后，随着资本市场和各种金融创新的发展，经济活动也由货币经济进一步发展到金融经济阶段。在金融经济背景下，经济主体面临的金融资产日益增多，资产选择的环境日益复杂，如何在日益复杂的不确定性环境下对金融资产进行合理的选择也就成为市场经济主体共同关心的问题之一。金融实践的发展对传统的货币经济学理论提出了挑战，也迫使经济学家将研究的视角转移到更加微观的经济主体的行为决策上。1952 年，马科维茨（Markowitz，H.）的资产组合理论的提出，既代表着传统金融研究方法彻底改变，也标志着金融经济学理论研究的开端。20 世纪 60—70 年代，在马科维茨资产组合理论的基础上，经济学家对资本市场运行机制、资产定价和公司金融决策等进行了广泛深入的研究和探讨，提出了一系列经典的理论和假说，奠定了金融经济

* 在本章的写作过程中，武汉大学中国中部发展研究院严春晓博士进行了部分资料收集和文献整理工作。

学的思想基础。在经历了近半个多世纪的发展后，现代金融经济学已经形成了以不确定性下的经济主体行为决策理论为基础，以资产组合与资产定价理论、公司金融理论和有效市场假说为核心的较为完整的理论体系。

## 第一节 20 世纪早期的金融经济学理论

尽管现代金融经济学的经典理论起始于20 世纪 50 年代，并在20 世纪 60—70 年代构筑了完整的理论体系，但是，在 20 世纪 50 年代以前的近半个世纪中，部分经济学家已经开始致力于资本市场上股票市场价格运动、不确定性环境下经济主体的行为决策、股票价格的决定等有关金融经济学中的一些基本问题的研究，并取得了丰硕的研究成果。然而，由于在这一时期，资本市场在金融市场资源配置中的作用微不足道，在正统的经济学家眼里只不过是一个充满投资行为的“赌场”而已，加上当时的研究大多是零碎的定性和描述性的统计分析，标准的经济学分析范式尚未引入其中，导致这类学者的研究成果没有得到学术界足够的重视，也未能进入现代金融经济学的学术殿堂。尽管如此，在金融经济学发展的历程中，这一时期是现代金融经济学理论研究的萌芽时期，其研究成果中闪耀的学术思想为现代金融经济学理论体系的形成和发展提供了重要的学术营养。

### 一、早期的股票价格运动及定价理论

资产定价理论是现代金融经济学理论的核心之一。对这一理论的研究最早可以追溯到 20 世纪初期部分经济学家对股票市场价格预测理论及其定价问题的研究之中。

最早对股票价格行为及可预测性问题进行研究的是法国数学家巴契里耶（Bachelier，L.）。在其 1900 年完成的题为《投机理论》的博士论文中，通过对巴黎股票市场上股票价格变化的研究，巴契里耶明确指出，对市场价格走向只有出现矛盾的意见时，交易才能完成。买卖双方的盈亏机会均等，在任何一个时刻价格升降的可能

性同时存在，因此，股票价格变化是一个呈现出布朗运动特征的随机游走过程，买者和卖者在交易股票时对股票价格变化的数学期望值都为零（即价格变化服从鞅过程）。在论文中，巴契里耶不但写出了布朗运动的数学模型，还率先运用理性的思辨和各种数学工具解释了股市存在类似布朗运动的特性。他将股票投资者和交易者的每次交易，看成是布朗运动中的分子与微尘的随机移动，并得出了股市的未来难以预测的结论。

在提出股价不可被预测结论的同时，巴契里耶同时也指出，如果把时间区域拉长，市场的波动幅度将会扩大，但这个波动的幅度与时间区间长短的平方根成正比例关系。他希望通过数理模型去计算波动的幅度，进而建立“与市场瞬间的价格波动一致的价格波动的概率法则”。这也是人类社会最早提出的关于确定股票期权价格的均衡理论方法。巴契里耶的贡献还在于其采用公平博彩（fair game）的分析方法，对股票、债券、期货和期权等进行了研究，提供了最早的有关期权收益结构的回报图，并未为跨式期权和其他一些有关期权的策略提供了图解。

巴契里耶的论文在1914年以《关于投机与投资》为名予以出版，但由于其研究的超前性，在20世纪初期并没有产生太大的影响，只是在几个数学家和物理学家手中流传。50年代以后他的思想才引起经济学家们的广泛关注，并对萨缪尔森（Samuelsion，1965）关于股票市场行为的有效市场假说、布莱克-斯科尔斯-默顿（Black-Scholes-Merton）期权定价公式的研究都产生了直接影响。

在20世纪初期对股票价格运动及定价进行研究的学者还包括：考尔斯（Cowles，A.），沃金（Working，H.），肯达尔（Kendall，M. G.），威廉姆斯（Williams，J.）等。

考尔斯于1933年发表了论文《股市预测者能预测吗?》通过大量的数据统计显示了股市走势不可准确预测。① 在1944年发表

① A. Cowles. Can Stock Market Forecaster Forecast? Econometrical, 1933, 1 (3): 309-324.

的论文《股市预测》中，他通过分析1929年至1944年15年内专家们所做的6904次预测，统计出看好与看淡比率为4∶1，但是期内股市却下跌了一半。虽然这篇文章只是从投资专家的角度分析了他们预测股市的准确度，但也间接说明了市场的不可预测性。考尔斯对股市可测问题的研究还使他出巨资成立了考尔斯经济委员会，他与委员会共同设计了一种反映大市的普通股指数，成为后来各种反映股票市场整体运行状态的指数的基础。

沃金在1934年发表的《供时间序列分析用的随机差系列》一文中，用大量的统计数学，证明了股票和期货价格无法准确预测的结论。沃金以每次成交的价位为基准，把股票及商品期货的价格变动绘成走势图。通过自己绘制的图表，他发现价位变化在很大程度上是随机游走的，这证明了价格趋向的不可测性。同时他还通过以随机过程求出随机数目的方法，证明了根据每手成交价位绘制的图表所显示的价格变化与随机数目生成的图表没有任何不同。也就是说每个价位都是独立的个体，与过去并没有任何关联①。

肯达尔在1953年发表的《时间序列分析》论文中，再次通过大量的统计数学，证明了市场的不可测性。肯达尔通过分析19种不同性质的股票，包括金融、工业、酿酒、石油及公用事业类股票的价位变化，以及1928年至1951年纽约期货市场棉花的月平均价格，发现从统计学上无法找出价格结构，也就是说价位趋势毫无方向感。他最后的结论是，虽然有一些隐约的迹象显示股价有形成短暂趋势，但从总的方面看，股价走势是绝对漫无目的的……股价的记忆，很少长过一个星期!②

威廉姆斯首次证明了股票价格决定于其真实价值即未来股利折现值，其股利折现模型至今仍是公司金融理论中最基本的股利定价

① H. Working. A random-difference Series for Use in the Analysis of Time Series. Journal of American Statistical Association, 1934, 29 (185): 11-24.

② M. G. Kendall. The Analysis of Economic Time—series, part1: price. Journal of the Royal Statistical Society, 1953, 116 (1): 11-34.

模型之一。在其1938年出版的《投资价值理论》一书中，威廉姆斯首次运用现值方法给股票定价，并给出了股利贴现模型。威廉姆斯认为，在确定性条件下，股票的价格等于它所提供的所有未来股利的现值之和，而不是公司盈余的现值之和。①

## 二、早期有关不确定性下经济主体行为决策的理论

不确定性下经济主体决策行为理论是现代金融经济学的基础。在20世纪的前半期，冯·诺依曼（Von Neumann，J.）和摩根斯坦（Morgenstern，O.）、费雪（Fisher，I.）、凯恩斯（Keynes，J. M.）、希克斯（Hicks，J.）和卡尔多（Kaldor，N.）等在此领域进行了开创性的研究。

冯·诺依曼和摩根斯坦在其1944年出版的《博弈论与经济行为》一书中，在对不确定性下经济主体的偏好做出一系列公理性假定的基础上，提出了不确定性环境下经济主体对未定商品的效用是该未定商品所涉及的确定商品效用的期望值，并由此建立了期望效用公理体系，奠定了不确定环境下经济主体的偏好和效用函数的基本理论体系。② 此后，阿罗（Arrow，L. J.，1959）和德布鲁（Debreu，G.，1964）将其吸收进瓦尔拉均衡框架中，成为处理不确定性决策问题的统一分析范式。

费雪对20世纪初期金融经济学的发展也有重要影响。他于1906年出版了《资本与收入的性质》一书，论述了收入与资本的关系，得出资本价值是未来收入的资本化即折现值的结论。③ 而在1907年出版的《利息率：本质、决定及其与经济现象的关系》一书中，费雪认为，投资者所期望获得的未来收益的现值是他进行投

① J. Williams. The Theory of Investment Value. John Burr Williams, Fraser Pub Co., 1938.

② J. Von Neumann, O. Morgenstern. Theory of Games and Economic Behavior, Princeton. New York: Princeton University Press, 1944.

③ I. Fisher. The Nature of Capital and Income. New York: The Macmillan Co., 1906.

资的价值，只有当现值大于投资成本时，投资者才会投资。如果把建立企业也看做是一种投资的话，企业的价值就是企业所能带来的未来收入流量的现值。①

同时，费雪分析了信贷市场在资源跨期配置中的作用。在 1930 年出版的《利息理论》一书中，费雪系统地阐述了资本、收入、利息、投资等相关理论，并讨论了跨期消费、储蓄和投资的最优决策，提出了著名的"费雪分离理论"。即第一，在充分有效的资本市场中，企业的投资决策与企业家本人偏好无关，即企业的目标可以表示为利润最大化；第二，企业的投资决策独立于企业的融资决策。费雪分离理论为资本结构无关联的 MM 定理（企业融资决策理论）奠定了理论基础，对金融经济学的发展发挥了重要的推动作用。②

此外，凯恩斯、希克斯和卡尔多等在他们探讨货币理论的过程中，也已经开始探讨不确定性下的投资组合理论。其中，凯恩斯在其 1936 年出版的《就业、利息和货币通论》中将股票市场比作是 30 年代在英国流行的"选美比赛"，认为对股票的选择就像是在选美比赛中，你并不是要选择真正的美女，而是选择所有参赛者中被认为是美女的那位，所以最后的赢家必须能够准确估计所有参赛者的平均预期。凯恩斯认为，成功的投资者善于抢先一步，推测哪种情况最容易让大家进入圈套。因此，投资者的决策是"一时血气的冲动"。③ 此外，凯恩斯在其 1930 年出版的《货币论》④、希克

---

① I. Fisher. The Rate of Interest: Its Nnature, Determination and Relation to Economic Phenomena. New York: The Macmillan Co., 1907.

② I. Fisher. The Theory of Interest. New York: The Macmillan Co, 1930: 231-286.

③ 约翰·梅纳德·凯恩斯著，高鸿业译：《就业、利息和货币通论》，商务印书馆 1999 年版。

④ 约翰·梅纳德·凯恩斯，刘志军译：《货币论》，陕西师范大学出版社 2008 年版。

斯在其 1939 年出版的《价值与资本》① 中对期货市场作了开创性的研究。他们认为，商品交割的期货合同价格通常要低于该商品未来现货交割价的期望值（凯恩斯称之为“正常交割延迟”），这在很大程度上是因为套期保值者将他们的价格风险转让给了投机者以换取风险溢价。卡尔多则在其 1939 年发表的《经济学福利命题与个人之间的效用比较》一文中分析了投机活动对价格稳定的功能，并扩展了凯恩斯的流动性偏好理论。②

## 第二节 金融经济学理论的形成

20 世纪 50 年代至 70 年代是金融经济学理论体系的形成时期。在这一时期，以探讨不确定性环境下经济主体行为决策的现代资产组合理论、企业融资决策理论（MM 定理）、资产定价理论（包括资本资产定价理论、套利定价理论和期权定价理论）以及探讨资本市场效率的有效市场假说等相继问世并得以完善，并由此形成了现代金融经济学的核心理论体系。

### 一、资产组合理论

真正意义上的金融经济学理论开始于 1952 年马科维茨的现代资产组合选择理论的提出。在 1952 年发表的论文《投资组合的选择》中，马科维茨首次将不确定性下经济主体投资决策中面临的收益和风险问题简化为均值和方差两个具体的数学概念，并由此构建了一个完整的均值-方差基础上的资产组合选择的分析框架，发展了一个在不确定性条件下严格陈述的可操作的资产组合理论（又称证券组合理论）。③

---

① J. R. Hicks. Value and Capital: An Inquiry into Some Fundamental Principles of Economic Theory. 2d ed. Oxford: Clarendon Press, 1939.

② N. Kaldo. Welfare Prostions of Economics and Interpersonal Comparisons of Utility. Economic Journal, 1939, 39 (195): 549-552.

③ H. Markowitz. Portfolio Selection. Journal of Finance 1952, 7 (1): 77-91.

马科维茨的资产组合理论认为，在一定的假设条件下，① 投资者通过单个证券期望收益率的均值和方差总可以找到一系列证券组合，使得这些组合在收益一定时风险最低或是风险一定时收益最高，即形成投资组合的有效边界（efficient frontier），投资者以组合的期望均值和方差作为选择标准，并在有效边界上进行组合选择。因此，任何理性投资者的一个最优资产组合都将是均值-方差有效率的资产组合。这样，资产组合选择理论根据投资者力求使收益最大和风险最小这两个相互制约的目标达到平衡的条件而得以建立，并将投资组合问题归结为一个线性约束下的二次规划问题。

马科维茨资产组合理论的提出，使金融学开始摆脱纯粹的描述性研究和单凭经验操作的状态，标志着现代资产组合理论的开端，并成为资本资产定价、套利定价和期权定价模型的理论基础。他的主要贡献在于：

（1）从理论上否定了持有证券越多，分散风险效果越好的错误观念。传统观念认为不同证券在收益和风险上具有互补的优点，一种证券的损失可以由另一种证券的收益来弥补。马科维茨指出，“在企图使方差变小的过程中，仅靠投资于多种证券是不够的”。

（2）科学地揭示了分散风险的关键在于选择收益率相关程度低的证券构成的资产组合，并用数学公式刻画了这一思想。传统观念认为在持有多种证券的同时，应该尽量选择不同行业的证券。马科维茨从证券之间的相关性出发，认为要想有效地分散风险，必须考虑证券之间的协方差，而不是证券的行业差异性。

（3）运用数学方法确定了证券组合的最优投资比例关系，推

---

① 马科维茨资产组理论的假设条件为：（1）单期投资。（2）禁止融券和没有无风险资产。（3）投资者事先知道资产收益率的概率分布，并且收益率满足正态分布的条件。（4）经济主体的效用函数为二次效用函数。（5）经济主体以期望收益率（亦称收益率均值）来衡量未实际收益率的总体水平，以收益率的方差（或标准差）来衡量收益率的不确定性（风险），因而经济主体在决策中只关心资产的期望收益率和方差。（6）经济主体都是非饱和的和厌恶风险的，遵循占优原则，即：在同一风险水平下，选择收益率较高的证券；在同一收益率水平下，选择风险较低的证券。

翻了传统的等比例持有各种证券的做法。马科维茨认为，在预期收益率、风险水平和协方差一定的条件下，通过二次规划方法可以求解出证券组合中各种证券的最优比例。

在马科维茨发表其论文《投资组合的选择》三个月后，罗伊（Roy，A. D.，1952）提出了“安全首要模型”，同样解决了马科维茨的投资组合问题。① 罗伊将投资组合的均值和方差作为一个整体来做选择。但是，他与马科维茨的结论有所不同。区别体现在：

（1）马科维茨要求非消极投资；而罗伊则适用于任何证券。

（2）马科维茨允许投资者从有效边界上选择一个“满意”的组合；而罗伊提供的是一个特定的投资组合。

马科维茨资产组合理论的假设之一为全部资产都为风险资产。托宾（Tobin，J.，1958）放松了这一假设，将无风险资产（货币）因素引入到马科维茨的资产组合理论中，从而得到了著名的“托宾分离定理”。② 托宾证明了经济主体将通过投资一种无风险资产和唯一的风险资产组合来分散其资产风险。托宾认为，在存在无风险资产与多个风险资产的情况下，投资者有关多个风险资产构成的资产组合的决策（投资决策）与无风险资产与风险资产构成的资产组合比例的决策（金融决策）是分离的。多个风险资产构成的资产组合的最优选择依赖于所有资产的期望收益、方差、协方差和无风险资产的收益率，与投资者的风险态度无关；而在无风险资产与风险资产的投资组合决策方面，两者投资比例的选择依赖于投资者的风险态度。如果所有的投资者对各风险资产收益率的分布具有相同的知识，且都为风险厌恶者，则所有投资者选择的最优风险资产组合相同。投资者在最优投资组合选择时只需决定无风险资产和合成的风险资产之间的最优投资比例。托宾分离定理为资本资产定价模型的提出奠定了重要的理论基础。

---

① A. D. Roy. Safety-first and Holding of Assets. Econometrica，1952，20（3）：439-449.

② J. Tobin. Liquidity Preference As Behavior Towards Risk. Review of Economic Studies，1958，25（2）：65-86.

但是，马科维茨和托宾的资产组合理论的实用性非常有限。具体而言，在实际运用中存在两个重要问题。其一是估计风险分散化带来的利益时，要求计算出每一对资产组合回报的协方差。在组合的资产数目超过一定限度时，对计算能力的要求比较高，这在当时会显得较为困难。其二是资产组合最优投资比例问题。当各种资产的收益率及风险水平一定时，资产组合的收益率和风险水平则主要取决于各资产的投资比例。当时，学术界多采用图形方法和二次规划方法来解决这一问题，但二次规划问题的求解并非易事。1964年，夏普（Sharpe，W.，1964）通过引入市场组合的概念建立了一个简化的单指数模型，从而成功地解决了资产组合理论中的计算困难，进一步发展和完善了马科维茨模型，因此夏普模型也被认为是马科维茨资产组合理论的一部分。①

必须指出的是，尽管马科维茨的资产组合理论开创了现代金融经济学理论的先河，但从其假设条件和涉及的计算问题来看，这一理论仍存在一定的局限性。这表现在：

（1）资产组合的均值-方差模型假定，在经济主体的未来收益或财富为任意分布的情况下，经济主体的效用函数为二次效用函数。此时，经济主体的效用仅仅只是其均值和方差的函数。但是，二次效用函数具有递增的绝对风险厌恶和满足性两个性质。满足性意味着在满足点以上，财富的增加使效用减少，递增的绝对风险厌恶意味着风险资产是劣质品。这与那些偏好更多的财富和将风险视为正常商品的投资者不符。

（2）该模型也假定，在经济主体的偏好为任意偏好的情况下，资产收益率的分布服从正态分布。但是，收益的正态分布意味着资产收益率可取负值，这与有限责任的经济原则相悖（如股票的价格不能为负）。对于密度函数的分布而言，均值-方差分析没有考虑其偏斜度，也无法刻画函数分布中的峭度。实际的经验统计表明，资产回报往往具有“尖峰”“厚尾”的特征。这显然不符合正态分

① W. Sharpe. A Simplified Model for Portfolio Analysis. Management Science, 1963, 9 (2): 277-293.

布。因此，资产收益的均值和方差不能完全包含个体资产选择时的所有个人期望效用函数信息。

(3) 在马科维茨的资产组合理论中，资产组合的风险取决于各资产收益之间的协方差。但协方差矩阵是否正交，无人能证明或举出反例。而协方差的正交矩阵的正定性直接影响模型如何求解。

(4) 资产组合理论假设经济主体在对风险资产进行选择时遵循占优原则：即在同一风险水平下，选择收益率较高的证券；同一收益率下，选择风险较低的证券。但当几种证券的收益与方差都相等时，无法判断他们的投资优劣。

## 二、资本结构无关联定理

作为市场经济主体之一的企业的财务决策问题也是现代金融经济学理论所探讨的核心问题之一。20 世纪 50 年代以前，有关企业财务决策的传统理论认为，企业投资活动的目的是利润或企业股票市场价值的最大化，在投资额一定的情况下，投资所需资金的筹措无论是股权融资还是负债融资，一定存在一个最优的资产负债比率，使得在这一比率下，企业的融资成本最低。

1958 年，莫迪格里安尼和米勒（Modigliani，F. and M. H. Miller，1958）在其经典性论文中运用套利均衡的分析范式证明了，在一定的严格假定前提下，古典的企业金融理论中关于企业融资的结论是错误的。莫迪格里安尼和米勒认为，在不考虑企业法人所得税和交易成本的情况下，如果资本市场充分竞争、资本市场上的套利完全自由、市场上替代投资机会的收益率与私人融资成本相同，则相同投资所需资金的筹措，无论是采用发行企业债券的方式还是股票融资的方式，从现有股东的角度来看，两种融资方式的成本是相同的，企业股票的市场价值不会因融资方式的不同而有所不同。即在完全竞争资本市场假定的前提下，企业的融资方式选择以及由此导致的资本结构变化，与企业的价值无关，不存在最优的资本结构；企业的融资活动、股利政策等金融方面的决策与企业的价值不存在任何关联。① 这就是著名的 MM 定理（也称 MM 无关联性命题，MM irrelevancy theorem）。

正如前文所提到的，在 20 世纪早期的企业投资决策理论中，费雪分离定理认为，在完善的资本市场上，企业的生产决策独立于股东的跨期消费。即企业的生产决策和融资决策是相互独立的。莫迪格里安尼和米勒在无套利假设下拓展了费雪分离定理。在他们的分析中，企业被看做是一种资产，对任何具有不同融资选择的企业而言，只要他们的生产决策相同，那么这些企业的价值在任何时候都会相同，否则就会存在套利机会。在完全竞争市场条件下，套利机会的存在将保证企业的价值一定相等。在资本市场上，股东将以自己的证券组合变化来“抵消”企业融资结构变化对股东自身证券组合的影响。

莫迪格里安尼和米勒首次将新古典经济学的分析方法和分析技术应用到企业金融研究领域，使古典经济学关于货币等宏观金融因素对国民收入、就业等实体经济要素不产生任何影响的“货币中立性命题”、或者“古典的两分法”（classical dichotomy）在企业这一微观经济主体内部同样有效的结论得到了充分的证明。正因为如此，该理论奠定了现代公司金融理论的基础，并被称为“整个现代资本结构理论的奠基石”；同时，该理论也彻底改变了公司投资决策和融资决策的分析模式。它与马科维茨的资产组合理论一起共同构成了现代金融经济学的基础，使金融经济学称为现代经济学的一个分支。同时，它反过来又影响了现代经济学的发展。正如巴塔卡亚（Battacharya，S.，1988）所评价的：“MM 定理是一种分析方法上的贡献，它在方法上的创新在以后的期权定价、股票市场的有限最优以及公共金融和宏观经济学的应用方面随处都可见到。”②

① F. Modigliani，M. H. Miller. The Cost of Capital，Corporate Finance and the Theory of Investment. American Economic Review，1958，48（3）：261-297.

② S. Bhattacharya. Corporate Finance and the Legacy of Miller and Modigliani. Journal of Economic Perspectives，1988，2（4）：135-147.

在完全竞争资本市场等严格假定下，MM 定理无疑是正确的。但是，完善的资本市场只存在于理想状态，完全竞争资本市场的假定是不现实的，现实中存在着企业法人所得税和各种交易成本。正因为如此，在随后的 20 世纪 60—80 年代，包括莫迪格里安尼和米勒自身在内的许多学者进一步放松 MM 定理的假设条件，对经典的 MM 定理进行了拓展，构建了现代公司金融理论的基本理论体系框架。

莫迪格里安尼和米勒（Modigliani and Miller，1963）、法拉和苏温（Farrar，D. E. and L. L. Selwyn，1967）、米勒（Miller，M. H.，1977）以及布伦南和克劳斯（Brennan，M. and A. Kraus，1978）等在放松 MM 定理不存在税收假定的基础上，将税收因素考虑到企业融资决策的研究中，分析了企业法人所得税和个人所得税对企业资本结构选择的影响。而以巴格斯特（Baxter，N.，1967）、斯蒂格利茨（Stiglitz，J. E.，1972）、克劳斯和利兹博格（Kraus，A. and R. Litzenberger，1973）和斯科特（Scott，D. F.，1972）等为代表的学者则分析了负债融资的破产成本因素对企业融资决策的影响。在吸收这两类学者研究成果的基础上，罗比奇科和梅耶斯（Robichek，A. and S. Myers，1966）、鲁宾斯坦（Rubinstein，M. 1973）、斯科特（Scott，J. H.，1976）等提出了现代资本结构的"静态权衡理论"，主张企业的最优资本结构在于权衡税收的避税效应和潜在的破产成本。显然，"静态权衡理论"相对于 MM 定理而言，更加贴近现实。①

20 世纪 70 年代以后，随着代理理论和信息经济学理论的发展及其在经济学中的应用，经济学家开始将代理成本、信息不对称等引入企业金融决策的分析之中，并由此构建了企业资本结构的代理

① A. Robichek，S. Myers. Problems in the Theory of Optimal Capital Structure. Journal of Financial and Quantitative analysis，1966，1（2）：1-35. M. Rubinstein：A Mean-Variance Synthesis of Corporate Financial Theory. Journal of Finance，1973，28（1）：167-181. J. H. Scott. A theory of Optimal Capital Structure. Bell Journal of Economics，1976：33-53.

成本理论和信息经济学理论。

詹森和麦克林（Jensen, M. C. and W. Meckling,, 1976）、法玛（Fama, E., 1980）、法玛和詹森（Fama, E. and M.C. Jensen, 1983）以及詹森（Jensen, M. C., 1983, 1986）等从企业所有权与控制权分离问题出发，运用实证代理理论的分析方法，通过对企业各利益相关主体的委托代理关系以及由此产生的各种代理成本的分析，探讨了代理成本对企业融资决策的影响。他们认为，企业融资中的代理成本既包括因股权融资下股东和经理人之间利益冲突可能导致的过度投资或投资不足，也包括因债务融资下股东与债权人之间利益冲突所可能导致的资产替代、债权权益稀释、投资不足、延长债务（play for time game）、拒绝提供权益资本（refusal to contribute equity capital）等。因此，企业的最优资本结构应是权衡股权融资和债务融资中代理成本的结果（Jensen and Meckling, 1976）。①

与此同时，以利兰德和派尔（Leland, H. and D. Pyle, 1977）、罗斯（Ross, S. A., 1977）、梅耶斯和麦杰拉夫（Myers, S. C. and N. S. Majluf, 1984）和梅耶斯（Myers, S. C., 1984）为代表的经济学家着眼于企业融资事前信息不对称下的逆向选择问题，分析了信息不对称下的企业融资决策和最优资本结构选择问题。利兰德和派尔（Leland and Pyle, 1977）、罗斯（Ross, 1977）借助信息经济学的逆向选择模型，分析了在企业投资项目预期收益方面企业内部经营者和外部投资者之间存在着信息不对称时，资本结构在内部信息传导方面的作用，建立了资本结构的信号显示模型；② 梅耶斯和麦杰拉夫（Myers and Majluf, 1984）以及梅耶斯

① M. C. Jensen, W. Meckling. Theory of the Firm: Managerial Behavior, Agency Costs, and Capital Structure. Journal of Financial Economics 1976, 3(4): 305-360.

② H. Leland, D. Pyle. Information Asymmetries, Financial Structure, and Financial Intermediation. Journal of Finance, 1977, 32 (2): 371-388. S. A. Ross. The Determination of Financial Structure: the Incentive Signalling Approach. Bell Journal of Economics, 1977, 8 (1): 23-40.

(Myers, 1984) 立足于企业经营者和外部投资者在企业资产价值方面的信息不对称，分析了企业对外融资引起投资不足和过度投资等非效率投资行为的可能性，提出了企业融资方式选择的优序融资理论（pecking order theory）。① 优序融资理论认为，在信息不对称的情况下，为降低逆向选择可能导致的过度投资和投资不足以及信号显示的代理成本，企业最优的融资策略是优先选择来自于留成收益的内源融资，当内部资金来源不足以弥补投资需要而出现融资缺口时，次优的选择是安全的负债融资，权益融资仅作为最后的融资手段被采用。因此，企业的融资选择遵循的是一种优序原则，现实中观察到的企业资本结构是企业内源资金与投资资金需求之间差额的累积结果。资本结构的信号显示模型和优序融资理论为资本结构信息经济学理论的发展奠定了基础。由于优序融资理论认为企业不存在最优的资本结构，该理论提出后受到了广泛的关注，并引起了较大的争议。随后，许多学者围绕着静态权衡理论和优序融资理论对企业融资现实的解释力进行了大量的实证研究。静态权衡理论与优序融资理论也就成为现代公司金融理论中的两大主流理论。

## 三、资产定价理论

资产定价理论是现代金融经济学的核心问题。在资本市场上金融资产的供给和需求均衡的情况下，金融资产的价格如何确定？金融资产价格呈现出何种特征？这些都是经济学家所关心并致力于解决的问题。20 世纪 60—70 年代，特瑞纳（Treynor, J., 1961）、夏普（Sharpe, W., 1963）、林特纳（Linter, J., 1965）和莫辛（Mossin, J., 1966）等在马科维茨的资产组合理论的基础上，提出了资本资产定价模型（Capital Assets Pricing Model, CAPM），

① S. C. Myers, N. S. Majluf. Corporate Finance and Investment Decisions When Firms Have Information That Investor Do Not Have. Journal of Financial Economics, 1984, 13 (2): 187-221. S. C. Myers. The Capital Structure Puzzle. Journal of Finance, 1984, 39 (3): 575-592.

奠定了现代资产定价理论的基础。此后，罗斯（Ross，S. A.，1976）借鉴莫迪格里安尼和米勒所开创的套利均衡分析法，构建了资产定价的套利定价模型（Arbitrage Pricing Theory，APT）。而布莱克和斯科尔斯（Black，F. and M. Scholes，1973）以及默顿（Merton，R. C.，1973）所提出的期权定价模型（Option Pricing Theory，OPT）则开创了现代期权定价理论发展的新时代。资本资产定价模型、套利定价理论和期权定价理论是现代资产定价理论体系中最为基础的三个基准模型，有关资产定价理论的其他模型都是在这三个模型的基础上发展起来的。

**（一）资本资产定价模型**

马科维茨的资产组合理论对有效组合的风险和期望收益之间的关系作了完整的描述，但对于无效组合和有效组合中单个证券的风险如何测量的问题却未作研究。在马科维茨的资产组合理论中并不能得到单个证券与其期望收益之间的明确关系。同时，资产组合理论只考虑了单个投资者的证券选择行为，而忽视了所有投资者均按均值-方差效率原则进行投资决策时，市场均衡状态下资产组合中单个资产风险与期望收益之间的关系。因此，寻求资本市场均衡状态下单个资产期望收益与风险之间的关系也就成为资本资产定价模型的核心问题。

特瑞纳（Treynor，1961）讨论了风险因素对资产价值的影响。他将风险资产与无风险资产的预期差价称为“风险溢价”，并指出股票的风险溢价与该股票与市场上所有投资的协方差成正比。① 夏普（Sharpe，1964）、林特纳（Linter，1965）和莫辛（Mossin，1966）等在马科维茨资产组合理论对单个投资者的微观主体研究的基础上，将研究的视角转向整个资本市场，考虑若所有遵循马科维茨定义下的投资者的共同行动将导致怎样的市场状态，并先后得出了有关资本市场均衡的相同结论，即著名的“资本资产定价模

① J. Treynor. Toward a Theory of the Market Value of Risky Assets. Unpublished Manuscript，1961.

型”（CAPM）。① 该模型不仅给出了风险与收益呈线性关系的风险资产定价的一般公式，而且还利用实证方法来度量市场中存在的系统性风险与非系统性风险，为投资者从直觉上得到的为承担额外风险而应得的风险溢价给出了量化分析。夏普也因此将此比拟成是股票定价理论中的一般均衡理论。

在一系列严格的假定条件下，② CAMP 认为，在竞争均衡的资本市场上，单个资产或证券组合的预期收益由货币的时间价值（无风险利率）、承受系统性风险的回报（市场风险溢价）和系统性风险的大小（$\beta$ 系数）三个因素决定。如果用 $E(R)$ 来表示证券或投资组合的期望收益率，$R_f$ 为无风险收益率，$E(R_m)$ 为市场组合的期望收益率，那么资本资产定价公式可以表述为：

$$E(R) = R_f + \beta\ [E(R_m) - R_f].$$

该公式表明，单个资产或证券组合所承担的系统性风险只与各资产收益率与市场组合收益率之间的协方差有关，而与各资产本身的风险无关。这样，在投资者的心目中，如果协方差越大，则该资产对市场组合风险的影响就越大，在市场均衡时，该项资产应该得到的

---

① W. Sharpe: Capital Asset Pricing: A Theory of Capital Market Equilibrium under Conditions of Risk. Journal of Finance, 1964, 19 (3): 425-442. L. Lintner: The Valuation of Risk Assets and the Selection of Risky Investments in Stock Portfolios and Capital Budgets. Review of Economics and Statistics, 1965, 47 (1): 13-37. J. Mossion: Eauilibrium in a Capital Asset Market. Econometrica, 1966, 34 (4): 768-783.

② CAPM 的假定条件包括：(1) 市场为无摩擦市场，即不存在交易费用和税收，所有证券无限可分。(2) 市场不存在操纵。任何投资者的行为都不会影响资产的市场价格，即投资者都是价格接受者。(3) 市场无制度限制，允许卖空，并且可以自由支配卖空所得。(4) 市场中存在一种无风险证券，所有投资者都可以按照市场无风险利率进行自由的借贷。(5) 所有投资者在同一单期投资期内计划自己的投资行为组合。(6) 投资者为风险厌恶，并总是根据均值-方差效率原则进行投资决策。(7) 信息是完全的，所有投资者均能够合理预期资本市场所有资产完整的方差、协方差和期望收益信息。(8) 同质预期。即所有投资者有着完全相同的信息结构，所有投资者在运用均值方差方法进行投资决策筛选后，得到同样的有效组合前沿。

风险补偿也就应该越大。相应地，市场组合也将其承担风险的奖励按每个资产对其风险贡献的大小按比例分配给单个资产。CAPM 由于其简洁性和可操作性，被广泛运用于金融资产收益预测以及投资风险分析等领域。

一系列严格的假设条件使得 CAPM 对现实问题的刻画得到简化，但同时也决定了 CAPM 模型在实际应用中的局限性。正因为如此，20 世纪 70 年代以后，经济学家们不断放松 CAPM 模型的假设条件，使之更符合现实经济情况，从而推广模型的实际运用。

针对 CAPM 中无税收的假设限制，布伦南（Brennan，M. J.，1970）引入税收因素，在分析个人所得税对经济主体投资决策影响的基础上，构建了基于税收的 CAPM。① 布莱克（Black，F.，1972）放松投资者可按无风险利率借贷的假设，探讨了市场上不存在无风险借贷情况下资本资产的定价问题，并推导出了零贝塔 CAPM（zero-beta）。② 迈耶斯（Mayers，D.，1972）在研究中放弃了 CAPM 中所有资产均可交易的假定，证明了即使市场组合中存在包括人力资本、社会保险金、退休金等非交易资产，CAPM 的基本形式也不会发生实质性变化，只是用于度量与市场收益水平变动相关的系统性风险的系数定义不同而已。③ 针对 CAPM 中投资者只在某一特定的时间周期内计划自己的投资行为的假设，莫顿（Merton，R. C.，1973）认为，投资者在任何时点上选择的资产组合只是其为最大化其终生消费效用而持有一系列组合中的一环。在假设个人的消费与投资是使投资者终生预期效用最大化，投资者效用为其消费和投资的函数的基础上，默顿提供了一个时间连续、包

① M. J. Brennan. Taxes, Market Valuation and Corporate Financial Policy. National Tax Journal, 1970, 23 (4): 217-417.

② F. Black. Capital Market Equilibrium with Restricted Borrowing. Journal of Business, 1972, 45 (3): 444-455.

③ D. Mayers. Non-Marketable Assets and the Capital Market Equilibrium under Uncertainty, Jensen (ed) Studies in the Theory of Capital Markets. New York: Praeger, 1972: 223-248.

含多个因素的跨期 CAPM，即 ICAPM（Intertemporal CAPM）。① 在默顿分析的基础上，伯瑞登（Breeden，D.，1979）以投资者追求整个生命周期的消费效用最大化为出发点，认为投资者在长期内将权衡消费与投资的分配比例，并由此得到了一个资产收益率与平均消费增长率的线性关系模型，即 CCAPM（Consumption-oriented CAPM）②。

与此同时，许多学者利用时序列和横截面的数据对 CAPM 模型进行了实证检验，如布莱克、詹森和斯科尔斯（Black，F.，M. C. Jensen and M. Scholes，1972）和法玛和麦克米斯（Fama，E and J. Macbeth，1973）等。早期的实证研究结论支持了 CAPM 结论。③

由于其假设条件的严格，CAPM 局限性也表现得非常明显。这主要表现为：

（1）市场无摩擦和卖空无限制、投资者同质预期和风险厌恶的假设明显与现实不符；而且，过多的假设条件限制了 CAPM 的拓展。正如罗斯（Ross，S. A.，1976）指出的，"当放松其中的一个条件时，仍可以得到一个与 CAPM 相似的定价模型，但同时放松这两个条件时，就无法得出一个确定的均衡定价模型"。④

（2）CAPM 的实证检验面临着较大的困难。这主要表现为在现实的实证检验中无法识别和找到一个真正的市场组合，从而也就无

---

① R. C. Merton. An Intertemporal Capital Asset Pricing Model. Econometrica，1973，41（5）：867-887.

② D. Breeden. An Intertemporal Capital Pricing Model with Stochastic Investment Opportunities. Journal of Financial Economics，1979，7（3）：265-296.

③ F. Black，M. C. Jensen，M. Scholes. The Capital Asset Pricing Model：Some Empirical Tests. In：Studies in the Theory of Capital Markets. M. C. Jensen，ed. New York：Praeger，1972：79-121. E. Fama，J. MacBeth. Risk，Return，and Equilibrium：Empirical Tests. Journal of Political Economy，1973，81（3）：607-636.

④ S. A. Ross. Arbitrage Theory of Capital Pricing. Journal of Economic Theory，1976，13（3）：341-360.

法计算反映单个资产收益率与市场组合收益率之间协方差关系的 $\beta$ 系数。

因此，即使实证结论不支持 CAPM，也无法断定是 CAPM 本身的问题，还是由于实证检验中所使用的市场组合本身是无效率组合的问题。正因为如此，罗尔（Roll，R.，1977）认为，CAPM 是无法检验的。①

**（二）套利定价理论**

由于资本资产定价模型的假设过于理想化，在现实生活中几乎找不到市场组合来证明这个模型，罗斯（Ross，1976）构建了一个以无套利定价为基础的多因素资产定价模型，也称套利定价模型（Arbitrage Pricing Model，APT）②。该模型由一个多因素收益生成函数推导而出，其理论基础为一价定律，即两种风险-收益性质相同的资产不能按不同价格出售。该模型推导出的资产收益率决定于一系列影响资产收益的因素，而不完全依赖于市场资产组合，而套利活动则保证了市场均衡的实现。同时，APT 对 CAPM 中的投资者风险厌恶的假设条件作了放松，从而较 CAPM 具有更强的现实解释能力。

套利定价理论认为，任何证券的收益率都是若干个要素的线性函数。假定各因素相互独立，如果证券或者组合具有相同的因素敏感度，那么除非风险因素以外它们将以相同的方式波动。因此，对于这些具有相同的因素敏感度的证券或组合而言，必定具有相同的预期收益。否则，市场中就会存在套利机会，投资者将利用这些机会，使之最终消失。这就是套利定价理论的核心思想，它在更加广泛的意义上建立了证券收益与宏观经济中其他因素的联系，因此能够比 CAPM 为证券走势分析提供更好的拟合。

CAPM 和 APT 都为资产定价模型，它们的主要区别在于：

---

① R. Rolll. A Critique of the Asset Pricing Theory's Tests. Journal of Financial Economics，1977，4（2）：129-176.

② S. A. Ross. Arbitrage Theory of Capital Pricing. Journal of Economic Theory，1976，13（3）：341-360.

第一，CAPM 采用了均衡定价法则，而 APT 采用的是套利定价法则；

第二，CAPM 为单因子模型，认为证券风险只受市场因素影响；而 APT 为多因子模型，认为证券的风险由多个因素来共同解释，如通货膨胀率、利率期限结构等。当 APT 中的影响因子只包括市场组合时，APT 导出的风险-收益率的关系与 CAPM 一致，即 CAPM 是 APT 的一个特例。

第三，CAPM 假定投资者的风险态度为风险回避，投资者必须根据均值-方差效率原则来进行资产组合选择；而 APT 无需对投资者的偏好做出规定，只要求投资者对财富的态度是多多益善。同时，APT 不需要效用函数的假设，不需要市场组合的存在，也不需要资产收益分布的假设，增强了理论的适用性。

在此后的研究中，部分经济学家们致力于从更加严格的角度来给出套利定价的推导过程。休伯曼（Huberman，G.，1982）使用渐近无套利假设推导出了 APT。① 张伯伦和罗斯柴尔德（Chamberlain，G. and M. Rothschild，1983）则证明，放宽特质风险相互独立条件并不影响罗斯的套利定价公式。②

同时，经济学家们也谋求在一般均衡框架下能够得到 APT。科诺（Connor，G.，1984）首先推导出了 APT 的竞争均衡模型。该模型中添加了市场投资组合多样化且因素普遍的假设，市场组合多样化要求单个资产占总资产的比例较小，而因素普遍则赋予投资者在不限定因素风险选择的情况下可以通过多样化来规避特质风险的权利。③ 此外，APT 的另一个重要拓展就是关于 APT 定价误差的研究。迪维格（Dybvig，p. H.，1983）对个体偏好进行了适当的

---

① G. Huberman. A Simple Approach to Arbitrage Pricing. Journal of Economic Theory，1982，28（1）：183-191.

② G. Chamberlain，M. Rothschild. Arbitrage，Factor Structure and Mean-Variance Analysis in Large Asset Markets. Econometrica，1983，51（5）：1281-1304.

③ G. Connor. A Unified Beta Pricing Theory. Journal of Economic Theory，1984，34（1）：13-31.

假定，得到了 APT 定价误差的上界。① 此后，黄和利兹博格（Huang，C. F. and R. H. Litzenberger，1988）也对该问题进行了探讨。②

**（三）期权定价理论**

早在20世纪初，巴契里耶（Bachelier，1900）就讨论过期权定价的均衡方法。但他的理论缺乏现实基础，实用性较差，并且在当时未引起学术界的关注。此后，期权定价理论的进展基本处于空白阶段。直到20世纪60年代，巴契里耶的研究才引起重视，萨缪尔森（Samuelsion，1965）、莫顿（Merton，1969）等在其基础上都做过相关探索，但未取得重大突破。20世纪70年代初期，随着金融衍生工具的迅速发展，对风险资产定价的研究已经从股票证券延伸到衍生金融工具。1973年，布莱克和斯科尔斯（Black，F. and M. Scholes，1973）通过运用伊藤积分定理，在一系列假设条件下推导出了基于无现金股利的欧式股票期权定价公式（简称 B-S 期权定价公式）。这一突破性的进展开创了期权定价理论发展的新时代。③

B-S 期权定价公式建立在无套利假设的基础之上，认为投资者总是可以构造一个有标的资产和无风险债券的适当组合，使得这个组合的收益与期权在到期日的收益完全相同。这一组合也成为合成期权或人造期权。由于两者的到期收益相同，根据无套利原理，两者的价格必然相等，期权定价就只需对合成期权定价。

在 B-S 期权定价公式问世的同时，默顿（Merton，1973）提出了与 B-S 期权定价公式类似的模型，并从三方面进行了重要拓展：

---

① P. H. Dybvig. An Explicit Bound on Deviation from APT Pricing in a Finite Economy. Journal of Financial Economics，1983，12（4）：483-496.

② C. F. Huang，R. H. Litzenberger：Foundations for Financial Economics. Prentice-Hall，1988.

③ F. Black，M. Scholes. The Pricing of Options and Corporate Liabilities. Journal of Political Economy，1973，81（3）：637-654.

（1）提出了支付已知红利的股票期权定价公式；

（2）推导出了随机利率的期权定价公式；

（3）推导出了股票价格遵循跳跃过程的期权定价模型。①

正是由于莫顿在期权定价理论发展过程中所做出的重要贡献，Black-Scholes 模型也被称为 Black-Scholes-Merton 模型。

B-S 期权定价公式的推导建立在 6 个假设基础上：

（1）无交易成本、无税收、无卖空限制；

（2）无风险收益率是常数，且所有的到期日都相同；

（3）股票不支付红利；

（4）标的资产价格服从几何布朗运动，其波动率为常数；

（5）交易市场是连续开放的；

（6）期权为欧式期权。

由于这些假设条件所构建的市场与现实市场相去甚远，使得 B-S 公式的运用存在理论上和实践上的缺陷。于是经济学家们不断放宽假设条件，推广 B-S 期权定价公式，使其接近于更加真实的经济环境。

关于市场无摩擦的假设条件，斯科尔斯（Scholes，M.，1976）分析了税收因素对 B-S 期权定价公式的影响；利兰德（Leland，H. E.，1985）以及尼克奈和安德瑞（Nikolai，D. G. and S. Andrey，1998）等对交易成本对期权定价的影响进行了研究。②

同时，学术界对 B-S 模型中有关标的资产价格波动率为常数的假设进行了修正，通过引入随机波动率和确定波动率的形式拓展了经典的 B-S 期权定价模型。赫尔与怀特（Hull，J. C. and A.

---

① R. C. Merton. An Intertemporal Capital Asset Pricing Model. Econometrica, 1973, 41 (5): 867-887.

② H. E. Leland. Option Pricing and Replication with Transactions Costs. Journal of Finance, 1985, 40 (5): 1283-1301. D. G. Nikolai, S. V. Andrey. The Pricing of Options in a Financial Market Model with Transaction Costs and Uncertain Volatility. Journal of Multinational Financial Management, 1998, 8 (2-3): 353-364.

White, 1987）将波动率看做随机过程，在不完备的市场情形下给出了期权定价的方法。① 考克斯和罗斯（Cox, J. C. and S. A. Ross, 1976）②、葛斯科（Geske, R., 1979）③、鲁宾斯坦（Rubinstein, M., 1985, 1994）④、迪曼和卡尼（Derman, E. and I. Kani, 1994）⑤ 则假定标的资产价格波动率是标的资产价格及时间的确定函数，在完备市场的情况下给出了期权的风险中性定价方法。哈里森和克里普斯（Harrison, J. M. and C. Kerps, 1979）在风险中性原理的基础上建立了鞅定价模型。⑥ 自此，风险中性和鞅定价思想占据了资产定价理论的中心位置。

针对现实中观察到的资产收益率并非呈对数正态分布，而是具有“尖峰”“厚尾”的特征，学者们从三个方面对 B-S 模型中有关资产价格服从几何布朗运动的假设进行了修正。

（1）在资产价格服从几何布朗运动的基础上加一个跳跃，考克斯、罗斯和鲁宾斯坦（Cox, J. C., S. A. Ross, and M. Rubinstein, 1979）指出股价的变化不仅包括对数正态分布的情况，也包括由于重大事件引起的跳动。他们采用二项分布代替对数正态分布，提出了一种比 B-S 模型更加直观、更加简单的二叉树（二

① J. C. Hull. A. White: Hedging the Risks From Writing Foreign Currency Options. Journal of International Money and Finance, 1987, 6 (2): 131-152.

② J. C. Cox, S. A. Ross. The Valuation of Options for Alternative Stochastic Processes. Journal of Financial Economics, 1976, 3 (1-2): 145-166.

③ R. Geski. The Valuation of Compound Options. Journal of Financial Economics, 1979, 7 (1): 63-81.

④ M. Rubinstein. Alternative Paths for Portfolio Insurance. Financial Analysts Journal, 1985, 41 (1): 42-52. M. Rubinstein: Implied Binomial Trees. Journal of Finance, 1994, 49 (3): 771-818.

⑤ E. Derman, I. Kani. Riding on a Smile. Risk, 1994, 7 (1): 32-39.

⑥ J. M. Harrison, C. Kreps. Martingales and Arbitrage in Mutltiperiod Securities Markets. Journal of Economic Theory, 1979, 20 (4): 381-408.

项式）期权定价模型。① 该模型的基本结论与B-S模型相似，但却比B-S模型具有更广泛的实用价值。

（2）利用历史数据估算资产收益率所服从的概率分布，即核密度估算法。该方法虽然不用对资产价格做任何假定，但它存在一个致命的弱点，即过于依赖历史数据，认为未来收益分布与历史收益分布相同。

（3）考虑资产价格服从几何分数布朗运动，收益率则对应地服从分形分布。相对于正态分布而言，分形分布具有能够刻画尖峰、厚尾等优点。

大量实证研究也表明，用分数布朗运动代替几何布朗运动能够使模型更加精确，但是前者是否真的优于后者，还有待时间的检验。

## 四、有效市场假说

资本资产定价模型、套利定价理论和期权定价理论都是建立在资本市场对资产定价的有效性这一基本的假设前提基础之上的。然而，资本市场是否有效？以何种标准来判断资本市场的有效性？在何种条件下，资本市场才能够满足无套利假设？显然，对这些问题的回答不仅直接决定了现有资产定价理论的成立与否，而且动摇着现代金融经济学的基础。有效市场假说理论正是对这些问题给予了全面系统的回答。正因为如此，该理论也就成为现代金融经济学理论的基石。

前述表明，早在20世纪初期，巴契里耶（Bachelier，1900）、考尔斯（Cowles，1933）、沃金（Working，1934）和肯德尔（Kendall，1953）等都对资本市场股票价格的变化规律进行了统计性的分析和研究，得出了股票价格变化是一种呈布朗运动的随机游走过程，股票价格变化不可预测的观点。但由于当时资本市场的作用有限，他们的研究和观点并未得到应有的重视。20世纪50年代

① J. C. Cox, S. A. Ross, M. Rubinstein. 1979 Option Pricing: A Simplified Approach. Journal of Financial Economics, 1979, 7 (3): 229-264.

以后，随着资本市场的发展，部分经济学家开始关注资本市场股票价格的变化趋势。罗伯茨（Roberts, H. V., 1959）和奥斯本（Osborne. M., 1959）分别再次证明了股价的对数序列是随机游走，或股价变动遵循几何布朗运动的结论。① 萨缪尔森（Samuelson, P., 1965）在吸收巴契里耶研究成果的基础上，通过对期权价格的研究，进一步肯定了股票价格遵循几何布朗运动的观点，并正式提出了有效市场假说（Efficient Market Hypothesis, EMH）的概念。② 20 世纪 60—70 年代，法玛（Fama, E., 1965, 1970）在吸收前人研究成果的基础上，正式提出有效市场理论，指出市场是鞅模型（Martingale Models），或者是“公平博弈”，并由此构建了完整的有效市场假说理论体系③。

法玛（Fama, 1970）指出，有效市场是指这样的市场，其中的证券价格总是可以充分体现可获信息变化的影响；价格总是“完全反映”可接受信息的市场，称之为“有效”市场。有效市场假说排除了这样的交易制度存在的可能性，即基于现在可获信息获得超过均衡与其利润之上的超额收益。

有效市场假说是从证券价格对信息的反映程度来衡量市场效率的。就一个资本市场而言，如果它在确定资产价格时利用并反映了所能获得的全部信息，不论该市场是否有配置效率或运作效率，那么，从信息的角度来看，该资本市场就是有效率的。因此，有效市场假说探讨的是信息对资产价格影响的问题。这种影响主要体现在两个方面：

---

① H. V. Roberts. Stock Market Patterns and Financial Analysis: Methodological Suggestions. Journal of Finance, 1959, 14 (1): 1-10. Osborne. Brownian Motion in the Stock Market. Operations Research, 1959, 13: 145-173.

② P. Samuelson. Proof that Properly Anticipated Prices Fluctuate Randomly. Industrial Management Review, 1965, 6 (2): 41-49

③ E. Fama. The Behavior of Stock Market Prices. Journal of Business, 1965, 38 (1): 34-105. E. Fama. Efficient Capital Markets: A Review of Theory and Empirical Work. Journal of Finance, 1970, 25 (2): 383-417.

（1）当有关某种证券基本价值的信息传播到市场上时，该种证券的价格是否会快速、准确地做出反应，并将这种信息的影响体现在价格之中。

（2）如果没有影响证券基本价值变化的信息变化，也不会有价格变化，即无信息变化时，价格保持不动。

在意识到在有效市场的定义中“充分反映”和“可获得的信息”概念存在着模糊之处和难以操作的情况下，法玛（Fama，1970）在罗伯茨（Roberts，H. V.，1967）研究的基础上，按照信息存在的三种类型把有效市场分为三类，即弱型有效市场、半强型有效市场和强型有效市场。

有效市场假说描述了资本市场上投资者理性行为的极致表现，它的成立建立在三个逐渐放宽的基本假设之上：

（1）投资者完全理性，可以对资产进行合理估价。

（2）即使投资者并非完全理性，但他们的交易是随机的，所以非理性投资者对价格产生的影响会相互抵消，从而对均衡价格不会产生影响。

（3）即使投资者的非理性行为并非随机而是具有相关性，他们在市场中将遇到理性的套利者，后者将消除前者对价格的影响。

有效市场假说成立与否一方面取决于其对经济主体理性行为的假设，另一方面取决于其是否能够得到实证检验结果的支持。正因为如此，有效市场假说提出以来，众多的学者采用不同国家、不同时期资本市场的交易数据对有效市场假说中提出的三种不同类型的有效市场进行了检验。20 世纪 60—70 年代有关资本市场有效性的早期的实证检验结果大多表明，无论是从弱型有效、半强型有效还是从强型有效来看，有效市场假说基本成立。如法玛（Fama，1965）采用模拟交易战略的过滤测试方法对美国证券市场弱型有效的检验表明，股票价格确实几乎服从随机游走，技术性交易的过滤原则策略不能获得超额利润。① 鲍尔和布朗（Ball，R. and

① E. F. Fama. The Behavior of Stock-Market Prices. Journal of Business，1965，38（1）：34-105.

p. Brown, 1968）检验实证了公司盈余公告对股票价格的影响。他们的结论表明，在公告后的一段时间里，有正未预期盈利（即好消息）的公司的累计超常收益率是向上漂移的，而有负未预期盈利（即坏消息）的公司的累计超常收益率是向下漂移的，两者几乎是对称的。因此，市场是半强型有效的①。但是，20 世纪 80 年代以来，随着有效市场假说理论实证检验的广泛展开和大样本数据的采用，众多经济学家的实证研究结果显示出与有效市场假说不一致的反常现象，即通常所说的“异象”。如罗哲夫和肯尼（Rozeff. M. and W. R. Kinney, 1976）的“一月效应”②、班兹（Banz, R. W. , 1981）的“规模效应”③、梅哈拉和普雷斯科特（Mehra, R. and E. C. Prescott, 1985）的“股权溢价之谜”④、吉格德斯和蒂德曼（Jegadeesh, N. and S. Titman, 1993）的“动量效应”⑤、德邦迪和塞勒（De Bondt, W. F. M. and R. Thaler, 1985）的“反转效应”⑥ 等。这类市场异象的存在一方面对有效市场假说提出了严峻的挑战；另一方面也促使经济学家反思现有的资本市场理论和资产定价理论，从新的视角来对这类异象给予合理的解释，从而进一步推动了金融经济学理论的发展。

---

① R. Ball, P. Brown. An Empirical Evaluation of Accounting Numbers. Journal of Accounting Research, 1968, 6 (2): 159-177.

② M. S. Rozeff, W. R. Kinney. Capital Market Seasonality: the Case of Stock Returns. Journal of Financial Economics, 1976, 3 (4): 379-402.

③ R. W. Banz. The Relationship Between Return and Market Value of Common Stocks. Journal of Financial Economics, 1981, 9 (1): 3-18.

④ R. Mehra, E. C. Prescott. The Equity Premium: A Puzzle. Journal of Monetary Economy, 1985, 15 (2): 145-161.

⑤ N. Jegadeesh, S. Titman. Returns to Buying Winners and Selling Losers: Implications for Stock Market Efficiency. Journal of Finance, 1993, 48 (1): 65-91.

⑥ W. F. M. De Bondt, R. Thaler. Dose the Stock Market Overreact? Journal of Finance, 1985, 40 (3): 793-805.

## 第三节　金融经济学理论的新发展

20世纪50年代至80年代中期，现代金融理论在经历了快速的理论发展之后，初步构建了完整的金融经济学理论体系。20世纪80年代后期开始，随着现代金融计量分析技术的发展和大容量的金融数据库的建立，金融经济学的发展进入了实证金融的阶段。有关资本市场有效性、资产定价、公司资本结构选择等领域的实证研究成果不断涌现。在这些实证研究成果中，部分实证结果支持了经典金融经济学理论的结论，但大多数实证研究成果与经典金融经济学理论的结论相悖，提出了一大批经典理论无法解释的金融市场异象。如，在有效市场假说及资产定价理论的实证研究方面，金融经济学家通过实证研究提出了“规模效应”、“日历效应”、“动量效应与反转效应”、“股权溢价之谜”、“无风险利率之谜”、“股息率效应”、“市盈率效益”以及“净值市价比现象”等；在公司资本结构理论方面，在对资本结构的静态权衡理论和优序融资理论的实证检验中，经济学家发现了企业融资决策中存在着“债务保守主义”、“均值反转”、“市场时机选择”和“惯性”等一系列异象。大量金融异象的存在迫使经济学家对经典金融经济学理论进行反思，并寻求新的视角或方法来对其进行改进和拓展，以使理论能够对现实金融市场中存在的异象给予合理的解释，进而也推动了现代金融经济学理论的创新和发展。

### 一、资产定价理论的发展

建立在对金融市场异象给予合理解释基础之上的资产定价理论的发展主要体现在三个方面：

（1）在经典理论假定基础之上考虑资产特质风险的资本资产定价模型的拓展。这方面的典型代表是法玛和弗伦奇（Fama，E. and K. French，1996）的三因素模型。

（2）放松经典理论有关经济主体完全理性假设，在有限理性假设基础之上发展起来的行为资产定价理论。

（3）修改经典理论中有关经济主体同质特性假设，在投资者异质特性假设下发展起来的资产定价理论。

**（一）法玛和弗伦奇（Fama and French，1996）的三因素模型①**

针对部分金融经济学家在实证检验中发现的"规模效应"、"动量效应"、"反转效应"、"股息率效应"、"市盈率效益"以及"净值市价比现象"等市场异象，法玛和弗伦奇（1996）在利用自己有关资本预期收益的实证研究成果（1992，1993，1995）的基础上，构建了资本资产定价的三因素模型。在实证研究中，法玛和弗伦奇发现，资产组合的超额收益取决于其对如下三个因素的敏感度：

（1）市场组合的超额收益。

（2）规模因素（小公司与大公司收益间的差异）。

（3）高市账比组合与低市账比组合收益之间的差额。

于是，他们利用市场因素、公司规模和账面价值与市场价值之比构建了资本资产定价的三因素模型，即

$$E(R_i)-R_f=b_i\,[E(R_m-R_f)]+s_iE(\mathrm{SMB})+h_i(\mathrm{HML}).$$

其中，$b_i$，$s_i$，$h_i$是回归方程 $R_i-R_f=a_i+b_i(R_m-R_f)+s_i\mathrm{SMB}+h_i\mathrm{HML}+\varepsilon_i$回归系数；$R_i$、$R_m$、$R_f$分别是股票收益率、市场组合收益率和无风险收益率，SMB 是小市值组合与大市值组合收益之差额(Small Minus Big SMB)，是由于公司规模不同所造成的收益率差异；HML 是高市账比组合与低市账比组合收益之差（High Minus Low，HML)，是由于市场价值与账面价值比不同所产生的收益率差异。

法玛和弗伦奇认为，市账比及 HML 的载荷（loading，各种因素的超额收益贡献，即系统性的风险因素）系数 $h$，可以反映公司的破产风险。高市账比和正的载荷系数意味着更高的破产风险，低

① E. Fama，K. French. Multifactor Explanations of Asset Pricing Anomalies. Journal of Finance，1996，51（1）：55-84.

市账比和负的载荷系数意味着更低的破产风险。小公司往往拥有高市账比和正的载荷系数；而长期获得高收益的大公司则拥有低市账比和负的载荷系数，因而小公司具有更高的风险，投资于小公司就需要更多的超额收益。从时间系列来看，那些历史上收益较低的股票总是拥有正的 SMB 和 HML 载荷系数，因而也就有比较高的未来收益；而那些长期收益较高的股票总是拥有负的 SMB 和 HML 载荷系数，因而也就有比较低的未来收益。这样，法玛和弗伦奇利用自己构建的三因素模型解释了除“动量效应”以外的其他市场异象。

**（二）行为资产定价理论**

经典资产定价理论中，经济主体被假定为完全理性的主体。20世纪70年代末，经济学家卡尼曼和特韦尔斯基（Kahneman，D. and A. Tversky，1979）在将心理学因素引入经济学分析的基础上，提出了不确定性下经济主体行为决策分析的前景理论（prospect theory）。① 此后，部分经济学家在前景理论的基础上，建立了以行为资产选择理论和行为资产定价理论为主要内容的行为金融学理论体系。

行为金融理论借助一些刻画人类行为决策的心理学概念，在前景理论的基础上，首先对经典资产定价理论的基础——有效市场假说提出了挑战，对该假说的前提假设条件进行了修正。行为金融理论认为：

（1）投资者并非完全理性，而是具有某种情绪（sentiment）的“正常（Normal）人”，他们在决策时同样会受到其他无关信息的影响，从而呈现出一种有限理性（bounded rationality）。投资者的行为并非符合经济理性最大化假设，在很多基本的假设上，人们的行为与标准决策模型不一致。体现在：

- 决策参考点（reference point）决定着行为主体对待风险的态度。
- 损失厌恶（loss aversion）。

① D. Kahneman, A. Tversky. Prospect theory: an Analysis of Decision under Risk. Eeconometrica 1979, 47 (2): 263-291.

• 对不确定性后果进行预测时，行事原则并非遵循贝叶斯规则，具有典型性启示偏差（representative heuristics）、过度自信（overconfidence）、心理账户（mental accounting）、认知偏差（cognitive dissonance）、锚定（anchoring）等心理特征。

• 投资决策时具有短视最大化（myopic maximization）和保守主义（conservatism）的特征。

（2）非理性投资者（噪音交易者）之间的交易并非随机进行。人们对基准的偏离并非偶然性、个体的偏离，而是经常以同样的方式偏离。

（3）由于证券可能没有完全的替代品、噪声交易者风险以及套利限制的存在，现实中的套利是有风险的，套利者必须谨慎行动，否则就会遭受损失。

在上述有关资本市场投资者行为假定的基础上，谢芙林和斯塔特曼（Shefrin，H. and M. Statman，1994）提出了行为资本资产定价模型（Behavioral Asset Pricing Model，BAPM）①。在行为资本资产定价模型中，投资者被划分为信息交易者和噪声交易者：信息交易者是“理性投资者”，不会出现认知偏差，只关注组合的均值方差，而且不同个体之间表现出良好的统计均方差性；噪音交易者则是处于 CAPM 理论框架之外的投资者。他们会出现认知错误，没有严格的均值方差偏好，不同个体之间具有显著的异方差性。在资本市场上，两类投资者互相影响，共同决定资产价格。在行为资本资产定价模型中，资产的预期收益决定于行为贝塔，即正切均方差效率（tangent mean-variance-efficient）资产组合的贝塔。因为噪声交易者对资产价格的影响，正切均方差效率资产组合并非市场组合。

在谢芙林和斯塔特曼（Shefrin and Statman，1994）提出行为资本资产定价模型之后，许多有关行为资本资产定价的模型相继问世。这类模型大多针对资本市场上存在的异象，运用前景理论中有

① H. Shefrin，M. Statman. Behavioral capital asset pricing theory，Journal of Financial and Quantitative Analysis，1994，29（3）：323-349.

关投资者行为决策的不同概念，从不同的侧面对资本市场异象给予了解释。其中，代表性的模型有 BSV 模型（Barberis，N.，A. Shleifer and R. Vishny，1998）①、DHS 模型（Daniel，K. D.，D. Hirshleifer and A. Subrahmanyam，1998）② 和 HS 模型（Hong，H. and J. C. Stein，1999）③ 等。这三个模型对资本市场上投资者反应不足、过度反应以及动量效应和反转效应等给予了较好解释。

2000 年，在卡尼曼和特韦尔斯基的前景理论的基础上，谢芙林和斯塔特曼（2000）提出了以预期财富和财富低于某一安全值水平的概率（决策参考点）为投资者资产组合选择基础的行为组合理论。④⑤ 行为组合理论认为，投资者的投资决策是在不确定性条件下，投资者在心理账户上运用心理会计进行的心理选择。投资者对待风险的态度内含于心理账户上的会计计量之中。即投资者对待风险的态度表现在财富低于某一可以维持自己效用不比现状差的安全值的概率之中。在一个以预期财富为纵轴，以财富低于某一可以维持的安全值的概率为横轴的坐标图中，行为组合理论描绘出了投资者行为组合的有效边界。

行为组合理论认为，投资者对待风险的态度取决于投资者选择的财富安全值和低于这一安全值的概率。若财富安全值较高，则投

① N. Barberis，A. Shleifer，R. Vishny. A model of investor sentiment，Journal of Financial Economics，1998，49（2）：307-343.

② K. D. Daniel，D. Hirshleifer，A. Subrahmanyam. Investor psychology and security market under-overreaction，Journal of Finance，1998，53（6）：1839-1886.

③ H. Hong，J. C. Stein. A Unified Theory of Underreaction，Momentum Trading and Overreaction in Asset Markets. Journal of Finance，1999，54（6）：2143-2184.

④ 本部分有关行为组合理论的综述主要参考了陆家骝编著的《金融经济学》（东北财经大学出版社，2004 年版）一书中部分章节的内容。

⑤ H. Shefrin，M. Statman. Behavioral Portfolio Theory. Journal of Finance and Quantitative Analysis，2000，35（2）：127-151.

资者显得较为风险厌恶；反之，则愿意承担较大的风险。同样地，若投资者风险厌恶，则在心理账户上要求较高的低于财富安全值的概率；反之，风险偏好者则要求较高的概率。对于单个投资者而言，如果低于财富安全值的概率可以取多个不同的值，投资者的投资决策采用了多个思维账户的思考模式。多个思维账户的行为组合是投资者在构造资产组合时，将其资产放在了不同的思维账户。在这类组合中，投资者只考虑每个思维账户是否满足各方面的投资要求，而不考虑各思维账户资产之间的相关性。行为组合理论认为，投资者构建的多个思维账户组合是一种金字塔式的行为资产组合，位于金字塔各层的资产都与特定的目标和风险态度相联系，而各层之间的相关性则不予考虑。位于金字塔底层的资产层主要用于保障生活，投资者对这类资产的要求以安全性为主，表现为风险厌恶；而位于高层的资产则以获得高额收益为主，投资者表现为风险偏好。即投资者在进行投资决策时首先考虑的是资产安全性，其次才是对资产增值的追求。

### （三）投资者异质特性下的资产定价理论①

经典的资本资产定价理论假设所有投资者具有相同的信念、偏好和初始禀赋或财富，并且可以将所有的投资者进行加总，合成一个具有代表性的投资者。在代表性投资者假定下，当将单期模型扩展为多期模型时，投资者的效用函数也是跨时可加的。实际上，投资者因为本身的异质性，面对同样的经济环境会做出不同的反应和行为。因此，传统定价理论中将所有投资者行为进行简单加总的做法并不符合现实情况。正因为如此，部分金融经济学者在放松经典理论有关投资者同质特性假设的基础上，分析了投资者异质特性对资产定价的影响。根据坎贝尔（Campbell，J. Y.，2000）的划分，投资者的异质性可以分为四类：异质约束，异质收入，异质偏好，

① 该部分有关投资者异质特性下的资产定价理论的内容主要参考了熊和平、柳庆原发表在《经济评论》2008 年第 1 期上的《异质投资者与资产定价研究评析》一文的内容。

异质信念。①

异质约束是指投资者在经济活动中进行消费-投资行为决策时受到的约束不同。这种约束可能主要来自各阶层投资者的收入水平，它使得部分消费者将收入用在基本消费以后，没有剩余进行投资活动。这样，经济系统中就有可能存在两类消费者：第一类是受到约束的消费者，这类消费者的每期劳动收入只能用来消费，无法在资本市场上进行投资；第二类是无约束的消费者，他们的收入既可以用来消费，又可以用来在资本市场上投资。在两类消费者共存的市场上，第一类消费者的消费与均衡价格的确定无关，但他们可能占很大的比例。坎贝尔和曼丘（Campbell, J. Y. and N. G. Mankiw, 1989）②、布尔曼和德斯（Blume, M. E. and S. p. Zeldes, 1994）③ 的实证研究证明了异质约束的存在，并对传统定价理论中的经济系统加总提出了质疑。在此基础上，巴撒克和库克（Basak, S. and D. Cuoco, 1998）④ 以及希顿和卢卡斯（Heaton, J. and D. J. Lucas, 2000）⑤ 等构造了投资者参与股市受到约束的均衡模型。前者在纯交换经济中引入两类在参与股市权限、禀赋、偏好方面不同的投资者，得出了与同质投资者情况下不同的利率、股票价格、风险溢价和即期 Sharpe 比等的解析解，并

① J. Y. Campbell. Asset pricing at the millennium. Journal of Finance, 2000, 55 (4): 1515-1563.

② J. Y. Campbell, N. G. Mankiw. Consumption, Income, and Interest Rates: Reinterpreting the Time Series Evidence, In Olivier J. Blanchard and Stanley Fischer (eds), NBER Macroeconomics Annual. Cambridge, MA: MIT Press, 1989: 141-201.

③ M. E. Blume, S. P. Zeldes. Household Stock Ownership Patterns and Aggregate Asset Pricing Theories. Working Paper, University of Pennsylvania, 1994 (2): 234.

④ S. Basak, D. Cuoco. An Equilibrium Model with Restricted Stock Market Participation. Review of Financial Studies, 1998, 11 (2): 309-341.

⑤ J. Heaton, D. J. Lucas. Portfolio Choice and Asset Pricing: the Importance of Enterpreneurial Risk. Journal of Finance, 2000, 55 (3): 1163-1189.

分析了投资者的最优动态选择、消费动态行为。后者的结论表明，投资者构造的组合分散风险的成本随着参与股市的投资者比例的增加而减小。

异质收入是指在所有投资者都能参与资本市场的前提下，由于收入不同所导致的投资者的决策行为差异。异质收入主要体现在处于不同年龄阶段的投资者由于收入差别而产生的对投资行为的影响。康斯坦迪尼、唐纳森和莫哈（Constantinides，G. M.，J. Donaldson and R. Mehra，2001）通过构造一个迭代模型分析了异质收入对资本资产定价的影响。该模型将投资者分为青年投资者、中年投资者和老年投资者。青年投资者虽然风险厌恶系数较低，但较低的收入水平决定了他们无法投入更多的财富到资本市场，因此他们不是资本市场的主要参与者。中年投资者风险厌恶系数要略高，由于他们要为老年阶段储蓄，所以也不是资本市场的主要参与者。而老年投资者财富相对而言最多，是股市的主要参与者，因此股票价格与老年投资者相关度较高。①

异质偏好是指投资者在进行经济活动时具有不同的偏好，即投资者具有不同的效用函数。当然，除效用函数外，时间贴现因子也是构成偏好结构的重要组成部分。杜马斯（Dumas，B，1989）在其构造的资产定价模型中，引入两个具有相同时间贴现因子和相对厌恶偏好但不同相对风险厌恶系数的投资者，分析了财富分配规则对均衡资产价格的影响。② 王江（Wang，J.，1996）在纯交换经济中探讨了异质偏好对利率期限结构和债券收益率行为的影响，并在均衡条件下得出了债券和到期收益率的显示解。③ 陈和科甘

---

① G. M. Constantinides，J. Donaldson，R. Mehra. Junior Can't Borrow：a New Perspective on the Equity Premium Puzzle. The Quarterly Journal of Economics，2002，117（1）：269-329.

② B. Dumas. Two-person Dynamic Equilibrium in the Capital Market. Review of Financial Studies，1989，2（2）：157-188.

③ J. Wang. The Term Structure of Interest Rates in a Pure Exchange Economy with Heterogeneous Investors. Journal of Financial Economics，1996，41（1）：75-110.

(Chan, Y. L. and L. Kogan, 2002) 将消费习惯和异质偏好同时引入资产定价模型，不仅从理论上分析了资产定价问题，还用模拟对比分析了异质和非异质情况下的结果。①

异质信念通常是指不同投资者对于同一金融资产的预期收益有着不同的预期，这种价值判断上的差异也被称为意见分歧。投资者产生意见分歧的原因可能来自外部，如信息的占有情况；也可能来自内部，如投资者自身拥有的概率函数。因此异质信念下的资产定价模型可以分为两类：异质信息占有模型和共同信息下的异质信念模型。异质信息占有模型依据投资者对信息的占有情况将投资者分为理性投资者和非理性投资者，前者按资产定价理论来进行交易，后者则依靠所收集的不完全信息来交易。非理性投资者由于信息占有的异质性而对资产未来收益持有不同预期，从而形成噪音风险，并造成资产价格偏离其内在价值。共同信息下的异质信念模型是指投资者具有相同的信息占有，即信息是公开的，意见分歧来自投资者拥有不同的概率函数。阿贝尔 (Abel, A. B., 1990) 在一个纯交换经济模型中，分析了具有相同效用函数的投资者对红利支付预期的不同对资产价格的影响。分析结果表明：投资者异质信念将提高无风险利率，并将降低股票价格。② 德特普勒和墨斯 (Detemple, J. and S. Murthy, 1994) 讨论了异质信念下的跨时资产定价问题。在他们的生产性经济模型中，影响资产定价的主要因素是社会生产的增长率。投资者的异质主要表现在对生产增长率的不同预期。同时，当新的信息到来时，不同投资者对先验信念进行不同的修正，得出不同的后验信念。他们的结论表明，市场利率等于各投资者所预测的利率的加权平均值。③

① Y. L. Chan, L. Kogan. Heterogeneous Preferences and the Dynamics of Asset Prices. Journal of Political Economy, 2002, 110 (6): 1255-1285.

② A. B. Abel. Asset Prices Under Heterogeneous Beliefs: Implications for the Equity Premium, Mimeo. University of Pennsylvania, 1989.

③ J. Detemple, S. Murthy. Intertemporal Asset Pricing with Heterogeneous Beliefs. Journal of Eeconomic Theory, 1994, 62 (2): 294-320.

## 二、资本结构理论的发展

20 世纪 90 年代以来，针对资本结构实证理论研究中提出的一系列异象，经济学家主要从两个方面对资本结构理论进行了拓展。

（1）通过构建跨期、连续时间的企业动态融资模型来扩展传统的单期静态理论模型，以期能够在一个统一的框架中对实证研究观察到的异象给予合理的解释，由此形成了资本结构的动态权衡理论。

（2）在考虑投资者或经理人非理性行为选择基础上提出的行为资本结构理论。

### （一）资本结构动态权衡理论

资本结构动态权衡理论在考虑税收效应、破产成本、代理成本的基础上，从调整成本、企业投资和融资决策内生决定的角度考察企业投融资决策的长期动态过程。在动态权衡理论模型中，预期和调整成本发挥着重要的作用。

卡内等（Kane, A., A. J. Marcus and R. L. McDonald, 1984）通过构建一个包含不确定性、税收、破产成本等因素在内的连续时间模型，分析了负债融资的税盾效应与破产成本之间的权衡问题。① 在卡内等（Kane et al., 1984）的基础上，费希尔、海因克尔和泽齐纳（Fischer, E., R. Heinkel and J. Zechner, 1989）构建了一个包含交易成本的连续时间的动态资本结构模型。在他们的模型中，企业负债和权益的价值是其再资本化决策的函数，最优的动态资本结构政策取决于负债融资的收益（如避税效应）、潜在成本（如破产成本）、标的资产收益的波动率、无风险利率以及再资本化成本的大小。由于存在交易成本，企业向目标资本结构调整的速度比较缓慢。但模型中企业的目标资本结构是一个围绕某一中心值上下波动的区间值，而非某一特定的数值。当实际的资本结构偏离这一中心值太远时，企业将逐渐使其恢复到设定的

① A. Kane, A. J. Marcus, R. L. McDonald. How Big Is the Tax Advantage to Debt? Journal of Finance, 1984, 39 (3): 841-853.

区间。资本结构的调整只有在实际资本结构偏离中心值到达波动区间的上下限时才会发生。因此，企业的再资本化也采取上下限政策①。勒瑞和罗伯斯（Leary，M. T. and M. R. Roberts，2005）在实证研究的基础上，建立了一个有关企业融资决策的动态久期（duration）模型。在他们的模型中，调整成本函数为企业负债融资和权益融资的行政成本、法律成本等固定成本加上可变成本的凸函数。研究表明：

（1）企业存在目标资本结构区间。

（2）市场时机会影响资本结构的调整，但调整成本对资本结构调整的影响更大。

（3）当面临股票价格上升的冲击时，企业调高资本结构的频率高于调低资本结构的频率。② 亨尼斯和怀特（Hennessy，C. A. and T. A. Whited，2005）构建了一个分析企业实际投资、融资和分配的动态模型。在他们的模型中，资本结构的选择、现金流分配和实际投资水平均为内生变量。这些变量受企业所得税、个人所得税、红利分配政策、财务危机成本和权益波动成本等因素的影响。同时，企业的投资和融资决策均基于对未来融资需求的预期。③

**（二）行为资本结构理论**

行为资本结构理论采用了两种不同的范式研究市场主体非理性对企业投资、融资等资本配置决策的影响，即投资者非理性范式和经理人非理性范式。在这两种范式下，行为公司金融理论对涉及企业财务决策中的投资、融资、红利分配、盈余管理等一系列问题进行了广泛的探讨。

投资者非理性模型的两个核心假设是：在市场套利不完全的情

---

① E. Fischer，R. Heinkel，J. Zechner. Dynamic Capital Structure Choice：Theory and Tests. Journal of Finance，1989，44（1）：19-40.

② M. T. Leary，M. R. Roberts. Do Firms Rebalance Their Capital Structures? Journal of Finance，2005，60（6）：2575-2619.

③ C. A. Hennessy，T. A. Whited. Debt Dynamics. Journal of Finance，2005，60（6）：1129-1165.

况下，投资者的非理性行为会影响股票的价格；理性的经理人能够聪明地区分股票的市场价格和基础价值，并会利用市场错误定价来进行投资和融资决策。

斯特恩（Stein，J. C.，1996）在系统研究非理性市场条件下的理性资本预算问题时，明确提出了市场时机的概念。斯特恩认为，当公司股价被市场高估时，理性的经理人应利用股权融资的低成本优势，通过发行更多的股票进行融资；相反，当公司股价被市场低估时，理性的经理人应通过回购被低估的股票来使公司价值最大化。斯特恩将这一理论称为企业融资的“市场时机选择假说”。①

贝克和乌格勒（Baker，M. and J. Wurgler，2002）研究了股票市场时机选择对企业资本结构的影响，提出了资本结构的市场时机选择理论。他们的实证结果表明，股票市场时机对资本结构具有显著而持久的影响，其显著程度超过了资本结构的其他决定因素，且这种影响可持续 10 年之久。企业资本结构是理性的管理者过去根据市场时机进行融资活动的累积结果。② 维奇（Welch，I.，2004）认为，股市持续错误定价导致股票收益变化时，股票收益变化会影响公司的资本结构。③ 黄和瑞特（Huang，R. and J. R. Ritter，2005）④ 的研究结果表明，市场时机是公司选择发行股票或债券的重要决定因素，发行股票和债券对资本结构的影响会持续 10 年之久。

经理人非理性范式下的资本结构理论假定非理性的经理人在有

---

① J. C. Stein. Rational Capital Budgeting In an Irrational World. Journal of Business，1996，69（4）：429-455.

② M. Baker，J. Wurgler. Market Timing and Capital Structure. Journal of Finance，2002，57（1）：1-32.

③ I. Welch. Capital Structure and Stock Returns. Journal of Political Economy，2004，112（1）：106-131.

④ R. Huang，J. R. Ritter：Testing the Market Timing Theory of Capital Structure. University of Florida，Working Paper，2005：28-36.

效的市场上经营。经理人的非理性是指经理人偏离理性预期和自身期望效用的最大化，但经理人的目标仍是企业价值最大化。马尔门德尔和蒂特（Malmendier，U. and G. Tate，2005）对乐观主义假说下经理人的融资选择进行了大样本的横截面分析。他们将管理层自愿持有公司股票期权的倾向作为乐观情绪的替代变量。利用这个替代变量，他们发现，1980—1994 年间美国公司所有“乐观的”CEO 更偏好内部现金流来投资。① 贝克等（Baker，M.，J. Coval and J. Stein，2007）构建了一个经理人充满乐观和过度自信的企业投资模型。模型的结论表明，除非不得已，乐观的经理人不会发行股票融资。如果存在一个杠杆上限，乐观的经理人会按照优序原则进行融资决策。如果经理人是风险厌恶的，即使股票价格低于他所认为的价值，经理人也会发行股票融资。②

## 第四节　结语：一个简要评析及展望

现代金融经济学理论和思想在经历了一个多世纪的演变，特别是 20 世纪 50 年代以来的快速发展后，已形成了相对完整的理论体系和独立的分析方法。今天，当我们回首百年来金融经济学理论发展的历程时，我们不得不惊叹建立在期望效用理论、市场均衡和无套利假设基础之上的金融经济学经典理论在逻辑体系上的精美和完善，但 20 世纪 80 年代以来一系列实证检验结果所反映出的市场异象又不得不让我们感觉到，要使理论对现实更具解释力，经典理论的拓展尚有巨大的空间。

不确定性下经济主体的行为决策理论是现代金融经济学理论的基础。近百年来，建立在经济主体理性假设和一系列公理之上的期

① U. Malmendier，G. Tate. CEO Overconfidence and Corporate Investment. Journal of Finance，2005，60（6）：2661-2700.

② M. Baker，J. Coval，J. Stein. Corporate Financing Decisions When Investors Take the Path of Least Resistance. Journal of Financial Economics，2007，84（2）：266-298.

望效用理论一直在金融经济学理论分析中占据主流地位。但是，无论是从逻辑还是从作为个体在不确定性环境下进行行为选择的价值判断标准来看，期望效用理论并非无懈可击。早在 1953 年，阿莱斯（Allias，M.）就对期望效用理论的独立性公理提出了质疑，提出了著名的“阿莱斯悖论”。20 世纪 80 年代以来，建立在人类行为心理学基础之上的前景理论的提出和发展及其在金融经济学理论中的广泛应用，再次证明了期望效用理论的局限性。而 20 世纪 90 年代以来建立在投资者异质特性假设基础上的资产定价理论的发展也充分说明，对不确定性环境下经济主体行为决策理论的改进仍将是金融经济学领域未来发展的重要方向之一。

资产定价理论是现代金融经济学的核心内容。在半个多世纪的发展过程中，在市场有效、经济主体理性等一系列严格的假设条件下，借助于随机过程和动态规划等数学工具，经济学家建立起了一系列完美的资产定价模型。尽管这类模型在实证检验中面临着诸多挑战，但从理论上看，包括 CAPM、APT 和 OPT 在内的各种经典的资产定价模型在逻辑上的合理性是不容置疑的。与此同时，资产定价理论也是在实践中应用最为普遍的理论。20 世纪 70 年代以来全球资本市场，特别是各种衍生产品市场的快速发展无不与资产定价理论的应用和普及有关。资产定价理论的发展为现实中金融市场的创新和发展提供了基础性的理论支撑，但也为投资者不考虑资本市场现实，过度依赖和滥用资产定价技术提供了潜在的可能。当我们反思 2008 年爆发于美国的金融危机时，投资者和金融中介滥用资产定价技术和原理所导致的衍生金融工具创新泛滥也引起了人类对资产定价理论应用中的不安和担忧。

有效市场假说是经典资产定价理论和 MM 定理的基石。尽管近 30 年来，该理论受到了来自于实证检验所提出的各种市场异象的挑战，但有效市场，特别是强型有效市场在现实中是不可能存在的，它仅仅只是一个理论分析的基准，用以衡量现实中的市场对市场有效性的偏离。与此同时，对有效市场假说的实证检验本身也面临着技术性的难题。

首先是联合检验问题。法玛（Fama，1991）认为，如果在某一段时间，通过采用某种特定的策略对无时效信息（stale information）进行发掘后获得了超额收益，并不能证明市场是缺乏效率的。因为要检验EMH，就需要一个合理计算收益与风险的模型。常用的模型有CAPM、APT和三因素模型。这就陷入了一个悖论：预期收益模型的建立以市场有效为假定前提，而检验市场有效性时，又必须先验地假设预期收益模型是适用的。① 在这种情况下，如果市场出现异象，究竟是说明了市场无效，还是说明模型本身有问题？

其次是坏模型（bad model）问题。坏模型问题有两层含义：

• 任何一个资产定价模型都仅仅是一个模型，它不一定能够完全准确地描述投资者的期望收益；

• 即使存在一个能够完全描述投资者期望收益的资产定价模型，研究时所选择的样本也可能会与模型的预测产生系统偏差。

正是因为这两方面的原因，法玛（Fama，1991）认为，有效市场假说是不可检验的。

建立在完全竞争市场假设基础之上的MM定理不仅为现代公司金融理论的发展提供了一个分析基准，而且首次将无套利分析技术引入现代金融理论的分析之中，为资产定价理论的发展提供了无套利均衡分析范式。在MM定理基础之上，通过放松MM定理的相关假设而发展起来的一系列资本结构理论，使得公司金融理论的分析离公司财务决策的现实越来越近。

受篇幅的限制，在本书中，我们仅对近50年来公司金融理论中资本结构理论的发展作了回顾，但应该看到，现代公司金融理论已由经典的MM定理所探讨的企业资本结构和红利分配决策等领域延伸到企业投资决策、并购与资产重组、破产与清算以及公司治理等所有与公司财务决策相关的领域，并成为金融经济学中研究最为

① E. Fama. Efficient Capital Markets：Ⅱ. Journal of Finance，1991，46（5）：1575-1617.

活跃的领域之一。当然，公司金融领域尚有许多问题有待拓展。特别是在如何构建一个融权衡理论和优序融资理论各要素于一体的统一的分析框架，以解释现实中观察到的各种企业融资决策异象方面，经济学家尚需作出进一步的努力。

由阿罗（Arrow，K. J.，1953）和德布鲁（Debreu，G.，1959）两人开创的不确定性下的一般均衡理论分析为将现代金融经济学理论纳入一般均衡理论分析体系提供了分析框架和基础。随后，通过赫舍莱甫（Hirshleifer，J.，1965，1966）、戴芒德（Diamond，P.，1967）、雷德纳（Radner，H.，1972）、哈特（Hart，O. D.，1975）、哈里森和普利斯卡（Harrison，M. and S. Pliska，1981）、达菲和黄（Duffie，D. and C. F. Huang，1985）和达菲（Duffie，D.，1986）等人的努力，有关金融市场一般均衡理论的分析体系基本完成，也使得金融经济学在研究方法和使用的工具上与宏观经济学及货币经济学逐渐趋于一致，金融经济学作为宏观经济学和货币经济学的微观基础的特征也更加明显。但令人遗憾的是，到目前为止，运用现代金融经济学理论研究成果对现有的宏观经济学和货币经济学理论进行改进和拓展的研究尚不多见。这应该是未来有待发展的领域之一。

在短短的 30 多年时间内，建立在前景理论基础之上的行为金融理论已将其研究的范围扩展至经典金融经济学理论的各个领域，取得了令人瞩目的成果。但是，正如法玛（Fama，1998）所指出的，行为金融学并没有形成完整的理论体系，解释问题并不具有普遍性，缺乏一种能够普遍解释各类市场异常现象的理论或模型。① 另一方面，建立在心理学基础之上的行为金融理论面临的最大难题是其理论假说的实证检验。因此，构建完整的理论体系、科学地设计实证研究指标、收集相应的数据并选择可行的实证方法应是行为金融学未来发展的方向。

① E. Fama. Market Efficiency, Long-term Returns, and Behavioral Finance. Journal of Financial Economics, 1998, 49 (3): 283-306

**【参考文献】**

[1] 陈雨露编著. 现代金融理论［M］. 北京：中国人民大学出版社，2001.

[2] 陈雨露，汪昌云主编. 金融学文献通论（微观金融卷）［M］. 北京：中国人民大学出版社，2006.

[3] 蒋殿春. 现代金融理论［M］. 上海：上海人民出版社，2001.

[4] 陆家骝编著. 金融经济学［M］. 大连：东北财经大学出版社，2004.

[5] 潘敏. 资本结构、金融契约与公司治理［M］. 北京：中国金融出版社，2002.

[6] 潘敏，谢珺. 公司金融理论前沿追踪［G］//顾海良主编. 海外人文社会科学发展年度报告2008. 武汉：武汉大学出版社，2008.

[7] 史树中. 金融经济学十讲［M］. 上海：上海人民出版社，2004.

[8] 熊和平，柳庆原. 异质投资者与资产定价研究评析［J］. 经济评论，2008（1）.

[9] 王江编著. 金融经济学［M］. 北京：中国人民大学出版社，2006.

[10] 汪昌云. 金融经济学［M］. 北京：人民大学出版社，2006.

[11] HUANG C, LITZENBERGER R H. Foundations for Financial Economics［M］. New Jersey：Prentice-Hall, 1988.

[12] HULL J C. Options, Futures, and other Derivatives［M］. 5th ed. New Jersey：Prentice-Hall, 2003.

[13] LEROY. S F, WERNER J. Principles of Financial Economics［M］. Cambridge：Cambridge University Press, 2001.

[14] INQERSOLL J E. Theory of Financial Decision Making［M］. Maryland：Rowman and Littlefield Publishers, 1987.

[15] JARROW R A., Finance Theory［M］. N. J.：Prentice Hall, Englewood Cliffs, 1988.

[16] CONSTANTINIDES G, Harris M, STULZ R. Handbook of the Economics of Finance [M]. North-Holland, 2003.
[17] ECKBO E. Handbook in Corporate Finance: Empirical Corporate Finance [M]. North-Holland, 2008.

# 第八章　现代经济增长理论的演进历程

经济增长是指随着时间的变化一个国家的实际产出（GDP）的增长。一国经济增长的路径如何，是否有规律可循，影响经济增长的因素是什么，如何实现经济的长期持续增长等，这些问题显然应该是经济学家们所关注的核心问题之一。

在古典政治经济学时代，斯密、李嘉图、马尔萨斯等人便探讨了国民财富也即经济增长的问题。斯密在其《国民财富的性质和原因的研究》（1776）一书中阐述了劳动分工、资本积累、技术进步和制度变革等因素对增加国民财富和促进经济增长的重要作用，在这些因素中，斯密特别强调了分工的重要性；马尔萨斯（1798）认为，收入增加会带来人口增加，从而抑制了经济进一步增长；李嘉图（1817）认为，土地、资本等生产要素的报酬是递减的，到一定阶段，经济增长将放慢或趋于停滞不前。虽然马尔萨斯和李嘉图对经济增长的前景得出了悲观的结论，但和斯密一起，他们对经济增长的关注和探索，成为现代经济增长理论的渊源和萌芽。

继斯密等人对增长问题的研究之后，1870 年代，“边际革命”开始兴起，经济学家们的目光开始从之前十分关注和重视的长期积累和动态增长问题转移到静态的资源配置问题和微观的厂商、消费者身上。从“边际革命”到 1940 年代，经济增长问题几乎淡出主流经济学的视界，鲜有发展和创见。这一时期在经济增长理论的发展史上也因此被称为“静态的插曲”。

1930 年代“大危机”后，尤其是第二次世界大战以来，出于战后重建的需要和殖民地国家发展经济的迫切要求，同时由于凯恩斯主义的盛行和宏观经济理论的创立，对经济增长问题的关注和研究重新回归到主流经济学的视野，并进一步发展为现代经济学中的一个重要理论分支，其内容不断充实和完善，影响日益扩大。1940 年代哈罗德-多马模型（Harrod-Domar model）的提出，标志着经济学理论对长期增长问题的重新关注。现代经济增长理论诞生半个多世纪以来，经历了三次重要的理论发展：

- 1940 年代的哈罗德-多马模型；
- 1950 年代的索罗-斯旺模型（Solow-Swan model），即新古典增长模型；
- 1980 年代以来兴起的新增长理论。

## 第一节　新增长理论诞生之前的增长理论

### 一、哈罗德-多马增长模型

经济增长问题再次引起经济学界的重视并成为一个独立的研究领域。1929—1933 年的大危机，使得此前经济学界普遍接受的完全竞争情况下资源自动实现优化配置的理论遭受重大冲击。在这种情况下，凯恩斯宏观经济学应运而生，为后来的哈罗德-多马模型提供了理论基础。第二次世界大战后，欧洲各国纷纷走上战后重建之路，新独立的殖民地半殖民地国家也迫切需要发展经济，提高人民生活水平。在这样的背景下，动态的经济增长问题开始重新进入经济学家的研究视野。现实的迫切需要重新激起了经济学界对研究经济增长和发展问题的热情。

1948 年，英国经济学家哈罗德（Harrod，R. F.）出版了《动态经济学导论》一书，提出了他的经济增长模型。美国经济学家多马（Domar，E. D.）发表了《资本扩张、增长率和就业》(1946)、《扩张和就业》（1947）两篇论文，提出了与哈罗德模型基本相同的理论，因此他们的模型被合称为哈罗德-多马增长模型。哈罗德-多马模型的提出标志着现代经济增长理论的诞生。

哈罗德-多马模型假设如下：

（1）社会产品只有一种，这种产品既是消费品，又是投资品，故称为单部门模型。

（2）储蓄 $S$ 是国民收入 $Y$ 的函数，即 $S=sY$，$s$ 代表社会的储蓄率，即储蓄在国民收入中所占的份额。

（3）资本产出比率 $\frac{K}{Y}$ 和劳动产出比率 $\frac{L}{Y}$ 在增长过程中始终保持不变。

（4）不存在技术进步，资本存量为 $K$ 且没有折旧。

（5）规模报酬不变。

哈罗德-多马模型的基本方程式为

$$g=\frac{s}{v}.$$

其中，$g$ 为实际的经济增长率，$s=\frac{S}{Y}$，$v=\frac{K}{Y}$。

从该模型中可以看出，经济增长率 $g$ 与储蓄率 $s$ 成正比，与资本产出比率 $v$ 成反比。因此，哈罗德-多马模型特别强调提高储蓄率、增加资本积累对经济增长的重要作用。在“唯资本论”流行的年代，该模型得到发展经济学家们的普遍认同，被广泛应用到发展中国家的发展计划中。但该模型的假设条件：资本产出比率和劳动产出比率不变，且二者不存在替代关系，以及规模报酬不变等，明显和经济现实不相符合。此外，该模型不考虑技术进步对经济增长的作用，显然和战后技术进步的事实不相符合。该模型如此严格的假设条件，使其存在重大的缺陷，模型所给出的增长率只有在极其狭窄的增长路径上才能得到满足，因此，被形象地称为“锋刃式增长”。

## 二、新古典增长模型

针对哈罗德-多马模型存在的缺陷和问题，后来的经济学家开始为之寻找解决办法。1956 年，索罗（Solow，R.）与斯旺（Swan，T. W.）几乎同时提出相同的增长理论框架，合称为索罗-斯旺模型。与哈罗德-多马模型相区别，索罗-斯旺模型假设劳动和资本是可以充分替代的。由于该模型是在新古典框架下提出的，所以人们又将之称为新古典增长模型。

这一模型的核心方程为：

$$\dot{k} = s \cdot f(k) - (n+\delta) \cdot k.$$

其中，$k$ 为人均资本存量，$s$ 为储蓄率，$f(k)$ 为和人均资本存量相关的人均产出，$n$ 为人口增长率，$\delta$ 为资本折旧率。系统会收敛到 $\dot{k}=0$ 的稳态点，此时，$sf(k^*) = (n+\delta)k^*$。

根据新古典增长模型，$k^*$ 的位置决定于生产函数 $f(k)$ 的性质、储蓄率 $s$、人口增长率 $n$ 以及资本折旧率 $\delta$ 的大小，而这些参数在很长的时间都难以发生大的改变，经济中的人均资本存量会收敛到这些参数所规定的稳态水平 $k^*$，这意味着经济中的人均产出在长期也会收敛到一个稳定的水平 $f(k^*)$。由此，新古典增长模型告诉我们的是这样一个结论：在长期，经济都会收敛到一个稳定的水平，经济不可能出现长期持续增长。

这一结论有两处让人诟病的地方：

第一，新古典增长理论得出经济长期持续增长是不可能的结论，与人类社会增长的历史与事实不符。进入工业革命时代以来，人类社会加速增长，这种增长的势头到现在还看不到停滞的迹象。

第二，新古典增长理论认为经济会收敛到稳态水平，这也意味着世界各国经济应该都收敛到相同的水平。但是我们在现实中所看到的却是，富国经济持续增长，穷国经济停滞不前，富国越来越富，穷国越来越穷，贫富差距越来越大，富国与穷国的经济根本没有收敛的迹象。新古典增长理论无法解释这些事实。

为了摆脱人们的批评，新古典增长模型尝试在原有的分析框架内加入技术进步的因素，使经济能够出现长期增长。加入技术进步因素后的新古典增长模型的核心方程为：

$$\dot{k}' = sf(k') - (n+\delta+\lambda)k'.$$

其中，$k' = \frac{K}{AL}$，是考虑了技术进步因素之后的人均资本存量，$\lambda$ 为技术进步率。稳态时，$\dot{k}'=0$，$k'$ 收敛到稳态水平。此时虽然

$k'$停滞不增长，但是技术还是在以 $\lambda$ 的速度增长。这意味着实际物质资本也在以 $\lambda$ 的速度增长。与此同时，人均产出、人均消费都在按照相同的比率增长。

这样新古典增长模型又带来了新的问题。既然包含了技术进步的新古典增长模型认为增长的源泉来自于技术进步，那么人们不禁要问：技术进步又是由什么因素决定的？这里就牵涉一个技术外生或内生的问题。新古典增长模型中的技术进步是外生的，是人们无法预知和控制的，经济增长就完全取决于外生不可知的经济变量。由此，这一理论就面临一个非常尴尬的局面："（这一模型）解释了一切却独独不能解释长期增长。"（巴罗（Barro，R. J.）和萨拉-伊-马丁（Sala-I-Martin，Xavier），1995，p. 11）这样一来，新古典增长理论最终无法解释由技术进步所推动的经济增长，而这种增长却是近半个世纪以来经济增长的实质。

由于新古典增长理论存在的缺陷，自索罗（1956）以后将近三十年的时间内，新古典增长理论的发展主要集中在经济增长的核算方面（Growth accounting）（索罗，1957；丹尼森（Denison，Edward F.），1962、1967），而在基本理论方面的进展则乏善可陈。但在此期间，仍然有经济学家突破新古典增长理论的分析框架，努力尝试对人类社会的长期增长做出新的解释。其中，阿罗（Arrow，K. J.）（1962）和谢辛斯基（Sheshinski，E.，1967）的边干边学模型以及宇泽弘文（Uzawa，H.，1965）引入教育部门的两部门模型产生了较大影响。

## 三、边干边学模型

1962 年，阿罗发表《边干边学的经济含义》一文，在探索经济增长的源泉方面做出了新的努力。阿罗意识到新古典增长模型依赖外生知识与技术进步的缺陷，尝试从内生的角度解释知识与技术的增进。阿罗认为，边干边学是知识增进一种非常重要的方式，他将边干边学因素引入增长模型以解释增长的源泉。阿罗这篇原创论文是将外生技术因素内生化的初步尝试，也成为后来很多增长文献的思想源泉。

阿罗模型中有两个核心的假定：

(1) 边干边学是知识增进的渠道。来自生产经验的边干边学是投资的副产品，资本存量增加的同时，生产经验也相应地增加。

(2) 知识是公共产品，具有外溢效应。某家企业的生产经验能够为整个经济所利用。

阿罗模型的基本结论是：随着资本存量的增加，生产经验也相应增加，而某家企业的生产经验能够为整个经济所利用，来自生产经验的边干边学便成为整个经济增长的源泉。

阿罗的模型后来被谢辛斯基（1967）所简化，谢辛斯基在继承阿罗边干边学思想的同时，摆脱了阿罗模型的繁琐，这有利于边干边学思想的传播和扩散。

谢辛斯基模型中，知识水平 $A$ 是经济中资本总量 $K$ 的函数，其表达式为：

$$A=K^b.$$

这是一个很关键的设定。这种设定一方面表明知识水平和资本存量、投资相关，随着企业经验的丰富，投资的扩张，其知识水平也相应提高；另一方面也表明资本扩张、投资活动具有外部性，资本扩张所带来的知识的增进能够扩散到整个经济，整个经济因而受益。通过计算，谢辛斯基模型经济增长率为：

$$g=\frac{n}{1-b}.$$

其中 $n$ 为劳动力增长率，$b$ 为经济的学习效率。

谢辛斯基模型得出了和阿罗模型相同的结果。经济增长率依赖于人口增长与经济的学习效率，但是他们的模型并不能解释 $b=1$ 的情况。另外，由于增长取决于人口增长与学习效率，那么什么因素影响人口增长，什么因素影响学习效率呢？如果不能解释这一问题，那么他们的模型仍然无法解释经济的长期增长。

## 四、引入教育部门的两部门模型

1965 年，宇泽弘文发表了《经济增长总量模型中的最优技术变化》一文，构建了相应的两部门模型。经济存在两个部门：生产部门以及生产知识技术的教育部门，教育部门所生产的知识能够提高生产部门的生产效率。在宇泽弘文的模型中，经济存在两种生产要素：资本和劳动力，而技术进步则体现于劳动力中。平衡增长路径下，宇泽弘文模型的最优增长条件为资本增长率和技术进步率相同，即

$$\frac{sy}{k}=\delta+\phi\ (1-u).$$

其中 $y=f\ (k,\ Au)$，$s$ 为储蓄率，$\delta$ 为折旧率，$\phi$ 为技术进步函数，$(1-u)$ 为投入到教育部门的劳动比例。

由此，宇泽弘文模型得出结论：经济不存在人均资本的收敛点，人均资本会一直增长，其增长率由技术进步率决定。具体地说，由经济投入到教育部门的资源比例决定。

宇泽弘文模型是一个典型的收益递增的增长模型，其增长的源泉来自于教育部门。教育部门的资源用于提高经济中的技术水平，而技术水平的不断提高是人均产出增长的源泉。由宇泽弘文的设定我们知道，技术进步能够以一个固定的比率保持增长。人们不禁要问，什么是技术进步的源泉？宇泽弘文的回答是：教育部门。但问题是，教育部门是如何使技术进步率保持稳定的呢？其中的机制如何？对此，宇泽弘文模型仍然没有做出令人满意的回答。但是不可否认，宇泽弘文模型将整个经济分为两个部门，认为教育部门是经济增长的源泉，这些观点对后来增长理论的发展有着重要的影响。

## 第二节　新增长理论Ⅰ：兴起

从上文的分析可以看出，新古典增长理论报酬递减的假设和收敛的结论无法解释人类社会经济增长的历史和现实：工业革命之后的人类社会持续增长，如果将经济观察的视野再放宽，我们就能够发现经济增长是最近 500 年人类社会的常态。因而，如果要研究经济的长期增长问题，就必须在理论框架上突破报酬递减的假设，引入某种收益递增的因素。没有收益递增，长期增长就是不可能的；但是在新古典传统里，收益递增被认为是离经叛道的，很难被人所

接受。边际收益递减是新古典的传统，是主流经济学家心中不可动摇的新古典信念，而边际收益递减被证明是无法产生长期增长的。索罗-斯旺模型没有能够突破新古典收益递减的概念，因而不可避免地会出现收敛停滞的尴尬结果；为了和增长的现实相一致，模型只好引入外生的技术进步，但还是无法从根本上解决问题。要从根本上解决新古典增长模型的缺陷，就必须引入收益递增的概念。阿罗和谢辛斯基的边干边学模型与宇泽弘文的两部门模型已带有某些收益递增的因素。正式把收益递增概念引入到增长模型中来并加以普及，得归功于罗默（Romer，P. M.，1986）和卢卡斯（Lucas，R. E.，1988）的努力和贡献。收益递增概念的引入，打破了新古典收益递减假设的框架束缚，开启了研究增长理论的一扇新窗口，增长理论也再次成为关注和研究的热点，并取得了丰硕的研究成果。这一时期的增长理论被冠以新增长理论的名称，由于其致力将知识或技术创新内生化以解释经济增长，因此也被称做内生增长理论。由于经济增长理论学家们从不同的视角研究经济增长，使得新增长理论的发展呈现出百花齐放的繁荣景象。

## 一、开拓者

如果要研究经济的长期增长问题，就必须在理论框架中引入某种收益递增的因素；但是在新古典传统里，收益递增被认为是离经叛道的，很难被人所接受。边际收益递减是新古典的传统，是主流经济学家心中不可动摇的新古典信念，而边际收益递减是无法产生长期增长的。索罗没有能够突破新古典收益递减的概念，因此他的理论不可避免地会出现收敛停滞的尴尬结果。为了和增长的现实相一致，索罗只好在他的理论中引入外生的技术进步。早年的经济增长理论家显然看到了这一矛盾，如果想要解释长期增长，就必须在理论框架上有所突破，就必须摒弃收益递减的概念，引入收益递增的概念。所以说，新增长理论的第一步需要在主流经济学中引入收益递增的概念，让人们接受收益递增的概念。

1986 年，罗默在《政治经济学》杂志上发表了题为《收益递增与长期增长》的文章，标志着增长理论的复兴。这篇文章的贡献在于在主流的经济学文献中正式提出了收益递增的概念，并把收益递增的概念引入增长模型中。引入收益递增的概念必须要找到一种现实存在的因素具有收益递增的性质，并且这种因素是现实经济长期增长的基础。在他的模型中，具有收益递增性质的是知识的积累，而这种具有递增收益的知识正是长期无限增长的基础。罗默突破了新古典收益递减的传统，他认为知识具有某种收益递增的性质，而这种收益递增的性质实际上来源于知识产品的外部性，来源于知识产品的“非竞争性”。这意味着同一种知识可以被许多人同时使用而互不影响。① 这意味着知识产品被生产出来之后，一方面可以用来生产许许多多其他有形的物质产品；另一方面也对无形知识的积累产生贡献，有利于新知识的产生。②

遗憾的是，罗默这篇文章发表之后并没有引起主流经济学界的重视，毕竟收益递增的概念触动了经济学家们新古典收益递减的信念。改变这种状况的是卢卡斯。③ 卢卡斯（1988）显然接受了罗默（1986）收益递增的思想，为经济长期增长找到了另一个收益递增的基础。在1988年《论经济发展的机制》那篇经典文献中，卢卡斯认为人力资本是个人所包含的一般技术水平，而这种技术水平决定着个人的生产力，在这一点上卢卡斯和以往关于人力资本的文献并没有本质的不同。但是卢卡斯的贡献在于他提出了人力资本不同于物质资本的特性，即人力资本的积累具有外部性。个人的人力资本积累一方面能够提高自己的人力资本水平，使自己的生产率得到提高；另一方面也能够提高经济中平均人力资本水平，而平均人力资本水平的提高能够提高整个经济的生产效率。人力资本这种外部性是物质资本所不具备的。卢卡斯（1988）在人力资本的外部性

---

① 罗默（1993）更清晰地阐述了“非竞争性”、“非排他性”这些概念。非排他性是指产品具有的无法阻止他人使用的性质。知识产品虽然不是竞争性的，但是却可以通过专利保护这样的制度安排阻止他人任意地使用。

② 罗默后来对技术创新的关注始肇于此。

③ 罗默（1986）这篇文章实际上是罗默的博士论文压缩改写成的。有趣的是，卢卡斯在开始指导罗默博士论文的时候，对罗默收益递增的概念并不赞同。

上，提出人力资本是增长的发动机。卢卡斯认为人力资本的积累是人力资本投资的产物。人力资本水平的提高依赖人力资本本身的投入，即人们必须要花时间和精力学习提高自己的基本技能和素质。在卢卡斯的模型中，人力资本的积累采取一个非常简单的线性形式：

$$\dot{h}(t)=h(t)\delta[1-u(t)].$$

其中，$h(t)$ 是人力资本水平，$[1-u(t)]$ 为投入到人力资本积累的人力资本份额，$\delta$ 为正的参数。很明显人力资本本身能够作为人力资本增长的投入要素。

这一表达式直接规定了人力资本的增长速度就取决于人们投入到人力资本积累中的人力资本比例。此外，卢卡斯还认为来自生产经验的边干边学也是提高人力资本水平的一个途径，他甚至在 1988 年的经典文献中构建了一个基于边干边学效应的人力资本积累模型来解释各国比较优势和贸易分工的动态变化。

因为有了人力资本积累这一收益递增的因素，卢卡斯的模型能够产生经济的长期增长。一旦人力资本成为经济增长的核心，如何积累人力资本、如何利用人力资本的外部性来促进增长便成为经济增长的核心问题。卢卡斯的这篇论文基本上奠定了内生增长理论中人力资本研究思路的基本框架。①

## 二、内生技术

经过罗默和卢卡斯早年的努力，主流经济学家逐渐接受了收益递增的概念，承认知识产品和人力资本具有收益递增的性质，而这

① 卢卡斯对人力资本的重视一直贯穿于他关于经济增长问题的研究，我们将在后面很明显地看到这一点。既然提高人力资本水平是经济长期增长的核心，那么这一思路就应该直接研究家庭的人力资本积累行为，研究人力资本的积累到底取决于哪些因素。遗憾的是，相对于人力资本积累问题本身来说，卢卡斯好像更关注人力资本积累在经济长期增长中的作用。对于人力资本积累问题，卢卡斯一直沿用的是 1988 年人力资本线性的增长方程。这一方程一方面使得分析大大简化，另一方面也忽略了人力资本本身的积累过程。

种收益递增的性质正是经济长期增长的基础。罗默（1986）认为知识具有收益递增的性质，是长期增长的基础，那么下一步人们就需要知道知识是如何积累的，知识积累的微观机制是什么。我们知道最重要的知识产品是技术产品，所以要研究知识的积累创新就必须研究技术创新。所以此时，罗默集中精力研究技术创新过程，力图将技术进步内生化。①

想要将技术创新内生化就必须要借助新的分析框架，显然罗默1986年概念化的分析框架是不能用来分析技术创新的微观机制的。罗默（1990）正式考察了内生的技术变迁过程。在罗默（1990）的模型中，最终产品的生产需要中间产品的投入，这一分析框架实际上来源于迪克斯特和斯蒂格利茨（1977）。罗默原文中的总量生产函数采取了如下形式：

$$Y(H_Y,\ L,\ x) = H_Y^{\alpha} L^{\beta} \sum_{\iota=1}^{\infty} x_{\iota}^{1-\alpha-\beta} \tag{8-1}$$

$x_{\iota}$ 是第 $\iota$ 种中间投入品，中间产品市场是垄断竞争的，技术创新表现为中间产品种类数不断增加，厂商通过 R&D 开发新产品，通过专利制度垄断了新产品的生产，获得相应的垄断利润，新产品的垄断利润成为厂商 R&D 的报酬。利用垄断竞争的框架，罗默建立了一个有长期增长的一般均衡的模型。罗默实际上为技术创新建立了一个被人们广为接受的微观基础，自罗默（1990）之后讨论内生技术变迁的文献一般都建立在厂商对创新垄断利润的追求基础上。

罗默（1990）模型主要的扩展是在生产函数上引入了中间投入品，技术进步体现为中间投入品种类不断扩大，中间产品市场是一个垄断竞争的市场，对创新产生的垄断利润的追求是厂商 R&D 的动力。格罗斯曼（Grossman，G.）和赫尔普曼（Helpman，E.，1991a）从另一个侧面发挥了罗默（1990）的这种思想。他们沿用罗默垄断竞争的框架，构建了一个产品质量阶梯（quality ladders）的模型。对于创新所带来的垄断利润的追求仍然是企业创新的动

① 罗默（1987）扩展了他收益递增的思想，指出知识积累是投入品种类数连续的增加，是需要成本投入的，是人们有意识研发的结果。

力，但是与罗默不同的是：

（1）格罗斯曼和赫尔普曼的创新是以垂直创新（vertical innovations）的形式表现出来的，企业的创新使得自己产品的质量沿着质量阶梯不断提高。相对应的，罗默（1990）模型中的创新被作为水平创新（horizontal innovations），因为罗默的创新表现为新的中间产品不断出现。

（2）在技巧上，他们利用效用函数体现自己产品质量阶梯的思想，他们的效用函数为：

$$U = \int_0^{\infty} e^{-\rho t} \log u(t)\ \mathrm{d}t. \tag{8-2}$$

其中瞬时效用函数为

$$\log u(t) = \int_0^j \log\left[\sum_j q_j(\omega)\ d_{jt}(\omega)\right] \mathrm{d}\omega. \tag{8-3}$$

其中 $\mathrm{d}_{jt}(\omega)$ 表示 $t$ 时质量为 $j$ 的产品 $\omega$ 的消费量，$q_j(\omega)$ 表示质量为 $j$ 的产品 $\omega$ 的具体的质量指数，具体的质量阶梯的步长为 $\lambda$，即 $q_j(\omega)=\lambda^j$。在他们的模型中，创新使得产品质量沿着质量阶梯不断提高，高一个质量阶梯的产品相当于 $\lambda$ 个低一个质量阶梯的产品，市场竞争淘汰掉低质量的产品，高质量的产品将独占市场。

市场竞争会使高质量的产品将低质量的产品赶出市场，这必然会破坏相应场上的垄断利润，格罗斯曼和赫尔普曼显然没有在这一思路下展开分析。几乎是与此同时，着眼于创新成功者垄断地位、垄断利润的更替变化，阿吉翁（Aghion，P.）和霍伊特（Howitt，P.，1992）重新发掘了熊彼特创造性破坏的思想。新产品的研发成功会淘汰掉旧产品，与此同时旧产品的垄断租金也会被破坏掉。创新在给成功者带来垄断租金的同时，也会破坏掉另一部分人的垄断利润。技术进步在这种创造性破坏的过程中实现，而经济增长正是这样一个不断的创造和破坏的过程。值得指出的是，阿吉翁和霍伊特采用的生产函数虽然更具一般性，但是他们仍然采用了罗默中间产品的分析框架；他们虽然没有区分中间产品的种类，他们仍然假定中间产品市场是一个不完全竞争市场。看来，当经济学家们已经意识到传统的完全竞争框架和带来长期增长的收益递增是不相容的，在分析内生增长问题时都会利用罗默存在中间产品的不完全竞争框架。

杨（Yang，A.，1995）建立了一个不存在规模经济的增长模型，他的模型修改了质量阶梯内生创新模型（阿吉翁和霍伊特，1992；格罗斯曼和赫尔普曼，1991），允许创新活动提高产品种类增加的可能性，这为市场规模扩大带来的租金增多提供了额外的消散途径。技术种类的增加会提高消费者的效用，但是技术种类的持续增长将增加研发投入，这导致市场规模的扩大增加均衡研发投入却不增加经济增长率。实际上在杨的模型中只允许纵向技术进步（提高产品质量）存在知识溢出，而不允许横向技术进步（增加产品种类）存在知识溢出，正是由于这种特性使得横向技术进步需要更多的投入，最终耗尽规模增大所带来的租金。在杨的模型中，由于经济增长率不再具有规模经济的效率，那些提高经济规模的政策只能影响收入水平却无法提高经济增长率。

琼斯（Jones，C.，1995）修改了罗默（1990）的模型，建立了一个“半内生”（semi-endogenous）经济增长模型。罗默（1990）、格罗斯曼和赫尔普曼（1991）以及阿吉翁和霍伊特（1992）等的经济模型都预测了规模经济的存在，而琼斯发现规模经济的预测和现实经济增长的数据不一致，因此建立了一个基于R&D的经济增长模型，以使理论结果和现实数据相吻合。琼斯的模型在消除了规模经济的同时也改变了基于R&D增长模型的其他含义，导致和索罗模型相同的结果，即长期经济增长由外生的参数决定，并且政府政策不能影响长期经济增长。与索罗模型不同的是，琼斯模型中R&D活动是内生决定的，因此该模型称之为“半内生”经济增长模型。

## 三、人力资本理论

人力资本（human capital）是指包含在人体内的一种生产能力。如果这种能力没有发挥出来，这就是潜在的劳动生产力；如果发挥出来了，人力资本就变成了现实的劳动力生产力。虽然早在18世纪斯密在《国富论》中就提到了改善教育对国民素质提高的巨大作用，但是由于经济学家们在相当长的时期仅仅只是看到了各国在机器、设备、公路、铁路设施上的巨大差距，仅仅只是看到了工厂设备、基础设施等物质资本对经济生产和经济增长所产生的巨大推动作用，因此经济学家们普遍关注物质资本在经济增长中的作用，而忽视了人力资本在经济增长中所起的根本性作用。

和物质资本相比，人力资本对经济增长的推动作用是根本性的。物质资本的积累、财富的创造以及各种发明都是人从事创造活动的结果，因此人本身的素质和能力以及在从事经济活动中所能够发挥出来的效率就显得至关重要。人力资本的概念由舒尔茨（Schultz，T. W.，1960）首先提出。他认为现代社会日益增长的社会财富越来越不能够用土地资源、劳动时间以及物质资本有限的增长来解释，只能够用人们知识和技能的增长来解释；而人能够通过后天的学习和培养掌握很多有用的技能和知识，这些技能和知识的获取和积累需要人们像积累物质资本那样进行人力资本投资。因此人力资本的积累在本质上也是人们不断投资的结果，和物质资本的积累并没有什么不同。① 由于将人力资本的积累看成是经济增长和经济发展中的核心要素，因此舒尔茨（1981，p.4）断言：“改善穷人福利的决定性生产要素不是空间、能源和耕地，决定性要素是人口质量的改进和知识的增进。”

遗憾的是，在舒尔茨提出人力资本概念之后很多年，人力资本的重要性并没有得到主流经济学的重视。其中的原因恐怕在于由于并没有探讨人力资本的特殊性质，所以人们一般把人力资本看成是和物质资本相类似的变量；既然如此，在主流经济学模型中人力资本的作用完全可以用传统的物质资本模型来代替，没有必要专门加入一个人力资本变量，所以说主流模型中并没有人力资本的位置。即便是加上了人力资本，无非是在传统的物质资本模型中加入一个类似物质资本的变量，并没有什么理论上和技术上的突破。例如芬德雷（Findlay，R.）和克宙斯基（Kierzhowski，H.，1983）曾经

① 贝克尔（1993）也认为人力资本的积累是教育投资的结果，这种投资与商业投资并没有什么不同。在他的专著中，贝克尔对教育投资的成本、收益等问题进行了详细的分析。

将人力资本引入标准的两要素、两商品贸易模型，但是这一模型和以前单纯考虑物质资本的模型并没有什么本质的区别；而芬德雷（1985）的综述文章中也没有人力资本的位置。

重新唤起人们对人力资本重视的是卢卡斯。他认为人力资本有着与物质资本不同的外部性，同时用主流经济学的方法将这一思想模型化，后来他这一处理外部性的方法成为增长模型中讨论外部性的标准方法。

卢卡斯（1988）的模型能够产生长期增长基于两个因素：一是人力资本积累的外部性；二是人力资本积累本身具有常规模收益。在卢卡斯原文里，人力资本的积累方程采取如下的形式：

$$\dot{h}(t)=h(t)\,\delta\,[1-u(t)].$$

其中，$h(t)$ 是人力资本水平，$[1-u(t)]$ 为投入到人力资本积累的人力资本份额，$\delta$ 为正的参数。很明显人力资本本身能够作为人力资本增长的投入要素。这一表达式直接规定了人力资本的增长速度就取决于人们投入到人力资本积累中的人力资本比例。这些思想在阿扎里亚迪斯（Azariadis，C.）和德雷泽（Drazen，A.，1990）的文章中得到了发挥。总体说来，卢卡斯（1988）经典文献发表之后，新增长理论中考虑人力资本的文献出现了两条发展线索：

- 一是从技术上讨论加入人力资本变量的内生增长模型的均衡性质；
- 二是从家庭选择的角度出发讨论家庭的人力资本投资决策和生育率决策，从而讨论经济的长期增长问题。

在卢卡斯之后，很多经济学家从技术上在标准的新古典模型中加入人力资本，分析经济的均衡以及动态性质（如萨拉-伊-马丁（Sala-I-Martin），1993；巴罗（Barro，R. J.）和萨拉-伊-马丁，1995 ch. 5，等等）。这一类模型在对人力资本的认识上并没有很大的突破，但是他们在技术方法上做出了很大的贡献。比宇泽弘文（1965）和卢卡斯（1988）的模型更进一步的是，这类模型一般采用两部门模型的分析框架。此外，此类模型一般来说考虑到了物质资本和人力资本积累的互动关系，在很多情况下实际上在考虑物质资本和人力资本的比例。此类模型也详细分析了均衡的性质、模型的转移动态，有的也做出了详尽的数值模拟结果。

其他的经济学家则从家庭微观行为出发，讨论家庭的人力资本决策和生育决策以及经济的长期增长，这方面的工作始于贝克尔（Becker, G. S.）家庭经济学（1976）的思想。贝克尔和巴罗（Barro, R. J.，1988）将贝克尔关于生育选择的思想规范化，重新讨论了家庭的生育行为。更进一步，贝克尔、墨菲（Murphy, K. M.）和田村（Tamura, R.，1990）将家庭的内生生育行为引入到增长模型中来，讨论家庭在子女的人力资本投资与子女数量之间的权衡以及这种权衡对经济增长的影响。在贝克尔和巴罗（1988）与贝克尔、墨菲和田村（1990）经典工作的基础上，卢卡斯（1998）把内生生育行为引入到模型中来，解释世界经济自工业革命以来的人口转型过程以及与此相伴随的经济增长。卢卡斯（1998）认为家庭在养育子女方面面临着子女质量和数量的权衡，这一基本思想实际上来自贝克尔等人（1990），但是卢卡斯的贡献在于他在人口转型的问题下重新考虑了家庭的生育决策和人力资本投资决策，分析促发经济加速增长的工业革命。盖勒（Galor, O.）和威尔（Weil, D. N.，2000）沿着卢卡斯（1998）关注人口转型的思路，进一步考察了人口转型在实现静态停滞社会向持续增长社会转型过程中的作用。与卢卡斯（1998）模型不同的地方在于，他们考虑了技术变革和人力资本（人们的教育水平）之间的互动关系：技术进步提高了家庭人力资本投资的回报，使得父母倾向于用子女的质量代替子女的数量，少生育而努力提高子女的人力资本水平；而人们人力资本水平的提高反过来又进一步促进了技术进步，使得经济加速增长。两者之间有一个互为因果的正向激励过程。

除此之外，卢卡斯用人力资本积累行为解释了城乡人口流动。卢卡斯（2003）认为决定人口迁移的实际上是人力资本积累的动机。农民即使是要失业也愿意选择流向城市，因为人力资本积累存在着非常强的外部性，人力资本积累的速度和效率取决于自身的人力资本水平和周围平均人力资本水平的缺口，周围平均人力资本水平相对于自己的人力资本水平越高，则自己积累人力资本的速度和效率就越高。① 由于在城市，人力资本水平普遍高于农村，农民可以迅速地积累自己的人力资本。因此，即使是忍受长时间的失业和痛苦，农民迁移者也要选择留在城市，因为在这里有更多提升自己的机会，而这种机会是在农村不可能有的。可以看到，对于人力资本的重视一直贯穿着卢卡斯关于经济增长问题的研究，而人力资本积累的外部性始终是卢卡斯观察人力资本核心作用的一个视角。

在现代社会，技术进步与人力资本积累彼此是互相影响的，然而两者的关系如何？这种互动关系对人力资本积累行为、对经济的长期增长会产生什么样的影响？这是一个很值得研究的问题。盖勒（2004）的研究中，人力资本是技术进步率的减函数，反映技术进步降低了现有人力资本对新技术环境的适用性（称为“腐蚀效应（erosion effect）”）。而教育则可以减轻技术进步的这种副作用，即高技能的人更容易适应新的技术环境。因此，更快的技术进步会导致家庭投入更多的时间用于后代的人力资本积累。

和人力资本根本性作用相联系的是人力资本本身的度量问题。如果无法严格度量人力资本，那么关于人力资本重要作用的讨论将缺乏实证支持，并且缺乏深入讨论的基础。由于人们把教育培训特别是学校正规教育看成是最重要甚至是最主要的人力资本投资，因此人们关于人力资本的度量是以教育为核心的。有的采用教育产出来度量人力资本，如度量成人的识字率，度量人均受教育年限，度量各级学校的在校生或毕业生人数和相对比例等等；有的采用教育投入来度量人力资本，如度量国民经济中各级学校、教师的数量和比例，度量政府和家庭的教育投入，等等。一般来说，在涉及人力资本的计量模型中，并没有详细讨论人力资本的度量问题，研究者大多是各取所需地选定人力资本的度量指标。值得一提的是，在人力资本的度量方面，巴罗和李（Lee，Jong-Wha，1993，1996，

① 和优秀的人在一起，自己才有可能得到提高。所谓“近朱者赤，近墨者黑”也是这个道理。

2000）做出了突出的贡献。他们用不同年龄层次人口（15 岁以上和 25 岁以上）的平均受教育年限度量各国的人力资本存量。可以看出，他们实际上是用教育产出来度量人力资本。

## 四、AK 线性模型

新增长理论引入了具有收益递增性质的知识技术和人力资本，在技术上，新增长理论一般将技术或人力资本的积累简化为一个线性增长方程，而这个线性方程实际上就是新增长模型刻画长期增长的核心。金（King，R. G.）和雷比诺（Rebelo，S.，1990）以及雷比诺（1991）在分析了这些新增长模型之后，抽象出了一个“AK 线性模型”，用以描述长期增长。在雷比诺的模型中，总量生产函数采取如下形式：

$$Y=AK.$$

其中，$A>0$。这一生产函数由于资本的边际产出是常数，所以不会出现边际报酬递减，会出现长期增长的结果。

在技术上，AK 线性模型非常简单，但是这一模型却引起了经济学家的注意。

（1）AK 线性模型抓住了新增长理论收益递增的本质。我们知道，以往的新增长模型通过具有常规收益的技术、人力资本产生长期增长，而 AK 线性模型将产生收益递增的技术或人力资本统一用 $K$ 来概括，直接用一个简单的总量生产函数刻画长期增长，也具有收益递增的性质，在模型中也能够产生长期增长。

（2）AK 线性模型能够预见各国经济增长的发散，这是一个不同于索罗（Solow）模型的结果。在 AK 线性模型中，经济增长取决于系数 $A$、储蓄率 $s$、人口增长率 $n$ 和资本折旧率 $\delta$，即增长率 $g=sA-(n+\delta)$。各国有着不同的参数值，因此各国的经济增长绩效会出现很大的差异，这是和索罗模型中出现的收敛完全不一样的结果。

（3）AK 线性模型在传统的中间产品或两部门的人力资本模型上作了极大的简化，这一简化使得基于收益递增的新增长模型有了一个简洁有力地分析工具，使经济学家能够在一个很简单的内生增长框架中分析像财政、税收、关税、社会保障等诸多问题。正是由于 $AK$ 线性模型，内生增长模型开始逐步成为宏观经济学中一个标准的分析框架。

## 第三节　新增长理论Ⅱ：开放与增长

虽然新贸易理论本身偏重于对贸易问题的研究，但是由于新贸易理论与新增长模型一样都利用垄断竞争的框架，都引入差异化产品、收益递增这些概念作为分析的核心，当新贸易理论关注各国比较优势、产业结构、贸易模式的动态演变时，新贸易理论也不可避免地涉及了增长问题。此外由于核心的概念和框架是一致的，新增长理论将研究视野扩张到开放经济时，新增长理论发现自己的研究与新贸易理论实际上完全重合了。在开放经济条件下，新增长理论和新贸易理论的发展实际上是互相促进互相影响的。

### 一、多样化产品、不完全竞争与专业化

HO 理论能够解释发达国家和发展中国家由于要素禀赋的不同而展开的国际贸易，但是 HO 理论无法解释世界贸易中日益重要的彼此相似发达国家之间的贸易，无法解释蓬勃发展的产业内贸易。在现实中，人们也发现，即使是在同一个产业内部，各国彼此贸易的产品也是互相有差异的，产品的差异性使差异化产品的生产厂商有着某种垄断力量，市场结构也与完全竞争的市场结构相去甚远，更多的是垄断竞争的市场结构。克鲁格曼（Krugman，P.，1979）和兰考斯特（Lancaster，K.，1980）利用张伯伦垄断竞争模型各自独立发展了引入多样化产品的国际贸易模型。更一般地，迪克斯特（Dixit，A. K.）和诺曼（Norman，V.，1980，ch. 9）将迪克斯特和斯蒂格利茨（Stiglitz，J. E.，1977）发展出来的多样化产品的分析框架引入国际贸易理论，用来解释产业内贸易的现象。在他们的模型中，消费者的效用函数采取 CES 函数和柯布道格拉斯函数嵌套的形式：

$$u=\left(\sum_k c_k^{\beta}\right)^{\frac{\alpha}{\beta}} c_0^{1-\alpha}. \tag{8-4}$$

其中$0<\beta<1$。在方程中，$c_k$实际上代表多样化产品集合中第$k$种多样化产品，多样化产品$c_k$之间彼此替代弹性为$\varepsilon=\frac{1}{1-\beta}>1$，这也是多样化产品的市场需求弹性；而多样化产品和标准化产品$c_0$之间的替代弹性则为1。同时这一框架一般假定标准化产品$c_0$的市场是完全竞争的，产品价格等于边际成本；但是多样化产品的市场则是垄断竞争的，因为每一种多样化产品$c_k$的生产都垄断在一家厂商手里，产品定价采取成本加成定价方式。

这一方程的形式和前面所说的方程（8-1）一样，都脱胎于迪克斯特和斯蒂格利茨（1977）的垄断竞争分析框架。对于这一点，格罗斯曼（Grossman，G. M.）和赫尔普曼（Helpman，E.，1991）有过详细的说明。

采用方程（8-4）的效用函数形式能够很方便地分析产业间贸易和产业内贸易。多样化产品和标准化产品之间的贸易是产业间贸易，这种贸易由各国的要素禀赋的差异性决定，各国要素禀赋差异性越大，则产业间贸易就越多；这一点和传统的HO理论是一致的，即各国要素禀赋的差异是国际贸易的基础和源泉。但是多样化产品$c_k$之间的贸易则是产业内贸易，这种贸易由各国之间的相似性决定，各国相似性越大，则产业内贸易就越活跃。

虽然迪克斯特和诺曼（1980，ch. 9）的模型没有考虑到产品创新，没有考虑到多样化产品种类扩张，但是由于多样化产品市场是垄断竞争的，这意味着厂商能够获得垄断利润，而垄断利润则提供了厂商发明新产品的激励。格罗斯曼和赫尔普曼（1990；1991a，ch. 7）在他们模型的基础上引入了多样化产品的创新和扩张，将技术进步和多样化产品的国际贸易模型成功的融合在一起。

很明显，完全竞争与收益递增在本质上是不一致的，而迪克斯特和诺曼（1980，ch. 9）成功地用严格的一般均衡框架将垄断竞争、产品多样化引入国际贸易问题分析，这意味着这一垄断竞争的框架能够很好地与收益递增的思想相结合。事实的确如此，他们的模型包含着收益递增的思想。收益递增会使相似国家在多样化产品上形成专业化分工，在多样化产品上形成垄断竞争的市场结构，各国在多样化产品上的互通有无便形成了产业内贸易。同样基于迪克斯特和斯蒂格利茨（1977）开拓性的工作，克鲁格曼（Krugman, P. R.，1980）在自己1979年工作的基础上，利用张伯伦垄断竞争模型，构建了一个不完全竞争的国际贸易模型。在他的模型中，收益递增是相似国家之间贸易的基础，也是贸易利得的源泉。进一步的，克鲁格曼（1981）考察了多样化商品产业内的专业化分工以及福利问题。而赫尔普曼（1981）则在兰考斯特（1980）的基础上通过考虑异质性的消费者来引入多样化产品。马库森（Markusen，J. R.，1981）详细分析了不完全竞争下的贸易和贸易利得问题。在他的模型中，收益递增是相似国家间产生贸易的基础，并且国际贸易的好处在于它能够促进企业竞争，削弱国内垄断企业的垄断力量。而尼瑞（Neary，J. P.，2000）则在专业化要素的分析框架下引入迪克斯特-斯蒂格利茨效用函数，重新考察了垄断竞争下的国际贸易。

伊瑟尔（Ethier，W. J.，1982）则认为即使消费者对多样化产品并无偏好，即消费者的效用函数并不采取迪克斯特和斯蒂格利茨（1977）的形式，也不采取兰考斯特（1979）的形式，企业生产所表现出来的收益递增也会使各国形成专业化生产，从而产生产业内贸易。除了从多样化产品和收益递增的角度解释国际贸易，还有一些经济学家直接从垄断企业策略性行为的角度来分析国际贸易问题，这一类模型一般采取博弈论的分析框架。① 布兰德（Brander，J.）和克鲁格曼（Krugman，P. R.，1983）则从另一个角度为相似国家之间的产业内贸易提供了一个解释：他们认为各国生产相同产品的垄断企业总是希望能够获得更多的市场份额，当各国的垄断厂商采取相互倾销的方式侵蚀对方市场时，各国产业内贸易也就产生了。而伯翰明（Bernheim，D.）和维恩斯顿（Whinston，M. D.，

① 例如本（Ben-Zvi）和赫尔普曼（1992）就发展了一个三阶段动态博弈模型分析分割市场下的寡头垄断。

1990）则从垄断企业彼此共谋的角度解释相似国家之间的贸易。

## 二、边干边学

前面在介绍新贸易理论的垄断竞争框架时，已经或多或少地涉及了像收益递增、规模经济这些概念。收益递增、规模经济这些概念和完全竞争是不相容的，却是新贸易理论垄断竞争框架的核心。其实边干边学也是收益递增的一种表现形式，我们无法把两者完全区分开来。企业能够从以往的历史经验中学习，整个国家也能够从历史经验中学习，随着单个企业或者说整个国家从生产经验中学习，生产效率能够得到不断提高，生产成本能够得到不断降低。同时，由于边干边学效应的存在，先进入某个产业的国家能够比后进入该产业的国家享受到更多的优势，这种优势会将后来者挤出这个产业。这种边干边学效应会带来两种结果：

（1）长期来看，即使是后来者更适合专业化生产该产品，但是由于起步晚，无法获得竞争优势，无法进入该行业，这对于整个世界经济以及该国都是一个损失。克鲁格曼和沃斯菲德（Obstfeld, M.，2000，ch. 6）就在他们的教材中构造了一个特例说明这种情况。格罗斯曼和赫尔普曼（1991a，ch. 8）以及马库森和维纳伯（Venables，1998）几乎同时指出了一种特殊情况：在这个特例中，各国的初始状态和历史的偶然对各国的长期增长和专业化模式起着决定性的作用，国际竞争有可能出现“一朝落后，处处被动”（once behind，always behind）的情况，而在其中起关键作用的就是这种边干边学效应或类似效应。

（2）各国这种边干边学效应的存在也使各国会选择不同的产业实行专业化生产。卢卡斯（1988）从人力资本的角度考虑了边干边学和比较优势的演变，边干边学效应的存在会强化各国在不同产品上的比较优势，最终会导致各国完全的专业化。

在现实生活中，来自于生产经验积累的边干边学效应不可能是无限的，如果考虑边干边学效应是有界的，各国贸易模式和专业化分工会发生什么样的变化？杨（1991）讨论了有界的边干边学及其对国际贸易的动态影响。杨认为，干中学有两个特征：第一个特征是存在行业间的知识溢出，这就保证了每个行业的生产率不仅仅是该行业生产活动的函数，还是其他行业干中学的结果；第二个特征是干中学过程存在强烈的报酬递减，因此，如果不存在持续的新发明，那么干中学的过程将是不可持续的。在杨的模型里面，单个产业的边干边学效应是有界的，但是单个产业的生产经验能够对其他产业产生正向的影响，这种外溢的边干边学效应使得新产品的引入成为可能。此外由于产业结构本身有一个高低优劣的产业线，因此发达国家如果不退出、不放弃，发展中国家将很难进入新的产业，因为发展中国家无法和发达国家成熟的产业竞争。干中学的这种特征决定了当存在南北贸易时，国际贸易将使发达国家的技术进步和经济增长受益，而发展中国家的技术进步和经济增长将受损。

即便如此，发达国家的领先地位并不是一成不变的，发展中国家的落后地位也能够通过政府的政策以及历史机遇得到改变。其实边干边学与规模经济这些概念为政府的干预提供了理论上的依据。如果在国际竞争中本国无法享受到边干边学和规模经济的好处，那么政府能够采取保护贸易的政策保护本国市场，使民族企业免受发达国家成熟企业的冲击，使民族企业能够在发展初期享受到边干边学和规模经济的好处，迅速提高国际竞争能力。此外，由于发展中国家自然资源丰富，这一方面能够使发展中国家获得经济发展必须的廉价而丰富的自然资源，另一方面容易使得发展中国家陷于“荷兰病”① 的泥潭而无法自拔，因为来自边干边学的收益递增会强化该国在资源性产业上的比较优势，而决定经济发展水平的制造业、高技术产业得不到发展。克鲁格曼（1987）、瑞丁（Redding，S. J.，1999）实际上为这一思想作了全面的阐述。

历史的机遇也很重要。布瑞斯（Brezis，E.）、克鲁格曼和提

① “荷兰病”（The Dutch Disease）的说法源自于冯·维恩威京伯格（van Wijnbergen，S.，1984）。1950 年代的荷兰，当时人们突然发现荷兰海岸线盛藏巨量天然气。紧接下来的天然气开采，使荷兰一夜间成为以出口天然气为主的国家，其他工业在荷兰则逐步萎缩。有了这意外财富，创新的动力也逐渐消失，使荷兰最终在多方面失去国际竞争力。由于这一经历，人们随后把“因富得祸”这类现象称为“荷兰病”。

登（Tsiddon, D., 1993）认为现实中的技术变革一般会采取两种形式：一种是根本性的、颠覆性的技术变革；另一种是源自生产经验和边干边学的技术改良。他们构造了一个国际竞争的“蛙跳”模型，描绘了一种后进国家抓住机遇赶超先进国家的可能。由于新技术在引进的初期生产效率还不如发展成熟、经验丰富的旧技术，先进国家反倒容易错失新技术变革的良机，固守成熟但是落后的旧技术；而后进国家由于没有这样的历史包袱，反倒容易大胆采用新技术，随着新技术的不断成熟和生产经验的不断丰富，后进国家实现经济发展的“蛙跳”，成为先进国家。但是这种“蛙跳”是有条件的，德斯麦特（Desmet, K., 2002）考察了这些条件。他发现如果引入资本流动和技术进步的外部性，两国的发展模式将表现出多样化的特征，并不仅仅只是会出现“蛙跳”一种情况。

### 三、创新和贸易模式的动态演变

瑞维-巴提兹（Rivera-Batiz, L. A.）和罗默（1991）将罗默（1990）的分析推广到两国开放经济。他们考察两个相似国家之间的经济一体化如何影响各国增长与世界经济的增长。在其中，具有某种公共品性质的技术或知识的溢出效应是联系贸易和内生增长的核心。如果技术和知识具有某种公共品的性质，如果技术或者是知识能够外溢到其他国家，那么开放与一体化能够促进各国乃至整个世界的技术进步。

在贸易模型中引入内生的技术进步，这一工作主要是由格罗斯曼和赫尔普曼完成的，他们在 20 世纪 80 年代末和 90 年代初的时候发表了一系列经典文章，系统化地讨论了内生技术进步和国际贸易的关系。格罗斯曼和赫尔普曼（1989；1990；1991a, ch. 7）在迪克斯特和斯蒂格利茨（1980）一般均衡的垄断竞争框架中引入产品创新，将产品创新内生化。由于他们仍然使用的是垄断竞争的分析框架，因此产品创新所带来的垄断利润仍然是企业创新的动力。由于引入了内生的产品创新，格罗斯曼和赫尔普曼（1989；1990；1991a, ch. 7）的模型能够产生经济的长期增长。值得指出的是，格罗斯曼和赫尔普曼（1989；1990；1991a, sec. 7. 1）中的技术进步表现为水平创新，这一点和罗默（1990）的水平创新结构有些类似，所不同的是他们将罗默（1990）的模型推广到一个两国、两要素的开放模型，不仅探讨了内生增长和贸易的关系，而且还探讨了贸易政策、贸易环境对长期增长的影响。同时，格罗斯曼和赫尔普曼（1991b）提出来垂直创新的创新结构，即技术进步表现为产品质量的不断提高。很快格罗斯曼和赫尔普曼（1991a, Sec. 7.2）将垂直创新的创新结构引入国际贸易，重新探讨在垂直创新结构下的贸易和增长问题。

不论是水平创新，还是垂直创新，这些内生增长的贸易模型有一些共同特点：

（1）这些模型基本上都采取了迪克斯特和斯蒂格利茨的函数形式，有的是作为效用函数，有的是作为有中间投入品的生产函数。不管是用来做什么函数，多样化的消费品或多样化的中间投入品是这一结构的核心。由此我们可以看出迪克斯特和斯蒂格利茨（1977）以及罗默（1990）的结构在其中所起的核心作用。①

（2）这些模型都假定多样化产品或中间投入品的生产由一家厂商所垄断，而垄断利润是企业发明新产品、提高产品质量的原动力。换言之，创新与技术进步是企业追逐垄断理论的结果。显然，这一思想应该归功于罗默（1990）开拓性的贡献。

但是以上格罗斯曼和赫尔普曼关于创新与贸易的论述好像更适合于西方发达国家的情况，而这个世界是由少数先进的发达国家和大多数落后的发展中国家所组成的。如果在内生创新的国际贸易框架中考虑到发展中国家的特殊情况，考虑到发展中国家和发达国家之间创新和模仿的相互作用，人们将得出更多更有意义，也更贴近现实的结论。

巴罗和萨拉伊·马丁（1992；1995，ch. 8；1997）从南方国家技术模仿的角度详细讨论过开放经济条件下的技术扩散问题。他们

---

① 其实DS效用函数方程（8-4）和罗默有中间投入品的生产函数（8-1）并没有本质上的区别。这一点格罗斯曼和赫尔普曼（1991a, pp. 46-47）有过详细的论述。

把北方和南方看成是领导者和追随者的关系，领导者创新，付出创新成本；而追随者模仿，付出模仿成本，他们希望用这样的创新-模仿框架解释开放经济条件下的各国长期增长问题。而鲍德温（Baldwin，R. E.）和福斯理（Forslid，R. E.，2000）认为贸易自由化能够促进 R&D 部门和金融中介部门的竞争，而这种竞争能够促进经济长期增长。

在前面本书已经提到了克鲁格曼（1987）、布瑞斯（1993）等人的工作，在他们那里，落后国家是可以通过政府适当的保护政策享受到规模经济和边干边学带来的好处，在南北贸易中改善自己的境遇，实现经济长期增长的。但是在克鲁格曼（1987）、布瑞斯（1993）等人的工作中，并没有产品创新，也没有发展中国家的模仿；然而在现实生活中，发达国家承担了技术创新的主要工作，而在大多数时候发展中国家根本没有必要去重复发达国家的创新，更多的时候发展中国家是在引进和模仿发达国家的先进技术。这样一来北方和南方国家在技术进步的层面上很自然地会形成创新-模仿的结构，而这种创新-模仿结构将不可避免地对南北贸易结构以及南北方的长期增长产生影响。进一步地，北方和南方还会形成创新—模仿—再创新—再模仿的周期循环，这样一来，对于南北方产品周期问题的研究就提上了议事日程。

在维隆（Vernon，R.，1966）关于产品周期问题的开拓性工作之后，克鲁格曼（1979）在外生技术变迁的框架下研究了南北方这种产品周期问题。但是一直到斯格琼穆（Segerstrom，P. S）、阿莱特（Anant，T. C.）和迪那普厄斯（Dinopoulos，E.，1990）之后，经济学家们才真正开始在内生技术变迁的基础上讨论产品周期和南北贸易问题。在斯格琼穆等人（1990）的模型中，产品创新是依次发生在现存的各个产品上，每一次新产品的发明淘汰掉一种旧产品。显然，斯格琼穆等人（1990）的文章所蕴含的创造性破坏的思想与阿吉翁和霍伊特（1992）是一致的。同时，一种新产品在专利期限到期之后会变成一种标准化的常规产品而在发展中国家生产，因而北方国家也由以前的该产品的出口国变为进口国。但是，现实中产品的创新并非像斯格琼穆等人（1990）的文章所描述的是一种产品一种产品那样依次进行的，产品的创新是同时随机发生在各个产业；此外，由于他们假定专利的期限是外生给定的，这等于说技术从北方向南方的扩散是外生给定的，这样他们的文章也不能说明南方国家内生的技术变化问题。

针对斯格琼穆等人（1990）的缺陷，格罗斯曼和赫尔普曼（1991c）以罗默（1990）水平创新的框架为基础提出了一个内生产品周期的模型。他们认为，北方国家的先进技术向南方国家扩散的主要途径是南方国家有意的技术模仿。在他们的模型中，不但北方国家的技术创新是内生的，南方国家的技术模仿也被内生化了。紧接着，格罗斯曼和赫尔普曼（1991d）将产品质量阶梯引入到南北贸易中来。北方国家开发出新的产品，然后被劳动力成本低廉的南方国家所模仿，南北方企业之间伯兰德（Betrand）竞争使得北方企业不得不退出市场；但是北方国家可以通过研发下一代质量更好、生产率更高的产品重新夺回市场，将南方企业赶出市场。反过来，南方企业通过模仿北方国家新一代的产品同北方国家展开竞争，北方国家再一次研发更新一代的产品，南方国家再一次模仿。南北方的经济竞争表现为这种创新—模仿—再创新—再模仿的形式，产品的质量也在这种竞争中不断提高。

和以上内生创新的贸易模型不同的是克鲁格曼和威伯斯（Venables，A.，1995）的文献。他们在垄断竞争的多样化中间产品框架中用联系效应和国际贸易的运输成本的共同作用来解释南北国家经济增长的动态演变。运输成本是决定联系效应强弱的主要因素，当运输成本非常高时，两国之间不可能有贸易；随着运输成本降低而又没有降低到特定的临界值时，国际贸易产生，同时联系效应发生作用，使得产业向某一国家或地区集聚，世界经济出现了中心-外围的格局；当运输成本进一步下降，低于某一临界值的时候，两国经济完全融合在一起，前向联系和后向联系作用开始波及后进的南方国家，两国经济发展的不平等开始消失。克鲁格曼和威伯斯（1995）的这一思路实际上融合了发展经济学中赫尔希曼（Hirschman）联系效应和缪尔达尔（Myrdal，G.）回波效应、扩散效应的思想，在国际贸易理论研究中显得有些独树一帜。

## 四、技术外溢

很多经济学家也从实证的角度研究过国际间技术的外溢性以及开放经济条件下的贸易和增长的关系。寇（Coe，D.）和赫尔普曼（1995）通过研究 22 个发达国家 1970—1990 年数据表明，不论是本国的 R&D 存量还是外国的 R&D 存量都能够对本国的全要素生产率（TFP）产生非常强烈的影响，并且 7 个最大的经济体的 R&D 投资所产生的世界福利效应中，大概有 1/4 被其贸易伙伴所获得。紧接着，寇、赫尔普曼和霍夫曼斯特（1997）考察了 77 个发展中国家和 22 个发达国家 1971—1990 年 20 年的历史数据，发现从北方国家到南方国家这种 R&D 的溢出效应仍然存在。

巴罗和萨拉-伊-马丁（1992；1995）等经济学家利用各种数据从各个方面讨论经济增长中存在的收敛问题，但是他们仅仅只是发现条件收敛能够获得经验上的支持，富国的经济增长收敛在一起，穷国的经济增长也收敛在一起，总体上来看，世界各国穷国和富国之间的差距越来越大。

阿西莫格鲁（Acemoglu，D.）和维契（Ventura，J.，2002）重新考察了世界收入分配问题。他们发现整个世界收入分配格局最近的半个世纪以来并没有什么很大的变化。换言之，世界收入分配格局呈现稳定的趋势。在一般的经济学文献中，经济学家们一般遵循技术外溢和资本的边际报酬递减的假定。这样像储蓄率等外生变量的变化只能有所谓的水平效应，但是并不能产生持久的增长效应，各国的增长率趋于一致，而各国具体的收入分配水平则保持不变。阿西莫格鲁和维契（2002）则放弃了原先的两个传统假定，通过引入国际贸易中的贸易条件的变化，重新解释了这一问题。资本积累越快的国家，其出口产品的贸易条件恶化，导致其增长反倒变慢，各国增长趋同，其经济水平相对格局则保持稳定。

## 五、经济趋同

新古典增长模型认为，经济会收敛到稳态水平，这也意味着世界各国经济最终都收敛到相同的水平。但实际的情况却是，富国经济持续增长，穷国经济停滞不前，富国越来越富，穷国越来越穷，贫富差距越来越大，富国与穷国的经济根本没有收敛的迹象。新古典增长模型因无法解释这一现实而饱受批评。新增长理论兴起以后，经济学家们试图在新增长理论的框架下重新解释经济的趋同问题。

在这方面做出重要贡献的是巴罗和萨拉-伊-马丁。巴罗和萨拉-伊-马丁（1991a，1991b，1992）的一系列论文在新古典增长理论的框架内分析了经济趋同和经济增长。在新古典增长模型中，当经济体越接近稳态时，经济增长率将越慢，并因此经济增长率和初始经济水平负相关。在此框架内，巴罗和萨拉-伊-马丁提出了两种收敛概念：$\beta$ 收敛和 $\sigma$ 收敛。

巴罗和萨拉-伊-马丁（1991a）使用 98 个国家 1960—1985 年的数据分析经济增长的决定因素。他们的研究发现，在控制了人力资本等其他解释变量后，经济增长率和 1960 年的 GDP 负相关，这就证明了趋同的存在。巴罗和萨拉-伊-马丁（1992）使用美国各州的数据检验趋同的存在性，使用各州数据的优点在于能够控制其他变量。研究发现，经济以每年约 2% 的速度收敛。收入的方差也展现了一定的趋同。巴罗和萨拉-伊-马丁也使用日本 47 个县 1930—1990 年的数据以及欧洲 8 个国家 90 个地区 1950—1990 年的数据对经济趋同进行检验，也得出了类似的结论，趋同速度在 2% 左右。

巴罗和萨拉-伊-马丁（1997）在新增长理论的框架内讨论了经济趋同，他们构建了一个存在技术扩散的模型，在该模型内各个经济体将展现出趋同的特征。在长期内，世界经济增长是由领先国家的技术发明推动的，由于模仿的成本低于创新成本，落后国家可以通过技术模仿赶超领先国家，但随着模仿成本的增加，落后国家的增长率将降低，因此从这个意义上看，该模型预测的趋同是有条件的趋同。

关于跨国经济收敛最有影响力的研究是曼丘（Mankiw, G. N.）等人做出的。是曼丘等人（曼丘、罗默和威尔，1992；曼丘，1995）检查了索罗增长模型是否和国际生活水平差异的现实数据相一致，并扩展了索罗模型使其更符合现实数据。索罗模型的结论得出稳态经济水平依赖于外生的储蓄率和人口增长率，由于各国的储蓄率和人力增长率是不同的，这就决定了各国的稳态水平不同；并且索罗模型预测经济增长率负相关于当前经济水平和稳态经济水平的距离，因此索罗模型预测了经济趋同。曼丘等人的研究发现尽管索罗模型正确地预测了储蓄率和人口增长率对经济水平的影响方向，并且也准确地预测了趋同，但是并没有正确预测这些变量的定量影响。

曼丘等人改进索罗增长模型的要点在于在生产函数中考虑人力资本，改进后的生产函数为：

$$Y(t)=K(t)^{\alpha}H(t)^{\beta}(A(t)L(t))^{1-\alpha-\beta}.$$

这里 $H$ 为人力资本存量。利用加入人力资本之后的索罗增长模型，曼丘等人重新考察了世界各国经济收敛问题。他们发现，经过扩展后的模型得到的预测结果和经济现实相当一致。

巴罗和萨拉-伊-马丁（1991a，1991b，1992）以及曼丘等人（曼丘、罗默和威尔，1992；曼丘，1995）等人的研究均认为现实经济存在的趋同和新古典增长模型一致，但是新增长理论无法得出经济趋同的结果。霍伊特（2000）构造了一个多国熊彼特增长模型以论证新增长理论也能解释经济趋同的存在，该模型结合了索罗模型的基本框架以及阿吉翁和霍伊特（1992）的创造性破坏模型。霍伊特认为该模型比新古典模型能够更好地符合现实证据，这是因为在模型中各国的经济差异不仅来自于人均资本存量，还来自于生产率的差异。在该模型中趋同的力量有两种：资本报酬递减和技术转移，并且该模型得出“俱乐部趋同”，那些存在研发的国家最终将收敛到相同的经济增长率水平，而没有研发的国家经济将处于停滞。与新古典模型不同，该模型认为尽管存在研发的各国趋同到相同的经济增长率，但是它们的生产率水平却依然不同。

霍伊特的模型也给出了趋同的速度。对于给定的 $\alpha$，该模型给出的趋同速度均小于曼丘模型。该模型中的趋同速度之所以小于曼丘模型的趋同速度，是因为在该模型中，导致经济趋同的资本报酬递减在一定程度上被各国相对生产率的提高抵消了。作者校准了一些参数以计算趋同速度，发现如果想拟合现实 0.02 的趋同速度，资本收益份额应该为 $\alpha \approx 0.6$，这符合现实预测，因此作者认为其模型所预测的趋同速度符合经济现实。

田村（1991）构造了一个能够产生人均收入和产出增长率趋同的内生经济增长模型，模型中引入了人力资本的外溢性，这种外溢性产生于人力资本的生产过程，而不是物质产品的生产过程。在他的模型中，个人的偏好、生产技术以及投资都是相同的，但是个人具有的初始人力资本水平却是不同的。趋同的力量来自于人力资本形成过程中的溢出性，个人人力资本的形成依赖于社会平均人力资本，因此人力资本水平处于平均水平以下的个人将有更高的人力资本增长率，这就产生了人力资本的趋同。由于模型中人力资本是经济增长率的决定因素，因此经济增长率也会趋同。作者利用该模型对趋同进行了数据模拟，模拟结果显示出了非常强的趋同。作者将其模型扩张到存在消费信贷的情况，得出结论：在存在消费信贷的情况下，尽管存在人力资本水平以及经济增长率的趋同，但是消费水平却没有展现出趋同的特征。

## 六、适宜技术理论

在标准的新增长模型中，技术创新是以中间产品种类的扩大（水平创新）以及中间产品的质量不断提高（垂直创新）为表现形式的。在新增长理论中，技术创新和中间产品的生产是一致的。换句话说，实验室所开发的新技术在经济中的应用是无条件的；实验室能够开发出什么样的技术，企业就能够生产依照新技术生产出什么样的产品。经济增长唯一地取决于技术创新的水平和能力，这也是新增长理论一贯的观点和逻辑。至于如何利用创新技术生产出新的中间产品，新增长理论是不考虑的。而这一点可能是发展中国家技术引进和吸收过程中一个相当关键的问题。

技术的适宜性在发达国家或许并不成为问题，因为发达国家是技术创新的主体，发达国家的企业以及各类研究机构在进行技术创新的时候总是会考虑发达国家种种经济现实，总是尽量利用发达国家经济中业已存在的种种优势而避开发达国家经济的劣势。换句话说，发达国家总是会开发适合本国资源禀赋和经济技术发展水平的新技术，不适合本国经济发展实际情况的技术不可能被开发出来（Basu and Weil，1998；阿西莫格鲁和泽里波提（Zilibotti，Fabrizio），1999）。然而适合发达国家的新技术对发展中国家来说可能并不适合，因为发展中国家普遍缺乏像发达国家那样应用技术所必需的软件、硬件条件。所以在国际经济中的技术扩散中，我们可以看到一个奇怪的现象：很多发展中国家引进了发达国家的先进技术，但是发展中国家用这样的先进技术却往往生产不出相应的产品；即使能够勉强生产，不是实际生产的产品离设计要求相去甚远，就是企业生产从技术、设备、原材料包括技术工人都完全依赖于国外，完全成为发达经济的一分子，而与本国经济联系甚少。脱离发展中国家国情的技术即使再先进，也不能推动发展中国家经济增长和发展。

对于技术的适宜性，阿特金森（Atkinson，A. B.）和斯蒂格利茨（Stiglitz，J. 1969）提出了“局部性的边干边学”（localized learning by doing）。他们认为，对于企业（或经济）所使用的一个特定的资本和劳动的组合，企业需要时间来提高这一特定要素组合的生产率。迪瓦（Diwan，I.）和罗迪克（Rodrik，D.，1991）则利用技术的适宜性讨论了发展中国家加强知识产权保护的激励问题。巴松（Basu，S.）和威尔（Weil，D. N.，1998）明确提出了适宜技术（appropriate technology）的概念。他们认为发达国家的技术是和发达国家本身较高的资本存量相匹配的，因此发展中国家如果能够提高自己的储蓄率从而提高自己的资本存量便可以充分利用发达国家的先进技术，也有可能经历一个经济迅速增长的时期。然而正如林毅夫（2002）所指出的那样，巴松和威尔的观点并不能解释为什么拉丁美洲、非洲和四小龙之外的亚洲国家政府提高储蓄率的努力没有能够提高经济增长率；同时我们也知道，物质资本的积累并不是经济增长唯一的决定因素。阿西莫格鲁和泽里波提（2001）则明确提出了发展中国家的劳动力和引进技术的不匹配问题。发达国家开发的技术适合于发达国家的熟练劳动力使用，而发展中国家大量存在的是非熟练劳动力。劳动力技能水平和引进技术之间的不匹配（mismatch）导致了发展中国家和发达国家之间巨大的人均产出和人均收入的差异。但是，他们的假定过于严格，他们假定发展中国家总是使用发达国家处于技术前沿的技术，而不是技术前沿以内的技术（林毅夫，2002）。

所谓技术的适宜性实际上依赖于发展中国家的技术吸收能力，而技术吸收能力则依赖于发展中国家的人力资本水平。同样的技术，对技术吸收能力高的国家可能比较合适，但是对技术吸收能力低的国家可能就不合适。而这种吸收能力则依赖于发展中国家的人均人力资本水平：人力资本水平高，发展中国家便可以把发达国家的先进技术转化为自己的生产能力；而在人力资本水平低的国家这种转化则显得相当困难。实际上，不论是发达国家还是发展中国家，其经济增长水平由它们的技术水平和人力资本水平共同决定。发展中国家之所以拥有技术而不拥有增长，与其说这些技术不适合发展中国家，还不如说是发展中国家低下的人力资本水平使得这些技术不适合。用发展中国家和发达国家人力资本的差异来解释发展中国家整体上技术引进吸收的失败可能是一个比较合理的思路。实际上，发展中国家之间的差异不仅仅只是表现在人均资本存量差异上，更表现在人均人力资本水平的差异上。

对经济长期增长而言，人力资本因素非常重要，但是人力资本却并不是经济增长的唯一因素。中国自鸦片战争以后长期积弱积贫，同时中国的人力资本水平长期在低水平徘徊，两者的关系恐怕并非是一个人力资本制约技术引进从而遏制经济增长的单项因果关系；与此同时的日本在明治维新之后经济起飞时人力资本水平仍然低下，人力资本水平与经济增长到底孰因孰果，人们恐怕也很难作出简单判断；此外，当今的拉美国家，人均人力资本水平普遍较高，也很容易获得发达国家的先进技术，但是拉美国家的经济增长却不尽如人意。显然，在这一问题的背后，人力资本并不是唯一的因素。

## 第四节　新增长理论Ⅲ：人力资本与分工

### 一、人力资本理论的发展

1988 年，卢卡斯发表了《论经济发展的机制》一文。在这篇经典文献中，卢卡斯继承并发展了宇泽弘文的观点，认为人力资本积累是经济长期增长的核心。卢卡斯显然接受了罗默收益递增的思想，认为具有递增收益的要素是人力资本。人力资本具有的外部效应使其具有收益递增的性质，从而成为增长的核心。沿着卢卡斯开拓的这条道路，研究人力资本、人口变动和经济增长之间关系的学者主要有：卢卡斯，贝克尔，默菲（Murphy，K. M.）和田村（Tamura，R. F.，1990），施莱弗（Shleifer，A.）和维什尼（Vishny，R. W.，1991），格鲁姆（Glomm，G.）和拉维库马尔（Ravikumar，B.，1992），罗森茨维格（Rosenzweig，M. R.，1995），阿西莫格鲁（1996）等。

在前面曾经介绍过卢卡斯的相关研究，在这里我们不再赘述。在文献中，卢卡斯对人力资本的研究占有非常重要的地位，也影响了理论本身的发展。卢卡斯提出人力资本的外部性之后，人力资本的外部性使人力资本成为经济长期增长的基石。然而长期以来，经济学家们对人力资本积累的微观机制不甚了了，仅仅只是简单套用卢卡斯（1988）当年的人力资本积累方程。关于人力资本的积累，关于人力资本的外部性，经济学家的研究是不充分的。阿西莫格鲁（1996）提出了一个人力资本积累的微观机制，试图对这一问题做出回答。

阿西莫格鲁认为人力资本积累中产生的收益递增实际上来源于市场互动。他为我们讲述了这样一个故事：工人总是在工作之前进行人力资本投资决策，在知道自己为谁工作、具体的工作需要什么样人力资本水平的时候，工人根据自己的预期进行人力资本投资；

相对应地，企业在知道自己能够雇佣什么样工人的时候，也是倾向于提高自己的物质资本水平。更进一步说，如果企业预期自己能够雇佣高人力资本水平的工人，那么企业也会增加自己的物质资本投资。这样一来，由于劳动力市场的这种不确定性，人力资本积累本身表现为收益递增的性质。

阿西莫格鲁的这篇文章为人力资本的积累行为提供了一个微观机制，在这一微观机制中，工人与企业的匹配是核心问题。由于工人在进行人力资本投资的时候并不知道未来自己为什么企业工作，而企业进行物质资本投资的时候也不知道未来自己能够雇佣什么样的工人，这样工人与企业分别进行投资的时候存在着极大的外部性。人力资本投资的收益递增也由此产生。值得注意的是，这种收益递增不仅出现在人力资本投资上，物质资本也相应地存在收益递增。在这一机制中，生产、人力资本投资、物质资本投资本身都没有收益递增的因素，但是整个社会却表现为收益递增的性质。阿西莫格鲁的这篇文章是卢卡斯（1988）的文章之后解释人力资本积累行为的一篇相当重要的文章。

卢卡斯后期对工业革命的研究建立在他的人力资本理论之上，而其后期人力资本的研究则以家庭内生生育行为的研究为基础。在这方面做出开拓性贡献的是贝克尔、默菲和田村（1990）。他们提出了一个内生生育率的模型，来解释家庭的人力资本积累，从而对经济增长问题做出自己的回答。他们分析的逻辑结构如下：一国的长期增长取决于其人力资本水平，而一国的人力资本水平取决于家庭的人力资本投资行为，而家庭的人力资本投资取决于家庭的生育行为。当经济中的人力资本回报较高时，家庭倾向于少生育，对每个子女进行较多的人力资本投资；当人力资本回报较低时，家庭倾向于多生育，而对每个子女进行较少的人力资本投资。但是，人力资本的回报和人力资本本身的多寡是联系在一起的。这样，经济会出现两个水平的均衡：低水平的均衡是较多的子女，较少的人力资本，较低的人均收入；高水平的均衡是较少的子女，较多的人力资本，较高的人均收入。从这个意义上来说，这个世界也会出现高收入国家和低收入国家两类。这样，他们从内生生育行为和人力资本积累行为的角度揭示了各国间的收入差距。

同样，罗森茨维格（1995）重新考察了经济增长、人力资本投资与家庭生育行为的关系。他将研究的侧重点放在技术进步与家庭生育行为以及人力资本投资的关系上。罗森茨维格实际上向我们描述了这样一种机制：由于经济发展和外生的技术进步提高了子女受教育的机会成本，工资率的上升会对人力资本的积累产生负向效应，使得发展中国家人力资本积累减少而生育率上升。前人的研究多关注经济发展、技术进步对人力资本积累的激励效应，而罗森茨维格则倾向于向人们展示出经济发展、技术进步对人力资本积累可能产生的负面影响。这种负面影响在发展中国家确实存在，发展中国家在 20 世纪 60—70 年代出现的“绿色革命”在提高农业生产率的同时，也提高了童工的工资水平，而童工工资水平的提高客观上提高了子女受教育的机会成本，对发展中国家的人力资本积累和生育率的降低产生了负面效应。此外，罗森茨维格还考察了生育成本的变动对人力资本积累以及生育率的影响。很明显，生育控制的成本越高或生育控制的效率越低，经济中的生育率就越高。

格鲁姆和拉维库马尔（1992）构建了一个两期世代交叠（Overlapping Generation，OLG）模型来研究经济中公共教育投资与私人教育投资对增长和收入分配的影响。作者比较了两种教育体制对经济增长和收入分配的影响。作者考虑了两种情况：

首先考虑的是经济中的个人都是同质的，这意味着经济中每个人的人力资本水平都是相同的，因而收入水平都是相同的。在这种经济中，私人教育体制会比公共教育体制带来更快的经济增长。这一原因在于：公共教育体制下存在着外部性，这样会使经济中的教育投资不足；而私人教育体制没有这样的问题，因而能够获得更快的增长。这一情况由于假定经济中的个体是同质的，因而不会牵涉收入分配问题。

其次，作者考虑了经济中个人的异质性，即人力资本的分布不是均匀的，这意味着个人之间存在着收入分配的差距。在这种情况下，公共教育能够使收入分配状况改善；但是私人教育对收入分配状况的影响取决于模型参数的设定。当上一代教育馈赠与上一代人力资本水平对下一代人力资本水平贡献较高时，私人教育体制必然会带来收入分配状况的恶化。

那么，在民主国家，经济到底会采用什么教育体制呢？作者认为只有当经济中的老年人占多数时，经济会选择公共教育制度；而年轻人占多数时，私人教育制度则是经济必然的选择。

默菲、施莱弗和维什尼（1991）则从另一个侧面讨论人力资本对经济增长的影响。以往讨论人力资本与经济增长关系的文章多半从人力资本投资的角度探讨人力资本投资与经济增长的关系。这一思路有一个逻辑上的问题：如果经济花费很大的代价提高经济中的人力资本水平，但是如果提高的人力资本并不是用在生产性活动中，或具有很高人力资本水平的人们倾向于从事寻租活动（rent-seeking），那么提高的人力资本不一定会带来经济增长。这就涉及人力资本的配置或人才的配置问题了。默菲等人（1991）正是从人力资本配置的角度探讨才能配置与经济增长的关系。

默菲等人认为：如果人们在生产性活动中能够更好地发挥自己的才能，那么社会就能够吸引最有才干的人经营企业；如果人们发现寻租行为①更能够发挥自己的才能，那么整个社会最有才干的人将会从事寻租活动，配置到企业中的人将不是那些最有才干的人，经济增长由此受到损害。

## 二、分工与经济增长

在古典政治经济学里，斯密（1776）论述了分工对促进经济增长的重要意义。斯密的这一思想成为后来研究分工与经济增长关系问题的理论渊源和思想源泉。研究分工对经济增长的作用也是新增长理论研究的一个重要内容，对分工进行研究的主要有：罗森（Rosen，S.，1978），杨小凯和博兰（Borland，J.，1991），罗默

① 这里所定义的寻租行为为非生产性的寻利活动，寻租行为仅仅只是一种财富再分配的活动，寻租者仅仅只是将财富从其他阶层手中转移到自己手中，但是对整个社会福利的改善和财富的增加并无好处，寻租行为将企业家利润中的一部分转变为寻租者的收入。

(1987)，贝克尔和默菲（1992)，克莱尔（Clare，A.R.，1996）等。

罗森（1978）考虑了生产中的劳动分工问题。罗森的分析牢牢把握两点：第一，生产中的劳动分工依赖于生产本身不同的环节，由技术决定；第二，到底什么样的工人参与什么样的劳动分工，则是工人的自身优化选择。这样，当工人面临不同的工作可以选择时，他会考虑自己的比较优势。接下来的问题是工人如何在不同的工作之间配置使得总产出最大化。罗森模型的分析框架分为两步：第一步，构建一个“工作可能性集合”，表明在现有的工人集合下，经济对单一任务所能达到的最大水平；第二步，根据生产函数和“工作可能性集合”寻找最优的产出与工人配置。

在罗森（1978）的分析中，劳动分工是依赖于生产过程本身，是生产技术的性质；杨小凯和博兰（1991）则认为分工决策是经济中内生决策的结果，经济中的个人可以选择自给自足，也可以选择进行劳动分工。换而言之，分工以及与之对应的交换、贸易是内生的。杨小凯和博兰的文章与其说是一篇内生增长的文章，毋宁说是一篇解释内生分工理论的文章。他们实际上给我们讲述了这样一个故事：在最开始的时候，每个人自给自足，既是生产者，也是消费者，自己生产满足自己的消费。这个时候经济中没有劳动分工，也没有专业化。经济中的个人可以选择专业化，这意味着个人如果专业化某一种或某几种产品的生产，放弃某种或某几种商品的生产，那么他必须要在市场上出卖自己的专业化产品换取自己没有生产的产品。这种市场交易会涉及交易成本。但是经济中的个人选择专业化生产会有边干边学的效应，专业化生产成本将随之降低。这样一来，劳动分工和专业化行为都是个人选择的结果，并且它们和市场规模、交易费用演变紧紧地联系起来了。

以此思想为基础，以杨小凯为代表的一批经济学家发展出一套以分工、专业化和交易成本为核心概念的经济理论：新兴古典经济学（New Classical Economics)。

贝克尔和默菲（1992）在杨小凯和博兰（1991）的基础上又进了一步，不仅考虑劳动分工与专业化过程中的交易成本，而且还考虑人力资本（或知识）水平对专业化分工的影响。分工固然能够带来产出的增加，但是分工不可避免地会带来合作成本。分工越细致，分工所带来的合作成本就越大。对于团队产出，人力资本水平的提高不仅提高了团队产出，而且还提高了劳动分工的边际产出。随着人力资本水平的提高，经济中团队的规模将扩大，工人的专业化程度将加深。经济对工人配置遵循的原则是：将人力资本最少的工人配置到合作成本最高的行业中。

贝克尔和默菲实际上考虑了这样一个故事：经济中的当事人可以选择专业化分工从事生产，但是不同领域的专家需要彼此合作才能够共同生产出产品，这意味着经济中的合作成本会上升。此外，知识或人力资本对专家的生产效率至关重要，当事人也有激励从事人力资本投资，从而使自己变成专家。这样的考虑使得他们对分工的讨论和促进经济长期增长的人力资本投资联系起来了。

罗默（1987）试图从专业化分工的角度解释经济长期增长。罗默的这一篇文章实际上和他 1990 年关于技术进步的文章使用了相同的理论框架：存在多样化中间产品的模型框架。只不过在这篇文章中，罗默利用经济中的专业化分工来解释长期增长，而在其 1990 年的文章中则是用多样化中间产品的扩张所代表的技术进步来解释经济的长期增长。

罗默设定最终产品的生产函数为：

$$Y(L, \{M, N\}) = M^{1-\alpha}(L^{1-\alpha}N^{\alpha}).$$

这是一个非常重要的生产函数，这一生产函数在 $L$ 与中间投入品总量 $N$ 不变的情况下，如果中间投入品种类数 $M$ 增加了，生产也增加。罗默用这一生产函数刻画专业化分工与经济增长的关系。

在罗默模型中，初级投入品生产中间产品，多样化的中间产品一起生产出最终产品供给消费者消费。而初级投入品需要投资来实现增长。在均衡增长路径上，经济中的初始投入、最终产出、多样化中间投入品种类数量、消费者消费都以相同的比率增长。值得注意的是，罗默的这篇文章实际上用中间投入品数量的扩张来表现劳动分工，经济中产出的增长率与专业化分工程度增长率相同，在经济增长过程中，经济的分工程度也不断加深。

克莱尔（1996）构建了一个经济发展与劳动分工关系的模型。这篇文章的贡献在于将人们广为接受的劳动分工促进经济发展的三个机制融合起来。众所周知，劳动分工促进经济发展通过以下三个机制起作用：

（1）劳动分工可以提高生产率。

（2）多样化产品的厂商聚集在一起，能够产生相应的外部性与聚集效应。

（3）劳动分工依赖于市场规模的大小，市场规模大，劳动分工可以比较深入，市场规模小，经济就不可能出现分工的加深。

作者通过一个统一的模型框架将劳动分工促进经济发展的这三种机制统一在一起。

克莱尔（1996）认为发达国家由于市场规模大，能够实现深度分工，专业化生产那些密集使用资本与中间投入品的产品，而中间投入品种类数也多；但是对于发展中国家来说，市场规模小，专业化生产那些并不密集使用资本与中间投入品的产品，与此相对应的是劳动分工无法深化，中间投入品种类数也小。这样就把劳动分工与各国经济发展的不同均衡水平联系起来了。

## 第五节 简 评

增长问题重新进入经济学的研究视野是20世纪经济发展的重要特点之一。从哈罗德-多马模型，到新古典增长理论，到20世纪80年代以来蓬勃发展的新增长理论，增长理论的发展一方面反映了经济学理论本身的演变和发展，另一方面也极大地推动了经济学理论的发展。

### 一、增长理论与主流经济学理论的相互影响

经济学自边际革命以来，经济增长问题就慢慢淡出了经济学家

们的研究视野。大萧条时代，凯恩斯主义开始兴起；而第二次世界大战之后，各国都面临着战后重建问题。在这样的背景下，经济增长问题就不可避免地开始受人关注。

20世纪40年代是凯恩斯主义兴起和发展的年代，在这一时间发展的增长理论不可避免地会受到影响。当时所兴起的哈罗德-多马理论就带有强烈的凯恩斯主义的痕迹，增长模型本身是从凯恩斯宏观经济模型演变过来的。到了新古典增长理论兴起的年代，索罗重新回复经济学收益递减的传统理念，这也反映了遵循收益递减信条在新古典经济学的统治地位。而新增长理论收益递增的概念实际上挑战了新古典经济学的统治地位。

经济学自李嘉图以来，一直遵循收益递减的传统。对这一理念的坚持具有两方面的原因：

（1）经济学家对人类历史认识的普遍认识。人类社会的持续快速增长是20世纪50年代之后的事情，在古典经济学家的年代，增长的停滞是人类社会的普遍现象。经济中增长停滞的现实背后有着自己的逻辑和原因。经济学家们大多认为普遍存在的收益递减是一种规律，是增长停滞的根源。

（2）数学处理的要求。自经济学边际革命以来，收益递减在数学上得到了很好的刻画。经济学从边际效用、边际产出到生产可能性边界的形状、埃奇沃斯盒状图等，普遍建立在收益递减的核心概念之上。自萨缪尔森之后，经济学将收益递减的概念发扬光大，在凸集上定义收益递减以及整个经济学体系。换而言之，如果要研究收益递增，需要将收益递增融合进建立在凸集基础之上的经济学体系，这对经济学家们来说无疑是一项艰巨的任务。

在没有收益递增因素的模型中，经济处于稳态就意味着经济的停滞。在索罗模型中所产生的稳态就是经济停滞，为了解释增长，索罗加上了外生的技术进步。这样一来，模型虽然能够产生平衡增长路径，但是索罗却无法解释技术进步是怎样产生的，怎样才能够促进技术进步。由于无法对外生技术进步作解释和分析，新古典增长模型备受批评。如果要想直接研究长期增长问题，那么收益递增的引入则是必须的。

罗默看到了这一矛盾，首先挑战了经济学收益递减这一信条，提出了收益递增的概念。但是这一概念长期不被人们所认同。① 卢卡斯的加入，使得情况发生了转变。卢卡斯不仅认同了收益递增的概念，而且还从人力资本的角度提出了经济持续增长的机制。当卢卡斯的观点为人们广泛接受的时候，人们反过来重新审视卢卡斯文章中收益递增的思想，逐渐接受收益递增的核心概念。人们在接受收益递增思想的同时，实际上同时接受了罗默对知识、技术本身性质的分析，认同了无形知识的收益递增性质。结合新制度经济学和公共经济学的研究进展，人们开始普遍接受知识所具有的非竞争性和非排他性。在增长领域，人们对技术、知识的分析讨论从来没有像现在这样细致深入。而这一切是从收益递增思想的推广开始的。

## 二、增长理论对增长机制的刻画

对经济增长的机制的刻画始终是增长理论的核心任务之一。20 世纪的增长理论对这一问题分别做出了自己的回答。

哈罗德-多马理论本身脱胎于凯恩斯理论，其模型本身的推导来自于凯恩斯理论的国民收入恒等式，由此得出“经济增长依赖于资本产出比和储蓄率”的结论。我们知道凯恩斯理论主张通过需求管理实现宏观经济稳定，从凯恩斯理论中发展出来的哈罗德-多马增长理论实际上将需求管理的短期理论直接套用于分析长期增长问题。哈罗德-多马理论注重外在的干预，强调政府在增长中的作用。进一步说，哈罗德-多马增长理论认为政府的需求管理政策也可以适用于经济增长。以我们现在的眼光来看，短期和长期是不能混为一谈的，而凯恩斯需求管理的宏观政策也并不适用于长期的经济增长问题；虽然粗糙，但是在 20 世纪 40 年代，哈罗德-多马模型将长期增长问题置于自己分析的核心，标志着经济学家对长期

① 在国际贸易领域，迪克斯特、斯蒂格利茨以及斯宾塞等人之后，克鲁格曼也在艰难地推广自己收益递增的概念。

增长问题的重新关注，具有其本身的历史意义。

直接将需求管理的凯恩斯理论套用到对长期增长问题的分析显然不合适，经济学家们显然马上意识到了这一问题。20 世纪 50 年代出现的新古典增长理论则是真正意义上的增长理论。新古典增长理论认为资本是经济增长的动力，经济增长是一个经济不断趋于稳态的收敛过程，而经济的稳态则是由经济中的储蓄率决定的。在经济不断向稳态收敛的过程中，资本也向稳态值收敛。新古典增长理论将资本积累视为经济增长的源泉，但因为收益递减性质的存在，不断积累的资本给经济所带来的作用越来越小，经济终归会收敛到稳态水平。正是因为索罗模型对收益递减性质的坚持，这一增长理论因此被称为新古典增长理论。

实现突破的是新增长理论。在罗默提出收益递增的核心概念之后，新增长理论需要刻画能够产生经济持续增长的具体机制。新增长理论将增长的源泉归于技术的进步和知识的积累，并且认为技术知识的积累发展具有收益递增的性质；进一步地，新增长理论详细区别了知识技术的非竞争性和非排他性等性质。

根据新增长理论文献的分析，知识的增进积累可以有两种方式：一是人力资本的积累，知识技术的增进反映为人力资本的提高；二是创新发明的不断增多，技术的不断创新。

对技术创新这一机制，新增长理论认为创新者进行技术创新的动力是为了追逐垄断利润。显然，对于经济增长技术创新机制的论述，新增长理论是不完整的：

首先，对于技术创新这一机制的阐述，对于经济利润的追求是各种商业创新的主要动力，但是在经济中大量存在着非商业机构和个人承担的创新，他们也并不是为了商业利润进行创新的。近代以来，科学技术特别是科学的发展在很大的程度上并不是个人逐利的结果。新增长理论提出的理论假说显然无法囊括这一类创新。要解释这一类创新活动，那么对近代科学制度的分析、对近代科技史的研究等都需要进入新增长理论的研究视野。

其次，对人力资本积累这一机制，新增长力理论的分析是相当粗糙的。新增长理论在卢卡斯之后，对人力资本的研究乏善可陈，没有办法在卢卡斯的研究基础上去深化人力资本促进增长的机制，一般会沿用卢卡斯（1988）关于人力资本的处理方式。人力资本积累本身的机制、逻辑都没有得到仔细的研究，一切都掩盖在卢卡斯人力资本积累方程之中。这也说明：至少在利用人力资本来解释长期增长方面，新增长理论的工作并不充分。

## 三、增长理论的进一步发展：解释增长历史

早年的增长理论还谈不上对增长历史的分析，在这方面取得长足进展的是新增长理论。新增长理论肇始于经济学家们对第二次世界大战后增长现实的解释，但是如果我们将观察的视野拉长，我们不仅要解释半个世纪的增长，我们还需要解释上百年、200 年、500 年，甚至是上千年的增长；我们不仅需要解释现实的增长，我们还需要解释历史上的增长或不增长，我们需要解释人类社会是如何从增长停滞的传统社会演变为目前持续增长的经济的。

卢卡斯注意到在工业革命之前，每一次技术进步、效率提高总带来生育率的提高和人口的相应增加，人均收入却停滞不前，经济陷于马尔萨斯陷阱之中；工业革命之后，技术进步与效率的提高都带来了人均收入的增长。对这一问题，卢卡斯认为是人口转型（demographic transition）造成了这一点：人口由于人口转型的因素并没有随技术进步和产出的增加，这样一来，技术进步的好处不会被随之带来的人口增长抵消掉，人均收入的持续增长成为可能。当人力资本的作用越来越重要，人力资本积累和技术进步开始互相影响，互相促进，技术知识的爆炸性增长与人均收入的持续增长开始成为人类社会的常态。然而不要忘了，在这一现象的背后则是人口转型在起作用。

这一机制明显凸出人力资本在经济长期增长中的核心作用。增长理论家们在解释历史中的经济增长时仍然遵循卢卡斯的分析框架，考察人力资本、生育行为在实现经济持续增长中的作用。历史是复杂的，很难用人力资本和人口转型这样单一的机制来解释经济

史问题，同时即使是用人口转型和人力资本来解释历史，也还有很多问题没有解决：为什么人口转型只是发生在工业革命前后，而没有发生在工业革命之前或之后；工业革命本身是人口转型的原因还是结果，抑或是由其他的因素决定的？

新增长理论实际上带有明显的欧洲中心史观（Eurocentism）的痕迹。新增长理论对增长现实的解释实际上集中在对发达国家经济增长现实的考察，但是这个世界存在着大量的发展中国家，它们为什么不发展，为什么不能够像发达国家那样实现经济增长，新增长理论对此缺乏关注。新增长理论如果需要对人类社会的长期增长做出回答，就不仅要回答西方社会是如何从停滞到增长的，还需要解释除了西方之外的文明为什么仍然陷于贫穷落后的泥潭。

历史的发展是复杂的、多面的，简单的人口转型与人力资本的机制很难解释历史上的发展或不发展，更何况该机制本身还需要完善。从这个意义上来说，新增长理论本身还有非常大的发展和研究空间。

**【参考文献】**

[1] ACEMOGLU D. A Microfoundation for Social Increasing Returns in Human Capital Accumulation [J]. Quarterly Journal of Economics, 1996, 111 (3): 779-804.

[2] ACEMOGLU D, Zilibotti F. Was Prometheus Unbounded by Change? Risk, Diversifiation, and Growth [J]. Journal of Political Economy, 1997, 105 (4): 709-751.

[3] ACEMOGLU D, Ventura J. The World Income Distribution [J]. Quarterly Journal of Economics, 2002, 117 (5): 659-694.

[4] ATKINSON A B, STIGLITZ J E. A New View of Technological Change [J]. Economic Journal, 1969, 79 (315): 573-578.

[5] ARROW K J. The Economic Implications of Learning by Doing [J]. Review of Economic Studies, 1962, 29 (3): 155-173.

[6] ARROW K J. Classification Notes on the Production of

Technological Knowledge [J]. American Economic Review, 1969, 59 (2): 29-35.

[7] BALDWIN R E, Forslid E R. The Core Periphery Model and Endogenous Growth: Stabilizing and Destabilizing Integration [J]. Econom Ica, 2000, 67 (5): 307-324.

[8] BARRO R. Economic Growth in a Cross Section of Countries [J]. Quarterly Journal of Economics, 1991, 106 (2): 407-433.

[9] BARRO R, SALA-I-MARTIN X. Convergence across States and Regions [J]. Brookings Papers on Economic Activity, 1995, (1): 107-182.

[10] BARRO R, SALA-I-MARTIN X. Convergence [J]. Journal of Political Economy, 1992, 100 (2): 223-251.

[11] BASU S, WEIL D N. Appropriate Technology and Growth [J]. The Quarterly Journal of Economics, 1998, 113 (4): 1025-1054.

[12] BECKER G S, MURPHY K M, TAMURA R. Human Capital, Fertility, and Economic Growth [J]. Journal of Political Economy, 1990, 98 (5): S13-37.

[13] BECKER G, MURPHY K M. The Division of Labor, Coordination Costs, and Knowledge [J]. Quarterly Journal of Economics, 1992, 107 (4): 1137-1160.

[14] BERNHEIM D B, WHINSTON M D. Multimarket Contact and Collusive Behavior [J]. Journal of Economics, 1990, 21 (1): 1-26.

[15] BRANDER J, KRUGMAN P. A'Reciprocal Dumping' Model of International Trade [J]. Journal of International Economics, 1983, 15 (3-4): 313-321.

[16] BREZIS E, KRUGMAN P, TSIDDON D. Leapfrogging: A Theory of Cycles in National Technological Leadership [J].

American Economic Review, 1993, 83 (12): 1211-1219.

[17] COE D T, HELPMAN E. International R&D Spillovers [J]. European Economic Review, 1995, 39 (5): 859-887.

[18] COE D T, HELPMAN E, HOFFMAISTER A W. North-South R&D Spillovers [J]. Economic Journal, Royal Economic Society, 1997. 107 (440): 134-149.

[19] DOSI G. Sources, Procedures Microeconomic Effects of Innovation [J]. Journal of Economic Literature, 1988, 26 (3): 1120-1171.

[20] DESMET K. Asymmetric Shocks, Risk Sharing, and the Latter Mundell [J]. Banco de España Working Papers, 2002 (No. 222).

[21] DIWAN I, RODRIK D. Patents, Appropriate Technology, and North-South Trade [J]. Journal of International Economics, 1991, 30 (1-2): 27-47.

[22] ETHIER W J. National and International Returns to Scale in the Modern Theory of International Trade [J]. American Economic Review, 1982, 72 (3): 389-405.

[23] GLOMM G, RAVIKUMAR B. Public Versus Private Investment in Human Capital: Endogenous Growth and Income Inequality [J]. Journal of Political Economy, 1992, 100 (4): 818-834.

[24] GROSSMAN G M, HELPMAN E. Product Development and International Trade [J]. Journal of Political Economy, 1989, 97 (6): 1261-1283.

[25] GROSSMAN G M, HELPMAN E. Trade, Innovation, and Growth [J]. American Economic Review, 1990, 80 (2): 86-91.

[26] GROSSMAN G M, HELPMAN E. Trade, Knowledge Spillovers, and Growth [J]. European Economic Review, 1991, 35 (2-3): 517-526.

[27] GROSSMAN G M, HELPMAN E. Endogenous Product Cycles [J]. The Economic Journal, 1991, 101 (408): 1214-1229.

[28] GROSSMAN G M, HELPMAN E. Endogenous Innovation in the Theory of Growth [J]. Journal of Economic Perspectives, 1994, 8 (1): 23-44.

[29] GROSSMAN G M, HELPMAN E. Quality Ladders in the Theory of Growth [J]. Review of Economic Studies, 1991, 58 (1): 43-61.

[30] GROSSMAN G M, HELPMAN E. Quality Ladders and Product Cycles [J]. Quarterly Journal of Economics, 1991, 106 (2): 557-586.

[31] HOWITT P. Endogenous Growth and Cross-country Income Differences [J]. American Economic Review, 2000, 90 (4): 829-846.

[32] INADA K. Endogenous Technical Progress and Steady Growth [J]. Review of Economic Studies, 1969, 36 (105): 99-107.

[33] JONES C I. R&D-Based Models of Economic Growth [J]. Journal of Political Economy, 1995, 103 (4): 759-784.

[34] KING M A, ROBSON M H. A Dynamic Model of Investment and Endogenous Growth [J]. Scandinavian Journal of Economics, 1993, 95 (4): 445-466.

[35] KING R G, REBELO S. Public Policy and Economic Growth: Developing Neoclassical Implications [J]. Journal of Political Economy, 1990, 98 (4): 126-150.

[36] KRUGMAN P. Endogenous Innovation, International Trade, and Growth [G] //KRUGMAN P. Rethinking International Trade. Cambridge MA: The MIT Press, 1990: 165-182.

[37] KRUGMAN P R, OBSTFELD M. International Economics [M]. New York: Addison Wesley, 1991.

[38] KRUGMAN P R, VENABLES A J. Globalization and the

Inequality of Nations [J]. The Quarterly Journal of Economics, 1995, 110 (10): 857-880.

[39] LANCASTER K. Intra-industry Trade under Monopolistic Competition [J]. Journal of International Economics, 1980, 10 (2): 151-175.

[40] LUCAS R E. On the Mechanics of Economic Development [J]. Journal of Monetary Economics, 1988, 22 (1): 3-42.

[41] LUCAS R E. Why Doesn't Capital Flow from Rich to Poor Countries? [J]. American Economic Review, 1990, 80 (2): 92-96.

[42] LUCAS R E. Making a Miracle [J]. Econometrica, 1993, 16 (2): 251-272.

[43] LUCAS R E. The Industrial Revolution: Past and Future: Lectures on Economic Growth [M/OL]. Cambridge MA: Harvard University Press. 见 Lucas 网页.

[44] MARKUSEN J R. Trade and the Gains from Trade with Imperfect Competition [J]. Journal of International Economics. 1981, 11 (4): 531-551.

[45] MARKUSEN J R, VENABLES A J. Multinational Firms and the New Trade Theory [J]. Journal of International Economics, 1998, 46 (2): 183-203.

[46] MANKIW N G. The Growth of Nations [J]. Brookings Papers on Economic Activity, 1995: 275-326.

[47] MANKIW N G, ROMER D, WEIL D. A Contribution to the Empirics of Economic Growth [J]. Quarterly Journal of Economics, 1992, 107 (2): 407-437.

[48] MUNDLAK Y. On the Empirical Aspects of Economic Growth Theory [J]. American Economic Review, 1993, 83 (2): 415-425.

[49] MURPHY K M, SHLEIFER A, VISHNY R W. The Allocation

of Talent: Implication for Growth [J]. Quarterly Journal of Economics, 1991, 106 (2): 503-530.

[50] RODRÍGUEZ-CLARE A. The Division of Labor and Economic Development [J]. Journal of Development Economics, 1996, 49 (1): 3-32.

[51] ROMER P M. Growth Based on Increasing Returns Due to Specialization [J]. American Economic Review, 1987, 77 (2): 56-62.

[52] ROMER P M. Increasing Returns and the Long-Run Growth [J]. Journal of Political Economy, 1986, 94 (5): 1002-1037.

[53] ROMER P M. The Origins of Endogenous Growth [J]. Journal of Economic Perspectives, 1994, 8 (1): 3-22.

[54] ROMER P M. Capital Accumulation in the Theory of Long-Run Growth [M] // Barro R ed. Modern Business Cycle Theory. Harvard University Press, 1989: 51-127.

[55] ROMER P M. Endogenous Technological Change [J]. Journal of Political Economy, 1990, 98 (5): S71-102.

[56] RIVERA-BATIZ L A, ROMER P M. International Trade with Endogenous Technological Change [J]. European Economic Review, 1991, 35 (4): 971-1001.

[57] ROSEN S. Substitution and Division of Labor [J]. Economica, 1978, 45 (1): 235-250.

[58] ROSENZWEIG M R. Population Growth and Human Capital Investment: Theory and Evidence [J]. Journal of Political Economy, 1990, 98 (5): S38-70.

[59] SEGERSTROM P S, ANANT T C A, DINOPOULOS E. A Schumpeterian Model of the Product Life Cycle [J]. American Economic Review, 1990, 80 (5): 1077-1091.

[60] SCOTT M F G. A New View of Economic Growth: Four Lectures

[J]. World Bank Discussion Papers, 1991 (131).

[61] SHESHINSKI E. Optimal Accumulation with Organization and Economic Growth [M] //MIRRLEES J A, STERN N H, eds. Models of Economic Growth, London: 1967.

[62] SMITH M A M. Capital Accumulation in the Open Two-Sector Economy [J]. The Economic Journal, 1977, 87 (6): 273-282.

[63] STERN N H. The Determinants of Growth [J]. The Economic Journal, 1991, 101 (404): 112-133.

[64] STIGLITZ J E. Comment on Toward a Counter-Counterrevolution in Development Theory [C]. Krugman, Proceedings of the World Bank Annual Coference on Development Economics, 1992: 39-49.

[65] TAMURA R. Income Convergence in an Economic Growth Model [J]. Journal of Political Economy, 1991, 99 (3): 522-540.

[66] TAMURA R. Efficient Equilibrium Convergence: Heterogeneity and Growth [J]. Journal of Economic Theory, 1992, 58 (2): 355-376.

[67] TEMPLE J. The New Growth Evidence [J]. Journal of Economic Literature, 1999, 37 (1): 112-156.

[68] UZAQA H. Optimum Technical Change in an Aggregative Model of Economic Growth [J]. International Economic Review, 1965, 6 (1): 18-31.

[69] VERNON R. International Investment and International Trade in the Product Cycle [J]. Quarterly Journal of Economics 1966, 80 (2): 190-207.

[70] YANG X, BORLAND J. A Microeconomic Mechanism for Economic Growth [J]. Journal of Political Economy, 1991, 99 (3): 460-482.

[71] YOUNG A. Learning by Doing and the Dynamic Effects of

International Trade [J]. Quarterly Journal of Economics, 1991, 106 (2): 369-405.

[72] YOUNG A. Innovation and Bounded Learning by Doing [J]. Journal of Political Economy, 1993, 101 (3): 443-472.

[73] YOUNG A. Growth without Scale Effects [J]. Journal of Political Economy, 1998, 106 (1): 41-63.

# 第九章　经济学研究领域的扩展

## 第一节　法经济学的兴起与发展

现代法经济学的诞生具有浓厚的戏剧性。1934 年，芝加哥大学的经济学教授西蒙斯（Simons，H. C.）转职于该校的法学院，自此创立了芝加哥大学法学院的教师中必须有一位经济学家的传统，也拉开了现代法经济学发展的大幕。①

作为新政治经济学中最为典型的交叉性学科之一的法经济学（Law and Economics），自其诞生之日起，不同的学者就从各自不同的角度对其含义加以阐释。但是，对法经济学最为普遍的界定认为："法经济学是应用经济学的理论和方法来检验法和法律制度形成、结构、演化和影响科学"（Rowlry，1989，p. 125）。从这一界定上来看，无论我们从何种角度解释法经济学，其目的都在于运用经济学理论解释法律问题。因此，法经济学又被称为"法律的经济分析"、"经济分析法学"、"法律的经济方法"、"法律经济学"等。

---

① 1934 年，经济学家西蒙斯与芝加哥大学经济学系的合同到期，由于他的学术成果较少，道格拉斯（Douglas，P.）反对西蒙斯的续聘，但是奈特（Knight，F.）则极力支持西蒙斯；再加上西蒙斯在法学院交友甚广，折中之下，法学院向西蒙斯提供了半个职位。于是西蒙斯受聘于芝加哥大学法学院，讲授"公共政策的经济学分析"课程。这一偶然之举为现代法经济学的诞生创造了机会。

## 一、法经济学的形成

我们说，西蒙斯的无奈之举造就了现代法经济学的启蒙，然而若是追溯其历史渊源，我们则可以从斯密的著作里找到把法律和经济学结合起来的思想。在《国民财富性质与原因的研究》一书中，斯密清晰地阐述了关于司法判决体系是一种利润最大化行为的理论。① 而且，运用经济学的理论和方法来研究法律问题的做法在休谟（Hume，D.）、边沁（Bentham，J.）、马克思及瓦格纳（Wagner，A.）等经济学家的著作中都有不同程度的体现。然而，真正意义上的法经济学则是始于 20 世纪 30 年代的资本主义经济大萧条之后。

由于资本主义经济的发展，尤其是投资规模巨大的铁路、石油、汽车等行业的发展，使得 19 世纪后期主要的资本主义国家陆续出现一些大的垄断组织。而 20 世纪 30 年代的大萧条促使政府加强对市场的干预，并出台了一系列反垄断法案以管制某些产业的扩张。在这种情况下，一些经济学家开始了对反垄断法律和产业管制等相关法律的研究。其中，西蒙斯就是代表性人物之一。他坚持自由竞争市场原则，批评当时美国政府正在逐步加强的经济控制，并认为政府当时对铁路和公共福利的管制是失败的。他这一观点，受到了当时主流观点的反对，但是，却给予后来的一些法经济学家——如迪莱克特（Director，A.）——以重要启示。

继西蒙斯之后，迪莱克特受聘于芝加哥大学法学院，他与法学院的反垄断法教授列维（Levi，E.）共同开设反垄断法课程。迪莱克特将经济学的基本原理与传统的法律推理结合起来，充分展示了法经济分析的魅力。迪莱克特的分析指出，当时主流观点所主张的反垄断观点是缺乏根据的。垄断并不是像人们所想象的那样，是完全破坏消费者福利的。

---

① 彼得·纽曼（P. Newman）主编：《新帕尔格雷夫法经济学大辞典》（卷二），法律出版社 2003 年版，第 531 ~ 533 页。

这一时期的法经济学主要集中于分析公司法、税法、反垄断法等法律约束——所涉及的法律一般只限于与经济领域相关的法律——（包括政府的经济管制等措施）对市场的影响的分析，虽然引入了经济学的一些思想理论，但是并没有将经济分析一般化。因此，这一时期的法经济学被一些学者称为“旧法经济学”（Old Law Economics），以区别于20世纪50年代后在芝加哥大学兴起的“新法经济学”（New Law Economics）。

20世纪五六十年代，现代经济学的分析框架的“新古典经济学”已经形成且日趋成熟，为经济学对一般法律进行经济分析提供了理论支持和方法指导，而逐步发展起来的“经济学帝国主义”趋势，则为推动法律的经济分析提供重要的推动力。

1960年，科斯在《法经济学杂志》（*Journal of Law and Economics*）——这是第一本正式的法经济学专业杂志，创刊于1958年，由迪莱克特出任其第一任编辑——发表了被誉为法经济学奠基之作的《社会成本问题》。在这篇文章里，科斯通过对一些法律案例的分析，指出外部性并不是政府是否对经济实施干预的关键问题所在，产权的清晰界定和交易成本的高低决定着政府是否应该采取行动。著名的“科斯定理”指出：当交易费用为零时，初始的产权安排不影响最终产权界定的结果；但是私人之间的交易在谈判、签约、监督执行时都会产生交易成本，因此交易成本的存在会使不同的初始产权安排导致不同的资源配置结果。另外，即使是相同的交易过程，在不同的法律制度下，其可能发生的交易成本也可能是不同的。因此，有效的法律制度能够节省交易成本，从而使私人交易顺利进行，资源得到有效的配置。由此，科斯通过引入“交易成本”，对法律制度进行理性选择的成本收益比较分析，使我们突破了仅从抽象的概念推演角度来理解法律制度的藩篱，进入了对法律制度进行实证分析阶段，而且这一突破使法律的经济分析的一般化具有方法上的现实可行性。正因为如此，埃普斯坦因（Epstein，R. A.）认为，科斯的这篇经典著作“既成为法学学科，也成为经济学学科中的里程碑”，是“在现代法经济学中最显示智慧的单个事件”。①

与此同时，卡拉布雷西（Calabresi，G.）、阿尔钦（Alchian，A. A.）等学者也为将法律的经济分析一般化而不懈努力。1961年，卡拉布雷西在《耶鲁法学杂志》上发表了《关于风险分配和侵权法的一些思考》一文。在这篇论文里，卡拉布雷西首次从经济学的角度对侵权法进行了系统的分析。他认为，侵权行为从经济学角度来看，是一种非自愿的、强制性交易，即产权拥有者由于受到侵害而被迫与侵害人进行“交易”的过程。这种非自愿性的交易必然会带来一定的社会成本，因此，侵权法的制定及执行必须围绕侵害成本——包括预防费用、事故费用（损失）和行政费用——最小化这一目标进行。这篇论文表明，经济学原则的运用能够为法律的合理性提供坚实的实证支持，而且也为社会意外事故的损失分配提供了系统的分配标准。另外，更为重要的一点在于，卡拉布雷西的文章表明，法律的经济分析不仅可以运用于反垄断法、税法等经济领域里的相关法律，而且也可以对传统的普通法领域进行经济分析；而且值得注意的一点是，卡拉布雷西是一名法学教授，他的参与象征着法经济学作为一门新的学术思潮已经开始为传统的法学界接受，这也为法经济学之后的进一步发展打下了坚实的基础。此外，阿尔钦于1965年发表了《产权经济学》一文。在这篇论文里，阿尔钦利用效用最大化理论分析了不同的产权制度的不同效应，并且得出结论认为经济力量的发展是产权变化的决定因素。这样，科斯、卡拉布雷西、阿尔钦的富有创造性的工作不仅“打开了法与经济学的研究领域，使之拓展至侵权法、财产法与合同法的范围”②，更为法律的经济分析的一般化打开了广阔的前景，吸引了一大批包括经济学家和法学家在内的学者进入法经济学领域

① Richard A. Epstein. Law and Economics：Its Glorious Past and Cloudy Future. The University of Chicago Law Review，1997，64（4）：1167.

② 弗朗西斯科·帕里西：《法与经济学的实证学派、规范学派和使用学派》. 载吴敬琏主编：《比较》（第20卷），中信出版社2005年版，第78页。

进行研究，尤其是芝加哥大学的一部分学者致力于法律的经济分析，取得了丰硕的成果，最终形成了法经济学中的芝加哥学派。

到20世纪70年代，法经济学进入了蓬勃发展的时期。这一时期“众多经济分析日益渗入到法学研究中来，特别是一些重要的经济分析工具的运用，逐渐揭示了一个规律：从法律体系的起源与演进，到实体、程序与宪法规则，基本上法律体系的每一方面都有一定的经济结构”。① 1973年，波斯纳（Posner，R. A.）的专著兼教科书《法律的经济分析》的出版更是将这种影响扩张到极致。波纳斯将科斯、卡拉布雷西等人对产权、契约、侵权等法律概念的一般化的经济分析推广到几乎所有的法律领域，以至于“你提出一个法律领域，我就能够告诉你价格理论中的几个基本原理如何决定该领域的隐性经济结构”。② 法律制度一般被人们看做是“非市场行为”的领域，而波斯纳成功地将经济学分析运用于该问题的分析，而他的研究也被人们称为“新法经济学”，并且他还将新法经济学的核心内容归纳为：法律行为中的参与者同样也是理性的最大化者，经济效率也是法律体系本身的目标，法律的经济分析有助于设计新的法律制度。

波斯纳将几乎全部的法律分析归结到经济学的“效率”分析之下，经济分析在法律分析中的地位越来越重要，法经济学蓬勃发展。法经济学专业期刊相继创刊，如《法学研究杂志》(*Journal of Legal Studies*，1972)、华盛顿大学的《法与经济学研究》(*Research in Law and Economics*，1979)、耶鲁大学的《法学、经济学和组织》(*Journal of Law*，*Economics and Organization*，1985）以及由著名法经济学家库特（Cooter，R.）为第一任主编的《法与经济学国际评论》(*International Review of Law and Economics*，1981）等；同时，

① 弗朗西斯科·帕里西：《法与经济学的实证学派、规范学派和使用学派》．载吴敬琏主编：《比较》（第20卷），中信出版社2005年版，第78页。

② Richard A. Epstein. Law and Economics: Its Glorious Past and Cloudy Future. The University of Chicago Law Review，1997，64（4）：1168.

大学的法学院纷纷将法经济学作为常设课程，而且除芝加哥大学之外，许多大学的法学院也形成了必须聘请一到两名经济学教授的传统。

但是在影响日趋扩大的同时，法经济学的研究也迎来了许多质疑声。具体来说，法经济学的分析方法，尤其是芝加哥学派的“效率”分析方法，遭受了广泛的质疑。最为著名的包括以卡拉布雷西为代表的耶鲁学派和以布坎南（Buchanan，J. M. Jr.）为代表的弗吉尼亚学派。前者通常又被称为“规范法经济学派”，它运用芝加哥学派的分析方法，但是将这些方法拓展到“应用”领域，即为社会变革或者是法律改革提供规范化分析视角；进一步地，耶鲁学派的学者认为，效率并非是法律体系的终极目标，公平和正义仍然应该是法律体系追求的最高目标；后者则是将公共选择学派理论成果引入法律的经济分析中，认为法律的经济学分析目的在于实用，因此什么激励推动了法规的产生才是法经济学要关心的问题。基于此，弗吉尼亚学派的学者积极分析了法律形成中政治失灵以及制度设计和个人选择之间的关系等问题。事实上，这些对芝加哥学派的法经济学的质疑进一步推动了法经济学的发展，使我们从不同角度加深了对法经济学的认识。

## 二、法经济学的方法论基础

法经济学作为一门“将经济学的理论和经验方法全面应用于法律制度分析”的学科，其方法论基础即是借鉴新古典经济学的基本假定。埃格特森（Eggertsen，S.）认为新古典经济学的硬核是“稳定性偏好、理性选择和相互作用的均衡结构”。① 因此，法经济学的分析范式也是建立在这三个“硬核”基础之上的：即以方法论个人主义（methodological individualism）的“个体理性”为基础，以经济学的“效率”为目标，采用成本—收益比较为分析工具对法律制度进行经济学的分析。正如贝克尔（Becker，G. S.）

① 埃格特森：《新制度经济学》，吴经邦等译，商务印书馆 1996 年版。

谈到法经济学成功的原因时，认为经济学的三个基本原则——个人效应最大化原则、市场出清（供求均衡）原则、效率原则——在法经济学的分析中的成功运用推动了法经济学的蓬勃发展。

**（一）方法论个人主义**

布坎南指出方法论个体主义是经济学中几乎所有研究纲领的探究前提（presupposition of inquiry）。① 其核心思想认为：任何社会理论的研究必须是建立在对参与这个社会过程中的个体的意向与选择的基础之上的，这些参与的个体均是理性的个人，且集体的行为是个体理性选择达到均衡的结果。因此，法经济学中的方法论个体主义是指，在对法律进行经济分析时，是从每个法律关系参与者个体——包括承诺方、受约方、原告、被告等——的角度，分析他们在参与这个法律过程中可能发生的成本、收益以及影响成本收益的因素，从而预期他们可能的行为方向，从而决定整个社会的选择结果。

简单来讲，方法论个人主义就是认为个体决策的加总即为集体决策的结果。然而，随着经济学的发展，这一等式的合理性遭受了质疑。比如博弈论中囚徒困境就充分表明：个体的理性选择导致了集体的非理性。因此，以方法论个人主义为方法论基础的所有结论事实上都面临着挑战。尽管如此，与方法论个人主义相对的方法论整体主义在进行经济学分析时，难以提出一整套有效的理论体系，以其为基础发展起来的法经济学流派——主要是将制度理论引入法学理论的制度主义法经济学派——无法提出一套确定的、具有说服力的分析方法，只能定性的研究一些模棱两可的概念，因此，方法论个人主义仍是法经济学主流的方法论基础。

**（二）理性选择**

方法论个人主义隐含的假设在于认为个体是具有完全理性的。理性选择意味着社会中的个体都是遵循理性最大化原则来进行行为

① James M. Buchanan. The Domain of Costitutional Economica. Costitutional Political Economy，1990，1（1）：1-18.

决策的。法经济学在引入理性选择假设之后，从四个角度对其进行了扩展。①

1. 解释性含义（definitional version）

这是法经济学中对“理性选择”最为宽泛的一种解释，其内涵为：“为选择者的目的选择最好的方法。”② 至于这个“选择者的目的”到底是什么目的，以及采用何种方式达到这一目的，这种解释都没有描述，只是将“理性选择”描述为最为合适的方法。事实上，这种解释是无法证实或证伪的，因此也无法对个体行为进行预测。这种解释实际上并不具备任何实际意义。

2. 预期效用含义（expected utility version）

这种解释是法经济学上被广泛接受的一种解释。这种解释表明，行为人在进行决策时，会在一些特定的选项中通过比较各种决策可能的成本和收益之后，选择最大化其预期效用的选择。虽然这种解释的实际可执行性受制于确定的效用函数的确立，但是它至少提供了一种行为人实现目的的方式——成本收益比较。因此，相对于第一种解释，这种解释更具有实际意义。

3. 自利含义（self-interested version）

这种解释进一步将行为人的目的界定在“自利”的范围。即理性选择的行为对于个体而言即为对自己有利的行为，因此只要观察行为人的选择是否对其自身有利，就可以判断这种选择是否是理性选择。这也意味着，这种界定下的理性选择具有较强的预测力。基于此，法经济学认为法律制度的设置主要就是通过影响行为人自身的利益来起作用的。

4. 财富最大化含义（wealth maximizing version）

这是法经济学对“理性选择”最狭义的解释。这种理解认为，

---

① Russel B. Korobkin, Thomas S. Ulen. Law and Behavioral Science: Removing the Rationality Assumption from Law and Economics. California Law Review. 2000, 88 (4): 1051.

② Richard Posner. Rational Choice, Behavioral Economics, and the Law. Stanford Law Review, 1998, 50 (5): 1551-1575.

行为人的目的即是追求货币意义上的财富最大化。因此，这种意义上的理性选择即为在比较各种选择的成本和收益后，选择能获得最多数量的货币的行为。这种理解进一步加强了对行为人的行为模式的预测，因此成为几乎全部有关企业经济组织的实证主义法经济学分析中隐含的“理性选择”的含义。

**（三）效率标准**

经济学是一门研究资源如何分配的学科，当我们将经济学引入法律分析时，我们就会考察法律是如何配置社会资源的问题。而我们在讨论资源配置问题时，经常会提到一个词——效率，以作为我们判断某种经济行为是否可取的标准。那么，“效率”到底是如何定义的呢？经济学中关于“效率”的表述有四种：生产效率（productive efficiency），帕累托最优（Pareto optimality）、帕累托较优（Pareto superiority），卡尔多-希克斯效率（Kaldor-Hicks efficiency）。其中，后三者是我们在衡量资源配置问题时常用的“效率”概念，法经济学中所涉及的“法的经济效率”也是这三个效率标准。

1. 帕累托最优

帕累托最优是指，当经济处于某种资源配置的状态时，不存在任何使某人的福利增加而不会造成其他人福利受损的变化，那么经济就处于帕累托最优状态。

2. 帕累托较优

与帕累托最优不同，帕累托较优涉及两种资源配置状态的比较，即当从某种资源配置的状态变化到另一种资源配置的状态时，至少有一人的福利因此增加，而没有人的福利因此而受损时，我们说后一种资源配置是帕累托较优的。

3. 卡尔多-希克斯效率

这是法经济学中最为常用的一种效率标准。它是指，当从一种资源配置状态变化到另一种资源配置状态时，只要在这种资源重新配置过程中获益的人，其所增加的福利足以弥补（不一定是实际补偿，只需理论上可以弥补即可）在此过程中受损的人的利益时，我们就说这种资源的重新配置是卡尔多-希克斯有效的。法经济学中采用这一效率标准而不是经济学中常用的帕累托效率是因为，后者适用于市场的自愿交易模式，而法律所涉及的一些“交易”（比如侵权行为）则属非自愿行为，只需证明其理论上的可行性就可以借助于法律的权威来强制执行。

## 三、主要部门法的经济学分析

### （一）财产法的经济分析

考特（Cooter，R.）和尤伦（Ulen，T.）认为，从法律的角度来看，财产是“一组权利”，这组权利描述了一个人对其所拥有的资源可以做什么，不可以做什么的规定，包括对资源的占有、开发、使用、转让、馈赠和阻止他人侵害等。换句话说，“财产的法律概念就是一组所有者自由行使并且其行使行为不受他人干涉的关于资源的权利”。① 作为“一组关于资源的权利”，界定财产的最终目的则是为了有效率地使用资源，而对财产权利实施法律保护则可以有效地提供促进合理使用资源的激励。因此，我们可以说，财产法的经济目标在于有效促进资源的最佳利用。

基于这个目的，波斯纳认为，有效率的财产权利体系的建立必须具备以下三个条件：普遍性，排他性，可转让性。

首先，普遍性是指所有有价值的资源的产权都必须是明确的，只有确定了这一点，对这一资源所采取的任何经济行为才有可能是有效率的。

其次，排他性是指，产权的明晰表现在任何一特定的财产的拥有者是唯一的权利主体，任何其他的团体或者个人只有通过交换或者馈赠才能得到它。

最后，可转让性则意味着财产权是可以通过各种合法的形式从一个主体转让给另一个主体。

基于此，资源的优化配置实际上是通过产权的自由转让和重组实现的。

---

① 罗比特·考特、托马斯·尤伦：《法和经济学》，上海财经出版社 2002 年版，第 66 页.

在明确了财产法的经济目标和实现该目标所必须具备的三个条件后，我们也就明确了在对财产法进行经济分析时的焦点。考特和尤伦在其著作《法和经济学》中认为：法经济学关于财产法的经济分析主要集中在四个问题上：①私人应该拥有什么财产？②所有权是如何建立的？③所有者是如何合法地行使其财产权利的？④如何保护产权？如何界定侵权的赔偿？

传统的法学理论对这些问题的回答并不尽如人意，这也导致了对财产法和普通法结构松散、内容杂乱的普遍印象，而法经济学通过引入公共物品理论、谈判理论和外部性等理论，逐一解释了这些问题，使我们对财产法的理解更加深入。

在回答“私人应该拥有什么财产”这个问题时，法经济学强调了公共物品和私人物品的特性：公共物品具有消费的非竞争性和非排他性，而私人物品则具有消费的竞争性和排他性。因此，对于具有私人物品特性的资源建立和履行私有产权的成本较低，其结果便是资源的使用效率的提高。

而对“所有权是如何建立的”这一问题的回答，法经济学则引入了谈判理论。该理论表明，自愿交换的经济基础在于这种交换能够给交换双方带来好处，即能够产生所谓的“合作剩余”，那么所有权的建立可以看做是一种通过谈判建立一组关于资源配置和资源配置结果的分配的“社会契约”过程。只要建立这种所有权的过程中的谈判成本和建立成本以及履行所有权的运作成本小于所有权的建立所带来的资源配置改善的收益，而且这种收益能够合理地分配给谈判各方，那么所有权的建立自然会以谈判的结果出现。

那么“所有者是如何合法地行使其财产权利的”以及当其财产权利受到侵害时，如何“如何界定侵权的赔偿”呢？法经济学主要是依据外部性理论来分析的。首先在界定“侵权行为”上，法经济学认为，所有者在行使其财产权利时，由于其行使权利的行为而导致强加给其他人一种非自愿的结果，即产生外部性问题时，便出现了“侵权行为”。其次，一旦侵权行为发生后，法律对侵权行为的制裁必须根据其不同的性质而采取不同的措施。具体而言，当侵害行为仅涉及极少数人时——“私害”行为，应该选择禁令这种衡平赔偿;① 而当侵害是一种“公害”行为——涉及多数人的利益时，则应该选择损失赔偿或者货币赔偿这种法律赔偿。这是由于我们在考虑产权保护问题时，同时考虑了随之产生的交易费用的问题。而“私害”适于衡平赔偿，“公害”适于法律赔偿正是交易费用最小化，资源配置效率最大化的结果。

**（二）合同法的经济分析**

“合同，作为一种其成立后所获条件的功能，是对特定的当事人在不同时期期望采取之行为的具体表述。”② 基于此，合同作为完成承诺交易的一种手段，约束着交易各方的未来行为。而合同法作为规范合同关系的法律规则体系，其基本内容包括以下几方面：①合同法的目的是什么？②应该履行什么样的合同？③合同在执行过程中违约了，应该如何补救？

对于第一个问题——合同法的目的，我们可以从合同本身的性质予以分析。根据法经济学的分析，交易可以根据其所需时间分为瞬时交易和缓期交易。缓期交易是一种承诺交易，即从交易的承诺做出到实现之间存在一段完成交易的时间。但是由于这种交易涉及未来，故而容易出现不确定性和信息不对称问题。因此，合同的定立所要考虑的首要问题在于由不确定性所造成的风险损失和由信息不对称造成的交易无法实现的问题。相应地，合同法的目的在于强制履行承诺，帮助交易的顺利完成。首先，合同法的存在使得有合同的投资博弈受到法律的保护，从而促使双方采取合作行为；其次，合同法的存在可以获得最优的履约承诺，因为当违约责任与受约人之前的利益相等时，立约人有履约和违约的有效动机，而合同法通过强制履约在理论上可以带来低交易成本下的最优履约；再次，合同法的存在可以获得最优信任，即由于合同法所确立的预期

① 衡平赔偿包含一个由法院颁布的用于知道被告的行动或以一个具体的方式限制其行动的法令。由于这个法令通常是采用“禁令”的形式，所以，简单来讲，衡平赔偿就是禁止被告做某事。

② 彼得·纽曼主编：《新帕尔格雷夫法经济学大辞典》（卷一），法律出版社 2003 年版，第 493 页。

损失赔偿降低了信任的风险，从而使得合同的当事人能给予对方充分的信任；最后，合同法的存还可以通过提供有效的违约条款使商议合同的交易成本最小化，从而使交易各方都能从交易中获益，促使交易的顺利实施。总之，合同法通过赋予合同强制履行的法律效力，促使交易各方采取合作态度，顺利完成交易，最终达到改善资源配置效率的目标。

既然合同法的目的在于通过强制履行承诺以帮助人们顺利完成交易，那么什么样的合同应该按其条款严格执行呢？法经济学在引入帕累托效率理论后认为，如果一份合同经过修改后有可能在合同各方都不受损的情况下使某一方受益，那么原来的合同就是无效率的；反之，如果不能出现上述情况，那么合同就是有效率的。这种有效率的合同也可以被称为完备的合同。完备的合同的实施可以使合同各方的境况得以改善，因此这种合同应该强制履行。也就是说，“法律并不是不加区分地强制人们履行合同，而是强制人们履行有效率合同”。①

那么如果一个可以强制履行的合同没有被有效履行，应该如何进行补救呢？对于这一问题，法经济学发展出了一个效率违约模型，并以此为基础，分析了各种违约救济方式对履约和违约决策的影响。具体来说，合同签订后，各种情况可能发生变化使得合同可能无法实现资源最佳配置的目标，即交换可能不再具备效率，因此，需要建立一个机制以确定签订后的合同是否应该继续执行。也就是说，效率违约模型实际上是一种筛选机制：即继续履行能够实现资源有效配置目标的合同将得到履约支持；反之，则得到违约支持。通过这种筛选机制以确保社会中被履行的合同都是有助于改善资源配置的合同。基于此，法院可能会依据效率原则，做出违约支持的判决，即判决违约方进行预期违约赔偿，而免除合同义务，这种判决被称为违约救济的“法律救济”；又或者做出履约支持的判决，即判决违约方履行合同义务，这种判决也被称为违约补救的

① 史晋川：《法律经济学评述》，载《经济社会体制比较》2003 年第 2 期，第 95 页。

“特定履约”。总之，违约行为的法律判决仍然是基于资源的有效配置这一目标进行选择的。

（三）侵权法的经济分析

侵权法的经济分析首先要阐述的是侵权行为的经济学本质。在法经济学看来，侵权行为实质上是一种非自愿的交易行为，即产权的拥有者（即受害人）因为侵害行为而被迫与侵害人进行“交易”。这种交易一方面由于受害人是被迫参与交易，没有给予其产权要价的机会，因此无法实现资源最佳配置的目的，但是另一方面，这种侵权行为展示了侵权人对资源的评价，因此也可能是配置资源的另一种有效方式。因此，侵权行为并非完全是无效率的行为。事实上，科斯在《社会成本问题》中反复强调了侵权的相互性，即侵权行为实际上是两种社会生产活动的成本和收益之间的比较。即当这种“非自愿的权利交易”所带来的社会收益超过其社会成本时，我们应当选择支持这种行为，因为这也是改善资源配置效率的行为。但是，为什么有效率的权利交易行为无法通过事先的自愿谈判来解决呢？这是由于高昂的交易成本阻碍了事前谈判的可能。比如，机动车上路行驶，如果要进行事先的谈判，他必须找到行驶过程中可能遇到的所有的行人和其他机动车辆驾驶人就可能的交通事故进行谈判，这种谈判成本显然是不可估量的。因此，社会必须在一些社会活动中进行成本收益的分析比较，如果一些行为虽然会产生损害，但是当其收益能够弥补社会成本时，就允许进行非自愿的强制性交易。但是仍然存在一个问题，侵权行为会产生社会成本，如果这些成本不被有效的内部化，即由从事侵权行为的当事人承担，那么侵权行为发生的水平就会远高于社会所需要的水平。因此，侵权法的本质就在于将侵权人施加在他人身上的成本内部化，即通过要求侵权人对受害人进行补偿，从而使得侵权人进行有选择的侵权。因此，侵权法的经济学本质是以“以侵权责任将由高昂的谈判交易成本所导致的外部效应内部化”,① 来帮助社会选

① 大卫·D. 弗里德曼：《经济学语境下的法律规则》，法律出版社 2004 年版，第 227 页。

择侵权行为的制度安排。

如果确认了发生侵权行为，那么进一步则是需要明确责任归属了。确定侵权责任规则的原则是侵权法的核心内容。侵权行文的责任可以分为两类：严格责任原则和疏忽责任原则。前者是指只要发生侵权行为，侵权人都要对受害人所遭受到的损失承担全部的责任；后者是指侵权人在侵权行为中的责任与一定的法定标准系相关，侵权人的侵权行为在参照一定的法律标准时，可能会负全部责任，也可能只需负部分责任，也可能完全不用承担任何责任。法经济学认为之所以确定这种原则是因为，如果不加以区分而将所有的侵权行为都运用严格责任原则，这样会使一些有益的社会活动的成本过高，而阻碍资源的有效配置，结果降低社会的总体福利。

另外，当我们必须采用“疏忽责任原则”时，如何确定相关的法律标准则成为关键问题了。法经济学界最广为接受的关于侵权行为规范性效率目标是由卡拉布雷西提出的。他认为，侵权行为的社会成本包括预防成本、事故费用（损失）和行政费用，其中预防成本是预防标准的增函数，而损失则可以看做是预防的潜在收益（由于避免遭受损害所可能获得的收益），是预防标准的减函数，而法定预防标准是确立在使侵权的社会成本最小化的基础上，即预防的边际成本与可能的边际收益相等时，即为最佳的预防标准。

在确立了侵权的责任归属问题后，我们就该关注侵权的赔偿问题了。法经济学分析了两种类型的侵权责任损害赔偿方式：补偿性损害赔偿金和惩罚性损害赔偿金。补偿性损害赔偿金是指在赔偿后，受害人回到未受损害之前的效用水平上，而惩罚性损害赔偿金则是要求侵权人所支付的赔偿远远高于受害人所遭受到损失。法经济学在解释为什么会存在惩罚性损害赔偿金原则时，认为可能处于以下几种原因：

（1）赔偿不足。由于侵权行为所涉及的权利常常是一些无法精确定价的非市场品，因此赔偿很可能不足，而惩罚性损害赔偿金原则的运用则可以弥补由于赔偿不足所造成的损失。

（2）防止故意侵权行为。由于侵权法基本上是否定惩罚，而仅仅将侵害成本内部化即可，因此很有可能滋生故意侵权的行为，因此，加重对这类行为的惩罚可以遏制故意的侵权行为。

(3) 鼓励正常的交易行为。在交易成本不是很高，可以通过自愿交易进行权利转让的领域，运用惩罚性损害赔偿金原则，通过提高非自愿交易的成本，而促使人们进行自愿交易而不是侵权。

总之，无论是补偿性损害赔偿金原则还是惩罚性损害赔偿金原则，其基本原则在于通过损害赔偿将侵权行为所造成的外部损害内部化，并促使人们遵守法定预防标准，减少各类侵权行为的发生。因此，侵权法在很大程度上承担两项重要任务，即，产生保证安全的激励和维持社会秩序。①

**(四) 刑法的经济分析**

刑法与侵权法有着相同的性质，即都是在权利遭受侵害后给予侵害人以一定的惩罚来实现保护权利的目的。然而，两者之间又存在本质的区别。侵权法的主要目的在于将外部的损害成本内部化，从而保证安全的激励和维持社会秩序；而刑法的主要目标在于威慑，即确保罪犯潜在的犯罪行为不再发生。这是由于两者行为所造成的影响是不同的。根据前面的分析，侵权行为虽然是一种非自愿的交易，但是仍存在作为优化资源配置的一种手段的有利特征，因此，侵权法并非完全禁止侵权行为；但是犯罪行为一旦发生，其所造成的危害难以通过——特别是金钱（这是侵权法的主要救济方式）——事后补偿的方式进行弥补，而且即使是未成功的犯罪行为也会在公众中产生巨大的恐慌，因此犯罪行为不具备侵权行为那种可能成为发现资源新的利用方式的有利特征。因此，社会对犯罪的态度不是弥补而是消除，是不允许其发生，而威慑才具备这种功能。因此，刑法的主要目标在于威慑作用。

当然刑法的威慑能力也是通过高昂的惩罚来实现的。因此，刑法中另一个重要问题在于“到底应该对犯罪行为实施多大程度的惩罚”。对于这个问题，法经济学根据成本收益原则，形成了一个关于犯罪的最优威慑理论。该理论认为，犯罪行为是一种理性选择

① 参见斯蒂文·萨维尔：《事故法的经济分析》，北京大学出版社 2004 年版，第 343～344 页。

的结果：即罪犯也是理性的个体，他们只有在犯罪的收益大于成本的情况下才有激励实施犯罪。那么犯罪的收益和成本都包括哪些内容呢？犯罪的收益包括从犯罪活动中收获的物质性的满足（主要是金钱）和精神性的满足（如复仇的兴奋、冒险的刺激等）；而犯罪的成本则包括犯罪的物质成本（为了实施犯罪所支付的成本）、精神成本、机会成本（将用于犯罪的资源用于合法活动所能带来的净收益以及预期的各种正式与非正式的惩罚成本）。罪犯是通过比较犯罪活动的各种收益与成本之后进行是否犯罪的决策，而刑法只有通过提高犯罪活动中的预期惩罚成本——即提高威慑力——来提高犯罪的成本，进而遏制潜在犯罪行为的发生。也就是说，犯罪活动所造成的社会净损失随着刑法的威慑力的提高而减少——这是由于犯罪数量的减少。但是为提高威慑力预防犯罪的行为同样要消耗社会资源，即发生预防犯罪的成本，而且这种成本会随着威慑效力的增加而增加。因此，我们虽然希望能够无限提高刑法的威慑力，从而彻底消灭犯罪行为，但是由于预防犯罪成本的存在，理性的行为应该是选择一个最适的威慑水平从而使犯罪的社会总成本最小，而犯罪的社会总成本即为犯罪的社会净损失和预防犯罪的成本之和。因此，总的来说，刑法的经济目标在于最小化犯罪的社会总成本。基于这种推论，只要提高威慑水平所带来的社会净损失的减少超过犯罪的预防成本的增加，那么我们就可以不断提高预期惩罚，直至威慑犯罪的成本恰好等于犯罪造成的社会净损失。

## 四、小结

法经济学将经济学的理论和分析方法引入法律分析中，使我们从一个新的角度来考察法律以及法律体系，在其发展的几十年里，法经济学取得的成果有目共睹。然而，这些成绩已经成为过去的辉煌，法经济学仍存在巨大的发展空间。理想选择理论在各个层面上都受到挑战，随着行为经济学和演化经济学研究的深入，有限理性、有限意志和有限自利等概念的提出也产生了如何将这些理论融入法律的经济分析的问题。另外，波斯纳的“效率主题”在很大程度上推动了法经济学的发展，但也迎来了广泛的质疑，因此，进一步发展更优的分析标准也是法经济学未来需要努力的方向。除了分析范式上存在改进的空间，法经济学所涉及的范围也可以进一步扩展，因为就私法而言，法经济学在财产法、合同法、侵权法等方面已经取得基本共识，但在公法的研究上仍需要进一步拓展，众说纷纭的理论细节问题也有待进一步澄清。

总而言之，尽管法经济学在其过去的发展道路上取得了辉煌的成果，但是随着经济学和法学理论的进一步发展，法经济学的研究仍然任重而道远。

## 第二节　新政治经济学的兴起与发展

在人类科学发展史上，政治经济学是最古老的学科之一。自 1615 年德·蒙克莱田（De Montchertien，A.）在《献给国王和王太后的政治经济学》一书中首次使用“政治经济学”（political economy）这一名词，至今已历时 400 余年。在这 400 多年里，政治经济学经历了繁荣、衰落与复兴的风风雨雨，走过了从古典政治经济学到新政治经济学的历程，其内涵也随着各种思想的融合、理论的突破和新的分析方法的引进而得到了极大的丰富，特别是在 20 世纪六七十年代兴起的一门政治学与经济学的交叉学科——新政治经济学领域里建树颇丰，其中的佼佼者如布坎南（Buchanan，J.）更是由于其在公共选择领域内的突出贡献而荣膺了 1986 年的诺贝尔经济学奖。

### 一、新政治经济学的形成与演进

在本章里，我们主要讨论“新政治经济学”的相关内容。凡是在其名称之前冠之以“新”，则必然有“旧”与之相对，且势必会产生这样一个疑问：这“新”之于“旧”，又新在哪里？因此，在这里讨论一下“新政治经济学”的演进是很有必要的。

政治经济学的思想渊源最早可追溯至重商主义学派。重商主义学派是最早对现代生产方式进行理论探讨的学派，该学派最重要的观点是认为金银是财富的最佳形式，为了保证一国的财富增长，鼓励金银的流入、限制金银的流出是必需的。重商主义主张实行出口垄断、外汇管制和贸易顺差。① 基于此，重商主义学派认为，为了实现这一目标，必须存在一个强大的中央政府，来颁布各项法律政策以保证经济的正常运行。希克斯（Hicks，J.）认为，重商主义学派的根本即要求保护财产和维护合同。② 这也体现了重商主义学派强调国家保护产权的重要性。

然而，随着资本主义的生产方式的兴起，将流通作为主要的研究对象已经不适应社会的发展，加上重商主义者并没有将他们的论断形成一个完整的理论体系，因此重商主义学派开始没落，随之兴起的则是奠定现代经济学基础的古典经济学。古典经济学派的奠基人斯密的鸿篇巨制《国民财富的性质和原因的研究》（以下简称《国富论》）不仅以此创立了古典政治经济学的宏大理论体系，也确立了其作为经济思想史上最重要的思想家之一的地位。在《国富论》里，斯密详细地阐述了分工、交换、价值、工资、利润、地租、资本等问题，讨论了促进人均国民收入增长的因素，并提出自由放任的、反对政府进行经济干涉的经济思想。自斯密之后，古典经济学派的李嘉图、马尔萨斯、穆勒等经济学家进一步发展了斯密的理论体系，研究了资本主义生产、分配、交换和经济增长各个方面的问题。

总的来说，至此的经济学无论从研究对象、经济学理论还是政策主张来看，经济增长无疑是关注的重点问题；在考察生产、分配和交换等过程中，社会制度、经济政策、政治力量等因素被认为是影响经济发展的重要因素。由于这一时期的经济学强调“规章和制度”在社会经济中的重要作用，而且众多经济学家在其著作中都冠之以“政治经济学”之名，因此我们将这一时期的经济学称为“古典政治经济学”。

19 世纪 70 年代是西方经济学历史上边际革命兴起的年代。自

① 约瑟夫·阿洛伊斯·熊彼特：《经济分析史》（第一卷），商务印书馆 1991 年版，第 376 页。

② 约翰·希克斯：《经济史理论》，商务印书馆 1987 年版，第 32 页。

此经济学的研究进入了一个“经济学”和“政治学”相分离的时代，经济学科的名称也由传统的“政治经济学”变为“经济学”，成为一门只研究经济现象的“纯经济学”，在学说史上，经济学的发展进入到了“新古典经济学”的时代。这一时期的经济学提出了效用、边际效用、供给和需求等概念，大量使用数学工具，广泛进行均衡分析，并为了使经济学成为“阐述经济系统本身而与价值观念无关的一般规律”,① 经济学家不再关注对国家政策的分析，并且为了分析的严密和工具精确，经济学抽象掉了政治、制度等因素，最终“在很大程度上仿造 19 世纪的物理学建立其理论大厦”。② 而与此同时，1880 年哥伦比亚大学正式设立政治学院，这标志着政治学作为一门正式的现代社会科学而兴起。政治学作为独立学科出现，进一步加速了政治经济学的衰退，使人们产生了经济学着重分析人的偏好以及人在偏好中表达需求的问题，而公共政策、伦理道德、文化价值等问题则是政治学的研究课题的印象，从而认为国家（政治）和市场（经济）是遵循不同的逻辑运转，需要分别研究。

新古典经济学在理论与分析方法上取得了巨大的成功，其精致的经济模型和严密的经济理论在经济决策中的应用都给人留下了深刻的印象，但是作为一门社会科学，“经济学的公共形象却黯淡了”。③ 数学工具的引入固然可以使经济学的分析更为严谨，但是由于过于注重数学和理论上的严密，经济学日益脱离了现实。其他社会科学批评经济学“不但抛弃了政治经济学，也抛弃了历史、社会整体性、道德哲学与实践融入研究和知识生活内涵的努力”,④

① 引自 L. 罗宾斯：《过去和现在的政治经济学：对经济政策中主要理论的考察》，商务印书馆 1997 年版，第 7 页。

② 巴里·克拉克：《政治经济学》（导言），经济科学出版社 2001 年版，第 2 页。

③ 巴里·克拉克：《政治经济学》（导言），经济科学出版社 2001 年版，第 3 页。

④ 文森特·莫克斯：《传播政治经济学》，华夏出版社 2000 年版，第 49 页。

从而导致经济学对社会理解的片面性——仅从经济行为的角度来理解社会，而忽视了复杂的权利、社会结构和组织行为等因素。对社会理解的不充分最终导致了新古典经济学成为“黑板经济学”，成为拥有精巧的理论，却缺乏现实解释力的空中楼阁。

随着经济学的发展，许多学者意识到了新古典经济学的内在缺陷，并开始了将纯经济学理论与政治学相融合的工作。直至20世纪六七十年代，西方经济学界兴起了一股新的“政治经济学”的思潮，并产生了一门新的交叉性学科——新政治经济学。然而经过新古典经济学在研究方法与理论上的锤炼，新政治经济学在内涵与外延上与传统的政治经济学有了很大的不同。其最大的不同在于，新政治经济学引入了政治、制度等因素，但是同时运用经济学的理论框架和分析方法对这些因素进行分析，并整合到对个人行为的经济分析中去，从而形成对社会的全面理解。正如盖保尔（Gamble, A.）所说：“新政治经济学的主要任务是找到将制度主义解释和理性选择解释重新结合起来的各种方法。”①

从经济学发展历史来看，传统的政治经济学作为“原始的社会科学……以广阔的视野研究了社会体系”，② 留下了丰富的思想遗产。新古典经济学“通过将对不同人类行为和社会的研究划分为较窄的学科，增进社会科学的分析力和精确性”，③ 建立了经济学的理论大厦。而新生的新政治经济学则将两者融合，既继承了传统政治经济学的研究视野，又采用了新古典经济学的理论和方法，从而加深了我们对社会经济现象的认识和理解。

新政治经济学从其兴起至今已四十多年，尽管在这一领域里，许多学者取得了重大的突破，但是西方学者对“新政治经济学”的研究对象、范围和主题的界定并不一致，许多学者从不同的角度

① Andrew Gamble. The New Political Economics. Political Studies, 1995, 43 (3): 516-530.

② 巴里·克拉克：《政治经济学》（导言），经济科学出版社 2001 年版，第 1 页。

③ 巴里·克拉克：《政治经济学》（导言），经济科学出版社 2001 年版，第 1 页。

对其进行了定义和解释。

德雷泽（Drazen，A.）在《宏观经济学中的政治经济学》一书中，运用最优化、激励和约束等概念考察政治现象，认为政治学的本质在于“权利和授权”，而权利和授权是在利益不一致的基础上才能进行的，因此政治经济学的实质是“不一致性和利益冲突”。这种利益冲突以及面对这些冲突需要做出集体决策时所受到的约束被他称为“政治约束”。他进一步从政治经济学的实质出发，将新政治经济学分为“实证政治经济学”和“规范政治经济学”两类，并认为“实证政治经济学”的目标在于讨论政治约束如何解释与仁慈的社会计划者的最优选择不同的政策选择及其经济后果的问题；“规范政治经济学”则讨论在现有的政策约束的情况下，如何将社会更好地引导到特定的经济目标上，这就包括在现行的制度下如何克服政治约束和为了实现更好的目标如何设计新的制度的问题。①

佩尔森（Person，T.）和塔贝里尼（Tabellini，G.）在《政治经济学：对经济政策的解释》一书中，概括了新政治经济学的任务在于“为政策选择建立模型”，这些政策则包括再分配的模式、公共物品的范围和类型、税收、官员的腐败问题等公共选择理论中的某些经典问题；方法在于“采用宏观经济理论研究政策的均衡方法，利用理性选择工具”。换句话说，他们所定义的新政治经济学即借助基本的经济学工具分析公共选择中的经典问题。②

而塞耶（Sayer，S.）在一篇关于新政治经济学的综述中给出了一个较为宽泛的定义。他认为将经济学方法运用于诸如法律、犯罪和惩罚，甚至结婚和离婚等问题的研究都可以被视为新政治经济学的范畴。③

① 阿伦·德雷泽：《宏观经济学中的政治经济学》，经济科学出版社 2003 年版，第 4～7 页。

② 佩尔森、塔贝里尼：《政治经济学：对经济政策的解释》，中国人民大学出版社，第 2、4 页。

③ Stuart Sayer. Issues in New Political Economy：an Overview. Journal of Economic Surveys，2000，14（15）：513-526.

虽然不同的学者对新政治经济学的范畴界定不同，但是大多数学者都赞同这样一个观点：新政治经济学是利用经济学的某些理论和方法来研究社会与个人、政治与经济、国家与市场之间的关系。正如贝斯利（Besley，T.）的论文《新政治经济学》中所说，新政治经济学是经济学家将分析问题的能力扩展到经济决策和政治决策中，其目标在于理解政策领域中出现的重要问题。①

## 二、公共选择理论——狭义的新政治经济学

公共选择学派是以经济学方法研究政治问题最为重要的流派之一，有不少学者认为，新政治经济学从狭义上讲就是公共选择理论。该学派力图运用新古典经济学的基本原理和方法来研究集体选择问题和政府行为，其代表人物包括1986年度诺贝尔经济学奖获得者布坎南，另外还有布莱克（Black，D.）、塔洛克（Tullock，G.）、缪勒（Mueller，D.）等。

### （一）公共选择理论的含义与方法论特征

何谓公共选择？简单来讲，公共选择就是集团中的成员聚集在一起共同决定他们所关心的事情。具体而言，就是参与者在遵循一定的选择标准后，通过某种选择方式做出选择。其中参与者包括选民、官员（僚）、利益集团等；选择方式则各种各样，如一致同意原则、多数同意原则等；而选择标准包括最常用的效率标准等。

那么，什么是公共选择理论呢？或者说，公共选择理论关注什么问题呢？布坎南将公共选择定义为“经济工具在政治上的应用与扩张”，并认为其本质上仍“是政治观点，它是从经济学家的工具和方法大量运用于集体或非市场决策而产生”；② 塔洛克在《公共选择》一书中提出，“公共选择学基本上是运用经济学工具来研究政治学科中的传统问题的一门学科”，其最大特点就是将所有的

① Timothy Besley. The New Political Economy. http://econ. lse. ac. uk/staff/tbesley/papers/keyneslesturetext. pdf, Nov. 8, 2004.

② 詹姆斯·布坎南：《自由、市场和国家：20世纪80年代的政治经济学》，吴良健译，北京经济学院出版社1988年版，第12~18页。

主体看做是追求自身利益最大化的理性个体；缪勒也指出公共选择无异于政治科学，但是公共选择的方法论却是经济学的。总的说来，经济学家对公共理论形成的比较一致的看法是：公共选择理论就是运用经济学的方法和理论来研究集体的非市场行为。这些集体的非市场行为包括投票选举、寻租腐败、管制、官员、利益集团等。

与传统的政治学对这些问题的考察不同，公共选择理论特色体现在它的方法论上。简单来说，公共选择理论将经济学中的经济人范式扩展至“非商品”的选择上，即个人参与政治活动的目的仍然是追求利益最大化。布坎南就曾明确指出：“公共选择的三个硬核可以归结为三个假定前提：（1）方法论个人主义；（2）理性选择；（3）将政治视为交换。”①

1. 方法论个人主义

在公共选择理论的研究中，方法论个人主义（methodological individulism）始终贯穿始终，无论是对国家行为的分析，还是研究政府官员或者是利益集团的行为，公共选择学派的学者始终将方法论个人主义作为分析的起点。

方法论个人主义认为，一切的社会现象都应该追溯至个人的行为，个人的目的是一切社会行为的起因。因此分析社会现象必须从个人的角度出发，把个人的偏好和目的作为一切分析的出发点和基石。因此，公共选择学派学者认为，在解释政治和社会时，应该把社会存在看做是个人之间的相互作用，而非集团或者是阶级间的相互作用，因为在他们看来，个人才是社会秩序最基本的组成单位，阶级或者是利益集团虽然可以看做一个整体，但是它们都是由具体的个人所组成，其行为的最终目的仍然是追逐成员个人的利益。正如布坎南和塔洛克曾指出：“集体行动被视为个体在选择集体而非个体地实现目标时的行动，而政府则是被视为不过是允许这样集体

① James Buchanan. Public Choice: the Origins and Development of a Research Program. Center for Study of Public Choice, George Mason University, Manuscript. http: //www. gmu. edu/jbc/pubchoic/

行动发生的诸过程之集合或机器而已。”据此，他们认为应该根据个人来解释社会和政治，而不能根据政治来解释个人。

2. 经济人范式

西方经济学的传统是将个人看做是最求自身利益最大化的理性个体，但是这种假定仅仅局限于“商品”市场，在讨论公共物品的提供或者是某项公共政策的得失时，经济学家通常会假定一个全知全能的、仁慈的社会计划者，他以社会福利最大化为己任，追求的是公共的利益，而非一己的得失。但是，社会现实往往背离这种假说所设想的理想状态：为什么许多明明是有益于社会公众的政策却难以有效地推行，而一些损害社会整体福利的公共行为却大行其道？

公共选择理论学者认为问题的关键在于我们假定的错误。他们指出，无论是在经济活动还是社会或者政治活动里，行为主体都是理性的个人，其终极目标都是在追逐自身的利益最大化。也就是说，我们在投票箱前选择支持哪位候选人和我们在超市里选择是消费面包还是牛奶并没有什么不同，我们都是考虑哪个选择能使自己的效用最大化，人们并不会由于其参与的是公共政治事务而变得更为高尚和无私。正如塔洛克写道：“人绝不会因为处于森严的等级制度中而放弃生存。他们仍然是具有个人动机、刺激和愿望的人。”①“人们追寻的权利、福利不是来自官员的恩惠，不是来自他对公共利益的考虑，而是处于他自利的打算。”②

公共选择学派学者将政治制度看做是一个普通的市场——政治市场，这个市场上的参与者，无论是选民还是官员或者是利益集团，他们都是利己的行为主体，所有的政治活动或者选择都是成本-收益计算后的结果。

3. 将政治学看做是交换的科学

① 转引自布坎南：《经济学家应该做什么》，西南财经大学出版社 1988 年版，第 142～143 页。

② 布坎南：《宪政经济学》，转引自《经济学动态》，1992 年第 4 期，第 68～69 页。

边际革命之后，经济学家越来越关心微观的经济现象，对资源的配置效率和最大化的研究逐渐成为主流，正如罗宾斯（Robbins, L.）对“经济学”的经典定义：经济学是研究既定约束下的优化资源配置以实现最大化的科学。从这个定义上，我们看不到任何关于制度结构、环境因素的描述。这一定义似乎意味着人们的选择行为和结果似乎与制度、环境等因素无关，他们在选择时并不关心选择环境的变化。公共选择学派的学者认为这一定义不甚科学，甚至会阻碍科学的进步。他们认为经济学不是一门资源配置理论或者是选择的科学，而是一门关于交换的科学（the science of exchange）。布坎南认为我们不必为资源分配及其效率过分担心，不必继续用这种忧虑来代替整套的思想，他主张经济学家应该将注意力集中到交换的起源、性质和制度上。他还延引亚当·斯密关于分工的论断，认为我们研究和调查的合适目标应该是交换。①

公共选择学派认为政治活动也是交易的结果，是个人、集团之间出于自利动机而进行的一系列交易过程，与人们在商品市场上的行动没有本质的区别，只是交换更为复杂。

方法论个人主义、经济人范式以及将政治看做是交换的过程，构成了公共选择的理论基石和方法论特征，也使得“政治的经济学理论”最终建立起来。

### （二）公共选择学派的主要理论

公共选择理论关注的是“非商品市场”上的交换问题，其主要的理论包括投票选举理论、官员（僚）理论、利益集团理论、寻租腐败理论、国家理论等。限于篇幅，我们主要讨论公共选择中的行为主体及其某些行为。

1．利益集团理论

作为政治活动中的主要参与者，无论是政治学者还是社会学者都给予其足够的重视。在西方政治学领域里，麦迪逊（Madison,

---

① 亚当·斯密关于分工的理论是指其在《国富论》中分析分工的缘由时说：“分工不是指挥的结晶，而是一种人类倾向缓慢而逐渐造成的结果”“这种倾向就是互通有无、物物交易、互相交易”。

J.）在《联邦党人文集》中对“党争”的论述通常被认为是政治学领域对利益集团理论研究的开始。随后，美国社会学者本特利（Bentley，A.）、政治学者特鲁曼（Truman，D. B.）等都在各自的著作中阐述了其对利益集团的理解。总的来说，利益集团通常被定义为“那些具有某种共同的目标并试图对公共政策施加影响的个人有组织的实体”。但是，他们将主要精力放在了利益集团对政府、议会和其他集团的影响上，很少论及利益集团内部的问题。

经济学家对利益集团的研究与公共选择理论的兴起密切相关。他们关注更为本质的问题——利益集团是如何产生的？换句话说，经济学家更为关心为什么会存在利益集团？

传统的利益集团理论认为共同的利益是集团成员得以维系的纽带。持这一观点的代表有特鲁曼和道尔（Dahl，R. A.）。他们认为集团的存在是为了增进集团成员的利益，有着共同利益的个人或者企业通常会愿意联盟以进一步保证其自身利益的实现。例如工会的目的在于为工会会员争取更高的工资待遇和更好的工作条件；行业协会的存在则是谋求对该行业进行保护的法律和政策；而国家则被认为是为了增进全体国民的共同福利而产生的。虽然个人理性行为可以在某种程度上增加个人的福利，但是个人处于复杂的社会组织和社会网络中，每个人的理性行为有可能互相抵消，不用说增加共同利益，有的时候连增加个人利益也不可能。这样一来，个人对集团或组织的需求也更加强烈，个人行为结成集团，而集团行为对社会生活产生重要的影响。他们认为，社会中每一个人总是归属于某一个或几个利益集团，这些利益集团又是相互竞争的，它们通过竞选捐款、政治献金，或者是对特殊议题有较多知识的形式对政治家产生影响。而正是这些利益集团之间的相互竞争、相互作用，最终会产生一个社会满意的结果，即最终的政策或法律会体现一种众多利益集团之间的均衡。

传统的利益集团理论从个体追求自身利益的角度出发，从而得出个人会选择成群结党以实现共同利益的结论。但是，这一逻辑并非是无条件成立的。即使一个集团中的所有个人在实现了集团目标后都能获益，也并不能保证这一集团中的所有个人都会为了这一目标而努力，“搭便车”的行为是普遍存在的。在没有任何约束的条件下，既然任何单个成员为这一共同利益所做出的奉献和牺牲，其收益必然是由全体成员共同享有，那么任何寻求自身利益、有理性的个体都不会采取行动来实现集团目标。这就是所谓的“搭便车”问题。最早提出这一问题的是美国马里兰大学的经济学教授奥尔森（Olson，M.）。他在其经典著作《集体行为的逻辑》中提出，由于存在“搭便车”的倾向，利益集团的规模大小与成员的个人行为和集团行动的效果密切相关。

首先，奥尔森认为，就集团行动的效果而言，小集团比大集团更有效率。这是因为对小集团而言，个人的行为更为透明——即其他成员更容易觉察不作为的行为，而且由于集团内部成员少，每个成员可以获得总收益中相当多的一部分，这样更容易使其所得到的收益超过其成本，从而激励成员为集团的目标而努力；而且，小规模的集团更便于协调，组织成本也更低。

其次，大集团的行动一般不是依靠其所提供的集体利益来取得成员支持的，而是通过“选择性激励”来促使单个成员采取有利于集团的行动。“选择性激励”是指集团有权根据成员是否为集团做出贡献来决定是否向其提供集体利益。通过这种激励，诱使人们加入集团并积极采取有利于集团的行动。由此，奥尔森认为，“选择性激励”也是促使集团形成并有效运转的重要因素。

奥尔森的集团理论使我们对利益集团有了更为深刻的认识，但是这一理论仍然存在不足，它并不能很好地解释现实社会中存在的规模巨大的大集团，也无法对人们在存在“搭便车”的机会的时候仍然愿意为集体做出贡献的行为。针对奥尔森理论上的不足，萨利兹伯里（Salisbury，R.）等学者提出了政治企业家理论。

萨利兹伯里将利益集团的组织者称为政治企业家，政治企业家承担集体行动的必要成本，同时从集体行动中获得相应的利益。他将这些利益分为三个方面：物质利益（material benefit），目的性利益（purposive benefit），参与性利益（solidary benefit）。物质利益是指有形的、看得见的且具有排他性的利益；目的性利益是与意识形态和价值观念等无形的利益联系在一起的；参与性利益是指集体行动带给人的归属感、奉献感等无形的利益，这种利益只有亲身参与集团的行动才可以获得。萨利兹伯里认为奥尔森理论只关注物质利益，而忽略了后两种利益，即参与集体行动所带来的精神上收益。在萨利兹伯里看来，政治企业家之所以会愿意承担集体行动的成本在于他们不仅可以从集体行动中获得物质利益，还能获得成就感、名誉等非物质利益。正是这种政治企业家的存在，使得集体行动中的"搭便车"问题得以解决，利益集团得以形成并有效运转。

2. 国家理论

国家既是一个地理、文化、政治上的概念，同样也是一个经济学的概念，国家理论也是公共选择理论体系中最重要的组成部分。公共选择学派的学者从经济学角度解释了国家的起源、职能和规模等问题。

我们经常会思考"国家是什么"、"国家应该提供什么"等问题。在回答这类问题之前，我们首先应该解释的是"国家是如何形成的"，也就是国家的起源问题。关于国家起源的学说，概括来说主要有两类：契约论和暴力论。

布坎南在其一系列的著作中强调国家的本质是契约。他认为，"可以把国家或政体构想为一个规则或制度集，个体的人通过这个规则或制度集集体的而非个体的或者是私下的进行行动"。① 在最初的无政府状态时，人们相互掠夺，不断地争夺资源，为了改变这种状况，人们主动放弃一部分的权利和自由，签订契约缔结组织，并且通过缴税来获得公共产品的提供，这样就形成了国家。在这个意义上，国家就是人们为了获得一致的利益而主动放弃（让渡）一部分的权利和资源而达成的一个契约。在这个契约中，存在两重交易：一方面是人们之间的交易——人们各自放弃部分权利达成契约；另一方面是人们与国家之间的交易——人们缴税，而国家提供公共产品。

诺斯（North，D.）在阐述国家的性质时，认为产权是理解国

① 布坎南：《同意的计算》，陈光金译，中国科学社会出版社 2000 年版，第 20 页。

家的关键。他认为，“国家提供的基本服务是博弈的基本规则……（国家）有两个目的：一是界定产权结构的竞争和合作的基本规则（即在要素和产品市场上界定所有权结构），二是在第一个目的框架内降低交易费用以使社会产出最大”。① 从其对国家的论述中可以看出，他认为国家的出现是为了界定保护产权，降低交易费用，从而最大化社会产出。

奥尔森则从坐寇和流寇的区别上分析了国家的起源。他认为人类社会总是存在着一群不事生产而专门进行掠夺财富的人。这些掠夺者最初都是到处流窜，抢完即走并不固定下来，被称为流寇。后来他们发现定居在某一个地方，向当地的老百姓征税所获得的收益更大，因此，他们定居下来，成为坐寇，并最终带上王冠，成为国王，形成国家。那么，为什么坐寇的收益高于流寇，而老百姓又愿意放弃部分的收入以税收的形式提供给国家呢？流寇在进行掠夺的时候往往竭泽而渔，这样导致从事生产的生产者的积极性不高，产量也低，从而影响流寇的收益；另外，不固定的、间断的掠夺也使得流寇的收入不稳定。相较于流寇，坐寇固定地收取税收，不仅不会竭泽而渔，而且为了获得更多的收益、扩大税收，还会提供公共产品以鼓励生产者的积极性，提高生产效率，如保护产权免受其他流寇的掠夺等。而对于老百姓而言，缴纳固定比例的税收显然比被全部抢走财产要好，而且他们还会享受坐寇的产权保护，从而免受其他流寇的侵扰，他们的收益也增加了，因此愿意接受坐寇的统治。简单说来，国家是盗贼和人民利益冲突调和的工具，是双方利益达成一致的产物。

巴泽尔（Barzel，Y.）认为人类社会最初个体是相互独立的，但是当他们意识到相互作用可以带来预期收益时，他们便会发生交易。由此，巴泽尔提出了“经济权利”的概念，即“个体直接消

① 道格拉斯·C. 诺斯：《经济史上的结构和变革》，商务印书馆 2002 年版，第 24 页。

费某一资产服务的能力，或者通过交换间接消费这种服务的能力”。① 但是由于信息不对称等问题，经济权利并不能总是能有效地执行和实施，这就为外在权威的存在提供了必要，即需要一个外在权威来规范人们的行为，从而有助于经济权利的实现。而权威的有效实施必须依靠国家，权威是国家的本质组成部分，因此国家的存在也有了其合理性。简单说来，巴泽尔的国家理论认为，人们出于自利的动机而相互合作，但是由于信息不对称等原因，这种合作受到限制，因此需要第三方的协调，而国家“作为暴力执行合约的单一的终极第三方”，② 解决利益冲突，达成合作。

虽然各种国家理论对国家起源的解释不同，但是本质上，我们可以总结为两类：一类是认为人们之间存在共同的利益，为了实现这种共同的利益，人们会签订契约结成共同体，这就是契约论；另一类认为人们之间会存在利益冲突，这就需要拥有绝对权威的第三方进行利益的调和，这就是暴力论。但是利益的一致和利益冲突始终像硬币的两面密不可分，因此，现代国家同时具有用于达成利益一致的契约特征和用于调和利益冲突的暴力机构的特征。

对于国家的职能，公共选择学派的学者与其他的经济学家则有着不同的见解。自斯密阐述了“看不见的手”的理论后，政府作为“无为之手”的观点已经深入人心。持这种观点的学者认为政府除了提供国防、安全、维持治安、执行契约之外，最好不要过多干涉经济生活。而在面对公共产品、外部性等市场失灵等问题时，福利经济学家则认为政府应该在那些市场无法解决的问题上发挥积极作用，以提高社会的总体福利，比如取消垄断、消除信息不对称等。与这两种对政府的角色充满乐观的观点不同的是，公共选择学派的学者认为政府也是由具由利已动机的理性人组成的，因此政府的目标不在于社会福利的最大化而是自身利益的最大化。他们认为

① 约拉姆·巴泽尔：《国家理论》，钱勇等译，上海财经大学出版社2006年版，第31页。

② 约拉姆·巴泽尔：《国家理论》，钱勇等译，上海财经大学出版社2006年版，第31页。

现实中政府的角色是“掠夺之手”，大量的现实问题并非是市场失灵的问题，而是政府失灵的结果。施莱弗（Shleifer，A.）等从政府的“掠夺之手”的前提出发，分析了寻租、腐败、短缺等问题，并取得了重要进展。

3. 寻租腐败理论

关于寻租与腐败的理论是公共选择理论中的新进展，这一理论的提出使经济学的研究从资源在生产领域的分配扩大到了资源再生产领域和非生产领域的分配。

不同的经济学家对“寻租”（rent-seeking）这一概念有着不同的定义，但笼统来讲，所谓“寻租”是指为了维护既得利益、或者是为了设法取得或维持垄断利益、或者是对既得利益的再分配的非生产性活动。这一概念的关键在于寻租活动是非生产性活动。巴格瓦蒂（Bhagwati，J. N.）就直接将寻租定义为“直接非生产性寻利活动”（Directly Unproductive Profit-seeking，DUP）。

对寻租的分类，根据不同的标准也有不同的划分。布坎南将寻租划分为三个层次：第一个层次上的寻租发生在寻求资源者与掌管资源的官员之间，如寻求出租车执照的人会贿赂官员以取得执照；第二个层次的寻租则发生在官员中，由于存在第一个层次的寻租活动，使官员可以获得丰厚的收益，因此人们会为了争夺这样一些职位而贿赂更高层次的官员；第三个层次的寻租则发生在利益集团之间，由于执照的发放会给政府带来巨大的收入，而这部分的收入又会引起各利益集团之间的竞争，这就导致了利益集团层面上的寻租活动。

相对于对寻租的划分，经济学家将更多的精力放在了寻租活动给社会资源造成的损失上。塔洛克、什尔登（Selden，A.）和布雷迪（Brady，G. L.）共同撰写的《政府失灵：公共选择的初探》一书中总结了寻租活动的损失：①

（1）寻租活动使一部分人通过分配资源而获得租金，但是这

---

① 塔洛克、什尔登、布雷迪：《政府失灵：公共选择的初探》，台湾智胜文化事业有限公司 2005 年版，第 53 ~ 55 页。

些租金的来源通常是一些产生负效应的社会活动。

（2）寻租的真正成本来自于投票过程的扭曲，这种扭曲使得选民必须支付隐含在扭曲的投票过程中的所有隐形成本。

（3）寻租造成的间接损失更为严重，它将社会中大部分聪明而有精力的人吸引到了非生产性活动中，减少了社会产出。

经常与“寻租”相联系的另一个词是“腐败”（corruption）。由于寻租与腐败造成的社会结果类似，因此有许多学者将寻租等同于腐败，寻租确实是一种腐败活动，但是寻租并不完全等同于腐败。

政治学家、经济学家等从各自的角度定义了“腐败”的含义。政治学家侧重于强调“腐败”的非法性，经济学家则从委托—代理机制、交换等角度来定义“腐败”，侧重于对“腐败”机制的描述。总的说来，要构成腐败需要以下三个条件：

（1）相关的政府官员可以任意利用权利。

（2）必须存在可以获得经济寻租的激励。

（3）现有的制度无力约束官员的行为。

由于腐败活动对社会政治经济生活造成的严重影响，各种经济组织设计了多种刻画腐败程度的指数，主要包括：透明国际的腐败指数（corruption perceptions index）和行贿指数（bribe payers index），世界银行的腐败控制指数（control of corruption），瑞士国际管理发展学院的非法支付、司法腐败、贿赂和回扣指标，世界经济论坛的贿赂和腐败、透明度指标等。

在经济学家看来，腐败活动仍然是政府官员的理性活动。他们仍然是从成本-收益的角度出发来决定其是否从事腐败行为。在这种考虑中，政府官员需要比较其在公职上的正当收益与腐败受贿可能获得预期收益，同时还要比较腐败的收益和为此可能付出的成本。只有在预期收益大于正当收益，小于可能的成本时，他们才会从事腐败活动。而在这一比较中，最重要的一个因素在于其腐败活动被发现的概率以及发现后受到何种惩罚，这些因素不仅影响腐败的预期收益，而且影响腐败的成本。但是腐败被发现以及如何惩罚并不是由私人的主观意愿决定的，而是由社会的执法力度、法制健全程度等客观因素决定的。因此，一个官员是选择做诚实守法之人，还是选择成为知法犯法之徒，并非是由官员的本性决定的，而是经济体系内生的结果。

## 三、广义的新政治经济学

新政治经济学作为一门政治科学和经济学交叉形成的一门新兴学科，不同的学者对其内涵与外延有着不同的理解。基于公共选择理论在新政治经济学中的重要性及其理论地位，将公共选择理论看做是狭义上的新政治经济学也无可厚非，但是广义上来看，新政治经济学所研究的范围并不仅仅局限于公共选择理论。

布坎南就曾在《宪法经济学》中对新政治经济学进行了如下的描述：新政治经济学是指那些与古典政治经济学相对立的，力图突破正统的新古典经济学狭隘领域的经济学流派，包括公共选择、调节政治经济学、法经济学、产权经济学、新制度经济学、新经济史学。①

莱尔（Lal, D.）和明特（Myint, H.）则认为，新政治经济学是将经济学的原理运用到政治科学研究领域的学科，包括社会选择、公共选择、制度与组织经济学三方面。与其持类似观点的塞耶（Sayer, S.）则在一篇关于新政治经济学的综述中定义了一个更为宽泛的概念，指出将经济学方法运用于诸如法律、犯罪和惩罚，甚至结婚和离婚等问题的研究也都可以被视为新政治经济学的范畴。②

盖保尔（Gamble, A.）在题为《新政治经济学》的论文中将新政治经济学定义为包括国际政治经济学、国家理论、比较政府-

① 布坎南：《宪法经济学》，载《公共论丛》第2卷，三联书店1996年版，第338页。

② Stuart Sayer. Issues in New Political Economy: an Overview. Journal of Economic Surveys, 2000, 14 (15): 513-526.

产业关系、公共选择四方面内容的学科。① 而 1996 年创刊的《新政治经济学》(*New Political Economy*) 在其创刊号中将新政治经济学的内容界定为四个方面：比较政治经济学，环境的政治经济学，发展的政治经济学，国际政治经济学。

尽管对新政治经济学的主要内容的界定尚未形成一致的意见，但是大多数从事新政治经济学研究的学者都认同新政治经济学主要就是运用经济学理论和方法研究个人与国家、政府与市场、政治与经济之间的相互关系，致力于突破正统的新古典经济学抽象掉制度、政治等因素研究纯经济学问题的藩篱，而将经济学的思维模式引入对政治社会科学的研究，将政治、制度等因素作为研究经济学的影响因素而将政治学和经济学重新整合，以在恢复古典的政治经济学传统的基础上，扩展政治学和经济学的研究视野，加强对社会科学以及一些社会现象的解释能力。正如贝斯利（Besley，T.）的论文《新政治经济学》中所说，新政治经济学是经济学家将分析问题的能力扩展到经济决策和政治决策中，其目标在于理解政策领域中出现的重要问题。②

## 第三节　新经济史的兴起与发展

20 世纪 50 年代末 60 年代初，两位美国经济学家在经济史学界发起了一场革命。在西方，传统的经济史学是采用历史学的分析方法来研究历史中的经济现象，更多的是关注历史的细节和真实，而很少使用经济学的理论和经济学的方法来解释经济现象，传统的经济史学似乎与经济学“脱节”。基于此，他们在对新古典假定进行修正的基础之上，建立一个包括政治、经济、社会等诸多因素在内的广泛的分析框架，并开创性地在研究中采用了“反事实度量”

① Andrew Gamble. The New Political Economy. Political Studies, 1995, 43 (3): 516-530.

② Timothy Besley. The New Political Economy. http://econ.lse.ac.uk/staff/tbesley/papers/keyneslesturetext.pdf, Nov. 8, 2004.

（counterfactual measurement）和“间接度量”（indirect measurement）方法，使计量经济学的方法得以应用于对历史数据的分析中。正是这种“科学上的一次突破”使得这两位经济学家荣膺 1993 年度的诺贝尔经济学奖，而这也是瑞典皇家科学院首次将诺贝尔经济学奖授予经济史学家。

他们是诺斯（North，D.）和福格尔（Fogel，R.）。

诺斯在其早期的论文《1600—1850 年间海洋运输生产率变化的原因》中就指出：250 年来海洋的运输技术并没有显著提高，但是运输成本却下降了 50%。他认为是由于海运制度和市场制度的建立和完善，使得海洋运输成本降低，从而大大提高了海洋运输生产率。基于此，诺斯得出结论：制度的创新和变迁能提高生产率。此后，他出版发表了一系列的著作——《制度革命与美国经济增长》、《西方世界的兴起：新经济史》、《制度、制度变迁与经济绩效》，来论述制度因素对历史事件的决定作用。

与此同时，福格尔也进行了类似的研究。他利用经济学理论和数理工具研究了美国太平洋铁路对美国经济增长的作用以及南北战争前美国黑奴经济，并对传统的观点提出了质疑。在《铁路与美国的经济增长：计量经济史学论文集》中，福格尔认为传统的观点夸大了铁路在经济增长中作用，铁路对美国经济发展所起的作用并非是不可替代的。而关于美国的农奴制在战前对南方经济发展的作用上，福格尔更是提出了惊世骇俗的观点。他在《艰难的岁月：美国黑奴经济学》一书中提出：撇开农奴制度的不道德因素，仅从经济学的角度来看，农奴制度是一种有效率的生产制度，而计量结果也显示战前南方的人均收入增速远远高于北方。

诺斯与福格尔的开创性的工作构造了一个以制度、制度变迁和制度创新为主线的理论体系：“有效的经济组织使得有必要建立制度安排和财产权利”，因为“它为把个人努力传导为私人与社会收益接近的经济活动创造了刺激力”，因此，“有效的经济组织是增长的关键”。①

---

① 道格拉斯·C. 诺斯：《西方世界的兴起》，第 2 版，华夏出版社 1999 年版。

自此，经济史学也迈入了“新经济史学”（New Economic History）的发展阶段。

## 一、新经济史学的理论框架

在标准的新古典经济学中，影响经济的信息费用、不确定性以及交易成本等因素都被忽略掉了，制度、文化、传统等至关重要的因素统统不见。新古典经济学对现实这样的忽略和简化处理虽然有自己的原因，但是这也使得新古典经济学饱受批评。正如诺斯所说：“它所涉及的是一个没有摩擦的社会，在这种社会里，制度不存在，一切变化都是通过完善运转的市场发生的。总之，获得信息的成本、不确定性和交易成本都不存在。”①

我们并不是生活在真空的世界里，交易成本与不确定性不仅存在，而且常常影响到我们的选择，并非是可以忽略的；而且，这样的理论也并不能解释为什么西方世界为何会兴起，而在兴起之前，又为什么会经历持久的经济停滞。显然，我们需要新的理论来帮助我们更深入的思考。

诺斯在对新古典理论进行了深入的研究后，认为技术创新、人力资本的积累以及规模经济等因素虽然对经济的增长有促进作用，但是它们并非经济增长的根本原因，因为如果这些是决定性的因素，那为什么有的国家具备这些条件，而有的国家却不具备呢？因此，这些因素仅仅只是那些根本性原因的结果。问题的关键显然不在这些因素本身上面，而在于如何去创造这些因素。贫穷与富裕也正是由这些条件的条件来决定的，而诺斯将这种终极条件归结于制度因素。他认为：“我们所列举的因素（创新、规模经济、教育、资本积累等）不是增长的源泉，它们本身是增长……除非经济组织是有效的，增长就绝不会出现。”② 而经济组织的有效率则依赖

---

① 道格拉斯·C. 诺斯：《经济史上的结构和变革》，商务印书馆 2002 年版，第 7 页。

② 道格拉斯·C. 诺斯、罗伯特·福格尔：《西方世界的兴起》，第 2 版，华夏出版社 1999 年版。

于良好的制度，因为良好的制度可以提供有益的激励，促使个人去从事有利于经济增长的活动，从而实现经济的发展。

那么什么是良好的制度呢？“制度是为了约束在谋求财富或本人效用最大化的个人行为而制定的一组规章、依循程序和伦理道德行为准则。”① 制度包含两个方面：具体的规则和规则的执行。诺斯所认为的良好的制度，具体而言即为：“（1）描述一个体制中激励个人和集团的产权理论；（2）界定和实施产权的国家理论；（3）影响人们对‘客观’变化不同反映的意识形态系统。”②

**（一）产权理论**

产权制度是所有制度中最重要的制度。个人的行为只是依赖于对私人收益和成本的权衡。而交易成本、不确定性的存在使得私人收益和成本与社会收益和成本并不是总是一致的。一项从社会角度来看是有利的经济活动在个人看来却并非有利可图，因此明显是有助于经济发展的活动常常会乏人问津，其结果便是经济的停滞。明晰的产权制度正是用于解决这一矛盾的。如果产权明晰，私人从自己的经济活动中可以获得充分的好处，当然也要支付全部成本，那么私人的收益和成本与社会的收益和成本就会趋向一致，私人的选择也会趋同于社会的选择。

历史上有很多产权制度发挥巨大作用的例子。18 世纪由哈里森（Harrison，J.）发明的高精度天文计时钟就是一个。天文计时钟有利于远洋船只的定位，从而保证航海的安全减少远洋运输的损失。但是长久以来，没有人来发明这种时钟。为此，荷兰、英国和西班牙采取巨额悬赏的方法鼓励人们进行发明创造。最终，哈里森耗费了半生的精力研制出了这种时钟，也获得了巨额的悬赏。巨额的悬赏催生了高精度天文计时钟的发明，从而推动了海洋运输和贸易的发展。此外，中世纪英国对海盗的行贿、知识产权的保护、保

① 道格拉斯·C. 诺斯，罗伯特·福格尔：《西方世界的兴起》，第 2 版，华夏出版社 1999 年版，第 195～196 页。

② 道格拉斯·C. 诺斯：《经济史上的结构和变革》，商务印书馆 2002 年版。

险的产生等都是制度对经济增长起作用的例子。

既然包括产权制度在内的诸多制度具有积极的激励作用，那为什么它们没有早点出现呢？比如，为什么我们没有早点建立对知识产权的保护呢？这就涉及制度的变迁和创新问题了。也就是说，我们还要解释是什么阻碍了制度的变革，又是什么会促进制度的变革。

在经济学中，收益与成本的权衡永远是个人或者集团的选择行为的“自然法则”，制度的变革同样也得遵守这条法则。诺斯在科斯的交易成本理论里找到了阻碍制度变革的关键因素——交易成本。这种成本可能来源于两方面：

一方面，制度创新的本身就要消耗各种资源，比如，对远洋船队进行海上护航固然可以保护船队免遭海盗的劫掠，但是护航成本过高使我们不得不放弃相关保护制度的建立；而且制度的变革存在着路径依赖的特点，建立新的制度需要巨额的耗费，而对制度进行调整则只需少量的成本，这样最初制度的确立会为以后制度的变迁定下基本的方向。因此，完全替代性的制度即使本身是有效率的，但是其昂贵的初期投入也会使其难以实施。

另一方面，“可能缺乏技术阻止‘搭便车’或者强迫第三方承担他对交易成本的份额……（因此）对于任何团体和个人而言，创造和实施所有权的费用可能超过收益”。① 也就是说，当惠及所有成员的制度缺乏使所有的受益者都承担相应成本的强制约束时，“搭便车”行为就会出现，制度创新的动力就会减弱，制度的变革也会受到阻碍。

至此，我们可以做一个小小的总结：生产的成本与收益取决于制度因素——良好的制度促进资本的积累、技术的进步，从而导致生产率的提高；而制度的变革又依赖于其创造和执行新制度的交易成本与收益——除非创建和执行新的制度所带来的收益超过成本，否则就不会有新的制度的出现。这样看来，要想取得经济的持续增

① 道格拉斯·C. 诺斯：《经济史上的结构和变革》，商务印书馆 2002 年版。

长，关键在于如何降低制度的创建和执行过程中的交易成本。也就是说，我们要思考如何以尽可能低的成本来创建和执行良好的制度，这就涉及诺斯的国家理论和意识形态理论。

**（二）国家理论**

国家因为其自身的独特性使之成为各种激励制度的界定、执行和裁决者。17 世纪的英国议会利用其最高权威，提供了保护和鼓励生产性经济活动的立法体系的基本框架，也鼓励了那些渴望开拓新经济机会的人，从而使英国形成了有效率的经济组织，经济得以持续增长，这也成为其 18 世纪上半叶产业革命的前奏。

但是，国家同时还存在另一个身份——“特殊”的经济实体。作为经济实体的国家同样面临着收益与成本的抉择。国家提供服务——建立和维护各种制度，与选民交易获得选票，与个人（团体）交易获得税收，在它追求选票和税收的最大化时，不可避免地受到交易成本的约束。对选票而言，如果选民的利益受到损害，他们会投靠国家统治者潜在的竞争者——其他国家或者国内在野的反对派，这就促使国家的统治者会向能够影响选举结果的选民妥协，改变或维护某些制度，比如不合理的税收制度，而这些有势力的选民常常代表的是某些极少数人的团体的利益，而非社会的整体福利。另一方面，国家在追求税收的最大化时，往往会倾向于加强其自身的垄断地位，这样不仅可以增加税收的来源，也会减少征收税金的交易费用。这样，国家在设计产权制度的时候，会出于考虑自身税收收入的需要，使新的制度并不是有利于整个社会体系。也就是说，国家在建立和维护制度的时候，会在其自身的成本和收益的约束下，做出“不合理”的选择，从而成为制度变革的阻碍因素。正如诺斯所言：“国家的普遍趋势是产生低效率所有权，从而不能达到持续增长。”①

因此总的说来，国家一方面作为制度的界定和裁决者，成为制度变革的“护航人”；但是，在其自身利益的驱动下，又可能会充

① 道格拉斯·C. 诺斯：《经济史上的结构和变革》，商务印书馆 2002 年版。

当制度变革的“绊脚石”。这种矛盾性，使国家对于经济增长来说既是必不可少的，但也是经济人为衰退的根源，可谓“成也萧何败也萧何”。

另外，无论国家的强制力量如何强大，对于“搭便车”问题，它也几乎无能为力。因此，诺斯认为，国家在推动制度变革中并不能提供令人完全满意的答案，故而他将目光转向了意识形态上。

**（三）意识形态理论**

诺斯很重视意识形态在制度变革中所起到的作用，甚至认为历史就是意识形态的战场。

意识形态是一种价值观念，包含了人们对正义与公理的看法，这种看法会影响个人的决策，使人们超越成本收益的功利计算，做出高尚的行为举动。例如当人们认为保护环境是义不容辞的责任，并将其作为自己的神圣使命时，人们便会自觉地减少污染的行为。意识形态更是一种思想信念，当人们对现行制度的合理性相信到即使违反该制度可以获得超过私人成本的收益，他也还是谨遵制度的时候，意识形态就成功地解决了“搭便车”问题，维护了现行的制度规范。例如当人们对于交通规则的认同达到即使在深夜无人看管、没有行人的街口都不闯红灯的程度时，那么他们平时违反交通规则的可能性将会大大降低，故而极大地减少了我们维护交通规则的成本，降低了由于交通事故所带来的损失。

成功的意识形态能够建立、维护和实施良好的制度体系，它是“一种节省的方法，个人用它来与外界协调，并靠它提供一种世界观，使决策过程简化”。① 无怪乎诺斯说：“对立法选举行为的最好预测，不是任何明显的利益集团，而是美国人用来衡量民主活动的思想信念和其他评价体系。”②

当然，也存在相互冲突的意识形态。意识形态的对立并非是与

① 道格拉斯·C. 诺斯：《经济史上的结构和变革》，商务印书馆 2002 年版，第 49～50 页。

② 道格拉斯·C. 诺斯：《经济史上的结构和变革》，商务印书馆 2002 年版，第 49～57 页。

非的问题，但是，诺斯认为可以对公民进行意识形态的教育，使其接受合乎社会福利的意识形态，从而保证制度规范的实施，最终促进经济的增长。

生产率的提高，经济的发展归根结底依赖于明晰的产权制度的建立和实施，而制度的变革既依赖于国家强制力的实现，又受到国家追求自身利益最大化行为的阻碍，因此我们需要对公民进行意识形态的教育，以确保合理的制度规范的实施。至此，我们可以看到，新经济史学形成了以制度、制度变迁和创新为主轴的理论框架，并将这一理论用于解释经济的增长。

然而，理论的突破并非新经济史学的全部，而且缺乏实际数据支撑的理论更是显得苍白。因此，福格尔在计量经济学上的创新更显得弥足珍贵。

## 二、新经济史学中的计量经济学

福格尔在新经济史学上的杰出贡献在于他利用计量经济学技术对历史事件进行“间接度量”，以弥补历史数据缺乏的不足，同时，采用“反现实假设”的方法对历史事件进行研究，提出了对传统观点的质疑，用数据佐证了诺斯的制度观点。

### （一）美国太平洋铁路的经济意义

19 世纪美国兴建了联邦太平洋铁路，随后建立大规模的大陆铁路网，此后经济得到迅速的发展。传统的观点认为：铁路的建立使运输费用大幅下降，市场规模得以扩大，刺激了对工业制成品的需求，从而带动相关产业的发展，新技术也迅速地出现和传播，最终使经济持续增长。勒帕日（Lepage，H.）甚至在其著作《美国新自由主义经济学》中说道：“美国工业化的真正起步即始于庞大的大陆铁路网的建设。”

但是，福格尔在经过科学严谨的计量分析后认为，铁路在美国经济发展中所起到的作用并非是不可替代的。

福格尔在《铁路与美国经济增长：计量经济史学论文集》中提出一种“反现实假设”：如果美国没有铁路，经济会怎样呢？基于此，福格尔假设：若当时不兴建铁路，而是利用 1890 年已有的水路和陆路进行运输，或者不兴建铁路，而代之以开挖运河和改善已有的道路状况。他以1890年的农产品运输为研究对象，得到如下结论：

（1）在不对现有的运输条件进行改善的条件下，铁路运输农产品所节约的成本占国民生产总值的3.1%，而若是修建了运河，改善道路情况，铁路运输所节约的成本占国民生产总值就下降到1.8%。此外，福格尔计算了修建运河的成本与收益，指出，运河的开通会使沿岸土地农业化的比例由原来的76%上升到93%，其收益的现值会超过按1890年计算的运河的修建成本，因此开挖运河是切实可行的。这表明虽然铁路运输的费用会降低，但是优势并不明显，水路和陆路运输网的改善也可以达到相同的效果。

（2）福格尔还分析了的铁路的兴建对工业需求的影响。数据分析表明：建筑铁路所用的铸铁在1840—1860年间从未超过美国铸铁生产的5%，也就是说，铁路的兴建并没有像人们所想象的那样，会带来对能源和矿产品的极大需求。基于此，福格尔进一步推测，假如美国没有兴建铁路，1890年美国的国民生产总值最多也只会损失3%，换言之，假如没有铁路，美国的经济发展最多也只会推迟2年。所以，没有铁路，美国经济增长的步伐也许会有小小的迟滞，但是前进的趋势却是不可阻挡的。

福格尔在对当时的数据进行计量分析后，得出结论：经济的增长会与技术的创新相伴而生，但是技术并非是经济增长的决定因素，促进经济增长的更为根本的原因在于人口的增长、资本的积累和更为有效的制度的出现。

**（二）美国黑奴经济的效率研究**

我们在学习美国历史时，常常会看到这样的论断：南北战争前的南方种植园经济阻碍了资源向更为先进的北方工业经济的转移，造成社会资源不合理的配置，阻碍了美国经济的发展，最终导致了南北战争的爆发。也即是说，传统的观点认为，南北战争前的南方种植园经济是低效率的，是必然崩溃的，黑奴经济是美国历史上耻辱的一页。但是，福格尔在《艰难的岁月：美国黑奴经济学》一书中指出：抛开农奴制不道德层面，黑奴经济并不是像人们想象的那样毫无效率，垂死挣扎的，相反，农奴制对于发展战前的南方经济是一种非常有效的制度因素。福格尔考察了种植园里的棉花收益、农奴的平均寿命以及投入的价格产出等，发现：

（1）购买农奴所带来的收益远远高于投资于机器设备的收益。

（2）南方种植园里大规模的劳动和资本的投入，产生规模效应，加上有效的管理使南方种植业的生产效益高于北方 35%。

（3）不仅在种植业里，即使从事工业劳动的生产，黑奴比白人更为勤奋，生产效率更高，这一点可以从南方城市地区对黑奴的需求增长超过农村的事实看出。

（4）黑奴的物质生活条件并不是像人们想象的那样坏，黑奴一生所得的收入有 90% 是归自己所得的。

（5）战前的南方经济并未衰退，反而是迅速增长的，其人均收入的增长速度还要高于北方。

从这些研究里，福格尔得到结论：在种植园里利用农奴进行生产是非常有效率的，南方种植园经济的解体并不是其内部矛盾的结果，如果没有南北战争这种超经济力量因素，南方的种植园经济是不会自动解体的，因为农奴制度的种植园经济的高经济效率是这种制度继续存在的保证。

福格尔对传统观点的挑战极大地冲击了人们的情感底线，其仅从经济效率考虑，而忽略自由平等等人类伦理道德因素的做法也常为人诟病。但是，不可否认，福格尔将计量模型引入经济史的研究，开创“间接度量”和“反事实研究”的研究方法，弥补了历史数据缺乏且统计口径不一致的不足，使传统经济史的研究从在大量史料的基础上进行直觉性的解释阶段进入了定量分析的阶段。无论福格尔所得到的结论是否荒谬，他都为经济史的研究建立了新的分析方法，提供了新的研究视角。

值得着重指出的是，黑奴经济的效率仅仅只是从农奴主角度来说的效率，而对于农奴本身来说，却是彻头彻尾的灾难。即便在南北战争之后，美国的种族问题也一直相当尖锐；种族歧视直到今天，也是美国一个不容忽视的社会问题之一。

## 三、新经济史学对西方世界兴起的重新阐释

新经济史学作为经济学与历史学的结合，不可避免地要承担起构建历史资料、利用新的理论和方法解释过去所发生的一切、并为未来经济的增长指明方向的责任。纵观历史，我们可以将人类历史上两次重要的人口与资源比例的转折点称为两次经济革命。第一次经济革命发生在人类社会由游牧社会向定居的农耕社会的过渡；第二次经济革命则是著名的工业革命。

第一次经济革命发生在大约一万年以前。传统的观点认为，造成这次革命的根本原因在于狩猎采集活动的生产率下降，农业活动的生产率的提高，使得人类趋向于进行农业生产活动，而且自然资源的减少、人口规模的扩大使得这种转变不仅必要，而且也是可以实现的。但是新经济史学认为这种解释是不完整的，它既没有说明史前人类社会的产权性质，也没有任何人口统计假说，因此，也无法为解释这种转变为何会发生提供理论基础。事实上，新经济史学家从产权制度以及产权制度的变迁上解释了这次的经济革命。

从出现农耕活动到罗马帝国的鼎盛时代，我们可以看到人类历史上一个确定无疑的大趋势，即人口规模呈现出前所未有的增长。狩猎采集活动是一种对自然资源只取不予的行为，人口的快速增长使得不断被消耗的自然资源越来越难以满足人类生存的需要，这样造成狩猎采集活动相对生产率大幅下降。相反，农业活动则是一种投入劳动、利用自然资源（而不是单纯的索取）的生产性活动，其生产率由于劳动力规模的扩大而得到提高。这样，生存环境的改变使得人类从狩猎转向农耕成为必要。

但是，是否需要是一回事，能否实现则是另一回事。新经济史学在解释人类社会为何能实现这一革命时，着重论述了产权制度变化的重要性。游牧的人类社会是一种共有产权制度，这种制度类似公有制。但农耕活动作为一种新技术活动需要一种良好的激励措施。也就是说，农耕活动虽然能带来生产率的提高，但是如果这种好处不能被从事农业生产活动的人全部享有，那么人们掌握优良技术、学习新知识的刺激就很小。在这种情况下，专一的公社所有权

制度便应运而生。这种制度近似于私有制，可以保护生产的成果仅为局内人享用，限制局外人可能的“搭便车”行为，而且，它也制约了局内人对资源的利用，从而达到保护环境、可持续发展的目的。

总而言之，新经济史学认为：人口规模的扩大，自然资源的减少使得人类社会从游牧社会向定居的农业社会转变成为一种必要，而产权制度的变革又使这种必要成为可能。那么，既然这次经济革命是制度变迁的结果，那么又是什么因素促进了制度的变迁呢？

新经济史学从影响制度变革的关键因素——交易成本中找到了答案：人口的增长。其一，人口规模的扩大，使得自然资源稀缺，游牧活动的收益下降，制度变迁的机会成本变小，人们愿意为制度变迁付出必要的代价；其二，人口规模扩大，使得日益扩大的部落难以生存，人们不得不四处迁移，开拓新的疆域，大的部落也就转化为小的群体。这样一来，当群体变小之后，实施产权制度变革的交易成本就会变小。这一点，也可以从此后第一次出现国家政治组织的历史事实得到印证。

总的说来，新经济史学认为：人口的迅速增长，使得人类社会由游牧社会向定居农业社会过渡成为必要，同时也促使了保证这种必要能够得以实现的产权制度的变迁。

第二次经济革命发生在 18 世纪。传统的观点认为，这一时期自动机械的大量发明、新能源的广泛使用、新技术的出现大大降低了生产、运输的成本和信息费用，从而促进专业化程度和分工的不断加深，进而引起市场规模的扩大，推动经济的发展，并从根本上改变了西方人的生活方式和生活水平，成为人类历史的分水岭。但是新经济史学家认为，这并不是增长的源泉，而是增长的表征形式，经济增长的源泉可以追溯到一个世纪之前的所有制产权结构的变迁。

诺斯在考察欧洲历史上的经济增长时发现，现代意义上的经济增长首先发生在荷兰和英国。荷兰是一个资源贫乏的小国，但却成为欧洲历史上第一个跨越“马尔萨斯”壁垒，取得人口和经济同时增长的国家。英国既没有其邻国法国的版图规模，有没有西班牙的金融资源，但是仍能成功地后来者居上，超越法国和西班牙，成功地成为“日不落帝国”。这是为什么呢？诺斯认为：“因为荷兰（前西班牙省份）和英国是当时在确定制度和所有权体系——可以有效地发挥个人积极性，保证把资本和精力都用于对社会最有益的活动——方面走在最前面的两个欧洲国家。”①

历史上荷兰的统治者一直是自由贸易的倡导者。政府在工商业阶层的推动下，变革了阻碍经济发展的旧制度，支持新制度的建立，以降低交易成本。比如政府对存款的担保、法院保证交易合同的实施、创建标准的会计准则和鼓励资本市场的发展，如汇票交易、延期偿付等。这一系列制度的变革使得荷兰的市场更为完善，生产交易更为顺利，从而一跃成为欧洲的经济领袖。

英国的经济发展较荷兰稍晚，但却通过效仿荷兰的制度安排和所有权制度而后来者居上，并成功在18世纪取荷兰而代之。相较于荷兰，英国的制度变革更为彻底和有效。16世纪，英国人口开始增长，本国市场的狭小、自然资源的缺乏使得英国的工商业阶层要求消除贸易障碍、减少国家对经济的垄断。经过长期的斗争，议会力量战胜了王权，减弱了其对经济的控制力量。英国的工商业阶层是一群渴望冒险、勇于开拓新经济机会的群体，代议制的实施赋予这些人政治权利，律法保障了其劳动成果，因而也进一步鼓励了他们的冒险活动。而他们的利益与长期的经济增长是一致的，因此在这一阶层的推动下，英国制订了一套有效率的所有制结构，以推进经济的增长。这些制度包括：第一个保护发明创造的专利法制度，逐渐形成的保险公司，股份公司取代古老的管制公司，金融市场的发展，最终中央银行的成立，等等。这样，制度的变迁为英格兰的经济增长提供了宜人的环境：创新受到保护、资本市场交易成本大幅下降、资源的自由配置以及议会和法律对私有产权的强有力保护等，并最终在1700年将英国带入了经济高速发展的快车道，也为随后的工业革命奏响了前奏。

---

① 亨利·勒帕日：《美国新自由主义经济学》，北京大学出版社1985年版，第100页。

总之，新经济史通过对西方世界兴起的重新阐释指出：经济增长的历史并不像人们所认为的那样是和科学技术发展的历史相伴相生的，而是与影响人类社会经济关系的制度演变历史密不可分。经济增长的根源在于制度的变革，人类文明的演化、世界经济中心的转移都是竞争压力下的制度变革所带来的经济组织日益效率化的结果。

### 四、小结

新经济史学改变了传统经济史学的理论基础和分析方法，它将新古典理论、制度理论和计量经济学的相关技术引入对历史问题的研究中。它的目光不仅仅停留在历史本身上，不只是在观察历史本身，它更多是透过表象来揭示历史现象的本质联系，是在已经过去的历史中找到经济增长的答案——其中最重要的答案便是长期的经济增长是建立在制度变迁之上的，从而为未来的经济发展指明方向。

虽然新经济史学的某些研究结论可能会引人非议，但是它提出了一种新的理论，开创了一种新的分析方法，开辟了新的研究领域，而 1993 年度诺贝尔经济学奖的授予也证明了主流经济学界对新经济史学的认可。

## 第四节　经济学对人类行为的研究

自 1953 年，罗宾斯（Robbins, L.）在《论经济科学的性质和意义》一文中，将经济学定义为“一门研究在即定约束下，优化资源配置以实现最大化的科学”后，这一定义便成为经济学的主流定义。自此，主流意义上的经济学研究的对象便是商品的生产和分配。因此，当这种观念根深蒂固之后，很难想象经济学家会对传统的心理学、人类学或者社会学的领域里的研究感兴趣，对人类行为的分析似乎不应该进入经济学家的研究视野。

但是，随着经济学理论体系的完善、经济学方法的不断更新，经济学家对经济学的分析方法也日趋自信，开始关注非经济领域，并运用经济学的分析工具对这些领域里的内容进行研究。贝克尔（Becker，G. S.）便是这些经济学家中的代表人物。

贝克尔是新自由主义经济学的主要倡导者，在他辉煌的学术生涯里，他独树一帜地将经济理论扩大到了对人类行为的研究中，他在新家庭经济学、人力资本理论、犯罪经济学等中的开创性研究甚至掀起了一场“贝克尔革命”。他的研究不仅对整个西方经济学界产生了重大影响，也为他带来了无数的荣耀。1992 年，瑞典皇家科学院将该年度的诺贝尔经济学奖授予了贝克尔，并认为其将微观经济学的研究领域延伸到人类行为及其相互关系领域，不仅对经济学，而且也给其他社会科学学科带来了较大影响。

贝克尔的研究和成就鼓励了一大批的经济学家开始了尝试将经济学理论运用于非经济学领域的研究，形成了新政治经济学、新经济史学、法经济学等一系列新的交叉学科，以至于形成了“经济学帝国主义”（Economic Imperialism）的说法。由于章节上的安排，本节不赘述各种交叉学科的内容，仅以贝克尔的研究成果主要内容为主，介绍经济学家对一些家庭和社会行为的分析。

## 一、经济学对家庭行为的分析

千百年来，尽管人类社会的经济、政治、文化环境发生了巨大的变化，但是家庭——作为人类社会生活的最基本的组织，仍然对整个的社会组织制度产生着重要的影响。许多的人口学家、历史学家、人类学家、生物学家等都从各自的专业角度对家庭的行为进行了广泛的讨论，但是这些讨论大多数只是从某一个专业角度对家庭某一方面的问题进行分析，并不能将各个学科领域中对家庭问题的研究成果联系起来整体地分析家庭，经济学家在这点上做出了自己的贡献。

贝克尔在其最负盛名的著作《家庭论》中指出，他的写作并非只是围绕“家庭的物质生活内容，即收入和支出方面”，他的“构想更为远大，（我）力图用研究人类物质行为的工具和理论去分析婚姻、生育、离婚、家庭内部的劳动分工、威望和其他非物质的行为”。① 用他的话来说，像他这样的经济学家在研究家庭问题时，“更重要的是用一种新的理论框架去分析家庭生活的各个方面”。②

**（一）结婚和离婚**

婚姻是组成家庭的前提，因此对人们为什么结婚、又为何离婚的讨论则是研究家庭问题的起点。在贝克尔看来，将经济学的方法运用到非经济学领域研究的一个基本前提假设是假定参与者都是理性的个人，是追求效用最大化的个体。因此，对“人们为什么结婚”的一个最简单也最精髓的回答就是“想从婚姻中获得最大的效用”。也就是说当人们预期婚姻所带来的效用超过单身时，人们便会选择结婚。因此，贝克尔认为婚姻同样存在一个与商品市场相同的婚姻市场，当这个婚姻市场是有效率且自由竞争时，每个人都可以在这个市场中找到使自己效用最大化的配偶。

尽管这一回答简单又明了，但实际上的婚姻问题却要复杂得多。首先我们在讨论这个婚姻市场时，无法一厢情愿地假定它是信息充分、完全有效率的。事实上，信息的不充分性是婚姻市场的普遍特点。婚姻市场上的参与者对其意中人的信息掌握是非常有限的，尤其是那些难以衡量的性格特征信息。因此在一定的限制条件下（这种限制几乎是一定的，如人们在婚后不如单身时方便寻找意中人，或者是人们若要结束婚姻通常要付出巨大的代价等），婚姻市场的参与者通常并不会立刻与第一个具备结婚资格——即结婚的效用超过单身效用之和——的候选人结婚，而是继续努力寻觅，以便找到更好的结婚对象，使自己的婚姻效用最大化。但是，继续寻找常常要耗费时间、精力，还要花费一定的物质成本，因此这种婚前的寻觅行为并非是永无止境的，那么到何时停止寻觅而结婚呢？贝克尔认为，一个理性的个人会通过两种途径来结束这种寻觅：其一是对新增的候选人的“边际扩张”；其二则是对已有候选

① 加里·贝克尔：《家庭论》，商务印书馆 1998 年版，第 1 页。

② 加里·贝克尔：《家庭论》，商务印书馆 1998 年版，第 1 页。

人的新增信息的“边际深化”。① 直到边际成本与边际收益在这两种边际上都相等时，他（她）就停止寻觅，而确定结婚。因为他（她）知道，继续寻找的追加成本会超过从更好的候选人那里获得的婚姻的预期收益。

信息的不充分性会影响人们关于结婚的决策，同样它对离婚也产生着重要的影响。婚后，男女双方通过更加密切的接触，会迅速获得关于对方性格特征的信息，而这些新增的信息所导致的不满虽然不能全部解释为何大多数的婚姻破裂发生在婚后不久，但确实对这一情况具有相当的说服力。但是，并非所有的婚姻都会在信息的完善后发生变化，因为婚后夫妇一般都会生育子女。子女增加了婚姻的价值，也增加了离婚的成本。这都会使得人们继续保持婚姻，即使他们也许并未从其婚姻中获得最大的效用。这也解释了为什么离婚率在最初的四五年里达到最高值后会下降。

前面我们在讨论信息不充分在结婚、离婚中的重要性时提到过一个限制性条件——婚后不如单身时方便寻找意中人，这也许是法律的规定或者是道德的约束。但是在人类漫长的婚姻史中，并非总是这种情况，事实上人类史上存在着各种各样的婚姻制度，比如一夫一妻制、一夫多妻制、一妻多夫制（虽然这种情况相当罕见）。贝克尔认为婚姻制度也许会受到法律、道德、宗教等因素的影响，但这些绝不是其存废的关键。他认为男女双方从各种婚姻制度中获得的相对收益才是决定哪种婚姻制度在社会中占据主导地位的主要原因。而这些相对收益与男女对家庭产出的边际贡献、在收入和教育上的不平等、供给家庭的投人量的替代自由度等因素相关。而随着社会的日益进步和城市化，家庭和社会对妇女的投人资本的增加，对孩子数量的要求的减少等等因素使得男女从一夫多妻制或者是一妻多夫的制度中所获得的收益均大大减少，从而使一夫一妻制成为社会的主流。也就是说，虽然美满的婚姻，或者是理想的婚姻制度是爱情、道德的选择结果，但是，在经济学家看来，这些高尚动机的背后却是利益的比较，是理性的选择。

---

① 加里·贝克尔：《家庭论》，商务印书馆 1998 年版，第 344 页。

### （二）生育率的分析

通常来说，生儿育女是结婚和家庭的主要任务，也是社会延续与发展的手段，因此无论是研究家庭问题还是研究社会问题都绕不开人口问题。经济学家对人口的论述中，最著名的莫过于 18 世纪末的马尔萨斯（Malthus，T. R.）的人口论。马尔萨斯的人口论认为人口的变动是与人均收入相关的。在既定的土地数量和资本数量下，当人口的增长超过了生活资料的增长使得人均的收入下降时，人们便会采取各种措施，如推迟结婚，来减少孩子的数量；一旦生活资料的供给变得丰富，人均收入提高，出于人类的天性，人们对孩子的需求必然是上升的，因此人口便随着经济的增长而迅速增长，而且由于经济增长的速度远远低于人口增长的速度，因此社会必定将会再次陷入生活资料短缺的境地，因此人口的增长率又将陷入低谷。马尔萨斯的人口论很好地解释了 19 世纪以前欧洲的人口变动情况。但是，令人尴尬的是，在其著作发表后的 19 世纪直至现在，事情的进展并非像他所描述的那样生育率会随着人均收入的快速增长而大幅度提高，反而，近两个世纪以来尽管人们的生活水平显著提高，但出生率却呈下降的趋势，家庭规模也显著缩小，人们不再追求孩子的数量，对于建立大规模的家庭也不那么热心了。

理论与现实的矛盾使得经济学在这一问题上的进展不尽如人意，直至贝克尔提出了他关于生育率的理论。贝克尔认为，马尔萨斯的理论与现实不符的原因“不在于他使用经济学本身上，而在于他使用了一种不适合现代生活的经济学”。① 他忽略了随着生产率的提高，父母（尤其是母亲）花在照顾孩子上的时间变昂贵了——这使得生育孩子的成本提高了，因此减少了孩子的需求。另外，工业化经济的发展，科学技术的进步使得对人力资本的要求更高了，因而鼓励父母为了使孩子在将来的劳动力市场上更具竞争力

① 引自加里·贝克尔 1992 年 12 月 9 日在芝加哥大学的一次演讲，转载自《诺贝尔经济学奖得主演讲集 1969—1997》，内蒙古人民出版社 1998 年版，第 522 页。

而更多地投资于孩子的教育和培训上，从而使得父母更加注重对孩子质量的追求而不在意孩子的数量。

贝克尔在与巴罗（Barro，R.J.）合写的一篇论文中构架了一个跨代的家庭生育模型。在这个模型里，贝克尔从父母利他主义的假设出发，将父母的消费和孩子的效用联系起来，建立了一个动态效用函数；父母的效用水平不仅依赖于父母当期的福利水平，还依赖于所有子孙后代的福利水平。在这一模型里，贝克尔将家庭中不同世代间的生育率和养育孩子的成本、收入、利率以及利他主义的程度等变量联系起来分析长期的动态生育率的情况。该模型的分析表明：当抚养孩子的成本长期不变时，生育率与利率正相关，与利他主义程度正相关：较高的利率提高了长期内子孙的消费水平，当每个孩子的消费增加时，追加一个孩子的边际效用也增加了，因而生育率也随之提高。另外，他们还讨论了在开放经济条件下，当经济与世界资本市场相联系时，生育率与世界长期的实际利率正相关，而与经济中的技术进步率和转移支付的增长率负相关，这也解释了为什么技术的进步、经济的增长并没有带来生育率的增长。

**（三）抚养孩子和利他主义**

在家庭中，如何抚养孩子便成了家庭生活的重心。花多少时间照顾孩子、让孩子上什么样的学校、接受什么样的教育、在孩子遇到困难时是否提供援助以及留给孩子多少遗产等这些问题，即使到父母踏入坟墓的那一刻也仍旧困扰着他们。作为一个父亲，贝克尔同样经历了这些思考，但是作为一个当代最伟大的经济学家之一，他的思考更为深入。

在贝克尔的家庭经济学里，抚养孩子的投入不仅仅包括基本的物质投入，如食物、教育支出等，还包括花在孩子身上的时间机会成本以及放弃孩子作为劳动力所带来的那一部分价值。前者解释了为什么当父母的工资较高使得其时间价值增加时，他们不会亲自抚养孩子而是雇佣保姆来完成这一责任；而后者解释了这样一种现象：在经济发展的过程中，随着农业的机械化和复杂化，孩子（特别是年幼的孩子）在农业生产中发挥的作用越来越小，他们对家庭的产出贡献也越来越不重要了，从而促使了家庭延长孩子的上学时间。这也说明了为什么随着经济的发展，人们受教育的时间大大延长（显然这不是获得知识本身的魅力大大增加的缘故），而富国孩子受教育程度普遍高于穷国孩子受教育的程度；而且在引入“人力资本”的概念后，父母为了提高孩子的质量也倾向于加大对孩子的教育投入。

尽管贝克尔在对家庭的行为进行理性的经济学分析时，强调了要考虑各种各样的成本投入，似乎忽略了家庭温馨的一面，但是事实上，无论是在对孩子的投资进行分析，还是研究家庭中的其他问题，他却令人吃惊地选择以父母是利他主义者作为分析的前提。但是，贝克尔对于利他主义的偏爱并不是出于父母爱惜子女的天性的考虑，而是认为家庭中的利他主义与市场上的利己主义一样，都是出于效率的考虑（显然贝克尔时刻不忘自己经济学家身份）。在他看来，家庭中的利他主义的效率更高，因为利他主义“保证家庭成员能够抵御自然灾害和其他随之发生的不测事件”，因此，每一个家庭成员在获得较多家庭保障的同时，也被引导去承担一部分的责任，“从而（利他主义的家庭成员）比利己主义的家庭成员更愿意采取提高自身收入的可能性的行动”。① 因此，在利他主义的前提下，父母的效用是与孩子的效用密切相关的。那么既然对孩子的人力资本的投资能够增加孩子未来的收入，提高孩子福利，利他主义的父母自然非常愿意承担对孩子的人力资本的投资。但是，这种风险也要受到这种约束：花在孩子身上的支出越多，自身的消费就会减少。因此，父母必须在孩子的投入和自身的消费上做出选择。通常而言，当孩子人力资本均衡边际收益率超过父母拥有资产的增长率时，即使是关爱孩子的利他主义的父母也会对孩子的投资不足。

事实上，贝克尔认为利他主义的引入可以解释很多父母与孩子的行为。由于家庭成员间的相互照顾更能提高各个成员自身的福利，使家庭的总福利增加，利他主义的父母当然愿意给予孩子馈赠，但是当引入“价值产品”的概念时，我们会发现事情会复杂

① 加里·贝克尔：《家庭论》，商务印书馆 1998 年版，第 293 页。

得多。所谓的“价值产品”是指父母所关注的孩子的一些特殊品质和行为，如学习勤奋、善待父母和其他家庭成员或者是其他良好的生活习惯等。当利他主义的父母选择将“价值产品”作为自己行为的一个约束时，他们的行为也会发生变化。通常我们假定，父母与孩子之间并不是通过直接的讨价还价，而是由孩子先选择他们的“价值产品”，然后父母再根据孩子的选择来决定自己的馈赠行为。简单来说，就是当孩子选择减少“价值产品”的消费，父母的利他主义程度就会降低，从而减少对孩子的馈赠。而孩子作为一个理性的个人，他们会为了获得更多的馈赠而讨好自己的父母，增加对“价值产品”的消费。这也解释了为什么与贫穷的父母相比，富裕的父母对孩子的行为有更大的影响力，这是由于富裕的父母可以通过留下遗产、给予子女馈赠等方式引导孩子的行为。同时，孩子的行为对父母的利他主义的影响也可以解释为什么利他主义的父母不会用较多的遗产来弥补他们成就较小的孩子，原因在于父母认为这些成就较小的孩子是懒惰或者奢侈的，因而对他们的利他主义程度降低了。

## 二、经济学对社会行为的分析

“经济”二字在古汉语里，通常有经邦济国、经世济民之意，不仅涵盖国家如何理财、如何管理其他各种经济活动，而且包括国家如何处理政治、法律、教育、军事等方面的问题。当然，作为一门现代科学，经济学的研究范围变得更为精细，研究体系更为科学；但是从本质上而言，经济学仍然是一门社会科学，是一门研究由无数的个体（虽然从经济学角度，可能被划为消费者、生产者、政府等各种角色）组成的社会以及各种社会关系（主要是生产关系）的学科，因此对社会问题的关注也是经济学研究的重点。但是，又由于经济学本身的学科特点，我们通常会自觉不自觉地将经济学研究的社会问题局限于物质资料生产等方面的问题，比如国民财富的增长、汇率的稳定、政府的赤字等，而忽略了非物质领域的社会问题。自20世纪30年代以来，经济学越来越明显地“闯入”了社会学、人类学、历史学等各种各样的非经济学领域，并对贫困、歧视、犯罪等非经济领域内的社会问题进行了深入的思考,①而且提出了一些富有见地的结论。我们在这里主要介绍经济学对某些社会问题的研究成果。

### (一) 贫困问题

尽管随着经济的发展,全球的贫困人口总数有下降的趋势,但直至2007年,仍然有近10亿的人口生活在贫困线以下。② 贫困成为人类社会难以清除的毒瘤,探究贫困产生的根源、寻求解决贫困的方法成为经济学家义不容辞的责任。

经济学家对贫困问题的关注由来已久,早在19世纪,古典经济学家就从人口、就业、工资与经济发展的关系的角度出发研究了社会的贫困问题。马尔萨斯认为贫困是私人问题而不是社会问题,贫困在本质上是一种个人对抗社会的失败,贫困的主要责任在贫困者本身,是贫困人口过度增长的结果。他的人口论认为,在食物供应达到极限之前,人口的增长是不会停止的,而在既定的土地资源条件下,人口的增长速度通常超过食物供给的增长速度,其结果只能是饥荒和死亡。因此,要消除贫困就必须抑制人口的增长。基于此,马尔萨斯认为济贫院的救济却会使过剩的贫困人口继续存在和繁殖,济贫院给贫民提供工作会增加在业工人的失业。因此,济贫院实行的各种救济措施不仅毫无意义,而且反而会造成贫民的依赖心理,不仅不会解决贫困问题,反而恶化它。李嘉图在马尔萨斯的"人口论"的基础上进一步发展,论述了工人的贫困问题。他认为,工资率下降到最低生活资料的价值以下是劳动市场上自由竞争及工人人口自然率的变化的必然结果。简单来说,李嘉图认为工人的贫困是由人口太多而导致劳动供给过剩、工资降低产生的。李嘉图的这一论断实际上把工人的贫困归罪于工人自身,因此他认为"济贫法……同立法者的善良愿望相反,它不是改进穷人的状况,

① 正是因为经济学对其他社会科学领域问题的研究,经济学开始被人们称为"经济学帝国主义"。

② 世界银行的《2007年世界发展指标》(简称WDI)。

而是同时恶化穷人和富人的状况，不是使贫者富，而是使富者贫”。① 除此之外，还有许多经济学家将贫困归结于个人特征上，如萨伊就认为，自由放任、自由调节、自由竞争能使个人得到最大的满足，社会不可能产生全面的经济危机和失业，所有希望工作的人都能得到工作。因此，贫穷与懒惰有关，是一种自作自受，失业和贫困是个人不努力的结果，它应由个人而不是由社会（经济制度）负责。总的来说，当土地、物质资本等生产要素既定，低工资源于劳动的供给过高，失业则是劳动力要素要价过高导致的，贫困则是这些力量的相互作用的结果。

由于早期的经济学家对贫困问题的阐述多是围绕物质资本短缺、人口增长过快、劳动力供给过剩等角度展开，因此大多数政府在解决贫困问题时主要手段就是增加物质资本，尤其是基础设施方面的投入。尽管各国政府（尤其是不发达国家）花费了大量的资源进行物质资本的累积，但是贫困问题的解决并不尽如人意。随着经济学的发展，人们对贫困的认识进一步加深，从而转变了解决贫困问题的思路。其中最重要的是舒尔茨的人力资本理论。② 舒尔茨发现二战后，工厂、机器设备等物质资本遭受严重破坏的国家，其经济恢复的速度比人们想象的要快得多。通过分析，他认为造成这种现象的原因在于：这些国家尽管缺乏物质资本，但是拥有大量高素质的国民，其教育培训体系也具备较高水准，因此能够积累较高的人力资本从而促进经济的迅速恢复。也就是说，在现代化的生产条件下，生产率的提高、经济的增长依靠人力资本的积累。这也解释了为什么穷国始终无法摆脱贫困问题的纠缠：穷国始终专注于对物质资本的投入，但是忽略了人力资本的积累，结果导致“人的能力没有与物质资本保持齐头并进，而变成了经济增长的限制因

① PieroSraffa. The Works and Correspondence of David Ricardo: Volume 1. Cambridge University Press, 1951.

② 舒尔茨：《论人力资本投资》，北京经济学院出版社 1992 年版，第 8～16 页。

素”。① 因此，舒尔茨得出结论认为，贫困产生的根本原因在于人力资本的匮乏及其投入不足。

随着对贫困问题的深入研究，人们越来越认识到贫困问题的复杂性，因此研究贫困问题的角度也越来越多样化，比如瑞典的经济学家缪尔达尔（Myrdal，K. G.）从经济、政治、文化甚至上层建筑等各方面阐述贫困问题，并建立了一套系统的涉及上述各方面的反贫困战略。

**（二）歧视问题**

在上述分析中，我们所提到的贫困问题多是指由于整个国家的经济不发达而造成的全局性的贫困；但是事实上，在经济高度发展的“富国”，我们仍然可以在光鲜亮丽的摩天大楼身后看到破败不堪的贫民窟的影子。在这里，贫穷的阴霾仍然挥之不去。然而，当我们对这些贫困的特征进行分析时，这种所谓的“富裕中的贫穷”往往与歧视联系紧密。以美国为例，美国是世界上最富裕的国家，但是 2003 年的数据调查表明约有 10% 的家庭生活在贫困线之下，这其中，单亲且女性为户主的家庭、少数族裔特别是黑人和西班牙裔的美国家庭以及老年人和少数民族高度集中地区的家庭的贫困率明显要高。②

早期经济学家对于歧视问题的研究中，最为瞩目的是缪尔达尔提出的“累积因果原理”。他在《美国的两难：黑人问题和现代民主》一书中认为，如果假定白人减少歧视，即使只是减少些许偏见，都有可能导致黑人的生活水平提高，从而使黑人接受更多的教育，从而提高他们的人力资本，从而进一步有力地支持减少对黑人的偏见的行为。因此，初始的变化很容易通过相互作用的联动机制而使得结果进一步深化。缪尔达尔对美国社会种族歧视的深刻理解拉开了歧视经济学的序幕，但是，对歧视的经济效应建立模型并加以解释则源自贝克尔的杰出贡献。贝克尔认为，歧视的根源在于偏

① 舒尔茨：《改造传统农业》，商务印书馆 1987 年版，第 40 页。

② 安塞尔·M. 夏普等：《社会问题经济学》，第 17 版，中国人民大学出版社 2007 年版，第 174～176 页。

见，而且用存在歧视时两个群体的工资率与没有歧视时两者的工资率的差额定义“市场歧视系数（market discrimination coefficient）”这一概念，以刻画市场的歧视程度。歧视的个人偏见模型则是建立在雇主、雇员、客户等歧视者的偏好性口味假设和完全的市场竞争假定之上的。通过对模型的分析，贝克尔认为：任意一个群体对另一群体的歧视，不仅仅减少被歧视群体的收入，歧视群体的收入也会减少，而被歧视群体的报复只会使各自的状况变动更坏。因此，由于市场是完全竞争的，因此从长期来看，如果不同群体的劳动力是可以完全替代的，那么歧视型雇主将被非歧视型雇主竞争出市场，而由于歧视而形成的工资差别也将不复存在。由于贝克尔是在完全竞争均衡的框架里分析歧视，因此这种歧视理论被称为歧视的市场竞争理论。当然，贝克尔的歧视理论是在相当严苛而理想化的条件下分析的，因此其所得结果与现实存在出入，后续的许多经济学家通过放宽其假定，对贝克尔的模型进行拓展，以增强其解释力，如阿罗（Arrow，K. J.）的雇员歧视模型、卡恩（Cahn，K. M.）的顾客歧视模型等。

与歧视的市场竞争理论相对的是非竞争性歧视理论。这种理论认为，歧视的原因虽然非常复杂，但是根源在于歧视群体（如厂商）拥有某种垄断力量，比如修罗（Thurow，L. C.）的多种歧视类型相互作用的垄断歧视模型。在这一模型里，修罗列举了7种类型的歧视，即雇佣歧视、工资歧视、职业歧视、人力资本歧视、垄断势力歧视、资本歧视和价格歧视。修罗认为如果占统治地位的垄断群体（政府）利用其掌握的力量迫使歧视者并不承担由歧视所造成的损失，那么歧视行为便广泛存在；如果政府无法将全部的损失转嫁给被歧视者，那么歧视的实施机制来源于各种歧视的联合。因为，单个的歧视也许会存在有效的经济压力以消除，但是当各种歧视联合起来，那么终止歧视的经济压力将变弱，从而导致了歧视的长期存在。

还有一种歧视理论被称为统计性歧视理论。这种理论认为歧视产生的原因既不在于偏见，也不在于垄断力量，而与获取信息的方式和成本相关。持这一理论的经济学家认为，企业在考核员工绩效或者是雇佣员工时最想知道的便是他们的生产率水平，但是要获取这些信息企业必须支付一定的成本，因此为了降低获取信息的成本，企业常常利用雇员或者是求职者所在群体的一般性特征来帮助评价他们的个人特征。但是这种做法通常会产生统计性歧视。所谓统计性歧视就是指将个体所在群体的特征推断为个体的特征，并以此作为标准而产生的歧视。这种歧视通常是企业在信息成本的约束和调查方法的局限下所做出的理性选择。

**（三）犯罪问题**

据调查，美国在 1973—1978 年间，7 种主要的案件数量增长了 30%，犯罪率增加了 25%；而与此同时在整个 20 世纪 70 年代，美国的人口增长率仅为 3%。此外，政府为了应对犯罪，在警察、法院和教养机构上的公共支出比 60 年代增加了一倍多，个人在投保、购买防卫装置、雇佣保镖等方面的支出也大大增加。犯罪问题已经成为寄生在人类社会肌体上的毒瘤。无论是从其对社会秩序、人类道德的巨大冲击上来看，还是从犯罪行为所带来的巨大财产物质损失上来看，我们对犯罪进行深入的研究都是非常必要的。“人们为什么要进行犯罪”、“什么样的人会犯罪”、“如何惩罚犯罪行为”以及“社会应该采取什么措施来防范犯罪”等问题一直困扰着人们。不同领域的学者从各自的专业角度出发，对这些问题有过深入的思考，经济学家也利用经济学的理论和方法研究了这些问题，并逐步形成一个新的交叉学科——犯罪经济学，为人类对犯罪问题的思考提供新的思考模式。

被称为“近代犯罪学之父”的意大利的犯罪学家龙勃罗梭（Lombroso，C）率先提出犯罪是由于特殊的人所具有的固有素质而导致的，也就是说罪犯的本质是与一般人不一样的，无论这种特殊性是天生的还是环境造成的。这种将犯罪行为归结为天性、遗传等不由个人自由意志控制的因素的观点对后来的犯罪学研究产生了很重要的影响。但是，罪犯是否和普通人在本质上存在区别呢？经济学家从理性人的角度出发给予了否定的回答。犯罪经济学家认为，罪犯和普通的个体在本质上是一样的，都是追求自身效用最大化的个体，犯罪行为是罪犯理性选择的结果。那么，人们是处于什么动机而犯罪的呢？犯罪经济学家认为自身效用最大化是促使人们犯罪的主要动机。也就是说，人们在考虑是否实施犯罪行为时，会考虑犯罪所带来的收益与他们要付出的成本，如果收益超过成本，他们就会实施犯罪，否则，便不会采取行动。犯罪经济学家认为犯罪活动的收益不仅仅包括这项活动所带来的物质财富收益，也包括满足了寻求刺激或者是报复之类的心理收益，而成本不仅仅包括实施犯罪活动所必须进行的物质投入，还包括很重要的一种隐性成本——时间机会成本，即罪犯利用从事犯罪活动的时间从事其他合法活动可能获得的收益。当一个人的时间机会成本很高时，他就可能会放弃从事犯罪活动，而投身合法的活动。也就是说，个人的时间机会成本的大小很大程度上决定了其犯罪的可能性，不同群体的时间机会成本的不同也决定了不同群体犯罪率的大小。比如，由于受教育程度低，或者说是由于社会歧视，美国黑人的时间机会成本相较于受过高等教育的白人要低得多，因此，他们犯罪的可能性也会高得多。

除了个人的时间机会成本影响犯罪的可能性之外，影响社会犯罪率的另一个很重要的因素是社会惩治犯罪活动的能力和惩罚的强度。当一个社会对犯罪活动的态度相当强硬，政府抓捕罪犯的行动十分有效，对犯罪行为的惩罚也非常严厉时，人们会认为犯罪行为被抓到的概率变大，犯罪活动可能就变得“不合算”，而放弃进行犯罪的打算。也就是说，当政府努力提高对犯罪活动的打击力度、加大对犯罪行为的惩罚力度时，这些行为会通过影响理性个人对预期犯罪活动被抓到的概率和抓到后要承担的损失的认识而影响他们对犯罪活动进行的成本收益的比较，进而影响他们的决策。但是，政府的这些努力（包括雇佣更多的警察或者是司法人员，兴建更多的法院、监狱和教养所等）都是需要资源投入的，因此，接下来我们要考虑的问题便是，我们应该保持一个怎样的投入以达到公共财政投入和犯罪率的一个均衡，以达到社会福利的最大化？犯罪经济学家认为，社会会一直加大为遏制犯罪活动而进行的投入，直到这种投入的社会边际成本与其所带来的社会边际收益相等时，政府就会停止投入，而社会的犯罪率就会停留在一个最适程度。

最后，我们要考虑的是对犯罪活动的惩罚应该严厉到何种程度？如果量刑过轻，达不到威慑的效果，犯罪率必然居高不下；但是，量刑过重，不仅耗费的投入高，而且一旦超过某一程度，惩罚的威慑力反而会下降，因为人们可能宁愿冒一些风险——这也是为什么人们会对是否废除死刑发生争议的原因。也就是说，刑罚是有边际威慑的。在未超过一定严厉程度时，刑罚的边际威慑力是上升的，但是当超过一定程度后，刑罚的边际威慑力是下降的，因此，一个社会应该考虑制定何种程度的刑罚措施以保持最佳的边际威慑力。而这种达到最佳的边际威慑力的刑罚程度与社会对犯罪的容忍程度、被逮捕并被判刑的犯罪活动的数量与实际犯罪量的差等因素相关。

## 三、小结

从本质上来讲，经济学仍然是一门社会科学，作为社会科学的分支，它不可避免地要讨论由众多的个人组成的社会的社会现象，包括个人、各种小的单位组织乃至整个社会所出现的各种问题。但是由于各种原因，一般意义上的经济学所探讨的内容多半是物质生产领域里的，对于其他问题的研究即便是有也没有形成系统的理论。随着经济学理论的完善，研究方法的改进，经济学家对经济学分析工具的自信心也越来越强，他们开始运用系统的经济学理论来研究非物质生产领域里的问题；他们也不再认为经济学的研究内容仅仅是资源的有效配置问题，而开始关注更加本质的问题——人类的行为。贝克尔就认为理性分析理论能够解决的问题比迄今为止已经解决的问题要多得多，而事实上经济学家这种将理性分析理论大量地引入对各种人类行为的分析中，研究了许多原本属于非经济学领域的问题，形成了各种各样的新的交叉学科，取得了巨大的成功，这种成功被形象地称为“经济学帝国主义”。

尽管“经济学帝国主义”的流行象征了经济学研究领域的扩展，但是仍有相当部分的经济学家对这种将理性分析理论不加限制地、简单地运用到各种纷繁复杂的人类行为中的做法持保留看法。

最典型的要数 2001 年诺贝尔经济学奖得主阿克诺夫（Akerlof, G.）。他认为经济学关于人的行为最大化原则过于简单了，以至于经济学家们常常认为经济学模型就是整个世界，而不加以考虑复杂的社会因素。因此，阿克诺夫把社会学、人类学等社会科学的元素和分析方法引入了经济学，从而为经济学研究开辟了一个全新的领域。

但是，无论是"经济学帝国主义"的支持者，还是反对者，他们都不可能否认经济学确实为人类研究自身的各种行为，以及由其行为所导致的各种社会现象提供了一种新的研究思路。也许使用的方法不尽相同、提出的前提假设也各有千秋，但是经济学家对人类社会、对人类行为的关注是任何力量都无法阻挡的。

## 第五节　行为经济学的兴起与发展

行为经济学（Behavioral Economics）又称"心理经济学"，是在心理学基础上研究个体经济行为和经济学现象的经济学分支学科。行为经济学在继承新古典经济学的分析框架的基础上，批判了其关于经济主体充分理性的假设并注重分析非理性行为，展现出对个体经济行为很强的解释力。行为经济学因此自 20 世纪 70 年代产生后就一直迅速发展，在宏观经济、劳动市场和金融市场等领域取得了丰富的研究成果。如今行为经济学的研究范式及其对经济学发展的推动已经得到学界的广泛认同。

### 一、行为经济学的发展历程

行为经济学的核心思想在于从心理学的角度研究个体经济行为和经济现象，这在古典经济学中就早已有所体现，斯密在《道德情操论》中就提及"损失厌恶"等个人心理，并注意到它们对经济行为的影响。但是在斯密之后，心理因素逐渐与行为分析相分离，特别在波普的证伪主义和弗里德曼（Friedman，M.）的实证主义方法论得到充分认可后，经济学的心理基础已经完全消失，抽象的、不现实的偏好公理成为主流经济学的基础。

重视逻辑演绎而忽视经济现象，是主流经济学一直存在的问题。虽然主流经济学在关于经济个体公理化的行为假设下进行严密的逻辑推演，建立了庞大的经济学理论体系，但是，当我们仔细思考这一理论体系时，发现这一理论体系完全建立在一些关于人类行为偏好的假定之上，经济学以公理的形式规定好这些假定，将之作为经济学发展的基石。然而，经济个体的选择真的满足这些基本假定吗？如果人们的偏好并不满足这些公理化假定，那么依据这些公理化假设所推出的理论是值得人们怀疑的。

行为经济学从根本上探讨那些最基本的行为假设，这一工作对经济学发展的意义是重大的。有些经济学家把经济行为作为主要研究任务，其中卡托纳（Katona，G.）和西蒙（Simon，H.）是代表人物。卡托纳从 20 世纪 40 年代开始广泛研究经济行为的心理基础，提出了关于通货膨胀的心理预期假说，构成之后通胀目标理论的基础。① 西蒙则通过认知心理学的研究提出“有限理性”（bounded rationality）假说，指出经济主体在决策时面临着复杂环境和自身认知能力的约束，很难精确地做出选择。②

卡托纳和西蒙的研究成果重新强调心理因素在经济学研究中的地位，构成了行为经济学的萌芽。从 20 世纪 70 年代起，一些学者开始系统运用心理学的方法研究经济学的基本理论问题。卡尼曼（Kahneman，D.）和特维斯基（Tversky，A.）通过吸收实验心理学和认知心理学的最新成果，不仅证明理性人的假定不符合心理事实，还提出自己的备择效用函数——基于前景理论的价值函数和概率权重函数，使得构建新的替代新古典理论的模型成为可能。③ 他

① G. Katona. Psychological Analysis of Economic Behavior. Mc-Hill Press, 1951.

② H. Simon. A Behavioral Model of Rational Choice. Quarterly Journal of Economics, 1955, 69 (1): 99-118.

③ D. Kahneman, A. Tversky. Prospect Theory: An Analysis of Decisions under Risk. Econometrica, 1979, 47 (2): 263-292.

们的研究直接触及新古典理论的核心，是行为经济学开创性的研究。

卡尼曼和特维斯基之后还进行了大量的后续研究，使行为经济学不断得以充实。在20世纪80年代至今，行为经济学的研究阵营不断扩大，并且逐步形成了稳定的理论内核与构件。这一时期行为经济学最重要的成果主要收录在三本论文集里：

- 一是卡尼曼、斯洛维奇（Slovic，P.）和特维斯基主编的《不确定条件下的判断：启发式和偏差》；
- 二是卡尼曼和特维斯基主编的《选择、价值和框架》；
- 三是卡梅瑞（Camerer，C.）、洛温斯坦（Loewenstein，G.）和拉宾（Rabin，M.）主编的《行为经济学的新进展》。

如今行为经济学自身的理论体系日益成熟，并且对金融、宏观经济等领域加以越来越大的扩展。

卡尼曼因为在行为经济学上的成就而荣获2002年的诺贝尔经济学奖，标志着行为经济学对于经济学体系的重构得到主流经济学的普遍认可。1994年诺贝尔奖得主泽尔腾、2001年诺贝尔奖得主阿克诺夫以及2002年诺贝尔奖得主史密斯（Smith，V.）等人也都相继投入到该领域的研究中，行为经济学影响日盛，呈现方兴未艾之势。

## 二、行为经济学的理论基础

行为经济学认为，经济主体并非如新古典理论假设的是完全理性的，他们的行为往往呈现出非理性的特征。行为经济学所关注的在于是何种心理因素决定了经济主体非理性行为，以及这些心理因素是如何作用于主体的行为的。因此行为经济学首先需要说明主体行为偏离完全理性的机制，这也构成了行为经济学的理论基础。

### （一）系统偏差（systematic biases）

卡尼曼和特维斯基的研究表明，不确定条件下的判断与传统经济理论对理性的假设有着系统差别，人类的行为以各种各样的方式偏离经济学的标准理性假设。人们不能完全分析包含经济和概率判断的情形，其行为往往依靠一些捷径或者启示法，从而导致系统偏差。① 之后他们又发现，概率判断的另一种偏差来源于对特定概率判断的简化，表现为倾向于记忆明显的或便于记忆的信息。② 拉宾则指出小数法则就是偏差的一个基本来源，指人们相信小样本的平均值也会向随机变量期望值附近集中分布，于是违反了概率论里的大数法则。③ 大量的行为决策研究向概率论的基本法则提出了系统挑战，并且向传统经济理论强调的经验有效性发出了质问。

**（二）前景理论（prospect theory）**

在新古典经济学中选择问题是核心问题，而不确定条件下的选择问题的理论根基在于冯·诺依曼（Von Neumann）和萨维奇（Savage，M.）建立的期望效用理论。该理论建立在决策主体的偏好理性的公理化假定之上，包括偏好的独立性、完备性、传递性和连续性。然而现实中存在着许多与完全理性相违背的偏好特征，使得预期效用理论面临“阿莱悖论”、“股权溢价难题”等理论问题时显示出其解释力的苍白。卡尼曼和特维斯基发现，决策程序的设计和对决策环境的描述会对主体的偏好产生影响，偏好因此并不满足完备性和传递性的假定。在此基础上他们提出了关于不确定条件下选择的前景理论，经过众多行为经济学家的协同努力，目前前景理论的发展相对成熟。

前景理论与预期效用理论的根本区别在于：前景理论基于对实验结果的总结提出新的行为主体的偏好特征。前景理论从如下几个方面构建自己的理论体系：

第一，人们常对一个行动后果与某一参照点的相对差异很敏

---

① D. Kahneman, A. Tversky. Prospect Theory: An Analysis of Decisions under Risk. Econometrica, 1979, 47 (2): 263-292.

② D. Kahneman, A. Tversky. Choices, Values and Frames. American Psychologist, 1984, 39 (4): 341-350.

③ M. Rabin. Risk Aversion and Expected-utility Theory: A Calibration Theorem. Cambridge University Press, 1999.

感，对于结果的绝对水平则相对不敏感。这在坎内曼和特维斯基关于消费和收入的研究中得以揭示。

第二，损失比收益更令人关注，人们对于损失的估价要比对等量收益的估价高。卡尼曼、塞勒（Thaler，R. H.）和肯尼斯基（Knetsch，J. L.）通过“瓷杯实验”证实了人们的这一偏好。①

第三，人们的敏感性呈递减趋势，这也是人类认识的最基本特征，正如人的感觉和视觉功能都体现出心理反应是物理变化程度的凹函数。从货币的角度来说，收入和损失的边际效用都是其规模的减函数。

第四，将决策权重和修正的效用函数结合起来，可以发现主体的风险态度有四种形式，即收益风险规避型、高概率损失风险追寻型、收益风险追寻型以及低概率损失风险追寻型。

第五，偏好是可以改变的。人们的偏好不是稳定和事先定义好的，偏好是在选择和判断的过程中体现出来的，判断和选择的背景及程序都会对偏好产生影响。

## 三、行为经济学的应用领域

行为经济学建立的前景理论依赖于主体的选择事实以及对应的偏好特征的发现，而这种发现在具体的经济领域中均有相应的表现，并且决定着经济变量的变化。行为经济学也因此有着广阔的应用范围，下面我们粗略地将之总结为三个方面：

### （一）行为经济学与宏观经济

新古典主义宏观经济学继凯恩斯主义之后在宏观经济学领域占据着统治地位，新古典主义宏观经济学的特点是从经济个体的微观选择出发理解宏观经济，为宏观经济学建立了相关的微观基础；但是其赖以生存的理性预期假定如今却受到行为经济学有力的挑战。

① D. Kahneman, J. Knetsch, R. Thaler. Experimental Tests of the Endowment Effect and the Coase Theorem. Journal of Political Economy, 1990, 98 (6): 1325-1348.

行为经济学围绕着总需求和总供给两个主题来解释宏观经济现象，并提出自己的宏观经济理论与政策。

在总需求方面，新凯恩斯主义理论和真实经济周期理论都假定消费者和投资者的偏好序始终保持一致。然而行为经济学发现，主体的偏好是内生的、不完备的，可能会逆转并存在着框架效应，①并且在跨期决策时可能出现偏好随时间发生转变的问题。这些发现对于宏观经济学关于总需求的探讨有着重要意义：

首先，有限理性的主体是不能准确预测未来的效用流变化的，于是新古典宏观经济学的李嘉图等价原理就不成立；并且由于主体对当期的消费变化和未来的消费变化偏好是不一致的，当期增税带来的消费减少带来的效用水平的下降程度更大，而国债融资所意味着的未来税负增加与消费下降对应的效用水平下降的幅度较小，所以相较于增税主体会更偏好债务融资的政策。

其次，主体的理性不完美问题的存在，会使主体对当前的流动性财富边际消费倾向相较于未来更高，于是减税可以刺激当期的总需求，并且转移支付政策能降低不平等。

最后，主体的边际消费倾向还取决于财富的来源，主体对一次性劳动收入普遍表现出更高的边际消费倾向。可见增加主体的暂时性劳动收入能够带动总需求的上升。

在总供给方面，行为经济学首先关注于工资刚性的问题。行为经济学认为企业和工人都存在货币幻觉，即相对于实际工资，劳资双方更关注名义工资；同时工人还有着损失厌恶的偏好特征，意味着一旦名义工资下降，工人会表现出损失厌恶并且道德水平及生产率也可能会降低，于是名义工资刚性成为确保工人道德水平和生产率的重要措施。可以看出，行为经济学对经济个体偏好行为的认定和新古典经济学完全不同。因此，与主流经济学将工资刚性解释为信息不对称不同，行为经济学把工资刚性解释为效率工资，即企业

① 框架效应指的是即使对于事实上相同的方案，方案描述的不同也会影响人们的选择，即选择依赖于所给方案的描述本身。

支付给工人高于市场出清工资的工资水平换回工人的忠诚和道德，从而形成企业和工人的合作。此外，行为经济学还把总供给的讨论上升到菲利普斯曲线。阿克洛夫等认为工人仅仅关注于名义工资，在通胀较低时只要名义工资不下降，通胀就会被工人忽视。这就减轻了企业的名义工资压力，有利于采取提高生产率的措施。① 因此通过适当的通胀目标在不损害生产率的前提下来管理物价水平，就能在一定程度上避免失业和通胀的权衡关系。

**（二）行为经济学与劳动力市场**

主流经济学在劳动决策的问题上关注主体在劳动与闲暇间的权衡关系，而行为经济学认为劳动决策同时涉及主体在动机和物质激励间的权衡。行为经济学注重主体的偏好特征与行为习惯对劳动市场的影响，将研究延伸到劳动关系中的互惠、公平、平等和感情因素以及决策情景的构造，这使得行为经济学对于劳动市场的研究更加人性化。

首先，雇员存在着损失厌恶的心理。雇员一般关注于现有的工作与报酬，解雇、降职和减薪对其构成有效约束，但如果过度强调约束政策则会降低雇员的道德水平，因此正向激励更为重要。

其次，如果薪金长时间不调整，则雇员会习惯这一工资水平并呈现出缺乏激励后的惰性。因此一次性激励政策仅具有暂时的效果，持续的相对小幅度的激励制度更为可取。

再次，激励制度存在着“挤出效应”。高强度的货币激励或者处罚会降低雇员的工作自觉性，并弱化激励效果，从而产生“挤出效应”。这种效应来自于雇员对物质激励和处罚与内在动机间的权衡，约束制度过严会使得雇员的自尊和自觉心理受损。因而企业应该重视物质激励和约束的适当性。

最后，报酬制度的设计要贯彻公平和互惠的原则。内部报酬结构的不公平、不透明会使得雇员的道德水平下降，影响生产效率。

① G. Akerlof. Behavioral Macroeconomics and Macroeconomic Behavior. American Economic Review, 2002, 92 (3): 411-433.

### (三) 行为经济学与金融市场

金融市场是行为经济学成功应用的范例，行为金融理论（behavioral finance theory）已经成为金融研究领域的主流学说。行为金融学基于主体的有限理性，对传统金融学的两大基石——有效市场理论（efficient market theory）和 MM 定理提出挑战，并且成功解释了一些困扰传统金融学的金融市场难题。

一是股权溢价难题（equity premium puzzle）。从长期看，股票的历史平均回报率要高于债券。如果投资者是理性的，他们面对长期的决策问题进行跨期决策时，为什么会投资于债券呢？这并不能用风险来解释，因为长期债券的固定利息支付会受到物价指数的影响，并不能说这种风险就比股票的风险低。行为经济学认为股权溢价的根本原因在于投资者的短视与损失厌恶心理，他们无法预见长期的溢价问题却更偏好安全的债券。

二是市场波动问题。如果市场是有效的，则股票价格的剧烈波动就不会出现。相对于将市场价格变化归结为随机游走的主流经济学，行为金融认为主体的锚定效应（anchoring）与框架效应对股价具有明显的影响，并且认为主体的后悔与认知偏差心理都加剧了股价的波动。此外投资者的投资心态和策略也会影响到股价，投资者一方面普遍存在着表现为跟风和从众心理的过度信心，另一方面又会对市场信息做出过度反应或者低度反应。

## 四、简要的评述

行为经济学对于经济主体心理因素和非理性行为的研究，是古典经济学重视心理因素的传统的回归。行为经济学在基本分析框架上与新古典经济学一脉相承，同时对新古典经济学的个人行为假定及选择理论加以改进，有力地推动着新古典经济学的发展。

新古典经济学通过效用最大化、均衡和效率建立了比较完整的经济和非经济行为分析理论框架，并且这种分析可以进行实证。这种理论基础和方法论基础是科学的，也得到行为经济学的接受。因此从这层意义上讲，行为经济学是对新古典经济学的传承。

行为经济学同时延伸着主流经济学的研究主题，并丰富着主流经济学的内涵。行为经济学引发着主流经济学对于理性的更为深入探讨，一方面要求主流经济学必须直面经济主体的现实行为，对理性加以重新界定并且发展更精确和复杂的方法描述理性；另一方面要求主流经济学必须把研究的视野从标准的理性行为扩展到人们对于理性的学习过程以及不同人具有的不同程度的理性及其相互影响上。所以在这个层次上，行为经济学引导着主流经济学对其心理学基础的重建，并在重建的过程中实现发展。

## 第六节　演化经济学

演化经济学（Evolutionary Economics）是 20 世纪 80 年代以来发展起来的一门新兴经济学分支，它和以前的经济理论最大的不同在于将关注的焦点放在演化力量和机制及其对经济绩效的影响上。如果说新古典经济学是研究存在的经济学，那么演化经济学就是研究生成的经济学，着重考察经济结构的具体转变过程。演化经济学抛弃了新古典经济学将制度、技术视做外生的做法，充分考虑到“新奇的创生”，也就是经济系统中新质要素的产生，如新偏好的形成、技术和制度的创新以及新资源的创造，因而能够对新古典经济学所无法解释的经济结构的转变与知识经济的发展等问题给出合理的解答，经济理论对现实的解释力也进一步增强。本节将对演化经济学作一简短的综述，首先回顾演化经济学的发展历程，然后介绍演化经济学的重要假设与其独到的分析框架，最后以知识差异性的存在、知识的积累与发展为主线总结演化经济学的主要内容。

### 一、演化经济学的形成与发展历程

经济学中的演化思想由来已久，斯密和马尔萨斯的学说中就蕴含着人类社会是演化的思想。达尔文受到启发于是认为生命世界也是演化的，并且在《物种起源》里系统提出生物进化论。生物进化论使得演化思想广泛传播，并且反过来又进一步与经济学结合，影响着经济学的发展。

马克思和马歇尔是最早将生物进化思想与经济学结合起来的经

济学家，他们可视为经济演化思想的古典阶段的代表。马克思从事物普遍联系的观点强调经济学和生物学的类比，用演化的观点来研究社会生产关系和生产力的变迁，并形成了著名的历史唯物主义理论。马歇尔意识到生物学的“适者生存”法则在经济学上的重要意义，认为生存竞争使最适合于环境中获得利益的有机体增多；并且他明确提出经济学的目标在于经济生物学，而非经济动态学。在这一阶段经济学和生物学的类比分析相对简单，并且没有明确形成现代演化经济学意义上的概念和范畴。

古典阶段之后至 20 世纪 80 年代之前可视为旧演化经济学时期。1898 年凡勃伦发表论文《为什么经济学不是一门演化的科学?》，随后又发表《有闲阶级论》，首次明确将达尔文主义引入经济学，掀起了演化经济学的第一次革命。在 20 世纪初至二战期间，尽管熊彼特和阿尔钦等学者进行了一定的演化经济研究，但是由于社会领域存在生物种族主义等敏感问题，演化经济学的发展相对黯淡。20 世纪 50 年代至 80 年代，有限理性（bounded rationality）①等重要概念得以提出，旧演化经济学进一步发展，并且演化思想在社会秩序、经济发展分析上的应用更加广泛，为新演化经济学的产生奠定了坚实的基础。

20 世纪 80 年代以来，是新演化经济学不断发展的时期。1982 年纳尔逊（Nelson, R. R.）和温特（Winter, S. G.）出版的《经济变迁的演化理论》同时融入了演化思想与卡耐基学派发展起来的组织和行为理论，认为基因型（genotype）制约着厂商的行为，而基因型本身则受到市场的严格筛选。当旧规则不能为厂商带来满意的利润时就会被放弃，新规则会产生并且不断演进②。这本书建立了一个完整的演化理论体系，标志着演化经济学进入了新的发展阶段。

---

① H. Simon. A Behavioral Model of Rational Choice. Quarterly Journal of Economics, 1955, 69 (1): 99-118.

② R. Nelson, S. Winter. An Evolutionary Theory of Economic Change. Harvard University Press, 1982.

很多演化经济学家受到纳尔逊和温特研究的启发，产业演化、经济增长和路径依赖等领域的演化经济学文献也迅速增长。相对于新古典经济学始终占据主导地位的美国，演化经济学研究在欧洲更为活跃，其中弗里曼（Freeman，C.）主持的苏塞克斯大学科学政策研究所（SPRU）是欧洲第一个演化经济学研究中心。目前演化经济学研究在世界范围内形成了以英国、德国和荷兰学者为主，各国学者普遍参与的兴盛局面，演化经济学也正逐步融入主流经济学理论。

## 二、演化经济学的假设与分析框架

演化经济学把创新放在核心地位，强调新奇在经济变化中所起的关键作用。新奇指的是系统中新质要素的创造，在生物学中指基因库中的随机突变和选择性复制，在经济学中指的是新的行动可能性的发现，其结果是不能被明确预见的。正是由于新奇的这种性质，演化经济学在研究范式上与新古典经济学有着很大的分异。这首先体现在演化经济学对于新古典经济学假设的批评及提出的新假设上，其次体现在演化经济学所特有的分析框架上。

### （一）演化经济学的假设

1. 满意（satisfied）

不同于新古典经济学的完全理性与最优假设，演化经济学认为人们的理性程度是有限的，不可能准确预见到决策的后果并且做出最优选择。人们在经济活动中的选择和决策过程往往是一种试错过程，更多时候追求的目标是满意而非最大化。如果某一行动的后果达到了抱负水平，行动者就是满意的。个人的抱负水平会随着心智状态和历史经验不同而变动，满意也是一个动态的历史概念。满意假设是演化经济学对“新奇出现”进行解释的逻辑起点，对现状的不满意是人们搜寻新的未知选择的推动力量。

2. 不确定性（uncertainty）

不确定性指的是未知的新奇不断突现，人们不可能把握新奇出现的时间和大部分特征。不确定性意味着变化，意味着世界结构的变迁与新的世界状态的形成。演化经济学同时区分了经济世界里不同变量的变化速率，某些事物的变化是相对缓慢的，如制度、习惯和惯例，某些事物的变化则是相对快速的，如价格、供求关系等。演化经济学将制度和惯例等作为经济变迁的基因，其实是在研究不确定的世界时又肯定了世界状态的相对稳定性和相对确定性。

3. 多样性（diversity）

演化经济学认为多样性是经济的基本特征，多样性体现在世界状态、经济主体、人的心智和选择行为等方面，是演化分析的起点。演化经济学把个人选择置于多样化行为的群体中，强调主观偏好的特异性和行为的异质性对新奇创生和创新过程的重要性。同时，演化经济学尽量避免使用代表性个人和标准的加总程序，认为加总的思想必须严格限定在某种选择机制的具体操作上。

4. 历史至关重要（historical importance）

演化意味着新质要素随时间流逝而创生，因此强调历史的重要性就是突出了时间对社会经济系统最基本的建设性作用。在演化经济学中，历史不仅指过去对现在和未来的影响，更重要的是突出了经济过程具有路径依赖和时间不可逆等重要特征。温特和纳尔逊甚至认为，经济发展过程是一个马尔科夫过程，某一时期一个行业的状况决定它在下一个时期状况的概率分布。

**（二）演化经济学的分析框架**

演化分析框架是演化经济学理论分析的基础，其中包含遗传机制、新奇创生机制与选择机制三个层面的达尔文主义的遗传—变异—选择分析框架，集中体现着生物学与经济学结合的重要特征，是演化经济学最为核心的分析框架，这里予以着重介绍。

1. 遗传机制（genetic mechanism）

演化经济学认为，制度、习惯、惯例和组织结构等是历史的载体，可以通过模仿而传递。凡勃伦指出制度和管理具有相对稳定和惰性的品质，因此可以历时传递，是社会有机体的基因组织与社会选择的基本单位。纳尔逊和温特也认为企业惯例具有类似基因的性质，将企业惯例视为企业的组织记忆，执行着传递技能和信息的功能。虽然企业惯例与生物基因的一个不同在于其突变是有目的的而并非是随机的，但是新的惯例仍是可以遗传的。

2. 新奇创生机制（novelty creation mechanism）

有目的地创造新奇和多样性是社会演化最重要的特征，新奇创生机制指新奇如何被创造。演化经济学认为新奇的创生是现有要素新组合的结果，并且人们知道怎样和在什么地方搜寻新知识主要取决于他们具备的知识。因而并不是所有的技术或制度等发展路径都具有同样被探索的机会，新奇创生必定是路径依赖的。在这种情况下，尽管何种新奇将创生的问题是不可准确预见的，但仍然能够从正在发生的事情中排除一些结果或行动进程。

3. 选择机制（selection mechanism）

选择机制指的是变异或新奇在经济系统中扩散的过程，新奇从产生到扩散到为人们所适应并形成管理和制度性约束，就是选择机制在发挥作用。演化经济学认为，社会成员具有共时性的个体决策并且他们行动的相对频率将对群体产生重要影响。在任何时点上个体的决策过程都潜在地与新奇的内生创造交互作用，频率-依赖效应的动态结果产生了群体层面上的某些规律性，同时竞争性选择过程持续地消除变异和减少个体经济行为的多样性。当创新扩散越过不稳定的阈值而系统形成一种新结构后，创新便会进入快速扩散阶段并逐步演变成思维和行为的惯例。

## 三、演化经济学的主要内容

演化经济学主要研究经济系统中的创新与新奇，而创新和新奇在本质上都可以理解为人类对于社会经济运行所掌握的新知识。对于知识的关注因此是演化经济学研究的题中之意，知识是贯穿演化经济理论的最为重要的概念，自然成为理解演化经济学理论的一个很好的视角。

第一，首先在个体理性与决策层面上，个体知识的差异性决定了个体理性的异质性。个体理性的异质性是演化经济学的微观基础，因为异质理性是经济活动多样性和收益差异性的根源，是差异结构形成和演化的前提条件。其次，演化经济学将理性理解为对知识的掌握，理性表现为一个不断试错和不断提高的过程，是一种过程理性，趋于完全却永远不完全，因此可以说理性的有限根源于知识的有限。在基于知识的理性下，个体行为目标由最优转为更优，采取的是一种适应性行为。创新能在激烈的竞争下带来超额利润，因而成为个体的必然选择，这也带来了知识的发现与利用。

第二，经济结构变迁是经济系统演化的中间层面，而结构变迁的机制在于知识优势与竞争优势之间的循环累积。在竞争环境中，如果企业的某个惯例或是创新策略的收益高于市场平均水平，则该惯例或者创新的策略将持续下去并且产生报酬递增的正积累效应。如果其策略被大多企业模仿，则其收益水平会下降且报酬递增效应消失，各企业间的差异缩小。因此结构演化的方向是竞争优势不断累积导致差异扩大的集聚效应与通过学习和模仿导致的差异缩小的扩散效应综合作用的结果。知识创新产生新的产品，学习和模仿导致知识扩散而逐渐形成新的产业，不断地创新和模仿是产业结构变迁的动力之源。

第三，对于整体经济运行而言，知识的创新是经济发展的基本动力，这是因为技术发明存在着报酬递增的性质并且技术积累和经济增长间存在着循环因果关系。新技术的产生及其报酬递增效应促进生产率的提高，并且为下一轮新技术的产生提供研发投资，这种投资又使得技术的外部效应进一步累积与放大并且最终导致累积式的增长。经济系统中于是形成了一个技术报酬递增——技术投资——技术进步——报酬递增效应放大的良性循环，知识积累和经济增长在自催化、自循环机制的作用下相互促进。所以知识积累既是经济增长的原因也是经济增长的结果，而这循环因果互动，成为经济持续增长的不竭源泉。

综上所述，演化经济学对知识经济的解释是相当完备的，很大程度上弥补了新古典经济学解释力的不足。不仅如此，演化经济学还提出了有限理性、多样性和历史重要等更为接近现实的假设，并且在与生物学结合的基础上形成其特有的演化分析框架。目前演化经济学内部各种演化流派的融合与其理论体系的完善都在进行之中，并且其发展已经产生了深刻的理论和现实意义。在经济理论上，演化经济学对新古典的研究范式发出有力的挑战，为经济学的进一步发展提供了很好的契机；在现实层面上，演化经济学给经济政策的制定带来丰富的启示，尤其是在技术政策、合作策略和国家创新体系这些领域中。

## 第七节　简　评

20世纪是经济学迅猛发展的世纪。

首先，从理论本身的发展来说，经济学开始超越十八十九世纪的古典经济学，普遍借助数学工具和自然科学的研究方法，经济学本身的逻辑体系进一步严密，逐步发展形成了新古典经济学的分析框架与分析范式。

其次，经济学开始产生微观经济学和宏观经济学的分野与合流，在20世纪30年代经济大萧条的背景下，宏观经济学开始产生；而自20世纪七八十年代以来，宏观经济学逐渐和微观经济学合流，经济学家纷纷为宏观经济理论寻找相应的微观基础。

再次，经济学不仅仅局限于传统经济学领域的研究，开始将其研究视角扩展到政治、历史、制度、文化、法律等领域，并取得了丰硕的研究成果。众所周知，这些领域的研究是历史学、法学、政治学、社会学等社会科学传统的研究领域。20世纪后半叶，经济学向其他学科扩张的迹象非常明显。由于这一原因，经济学开始被人称为“经济学帝国主义”。

最后，为了便利于更加复杂问题的研究，经济学不仅建立了和数学一样的公理化体系，而且在此基础上发展了新的分析方法和分析工具。20世纪经济学在这方面的发展让人眼花缭乱。

从前面的分析可以看出，在这一章我们重点关注经济学研究领域的扩展。当然我们不可能在一章里对过去一个世纪经济学相关领域内的研究进展一一阐明，但是我们仍然尽力勾勒出其基本的发展轨迹和发展轮廓。总体说来，我们将20世纪经济学研究领域的扩张分为如下几个方面：经济学对法律问题的研究、经济学对政治现象的分析、经济学对历史制度问题的探讨、经济学对人类行为以及相关社会问题的讨论、行为经济学与演化经济学的发展等几个方面。

我们认为，20 世纪后半叶，经济学向其他社会科学领域的扩展虽然被人批评为“经济学帝国主义”，但是这一发展趋势有其背后的渊源和积极意义。

首先，虽然社会科学本身包含了深邃的思想，但是就分析方法、分析框架以及文献积累方面都没有办法和自然科学相比。换言之，从分析的规范严谨和科学性来讲，社会科学无法达到自然科学的水平。在社会科学中，经济学率先广泛采用了自然科学的研究方法，呈现出较强的科学性和规范性；从学科发展的角度来说，经济学的这种发展以及经济学向社会科学其他学科的渗透与扩张，对推动社会科学的规范化、科学化有着重要的意义。

其次，在经济学中新古典主义是绝对的主流，新古典主义大量采用自然科学的研究方法，方法科学，逻辑严密，分析科学而规范，能够得出很多精确的结论。但是，这一成功是以抽象掉复杂的历史、制度、文化等因素为代价而达到的。满篇的公式和图表在带来分析的严格性和科学性的同时，也丧失了经济分析本身的可读性和作为一门社会科学的美感。经济学被人讥讽为“黑板经济学”。抽象掉了制度、文化、历史等因素之后，作为一门社会科学的经济学很难对复杂的社会经济现象做出令人信服的解释和分析。抽象掉复杂因素之后的经济分析虽然严谨科学，但是其分析却很难把握问题的本质。“经济学帝国主义”表面上看是经济学家在抢夺其他社会科学学者的“饭碗”，实际上是经济学本身发展的进一步要求，制度、文化、历史等根本性的复杂因素开始重新进入经济学家的研究视野，经济学开始向亚当·斯密的古典传统回归。

下一章，我们将讨论的焦点集中在经济学研究方法的进展方面。

**【参考文献】**

[1] 弗朗西斯科·帕里西. 法与经济学的实证学派、规范学派和使用学派 [M] //吴敬琏主编. 比较：第 20 卷. 北京：中信出版社. 2005.

[2] 埃格特森. 新制度经济学 [M]. 吴经邦，等译. 北京：商务

印书馆，1996.
[3] 罗比特·考特，托马斯·尤伦. 法和经济学 [M]. 上海：上海财经出版社. 2002.
[4] 史晋川. 法律经济学评述 [J]. 经济社会体制比较，2003 (2).
[5] 彼得·纽曼主编. 新帕尔格雷夫法经济学大辞典（卷二）[M]. 北京：法律出版社，2003.
[6] BUCHANAN J M. The Domain of Costitutional Economica. Costitutional Political Economica. 1990，1 (1)：1-18.
[7] KOROBKIN R B，ULEN T S. Law and Behavioral Science：Removing the Rationalitiy Assumption from Law and Economics [J]. California Law Review，2000，88 (7)：1051.
[8] 巴里·克拉克. 政治经济学 [M]. 北京：经济科学出版社，2001.
[9] 阿伦·德雷泽. 宏观经济学中的政治经济学 [M]. 北京：经济科学出版社，2003.
[10] 詹姆斯·M. 布坎南. 自由、市场和国家：20 世纪 80 年代的政治经济学 [M]. 北京：北京经济学院出版社. 1988.
[11] 罗宾斯 L. 过去和现在的政治经济学：对经济政策中主要理论的考察 [M]. 北京：商务印书馆，1997.
[12] 佩尔森，塔贝里尼. 政治经济学：对经济政策的解释 [M]. 北京：中国人民大学出版社，2007.
[13] 科斯 R. 论生产的制度结构. 上海：三联出版社，1994.
[14] SAYER S. Issues in New Political Economy：An Overview [J]. Journal of Economic Surveys，2000，14 (15)：513-526.
[15] GAMBLE A. The New Political Economics [J]. Political Studies，1995，43 (3)：516-530.
[16] PUTMAN R D. Diplomacy and Domestic Politics：The Logic of Two-Level Game [J]. Intenational Organization，42 (4)：427-460.
[17] 道格拉斯·C. 诺斯，罗伯特·托马斯. 西方世界的兴起

[M]. 第 2 版. 北京：华夏出版社，1999.

[18] 道格拉斯·C. 诺斯. 经济史上的结构和变革 [M]. 北京：商务印书馆，2002.

[19] 亨利·勒帕日. 美国新自由主义经济学 [M]. 北京：北京大学出版社，1985.

[20] FORGEL R W, FISHOW A. Quantiative Economic History: An Interim Evaluation Past Trends and Present Tendencies [J]. Journal of Economic History, 1971 (3): 15-42.

[21] FORGEL R W, ENGEIMAN S L. Times on the Cross: The Economic of American Negro Slavery [M]. Boston: Little Brown Campany, 1974.

[22] 加里·贝克尔. 家庭论 [M]. 北京：商务印书馆，1998.

[23] 舒尔茨. 论人力资本投资 [M]. 北京：北京经济学院出版社，1992.

[24] 舒尔茨. 改造传统农业 [M]. 北京：商务印书馆，1987.

[25] 安塞尔·M. 夏普，等. 社会问题经济学 [M]. 第 17 版. 北京：中国人民大学出版社，2007.

[26] 冈纳·缪尔达尔. 亚洲的戏剧：对一些国家贫困问题的研究 [M]. 北京：北京经济学院出版社，1992.

[27] ARROW K J. Some Methematical Model of Race Discrimination in the Labor Market. In A. H. Pascal, ed. Racial Discrimination in Economic Life. Lexington, DC: D. C. Health, 1972: 187-204.

[28] AKERLOF G. Behavioral Macroeconomics and Macroeconomic Behavior [J]. American Economic Review, 2002, 92 (3): 411-433.

[29] EDWARDS W. Behavioral decision theory [J]. Annual Review of Psychology, 1954, 12: 473-498.

[30] KAHNEMAN D T A. Prospect theory: An Analysis of Decisions under Risk [J]. Econometrica, 1979, 47 (2): 263-292.

[31] KAHNEMAN D, TVERSKY A. Choices, Values and Frames

[J]. American Psychologist, 1984, 39 (4): 341-350.

[32] KAHNEMAN D, KNETSCH J, THALER R. Experimental Tests of the Endowment Effect and the Coase Theorem [J]. Journal of Political Economy, 1990, 98 (6): 1325-1348.

[33] KATONA G. Psychological Analysis of Economic Behavior [M]. Mc-Hill Press, 1951.

[34] RABIN M. Psychology and Economics [J]. Journal of Economics Literature, 1998, 36 (1): 11-46.

[35] RABIN M. Risk Aversion and Expected-utility Theory: a Calibration Theorem [M]. Cambridge University Press, 1999.

[36] RABIN M. Inference by Believers in the Law of Small Numbers [J]. Quarterly Journal of Economics, 2002, 117 (3): 775-816.

[37] SIMON H. A Behavioral Model of Rational Choice [J]. Quarterly Journal of Economics, 1955, 69 (1): 99-118.

[38] SIMON H. An Empirically-based Microeconomics [M]. Cambridge University Press, 1997.

[39] SHILLER R. Market Volatility and Investor Behavior [J]. American Economic Review, 1990, 80 (2): 58-62.

[40] ALCHIAN A. Uncertainty, Evolution and Economic Theory [J]. Journal of Political Economy, 1950, 58 (3): 211-221.

[41] ARTHUR W. Competing Technologies, Increasing Returns and Lock-in by Historical Events [J]. Economic Journal, 1989, 99 (394): 116-131.

[42] FORSTE D, YOUNG p. Stochastic Evolutionary Game Dynamics [J]. Theoretical Population Biology, 1990, 38 (2): 219-232.

[43] HAYEK F. Economics and Knowledge [J]. Economica, 1937, 4 (1): 33-38.

[44] HAYEK F. The Use of Knowledge in Society [J]. American Economic Review, 1945, 35 (4): 519-530.

[45] LUCAS R. On the Mechanics of Economic Development [J]. Journal of Monetary Economics, 1988, 22 (1): 3-42.

[46] MATTHEWS R. The Economic Institutions and the Sources of Growth [J]. Economic Journal, 1986, 96 (12): 903-918.

[47] NELSON R. The Agenda for Growth Theory: a Different Point of View [J]. Cambridge Journal of Economics, 1998, 22 (4): 497-520.

[48] NELSON R, WINTER S. An Evolutionary Theory of Economic Change [M]. Harvard University Press, 1982.

[49] NELSON R, WINTER S. Evolutionary Theorizing in Economics [J]. Journal of Economic Perspectives, 2002, 16 (2): 23-46.

[50] RADNER R. Bounded Rationality, Indeterminacy, and the Theory of the Firm [J]. Economic Journal, 1996, 106 (438): 1360-1373.

[51] SCHELLING T. The Strategy of Conflict [M]. Cambridge, Massachusetts, London: Harvard University Press, 1960.

[52] SIMON H. A Behavioral Model of Rational Choice [J]. Quarterly Journal of Economics, 1955, 69 (1): 99-118.

[53] VEBLEN T. Why Is Economics Not an Evolutionary Science [J]. The Quarterly Journal of Economics, 1898, 12 (7): 373-397.

[54] VEBLEN T. The Theory of the Leisure Class: an Economics Study in the Evolution of Institutions [M]. Macmillan, 1899.

# 第十章 经济学研究方法的演进

## 第一节 博弈论的兴起与发展

博弈论（game theory）又称对策论，它考察人们之间的互动决策，研究人们在各种情况下选择最优策略及实现均衡决策的结果。作为一种新的思维方式和分析方法，博弈论正在经济学等社会科学领域获得越来越广泛的运用。1994 年，诺贝尔经济学奖首次授予了三位博弈论专家纳什（Nash，J.）、海萨尼（Harsanyi，J.）和泽尔滕（Selten，R.），以表彰他们的非合作博弈均衡分析对博弈论和经济学做出的开拓性贡献，这标志着博弈论革命在经济学领域中全面展开。之后，诺贝尔经济学奖授予了更多的博弈论学者。1996 年，米尔利斯（Mirrlees，J. A.）和维克瑞（Vickery，W.）因为在信息经济学、激励理论和博弈论方面的重大贡献而获奖；2005 年，博弈论学者——谢林（Schelling，T.）和奥曼（Aumann，R. J.）荣膺诺贝尔经济学奖，他们的开拓性研究更加进一步增强了世人对合作和冲突行为的理解。多位博弈论专家获得诺贝尔经济学奖这一事实表明，博弈论在经济学的研究、应用和教学领域中已经进入兴旺繁盛的顶峰时期，在经济学领域中占据着重要地位。实际上，博弈论早在 20 世纪初期就开始出现，只是长期并未得到足够的重视。直到 20 世纪 70 年代以来，人们才意识到博弈理论强大的现实基础及对现实的解释力，博弈论才开始与经济学紧密结合，经过迅速发展，在 20 世纪 80 年代就已经完全融入主流经济学。博弈论及与之相关的经济分析是 20 世纪后期以来西方经济学研究成果最为丰富的领域之一，也是20世纪经济学理论体系最为重要的发展领域之一。

## 一、博弈论的发展历程

在我们的社会中，从日常生活中的打牌、下棋等游戏，到企业之间的竞争合作，再到国与国之间的谈判竞赛，无一不包含着博弈。那么什么是“博弈”？博弈的原意是指古代的棋局，后泛指赌博中的竞争与对抗。博弈论的英文为“game theory”，如果要直译的话，则应为“游戏理论”，但是英文中的“game”与中文的游戏的意思略有不同。来自现代汉语词典对“游戏”的解释是指捉迷藏等玩耍娱乐活动，是随意地、轻松地、不需要遵循特定规则的活动。而英文中的“game”则指人们在遵循一定规则下的活动，每个人在活动中都想方设法地获得胜利，个人不仅考虑自己的战略选择和周围环境，还要考虑对方的行动。比如下围棋，自己出子之前一定会考虑对方会如何应对；反之，对手也会如此。因此，将“game theory”翻译为“博弈论”更为恰当确切，更能突出博弈论中强调的人们之间互动的策略。

众所周知，在任意一场博弈（game）或者竞赛中，参与者的输赢除了受运气和自身能力等因素影响之外，其策略的选择是其中的关键因素。参与者总是自觉不自觉地对周围的人或事物的行为决策进行推理、判断和估计，并据此来采取最有利的策略，从而形成互动的行为反应机制。博弈中的参与者各方的策略以及参与者互动策略的最终结果是值得研究的问题，也是博弈论最主要研究对象之一。1883年由经济学家古诺发展出的寡头厂商的产量决策模型①可以看成是博弈论早期研究的起点，这一模型后人一般称为古诺模型。古诺在该模型中研究了两个生产同质商品的寡头如何瓜分市场销售份额的经济问题。双方在对方战略方案为既定情况下，思考采

① 流行的国内经济学教材如高鸿业的《西方经济学（微观部分）》（中国人民大学出版社）中对古诺模型的思想有简要的介绍。

取何种方案或决策来使自身的利润最大化并最终实现市场均衡决策的结果。具体而言，厂商 2 的最优产量依赖于厂商 1 的产量，如果厂商 1 改变产量，那么厂商 2 的最优产量也会因此而改变；反过来，厂商 1 也随时关注厂商 2 的行动并做出相应的反应，最终两个厂商博弈的均衡结果是双方在给定对方产量的时候，自己的产量都达到了最优，每个厂商都没有动力去改变自己的产量选择。古诺模型是最早对寡头市场进行的研究，已经蕴含了博弈论的思想。但这仅是零星、片段的思想和研究，古诺本人当时也并未意识到这一思想会在未来为分析经济等社会科学提供一般性的方法和统一的结构。

对博弈论的系统研究始于 20 世纪初期，齐默罗（Zermelo，E.）和波雷尔（Borel，E.）对象棋游戏博弈的研究引申出对博弈论的系统研究。齐默罗 1913 年提出了博弈论的关于象棋博弈的第一个定理，并给予混合策略（mixed strategy）的第一个现代表述。他提出的“逆推归纳法”的分析方法后来广泛地运用到求解动态博弈论的均衡。1921—1927 年，波莱尔发表了 4 篇关于策略游戏的文章，提出了第一个有明确概念的现代形式的混合策略。他在两人严格竞争博弈（strict competition game），即两人零和博弈（zero-sum game）① 中寻找“是否可能存在一种玩法总是优于任何其他玩法”，在这一博弈研究中，波米尔开始使用诸如支付矩阵（payoff matrix）这些概念和分析方法。1928 年，冯·诺伊曼（Von Neumann，J.）和摩根斯坦（Morgenstern，O.）追随波莱尔，开始规定博弈论的基本分析框架和基本分析概念。他认为任何一个博弈都包括如下四大要素：

- 一组参与人；
- 每个参与人都有策略集；

① 所谓零和博弈是，在这类的博弈当中，各方的利益完全对立，参与一方的收益直接对应着另一方的损失，一方获得收益意味着另一方必定遭受损失。博弈各方的收益和损失之和刚好为“零”。

• 每个参与人都有一个从策略集的笛卡儿积影射到一个实数的得益函数;

• 每个参与人都能够独立于其他人选择自己的策略。

他们将这种博弈论结构称为一般拓展式博弈的标准形式。标准式博弈结构和策略独立的概念是他们对博弈论的第一个重要贡献。

20 世纪 40 年代是博弈论的规范化时期。从 1928 年到 1944 年,冯·诺依曼和摩根斯坦为博弈论发展出了许多基本元素:拓展式博弈和标准式博弈的概念和解、应用不动点定理证明随机化博弈解的存在性等。这些成果收录在由冯·诺伊曼和摩根斯坦共同完成的《博弈论和经济行为》(*Theory of Games and Economic Behavior*)一书当中。这本书也被看做是博弈论历史发展的真正起点。

冯·诺伊曼也给标准式的博弈结构附加了两个严格的假设:得益是可以转移的;所有的博弈必须是零和的。在此基础上,他从数学上证明了,通过一定的线性运算,对于每一个二人零和博弈的随机化战略存在一般性的最小化最大解。其思想是由于零和博弈的性质,博弈双方中的任何一方都会选择使对方尽可能差的支付的策略,于是每个参与人对每种可能的博弈策略都考虑了可能遭受的最大损失,并从"最大损失"的各种策略中选择"损失"最小的策略,即是"最优"策略。冯·诺伊曼的这一发现被称为"最小最大定理"。这一定理被视为现代博弈论的基础,是博弈论发展史上第一个里程碑。

合作博弈是冯·诺伊曼等人工作的重点。随着对合作博弈研究的深入,联盟博弈(coalitional game)、稳定集(stable set)、解概念(solution concept)、可转移效用(transferable utility)、核心(core)等重要概念相继提出,合作型博弈发展在 20 世纪 50 年代达到了巅峰。

20 世纪 50 年代至 60 年代是博弈论的成熟时期。在这其中,纳什(Nash, J.)无疑是其中最重要的一位博弈论学者。纳什的研究工作从根本上重新构建了博弈论,并找到了统一分析结构来研究现实中所有冲突和合作的局势。纳什对现代博弈理论在经济学及其他社会科学中的应用做出了奠基性贡献。美国经济学家麦凯恩（McCain，R. A.）在他的著作《博弈论——战略分析入门》一书中称“没有人对博弈论的贡献超过纳什”。梅耶（Myerson，R.，1999）在一篇回顾纳什均衡和经济理论史的文章中，毫无保留地赞美了纳什的工作，认为“纳什的非合作博弈理论是20世纪最杰出的思维进步之一，纳什均衡的形成在经济学和社会科学中产生的根本性和极具说服力的影响，丝毫不亚于DNA双螺旋结构对生物科学领域的震动”。1950—1951年，纳什在没有假定可转移效用的情况下，通过一个完美的公理化证明引进了一个讨价还价解，建立了两人的讨价还价理论，是他对博弈论的第一个伟大贡献。随后，纳什给出了标准式博弈的一般均衡定义，并应用了角谷不动点定理（Kakutani fixed-point theorem）证明了有限的标准式博弈必定存在随机化策略均衡，为博弈论的一般化奠定了坚实的基础。以他的名字命名的纳什均衡（Nash Equilibrium）成为博弈分析中核心概念。

1950年，美国普林斯顿大学数学系塔克（Tucker，A.）教授在一次博弈论演讲中创造了囚徒困境（Prisoner's Dilemma）。囚徒困境是博弈理论中最著名和最有影响力的非合作博弈的例子。塔克的故事如下：两个犯罪嫌疑人被警察抓获，分别关押。他们必须选择是否坦白并指控同伙。如果二人都保持沉默，将同样人狱1年。如果二人都坦白并指控同伙，将人狱10年。如果一人坦白，一人沉默，则坦白者会被无罪释放，其同伙将遭到严惩，判人狱20年。两人的收益矩阵如下：

| | | 鲍勃 | |
|---|---|---|---|
| | | 沉默 | 坦白 |
| 埃尔 | 沉默 | 1，1 | 20，0 |
| | 坦白 | 0，20 | 10，10 |

犯罪嫌疑人到底会选择哪种策略呢？囚徒困境假设参与人都是利己的，每个人只在乎自身利益最大化。在两人无法交流、互不知

道对方选择的情况下，任意一人的最优策略是：如果对方选择沉默，那么我选择坦白更加有利，如果对方选择坦白，毫无疑问我同样选择坦白对我有利。所以无论发生对方坦白还是沉默，选择坦白是理性思考的结果，也是该博弈中唯一可能实现的纳什均衡（坦白，坦白）：即双方都选择坦白，结果是两个人都被判 10 年。但是如果两人能够为对方着想，选择合作而保持沉默，则两人都会被判 1 年，这明明是对两人要好得多的结果；但是两个人却偏偏没有做出如此选择。囚徒困境表明，即使合作能够使所有人的状况变好，但是每个人却会根据自己的利益做出决策，而这样做的结果是，所有人的状况都会变差，因此，人们在生活中往往也不能相互合作。随后，囚徒困境被广泛地运用于解释军备竞赛、关税之战、广告之战等各种经济问题的分析当中，对经济学和社会科学的研究产生了深远的影响。

标准式博弈视为分析非合作博弈的规范分析框架，但是标准式的分析缺乏一般意义的应用，这也使标准式分析这一方式的局限日益凸显；非合作博弈理论的进一步发展要求对拓展式博弈进行更细致的研究。泽尔腾在将纳什均衡引入动态博弈的过程中发现，对于大部分博弈而言，标准式纳什均衡分析有时候会产生很多的纳什均衡解，有的纳什均衡解根本都是非理性的。为了解决这个问题，泽尔腾给拓展式和标准式博弈定义了完美均衡作为纳什均衡的精炼，提出了“精炼纳什均衡”的概念。科瑞普斯（Kreps，D. M）和威尔逊（Wilson，R.）将序贯均衡作为拓展式博弈的非合作解概念。

1960 年，谢林在《冲突的策略》中提出了“聚点效应”的概念，来强调如何解释博弈中多重均衡的问题。他认为：在一种博弈中可能会出现多重均衡，多重均衡的存在将使博弈论分析缺乏说服力。他把众多均衡中实际最可能发生的均衡称为“聚点”。什么决定了“聚点”？他指出某点之所以称为“聚点”，参与者的共同文化宗教背景和历史传统的信息起到决定性作用。谢林得出结论：一旦人们得知别人将做出和自己同样的行为时，通常会协调彼此的行为，从而出现合作的契机。此外，值得一提的是，谢林的这本书里并没有像其他博弈论著作里充斥的复杂数学公式和符号，但是一样也被视为博弈论的经典之作，因此谢林被看做是非数理博弈理论领域的先驱，是非数理博弈理论分支的代表性人物。

20 世纪 60 年代开始，信息开始在博弈论的理论体系中占据重要的地位，这是因为更多的博弈论专家观察到：现实生活中人们做出决策时往往是有限理性的，不可能掌握所有的信息；或者收集所有信息会花费巨额成本，这样反而是不理性的做法。博弈主体所具有的信息的有限性（imperfect information）在研究中得以关注，信息成为许多模型的焦点。如果考虑到博弈中存在不完全信息，亦即参与人并不能完全了解各博弈方在各种策略组合下的得益情况，这使得构建标准式博弈出现困难。1967—1968 年，海萨尼通过构建不完全信息的贝叶斯博弈模型解决了这一难题，提出了将不完全信息的动态博弈转化成完全且不完美的动态博弈来展开对不完全信息博弈的研究。① 这一转化方法被称为“海萨尼转换”。通过“海萨尼转化”，更多在现实中存在的经济与社会现象被纳入到分析范围内，极大地扩展了博弈论对现实问题的分析解释能力，是博弈论发展过程中的又一个里程碑。海萨尼的一般化一致性贝叶斯博弈模型已经成为信息经济学的标准分析框架。

20 世纪 70 年代至今，是博弈论融入主流经济学并继续发展的时期。1975 年，泽尔腾提出“颤抖手完美均衡”（trembling hand perfect equilibrium）概念，这是对纳什均衡的一个改善，是考虑参与者有限理性下的均衡。他指出：类似于现实生活中手发生颤抖抓不住东西一样，在博弈过程中，参与者有时候是有限理性的，可能会发生轻微的失误，博弈的结果应该是颤抖手完美均衡。颤抖手完美均衡必须具有如下性质：参与者的决策不仅在其他参与者不犯错误时是最优的，而且在其他参与者偶尔犯错误时也是最优的。从 20 世纪 70 年代中后期开始，博弈论更多地用于经济问题的研究，

① J. Harsanyi. Games with Incomplete Information Played by “Bayesian” Players, Ⅰ: The Basic Model. Management Science, 1967, 14 (5): 159-182.

博弈论的应用模型纷纷建立起来，并且参与者的个体行为受到重视，参与者拥有的信息和采取行动的时间顺序（time sequence）也被结合进来。代表性的成果包括泽尔腾、① 克瑞普斯和威尔逊②对完美性（perfectness）的扩展以及克瑞普斯、米尔格罗姆（Milgrom, P.）等③（1982）关于不完全信息重复博弈（imperfect information repeated games）研究。值得一提的是，从博弈论延伸出来的信息经济学得以创立，阿克洛夫、斯宾塞、斯蒂格利茨由于在非对称信息市场中的研究而获得了2001年诺贝尔经济学奖。

## 二、博弈论的基本内容

### （一）博弈的构成：三个要素

博弈论所考察的是博弈的参与者在一定的规则约束之下，依靠掌握的信息，同时或先后、一次或多次从各自允许选择的行为或策略中进行选择并加以实施，并从中获得各自相应结果或收益的过程。一个完整的博弈包含三个要素：

1. 参与者（player）

参与者是参与博弈的决策主体。博弈参与者是理性的经济人，是博弈过程中独立决策、独立承担后果的个人或组织；参与者的目的在于通过选择行动或战略以最大化自己的收益或效用水平。在一场博弈中，如果只有两个局中人的博弈现象称为“两人博弈”，而多于两个局中人的博弈称为“多人博弈”。

2. 策略空间（strategy space）

参与者在给定信息集下的行动规则，指博弈双方可以选择的实际可行的全部行为或策略的集合。如果在博弈中参与者都总共有有

---

① R. Selten. Reexamination of the Perfectness Concept for Equilibrium Points in Extensive Games. International Journal of Game Theory, 1975, 4 (1): 25-55.

② D. Kreps, R. Wilson. Reputation and Imperfect Information, Journal of Economic Theory, 1982, 27 (2): 253-279.

③ D. Kreps, Paul Milgrom, John Roberts, Robert Wilson. Rational Cooperation in the Finitely Repeated Prisoners' di lemma. Journal of Economic Theory, 1982, 27 (2): 245-252.

限个策略，则称为“有限博弈”（finite games），如果博弈中至少有一个参与者的策略有无限多个，则称为“无限博弈”（infinite games）。

3. 支付（payoff）

参加博弈的各个参与者从博弈中获得的利益，这是参与者追求的根本目标，也是参与者行动和判断的依据。每个参与者在一局博弈结束时的得失，不仅与该参与者自身所选择的策略有关，而且与其他参与者选择的一组策略有关。所以一局博弈结束时每个参与者的“得失”是全体参与者选择的一组策略的函数，通常称为支付（payoff）函数。将每个参与者一局博弈得益相加算出所有博弈方得益的总和，称为这些博弈方的“社会总支付”。一般而言，社会总得益随着博弈策略组合的不同而有所不同，我们称为“变和博弈”（variable-sum games）。但许多博弈并非如此。如果不管博弈的策略组合是什么，所有博弈方的社会总得益都为零，称为“零和博弈”（zero-sum games）；如果所有博弈方的社会总得益始终为某一非零数，则称为“常和博弈”（constant-sum games）。

**（二）博弈的结构：行动顺序和信息**

在博弈过程中信息是至关重要的，因为信息会影响参与者的决策。在博弈过程中，将所有博弈参与者都掌握的信息称为共同信息，与共同信息相对的就是私人信息。如果博弈过程中所有参与者在各种情况下掌握的信息都是共同信息，那么参与者的支付必然是确定的，这样的博弈于是被称为“完全信息博弈”。与此相对，参与者在各种情况下的所掌握的信息并非是共同信息，各方对彼此的支付不可能完全清楚，这样的博弈称为“不完全信息博弈”。不完全信息博弈比完全信息博弈更加符合现实情况，其适用范围也更广。

博弈过程中的各参与者行动顺序对博弈各方的策略有重要影响。如果各参与者同时做出决策或者是尽管并非同时，但是各参与者互相不知道对方的策略，又或是知道对方的策略却无法变动自己的选择，这种博弈称为“静态博弈”，比如商业中的投标活动，各投标人都是在投标之前无法知道其他人的标价而参与投标竞争的。

如果在博弈过程中，各参与者的行动有先后次序，并且后行动的一方能够观察到先行动的参与者的行动，并由此判断做出自己的决策，这种博弈称为“动态博弈”，比如下棋游戏、讨价还价等活动。动态博弈可以分为两类：当所有的参与者在行动的时候都能够完全了解以前发生的博弈过程，我们称为“完美信息的动态博弈”；倘若有参与者故意隐藏自己的策略和行动，导致某些参与者在采取自己行动时对以前的博弈过程并不完全了解，则称为“非完美信息的动态博弈”。如果从博弈次数来划分，我们可以把博弈分为“重复博弈”和“一次性博弈”。“重复博弈”是指一个博弈反反复复地进行，而这个博弈大多是静态博弈，但博弈的次数却是多次的，甚至是无限次的，所以重复博弈又是动态博弈。如企业之间的长期协议或合同，合同各方不会只考虑眼前的利益和自身的利益，他们往往会顾及到未来的共同利益，而主动选择对大家都比较有利的策略，这种长期利益约束下的博弈能够实现更有效率的结果。

基于信息和行动顺序两个维度，博弈可以划分为五种类型，见表 10-1，完全信息静态博弈模型是最为简单和基础的，而不完全信息动态博弈模型最为复杂。根据参与方是否完全了解博弈过程，完全信息的动态博弈又可以分为完全且完美的动态博弈和完全且不完美的动态博弈。而对于不完全信息动态博弈的研究则可以通过“海萨尼转换”的方法转变完全且不完美信息动态博弈来展开分析。

表 10-1 **博弈的类型**

| | 完全信息 | 不完全信息 |
|---|---|---|
| 静态博弈 | 完全信息静态博弈 | 不完全信息静态博弈 |
| 动态博弈 | 完全且完美信息动态博弈 | 不完全信息动态博弈 |
| | 完全且不完美信息动态博弈 | |

**（三）博弈的均衡**

一个博弈的“解”，就是该博弈最可能出现的结果，称为均衡。这一概念对应现实博弈中最终稳定的状态，在这一状态下，每个参与者无力或不愿意调整自己的策略行为。博弈论有多种均衡的概念，其中最重要和最根本的是纳什均衡。纳什均衡描述的是一种博弈状态：任何参与者在其他参与者不改变当前战略的前提下，都无法通过单方面改变自己的战略而获得更高的收益。相反地，如果某一参与者发现单方面改变战略可以获得更高收益，他完全有动机、也有能力改变其战略，博弈在这时显然没有达到均衡。纳什均衡非常重要，是所有其他均衡概念的基础。但是纳什均衡远非完美——虽然它指出了"合理"结果需要满足的必要条件，可是这些条件常常不是充分的。正因如此，许多博弈可以找到多个纳什均衡，即均衡并非是唯一的，此时对多个均衡进一步的"筛选"是必要的。博弈论学者通过添加不同的条件剔除一些不太合理的纳什均衡，形成精炼的（refining）纳什均衡，如子博弈完美均衡（subgame perfect equilibrium）、适均衡（proper equilibrium）、序贯均衡（sequential equilibrium）等。

## 三、博弈论与经济学的结合

### （一）博弈论与市场寡占理论

现实经济中常见的市场有三种：

（1）整个市场仅有几个厂商，这是标准的寡占结构。

（2）市场上有很多厂商参与竞争，但是少数几家大企业占据了绝大部分的市场份额，大量的小厂商只是在剩余的很小的市场空间中竞争。

（3）市场有大量的竞争厂商，但生产的产品却互有差异，对于特定厂商而言，其竞争压力只来自那些与之具有较强替代性的产品，所以每个厂商都只感觉在与有限的几个厂商竞争。

因此现实中绝大多数的市场竞争需要通过寡占理论来解释。

但是寡占市场结构的重要性迟迟没有引起经济理论的重视。新古典经济学以完全竞争作为基本假定，个体利益相互牵制的寡占市场不是其研究对象；福利经济学则明确将外部性问题排除在外。这也导致古诺和伯川德关于寡占市场的基本研究被忽略了一个多世纪。直至博弈论被引入进来，古诺和伯川德的研究才得以推进。

“囚徒困境”（prisoner's dilemma）是最广为人知的博弈，它反映的是一个看起来对大家都好的结果却被理性的参与者否决，大家自愿选择了一个对每个人而言都是更坏的结果，或者说它揭示了帕累托最优对一群充分理性的人来说往往是可望而不可即的。寡占市场事实上具有囚徒困境问题的部分性质。如果各寡头联合起来，共同决定产量和价格，那么各寡头所能瓜分的利润达到最大，他们都从串谋中获得额外收益。但是串谋是极不稳定的，它不是纳什均衡。因为对任一厂商而言，单方违约将获得更高的收益，所以囚徒困境表明各寡头在一次性的博弈中形成串谋具有很高的难度。

但是不同于囚徒困境的预测，在现实市场中主要厂商之间通过秘密协定或者依靠默契形成的不同程度的串谋行为仍然屡见不鲜。这又是为什么呢？博弈论中用“佚名定理”（folk theorem）来解释这一现象。佚名定理指的是，如果囚徒困境博弈重复无穷多次，或者重复有限多次但存在不完全信息，那么非合作的参与者可以克服“困境”，取得“合作”结果。只要不否认厂商之间的关系不会是“一次性交道”，那么依据佚名定理，厂商间的串谋行为也就具有了相对的合理性。

博弈论不仅可以在宏观上很好地描述寡占市场上厂商之间的博弈关系，而且可以刻画厂商之间各种竞争手段的具体细节。厂商可以采取很多竞争手段，比如说通过技术创新与开发（R&D）提高生产技术、借媒体广告等经营手段改变产品需求条件、通过横向收购增强市场竞争力，等等。这些竞争手段与传统的控制产量和价格手段是有很大差别的，因为这些竞争手段会形成厂商的沉没成本（sunk cost），它们对市场结构的影响是较为长远和战略性的，而产量和价格对市场的影响仅是短期的和战术性的。基于这种差别，博弈论中一般用二阶段博弈来刻画 R&D、广告等竞争手段。第一阶段的战略变量设为 R&D 投资等竞争手段，第二阶段的战略变量则是产量或者价格。二阶段博弈中兼顾了厂商间的长期竞争和短期竞争，同时考察市场竞争的战略和战术问题，因此已经广泛用于厂商间各种可能的竞争战略的研究。

### (二) 博弈论与新制度经济学

新制度经济学认为社会和政治规则对于经济增长有着至关重要的作用，因此强调制度的意义。制度是指人类设计的，构造政治、经济和社会相互作用的众多约束，包括正式的与非正式的制度。前者包含有法律、产权等，而后者则由道德影响力、惯例、禁忌等构成。新制度经济理论认为，在历史过程中，设计制度的目的在于建立秩序并减少交换的不确定性，从而降低交易成本，实现生产的扩大。如诺斯所言，制度经济学研究的是在制度演进的背景下，人们如何做出决定，以及这些决定如何影响社会。决定的过程总是离不开博弈的，因此，博弈论方法的广泛应用是新制度经济学研究的一个重要特点，这在其宏观和微观经济理论中得以充分体现。

在宏观上，一切现存的制度都是在历史过程中各主体不断博弈而形成的均衡，社会和其他组织都是这一均衡下的产物。新制度经济学认为，在博弈过程中理性的参与者必定遵守博弈的规则，而制度的安排只有是一种纳什均衡时才能实现自我执行，否则制度安排无法成立并且也就无法贯彻。因此，政府制定的政策、法规只有在它们本身是政府与私人部门博弈的纳什均衡时，才会得到推行，因为双方此时没有选择其他策略的内在倾向；否则，再“合理”的政策也是不会存在下来的。

在微观上，新制度经济学的企业理论认为由于不确定性和信息的非对称性，构成企业制度的契约总是不完备的，因此必须强调激励机制的重要性。激励问题研究的是，在给定信息结构时，如何选择最优的契约安排。激励问题是放在委托-代理理论的框架里加以研究的。委托人希望代理人按照他的意志行动，但是代理人也面临着自己的利益结构，而且委托人不能直接观测代理人的行动，所能观测到的仅是另外一些变量，因此他掌握的只是代理人行动的不完全信息。委托人面临的问题就是如何根据这种不完全的信息，对代理人进行奖惩，以激励其实行对自己最为有利的行动。委托人与代理人之间的关系实质上是一种非对称条件下的博弈，而博弈论也自然成为新制度经济学的企业理论的基本研究思路与方法。

**（三）博弈论与理性预期理论**

20 世纪 60 年代末、70 年代初西方国家普遍陷入“滞涨”，此前长期盛行的主张政府干预的凯恩斯学说，并不能解释这一现象。在这一背景下，理性预期理论引起普遍的关注。卢卡斯是理性预期学派的代表人物，他同时也是一位博弈论专家，博弈的思想始终贯穿于他的理论之中。

卢卡斯认为，任何政策都是政府和私人部门之间的博弈，双方都力图猜测对方的最优策略。私人部门不是政府可以借助政策加以控制的机器，因为厂商和个人除对政策做出反应外，还预测未来的政策。在这一层面上，相较于控制论来说，博弈论更适合于对宏观经济政策的考察。在政府与私人部门的博弈中，如果私人部门能准确预测到政策，那么政策所带来的效果只能是“中性”的。①

理性预期理论一般假设：

$$\pi=\pi^{e}-b\ (u-u_{n}). \tag{10-1}$$

其中，$\pi$，$\pi^{e}$ 分别为通货膨胀率的实际值和预期值；$u$，$u_{n}$ 则对应着实际失业率与自然失业率。

假如政府宣布将采取零通货膨胀的政策，并且得到私人部门的完全相信，那么

$$\pi=-b\ (u-u_{n}). \tag{10-2}$$

如果政府兑现诺言，实行零通胀的政策，则 $\pi=0$，且 $u=u_{n}$，这是一种比较好的状态。但政府有着违背诺言的倾向，因为 $\pi>0$ 时，$u<u_{n}$，这是政府更为偏好的状态。理性的主体可以预测到政府的这种行为倾向，他们因此并不轻信于政府的承诺，并且相应地把 $\pi^{e}$ 调整到不为 0 的位置。于是政府不仅不能达到扩张经济的目的，反而要承受通胀的苦果。因此，理性预期理论把“滞涨”解释为私人部门对政策的准确预期，而这种预期的背后是理性主体与政府的博弈。

理性预期理论认为，之所以凯恩斯主义的理论与政策在之前能

---

① R. Lucas. Expectations and the Neutrality of Money. Journal of Economic Theory，1972，4（2）：103-124.

够发挥效力，是因为经济主体因过多“噪音”的干扰而分不清信号的真伪，从而不能准确预见政策，在博弈中处于完全被动的地位，受到政策的操纵。对于之后凯恩斯理论与政策的失效，则可以解释为，私人部门在反复听取信号并弄清政府的意图之后，能够对政策形成合理的预期，使得博弈的格局发生了逆转。

## 四、博弈论对经济学研究的意义

博弈论已经成为主流经济学一个重要分支，博弈论的发展本身也反映了经济学理论发展的脉络。博弈论从微观个体出发，考察博弈参与者策略行为的均衡结果。这一基本思路与20世纪80年代之后主流经济学的发展脉络是一致的。20世纪80年代之后，经济学的发展出现了微观化的趋势。换言之，宏观经济学和微观经济学开始合流。宏观经济学开始越来越注意宏观分析的微观基础。人们越来越多地将分析的起点放于微观个体的理性选择，考察个体选择所造成的宏观结果，分析各种各样的宏观政策对微观个体选择的影响，而这种影响在宏观上会导致什么结果。显然，博弈论的发展正是适应了这一理论发展的需要。在现代经济中，不论政府部门、企业，还是社会公众，他们都是经济中的博弈者，都需要考虑自己行为对其他当事人的影响，都需要在纷繁芜杂的环境中做出对自己最有利的行为。这不仅是博弈论的分析核心，也是经济学的分析核心之一。

博弈论在融入主流的同时，深刻地改写着传统经济学的理论框架，对经济学的发展产生着深远的影响。在微观经济学领域，传统的新古典经济学以理性人的假设为基础，研究单个经济体的行为选择，并不考虑主体间的利益关联。博弈论则在经济主体间的策略互动基础上研究个体决策问题，成为研究非完全竞争经济有效的方法。通过囚徒困境与佚名理论，博弈论对尘封一个多世纪的古诺寡占理论加以重塑。在宏观经济学领域，博弈的思想与分析框架也得以广泛应用。在新制度经济学中，制度就被视为历史主体博弈的均衡，而制度的演化则对应着博弈过程的动态演进；在理性预期理论中，政策实施的效果取决于政府与私人部门间的博弈，而理性预期则是改变博弈格局的重要因素。

## 第二节　经济学中实验方法的应用

实验经济学主要运用心理学原理和心理实验方法，在可控的实验环境下通过控制实验条件、观察实验者行为和分析实验结果，以检验、比较和完善经济理论或提供决策依据。自 20 世纪 50 年代以来，实验经济学不断发展，在个体经济决策、博弈论、市场制度等领域取得了丰富的研究成果，已经成为主流经济学的重要分支，同时实验方法日益成为经济学研究的重要方法。下面，首先介绍实验经济学几十年来的发展过程。

### 一、实验经济学的发展历程

实验经济学的萌芽或许可以追溯到 1728 年贝努利（Bernoulli, N.）的研究。但直到 20 世纪，经济学家才逐渐认识到实验方法可以在经济学研究中发挥作用。最早的经济学实验是瑟斯顿（Thurstone, L. L.）为检验传统的效用曲线而设计的实验。① 在此之后，美国和德国的许多经济学家也在经济理论研究中应用实验方法，如张伯伦所做的市场行为研究。②

20 世纪五六十年代是实验经济学的发展初期。从 50 年代开始，大量实验经济学的研究涌现出来，如莫斯特勒（Mosteller, F.）和纳吉（Nogee, P.）对不确定情况下对个人偏好及选择的研究，③ 西蒙（Simon, H.）根据博弈实验结果对存在性理性和程序

---

① L. L. Thurstone. The Indifference Function. Journal of Social Psychology, 1931, 2 (5): 139-167.

② E. Chamberlin. An Experimental Imperfect Market. The Journal of Political Economy, 1948, 56 (2): 95-108.

③ F. Mosteller, P. Nogee. An Experimental Measurement of Utility. Journal of Political Economy, 1951, 59 (5): 371-404.

性理性区别的分析,① 以及萨尔曼（Sauermann，H.）和泽尔腾关于求过于供的市场的考察。② 在这一潮流下，史密斯（Smith，V.）1962 年发表论文《竞争市场行为的实验研究》，标志着实验经济学的诞生。在此之后，实验经济学的应用取得了进一步进展。如史密斯对口头双向拍卖市场实验进行考察，并提出了市场参数完全有可能影响均衡产出收敛性的结论。③ 总的来说，在这一时期，由于理论自身的缺陷与实验技术的不成熟，实验经济学的应用领域相当有限。

20 世纪七八十年代是实验经济学的成熟时期。行为理论的成熟和理性预期理论的出现为实验技术的发展创造了条件，而计算机技术本身的发展和广泛应用则使复杂经济现象的实验成为可能。卡格尔（Kagel，J.）分别用人类和动物验证了斯勒斯基-希克斯（Slutsky-Hicks）的商品需求和劳动供给偏好,④ 普洛特（Plott，C.）和史密斯用实验方法发现了标签价格机制,⑤ 普洛特又用实验比较分析了四种公共物品提供机制。⑥ 实验方法的应用领域在市场理论和博弈论之外，也逐渐扩展到公共经济学、信息经济学、产业组织理论等诸多经济领域。

20 世纪 90 年代以来，实验经济学迅速发展，并成为一个独立的经济学分支。实验经济学研究成果丰富，实验经济专刊、专著和论文集陆续出版。《实验经济学》(*Experimental Economics*）杂志在

---

① H. Simon. A Behavioral Model of Rational Choice. Quarterly Journal of Economics，1955，69（1）：99-118.

② H. Sauermann，R. Selten. An experiment in oligopoly（translation of Sauermann and Selten（1959））. General Systems，1960，5：85-114.

③ V. Smith. An Experimental Study of Competitive Market Behavior. Journal of Political Economy，1962，70（2）：111-137.

④ J. Kagel et al. Experimental Studies of Consumer Demand Behavior Using Laboratory Animals. Economic Inquiry，1975，13（1）：22-38.

⑤ C. Plott，V. Smith. An Experimental Examination of Two Exchange Institutions. Review of Economic Studies，1978，45（1）：133-153.

⑥ C. Plott. Industrial Organization Theory and Experimental Economics. Journal of Economic Literature，1982，20（4）：1485-1527.

1998年创刊，史密斯的《实验经济学论文集》(*Papers in Experimental Economics*)分别在1991年、2000年出版，戴维斯(Davis, D.)和霍尔特(Holt, C.)于1993年编著《实验经济学》(*Experimental Economics*)，卡格尔和罗斯(Roth, A.)在1995年主编《实验经济学手册》(*The Handbook of Experimental Economics*)。此外，实验经济学的研究团体和实验室也如雨后春笋般建立起来。其中，影响力较大的有弗农·史密斯主持的亚利桑那大学经济学实验室、普洛特主持的实验经济学和政策科学实验室、莱德雅德(Ledyard, J.)主持的加利福尼亚社会科学实验室以及海(Hey, J.)和鲁姆斯(Loomes, G.)主持的约克大学实验经济学中心。实验经济学影响日盛，其代表人物史密斯在2002年荣获诺贝尔经济学奖，标志着实验经济学已经作为一门独立的分支纳入到主流经济学的范畴。

## 二、经济实验方法的基本内容

经济实验主要包括四个步骤，分别是实验设计、选择实验对象和实验设备、控制实验进行、实验数据分析。

1. 进行实验设计

这是实验工作的第一步，其必要性在于根据实验目标来构建整个实验的基本框架，以增强实验研究过程的可控性。实验设计要设法突出中心变量的影响，排除扰动变量的影响或者使之最小化，同时在中心变量中又要设法区分开不同变量的影响，以避免混淆。或者说，实验设计的基本思路就是尽可能地将变量直接控制住，不行的话就将其随机化，也就是间接控制。直接控制是经济学实验的基础，因为只有经过控制的数据才是实验数据，而非自然数据。控制变量的方法主要有两种：一是使变量保持不变，二是使变量在两个水平或者多个水平上变动。

2. 选择实验对象和实验设备

实验方法最具特色的地方就是使用活生生的人作为被实验者，通过他们的行为方式来了解通过其他研究方法难以研究的经济现象或者规律。被实验者的特征不同就会导致不同的实验结果，因此选择合适的实验对象是十分重要的。在实验设备方面，早期的经济学实验使用的都是黑板、纸、笔等传统设备，但是现在计算机在实验方法中的应用已经普及。在计算机化的实验中，几个或者几十个终端分别和监视器相连。被实验者坐在各自的终端前输送和接收信息，而实验者则通过监测器观察被实验者发出的信息以及做出的行为决策，并且控制实验参数、实验的长短以及开始和结束。

3. 控制实验进行

这是实验方法最为重要的环节，具体又分为几个方面：

一是实验预演。只有通过预演，实验者才清楚实验设计是否周密，实验指示是否模棱两可，工作人员是否足够，等等。

二是实验前的准备，比如让受实验者签到登记等。

三是实验讲解，这是实验正式开始后的第一个程序。实验讲解应涵盖实验目的、对被实验者初始资源和信息的清晰界定、对被实验者的可行的选择和行为集合以及决定每个被实验者报酬的规则的说明。

四是实验后的访谈。访谈的目的在于了解被实验者的心理，分析实验数据的重要内容。

五是支付报酬。支付报酬的时间会影响被实验者的心理，一般而言较早支付实验报酬可以建立信任，并且减少被实验者的拖延心理，从而取得更好的实验效果。

4. 实验数据分析

数据分析通常分为两个阶段，即定性阶段和定量阶段。定性分析的目的是对数据的概貌得到一个大致的了解，从而为下一步的定量分析提供必要的信息，明确分析方向。图表等直观表述方法是常用的手段。合理、充分的定性分析能为定量分析提供良好的前提，统计推断工作也就更加可信。定量分析的中心是统计研究，也就是用统计语言表述实验结论。与其他统计研究相比，实验经济学的统计分析着重通过一整套概念框架对实验误差的来源与结果进行分析。

## 三、实验经济学的研究领域

个人经济决策、博弈论和对市场机制的模拟，是实验经济学的主要研究领域，下面将分别予以简要介绍。

### （一）个人经济决策

微观理论总是假定人们是在满足自己预算约束的情况下追求自己的效用最大化。对效用理论的研究是经济学家刻画人们偏好行为的基石。期望效用理论自提出以来，就一直被作为标准的不确定条件下的选择理论。但是，由于该理论在收益的概率分布问题上的严格约束，其合理性也在不断受到质疑，这体现在三个方面：首先，人们是否能够在决策中计算出各种可能受益的概率分布的问题？其次，当事人所计算的概率分布符合数学意义上概率的性质吗？最后，当事人是否具有期望效用所描述的明确偏好关系？

传统的微观理论在偏好关系假定的基础上建立了一整套功利化的体系，这一体系本身无法验证效用理论本身的合理性。实验经济学家利用可控实验的方法来对期望效用理论进行验证。其结果显示人们的行为和经典理论的预期有很大的区别，这为对期望效用理论的质疑提供了佐证。

一类实验是以讨论阿莱悖论为代表的实验。阿莱悖论是由阿莱在1953年通过实验提出的。这个实验可以表述为：当事人在（$c_1$）100%的概率得到100万元和（$c_2$）10%的概率得到500万元，89%的概率得到100万元，1%的概率得到0之间进行选择；又要在（$c_3$）10%的概率得到500万元，90%的概率得到0和（$c_4$）11%的概率得到100万元，89%的概率得到0之间进行选择。

实验的结果是，在$c_1$和$c_2$中大部分人选择$c_1$。这说明虽然$c_1$的期望是100万元，小于$c_2$的期望500万元，但是$c_1$的效用值要高于$c_2$的效用值，即

$$1.00U(1m) > 0.89U(1m) + 0.10U(5m) + 0.01U(0). \qquad (10\text{-}3)$$

同时在$c_3$和$c_4$之间，大部分人选择$c_3$。表明不仅$c_3$的期望值

500 万元要大于 $c_4$ 的期望值 100 万元，而且 $c_3$ 的效用值要高于 $c_4$ 的效用值，即

$$0.11U(1m)+0.89U(0)<0.10U(5m)+0.90U(0). \tag{10-4}$$

在（10-4）两边同时加上 $0.89U(1m)$，并减去 $0.89U(0)$，可得

$$1.00U(1m)<0.89U(1m)+0.10U(5m)+0.01U(0). \tag{10-5}$$

显然（10-5）与（10-3）式矛盾，这种现象于是称为阿莱悖论。或者换一种方式来说，根据期望效用理论风险厌恶者应该选择 $c_1$ 和 $c_4$，风险偏好者则会选择 $c_2$ 和 $c_3$，阿莱悖论则反映现实中大多数人会同时选择 $c_1$ 和 $c_3$，这是期望效用所无法解释的。在阿莱研究的基础上，此后一系列相关的实验都表明期望效用理论中的平行无差异曲线与现实不符，取而代之的应该是扇形展开的无差异曲线。

另一类实验研究偏好逆转现象，偏好转置的概念是由斯洛维克（Slovic，P.）和利切特斯坦（Lichtenstein，S.）在 1971 年进行的一项实验研究中提出的。

他们的实验描述了一个博彩过程，在该过程中参加者将评价两种博彩方案，并选择其中的一种。其中，方案 A 为 99% 的概率赢 1 美元和 1% 的概率输 1 美元；方案 B 是 33% 的可能性赢 16 美元和 67% 的概率输 2 美元。显然方案 A 赢的可能性比方案 B 更大，然而在方案 B 中一旦赢的话数额会比较大。斯洛维克和利切特斯坦发现，在实验过程中参加者普遍在对两种方案进行评价时会根据赢的可能性大小选择 A，而当让他们付钱参与博彩的时候他们反而会选择方案 B。他们于是将行为人的预期评价与实际选择不一致的现象称为偏好转置。

偏好转置现象的发现有力地支持了主体对不同信息进行不同处理的观点，向期望效用理论与现有的决策理论提出质疑。

如今，实验经济学家已经找到很多质疑期望效用理论的证据，

但对这些证据的完整解释是缺乏的。因此，对实验结果进行合理解释，并实现对期望效用理论的替代，仍需理论与实验上进一步的推进。

**（二）博弈论**

博弈论传统的应用领域在于产业组织、市场结构、投票和公共品供给等。博弈论研究经济主体间的策略互动，以及由此出现的不同的均衡结果。如今，很多经济问题都是在博弈论的理论框架内加以分析的。但是，博弈论对个体理性的认识以及对均衡结果的预测一定正确吗？传统的计量工具很难对博弈论的理论推导结果进行验证，而实验方法则发挥了自己的作用。实验经济学家对相关理论进行过很多检验。具体的做法是，将博弈规则转换成实验中的环境和制度，通过观测实验参与人的行为来检验博弈预期的正确性，或者是通过设计不同的环境和制度来揭示参与人的行为规律。实验结果显示，在个体互动的研究上，经典博弈理论远不能成为最终的结论。

德烁（Dresher, M.）和弗鲁德（Flood, M.）在 1950 年首次进行了博弈理论实验，实验对象是“囚徒困境”问题。实验证明，即使在一个标准的博弈环境中，所观察到的参与者的行为也与博弈理论所预测的相反。但同时也证实了博弈理论的一个预测，即对个人行为的刺激将给博弈结果的预测带来相当的难度。囚徒困境问题已经激发了几百次的实验，一直是实验经济学所关注的焦点，而持续合作问题则是此项研究的关键。

罗斯（Roth, A.）和穆尼罕（Murnighan, J K.）的实验①分析了重复博弈的情形，主要研究持续性博弈的可能性。实验的结果是，只有在持续博弈的概率大于 1/3 时，合作平衡才会实现；并且，参与者对合作选择的比率与博弈延续的可能性是正相关的。

---

① J. K. Murnighan, A. Roth. Expecting Continued Play in Prisoner's Dilemma Games: A test of Several Models. Journal of Conflict Resolution, 1983, 27 (2): 279-300.

阿克罗德（Axelrod，R.）① 考察有限次的囚徒困境博弈，认为背叛是稳定进化策略，或者说，在其他人总是背叛的人群中没有人愿意为合作努力。然而，如果博弈者聚集起来，一个有条件的合作博弈将能够抵挡背叛行为的发生。也就是说，如果博弈者能更经常地相互影响，那么背叛者将不容易出现。

在泽尔腾和斯托克（Stoecker，R.）② 的实验中，参与者都要进行25个超级实验，每一个实验的重点都在于博弈的重复性，并且参与者有机会在重复中获得经验。实验表明，参与者从最初的几场博弈中学习并体验合作，之后则逐渐认识到合作的危险性，并且在博弈结束的时候放弃合作。

在非合作博弈问题上的这些实验研究说明，纳什均衡对个体理性的强调有其合理性的一面，但事实上个体也具有自愿的合作倾向，并且博弈主体的互动行为具有复杂的特征。这种个体理性的复杂性对博弈论的发展有着重要的意义。

**（三）市场实验**

传统经济学认为，完全竞争市场最有效率，而垄断则会导致效率损失。这种观点是否正确，以及影响市场效率的因素有哪些，都是实验经济学尝试回答的问题。

第一类市场实验是居于拍卖的市场均衡实验，是为检验市场出清功能而设计的，同时研究供求双方的变动和垄断行为的影响。张伯伦最早提出市场实验，以验证竞争性均衡的存在性。③ 他的实验表明，真实的市场结果是与传统竞争均衡不同的，同时也修正了

① R. Axelrod. The Evolution of Cooperation. New York: Basic Books, 1984.

② R. Selten, R. Stoecker. End Behaviour in Sequences of Finite Prisoner's Dilemma Supergames, a Learning Theory Approach. Journal of Economic Behaviour and Organisation, 1986, 7（1）: 47-70.

③ E. Chamberlin. An Experimental Imperfect Market. The Journal of Political Economy, 1948, 56（2）: 95-108.

“非均衡结果下没有交易发生”的观点。史密斯①构造了一个双向拍卖程序，其中支付以虚拟形式进行，并且他认为真正市场均衡的达到都必须经历一定的学习过程，因此要求交易重复若干次。史密斯的实验获得了市场均衡产出，并且如果以真实货币代替虚拟支付，就能再现均衡这一过程。霍尔特等探讨了供给和需求曲线的参数对双向拍卖中的均衡收敛的影响，并对市场的供求一方具有市场力量时的理论预期结果加以检验，② 进一步发现市场参数完全可能影响双向拍卖市场竞争性均衡的收敛性，在参与人具有经验时更是如此。他们的研究也表明，早期的双向拍卖实验的高效依赖于使用的市场参数。

第二类市场实验是拍卖实验，这类实验主要围绕着拍卖市场上的“赢者诅咒”的现象展开。卡彭（Capen，C.）等③认为赢出的竞标者往往会高估油田的真实价值，因此竞价赢得的油田租约会导致没有预料到的低回报率，“赢者诅咒”的概念也由此被提出。巴泽曼（Bazerman，M. H.）和萨缪尔森（Samuelson，W. F.）④考察了这一现象。他们发现，竞价者对标的价值越不确知，只需要越少的竞价者参与就会达到“赢者诅咒”。卡格尔和莱文（Kagel & Levin）⑤ 则认为“赢者诅咒”的出现是竞价者拍卖经验不足的结果，因为在他们的实验中，随着经验的逐步积累，“赢者诅咒”便消失了。

---

① V. Smith. An Experimental Study of Competitive Market Behavior. Journal of Political Economy，1962，70（2）：111-137.

② C. Holt，A. Villamil. Market Power in Oral Double Auctions. Economic Inquiry，1986，24（1）：107-123.

③ C. Capen，R. Clapp，W. Campbell. Competitive Bidding in High-Risk Situations. Petroleunl Technology，1971，23（6）：641-653.

④ M. H. Bazerman，W. Samuelson. I Won the Auction but Don’t Want the Prize. The Journal of Conflict Resolution，1983，27（4）：618-634.

⑤ J. Kagel，D. Levin. The Winner’s Curse and Public Information In Common Value Auctions. American Economic Review 1986，76（5）：894-920.

决定市场效率的因素是复杂的，而市场实验则在一定程度上解释了市场效率与各种因素间的联系。同时，实验方法也是对不同市场制度进行比较、对经济政策加以评估的有效方法。

## 四、实验经济学对经济学方法论的影响

一般来说，社会科学很难像自然科学那样进行可控试验来验证理论和发现现有理论无法解释的新现象。经济学家一般采用计量经济学的方法进行相关的工作。然而来自于历史经验的数据往往受到观测期内其他各种因素的影响，经济学家很难从中完全剔除这些影响。这样，传统计量研究根本达不到自然科学研究那样的完美。实验经济学引进实验的研究方法，通过模仿自然科学可控试验的方法，希望能够精确地分析经济学家们所关注的经济变量之间的逻辑联系和现实关系。实验方法的引入，实现了理论研究工具的创新，是经济学方法论上的一次重大变革。实验经济学在坚持实证主义传统的同时，极大改进了传统的经济解释的方法，并且有力地推动了经济理论本身的发展。

首先，实验经济学是实证主义传统的现代主要继承者之一。自穆勒开始，孔德（Comte，A.）的实证主义就一直是西方主流经济学研究遵从的一般范式。经济学家重视经验研究，以体现理论解释过程的“确定性”与“实证性”。因而，经济学在思维结构和分析方式上，遵循经验归纳的逻辑，并强调理论必须有可检验性。或者说，经济学研究的中心任务在于构造各种可验证的经济理论，并加以检验。于是，理论检验的方法是否科学有效显得尤为重要，而实验方法则是除计量验证之外最直接、最有效的方法，实验经济学派也因此被称为“哈佛实证主义”。实验经济学强调的是经济学的“可实验性”，认为经济理论完全可以具备以实验检验的条件。实验经济学通过再造理论的环境和机制基础，得到观察结果，再判断结果是否与理论的预言一致。实验结果与理论预言相符的频率越高，也就证明理论预期有着越高的可信度。

其次，实验方法弥补了传统经济学检验在数据上的缺陷，是经济学在解释方法上的重大进步。一直以来，主流经济学对经济模型

的评价方法是相对滞后的。传统上对经济理论的评价依靠计量经济学的统计验证，而计量所使用的现存“自然”市场数据存在着几大缺陷。传统经验数据的第一种缺陷是不可重复，所谓“历史不能重复”，而对理论预测的证实或证伪都要大量的检验，现有的数据难以达到在相同的环境和机制下大量重复的要求。第二种缺陷在于数据的“整体性”缺陷，经验数据作为行为命题或理论结论的直接反应，是一种整体数据，既包含着特定理论假说的环境特性，又包括众多干扰变量导致的结论特征，这样就失去了对行为命题和理论预期根本的检验能力。依靠现有的计量经济学技术，经济学家无法将与验证无关的那些影响完全剔除掉，无法直接精确地处理和验证经济学家想验证的那些经济关系。在计量检验中，或多或少地都存在内生性问题，这样的缺陷使计量结果缺乏可信性。实验方法则借助实验工具的重复特性和控制特性，解决了传统检验方式在数据上存在的问题。观察结论普遍的一次性的缺陷为复制能力所克服，通过不断构造实验与验证，经济学家可以解决自然经验数据非复制性问题，并且防止不可观察因素的变化。控制能力则是指实验条件的可操纵性，实验工具的这种特性能使研究者仅仅面对与理论相关的环境因素，于是得到有关理论验证更纯粹的经验数据。

再次，实验能够发现现有理论无法解释或忽略了的经济现象，这对经济理论本身的完善和发展具有重要的意义。在验证经济理论的实验过程中，可能会发现一些意外的、与任何已有模型不符的行为模式。在这一过程当中，经济学家会思索这种不一致出现的原因。当这种行为模式在不同的实验中持续得到印证时，现有的理论很有可能漏掉了某些重要因素，也有可能经济现实已经发生了变化而以往的理论无法解释。在这种情况下，经济学家们应该考虑建立新的理论来拓展现有模型，以推动理论的进一步发展。双向拍卖模型就是很好的例证，史密斯在实验中所设计的机制下，买者报价，卖者要价，要求两方的出价范围越来越窄，直到有买者或卖者接受对方的报价，就形成了有约束力的合同交易。因为实验中只需要简单具备个人信息的交易者，均衡结果即能出现，所以实验室中的对双向拍卖的广泛研究要远远早于弗里德曼等理论模型的构建。

## 第三节　关于计量经济学的几个问题

作为经济学的一个重要分支，计量经济学是以一定的经济理论和统计资料为基础，运用数学、统计学方法与计算机技术，以建立经济计量模型为主要手段，对具有随机性特征的经济变量关系进行定量分析的科学。计量经济学试图揭示经济变量之间的数量关系，使人们能够在更精确的层面上认识经济变量之间的关系，计量经济学的兴起和发展是20世纪经济学的重要发展之一。

### 一、计量经济学的渊源与发展

计量经济学的历史可追溯到17世纪配第①的《政治算术》(1676) 一书的问世，但它真正独立成为一门学科则是20世纪20—30年代的事。1926年，挪威经济学家弗瑞希（Frisch，R.)②仿照生物计量学一词正式提出计量经济学；1930年，国际计量经济学学会成立；1933年，《计量经济学》杂志创办，计量经济学度过其滥觞时代。

计量经济学的兴起与发展有着其深刻的历史背景。

首先，经济学开始全面走上数理化的道路，数理建模和统计分析日渐普及，学者们不仅能够接受以数学理论和统计理论为基础的数量化分析，而且对经验特征事实中的经济变量关系进行定量分析的客观要求不断增加，检验经济理论模型是否与现实相符的要求也日趋迫切。传统的简单案例分析与间接验证的实证研究方法已越来越不能适应经济学研究方法不断数量化的发展趋势。经济学家需要一种可以直接运用于经济分析的新工具展开精确的数量分析。

---

① 威廉·配第：《政治算术》，北京：商务印书馆1978年中文版。

② 弗瑞希最早论证了存在一个能把互不相关的随机扰动变量合成随机的具有不均匀周期行为的结构传播机制（structural propagation mechanism），奠定了计量经济学的理论基础。R. Frisch. Propagation Problems and Impulse Problems in Dynamic Economics. Economic Essays in Honour of Gustab Cassel. London：Allen and Unwin，1933.

其次，在凯恩斯理论诞生之后，西方国家政府开始普遍干预经济。如何设计和执行干预政策，如何评估干预的时机和干预的效果开始成为政府普遍关注的核心问题之一。政府部门和学术界开始系统地整理和分析各种各样的宏观数据，为政府决策之用。在这种情况下，政府迫切需要对经济状况作准确的把握，需要准确地预计和评估各种政策的不同后果。这种现实的需求也对计量经济学的产生和发展起了极大的推动作用。

在这种背景下，计量经济学作为经济学研究中不可或缺的一门重要实证分析方法应运而生。在逻辑前提上，计量经济学将任何经济系统视为服从一定概率分布的随机过程，从而将任何经济现象（经济数据）视为这个随机数据生成过程的实现①。在此基础上，计量经济学将对抽象的经济运行规律的考察转化为对具体的随机经济系统概率规律的分析，运用可观测的经济数据，以经济理论模型为指导，通过检验经济理论的推论与观测到的经济数据是否一致而判断既有经济理论或假说的真伪，进而预测未来经济发展趋势，指导经济实践。

以 20 世纪 70 年代为分水岭，计量经济学可分为经典计量经济学与现代计量经济学两个发展阶段。

20 世纪 70 年代以前，以大规模联立方程组模型为代表的经典计量经济学在研究中占据主导地位。经典计量经济学的基本理论形成于 20 世纪 40 年代，大部分奠基工作是由美国的考尔斯经济研究基金会完成的。其基本理论的主要特征是：

- 引进概率论思想作为计量经济模型研究的方法基础；

---

① 对此，有一部分经济学家提出了不同的看法。例如，有一些经济学家把经济系统看作是非随机的混沌过程（chaotic process），经济现象是由该混沌过程产生的一些拟随机数。然而，Granger、Lucas 等大多数经济学家和计量经济学家都认为经济系统中存在大量的不确定性，随机分析方法优于非随机分析方法。C. J. W. Granger， T. Terasvirta. Modeling Nonlinear Economic Relationships，Oxford：Oxford University Press，1993. R. Lucas. Understanding Business Cycles. Carnegie-Rochester Conference Series on Public Policy，1977，5 (1)：7-29.

- 选择随机动态联立线性方程组作为经济计量模型的一般形式；
- 直接使用观测数据对经济系统进行结构分析；
- 模型识别、参数估计、检验和计算是主要的技术问题。

用联立方程组模型来研究国民经济的变化规律，即利用经济指标之间的数量关系来刻画经济系统，或称之为经济计量模型的研究，其开拓者是荷兰经济学家丁伯根（Tinbergen，J.）。他以独特的才能探索了利用统计数据来测定经济指标之间关系的方法。① 随后，克莱因（Klein，L. R.）等②经济学家建立了美国两次世界大战之间的经济模型，这项工作被认为是现代宏观计量经济模型的雏形。以大规模联立方程组模型为标志的西方各国的宏观计量经济模型的研究，在20世纪60年代末70年代初达到了高潮。这一时期，计量经济学的研究领域得到了极大的拓展，研究内容涉及供需函数、生产函数、消费函数、价格、工资、金融、国际贸易等各个领域。

在政策研究中，大规模计量方程组得到了非常广泛的应用。但是，经济学家利用大规模计量方程组进行经济政策的模拟预测往往不成功，并且预测的时间越长，预测的效果越差。这是因为，基于经典的计量经济学理论所进行的大规模计量忽略了经济数据的非实验性与经济结构的时变性等问题：以经济系统的平稳性作为隐含假设，直接使用观测数据进行实证研究的经典计量经济学理论无法对实际经济运行做出准确预测和判断。作为一门社会科学，经济学具有非实验性的特点，以往的观测数据只能反映以往的经济现实，是以往那些经济力量共同作用的结果；未来这些经济变量是否像以前那样发挥作用，仍然是未知数。我们不能够简单假定在新政策作用

① J. Tinbergen. Statistical Testing of Business Cycle Theories. Vol. 1：A Method and Its Application to Investment Activity；Vol. 2：Business Cycles in the United States of America，1919—1932. Geneva：League of Nations，1939.

② L. R. Klein. Economic Fluctuations in the United States，1921—1941. New York：John Wiley Sons，Inc.，1950.

下的未来现实等同于以往的经济现实。

20 世纪 70 年代以后，现代计量经济学逐渐成为主流。所谓现代计量经济学，是以解决经济数据的非实验性和经济结构的时变性等问题为主要目标的一系列计量经济方法和工具的总称。和经典计量经济学不同的是，现代计量经济学建立在如下的公理性假设之上：

- 任何经济都可以被看成由某种概率法则决定的随机过程。
- 由经济数据所刻画的经济现象是这一随机过程的实现过程。

这两条公理性假设反映了现代计量经济学研究与应用的基本理念。在经典计量经济学时代，计量经济学家将研究的重点放在方程识别、参数估计、统计推断等方面，期望能够在计量分析中得到确定性的结果。但是我们所能够搜集到的数据都是以往的历史数据，我们的计量模型或多或少会漏掉在其中起作用的变量，经济本身各种变量之间的关系也容易发生变化……这些都意味着我们从经济数据中得到确定性的变量关系是困难的，即便我们能够从以往的历史中得到相应的经济关系，也无法去预测未来。

现代计量经济学基本假设的变化实际上反映了计量经济学家们的这种思考。这样的随机性假设实际上意味着，我们无法从以往的经济数据中推出任何确定性的关系，退而求其次我们只能够推出经济规律所决定的概率法则或概率关系。

## 二、计量经济学与现代经济学的数量化

在当前的北美经济学博士训练中，微观经济学、宏观经济学和计量经济学是经济学教育的三大支柱。计量经济学在经济学中的地位由此可见一斑。现代经济学对计量经济学的倚重和现代经济学的方法论和基本理念的发展是分不开的。一般来说，现代经济学研究遵循以下的逻辑思路：

（1）从数据中，经济学家观察典型化事实，从中提炼出相关的经济学问题。

（2）经济学家尝试解释这些典型化事实，经济学家的这种解释就是经济学理论。经济学家可以用各种各样的工具和方法来表达

自己的理论逻辑。由于数理模型的优点，现代经济学普遍利用数理模型来表达理论模型。

（3）经济学家需要对所提出的理论进行检验，以对经济学理论进行证伪或证实。理论本身无法说明理论的正确或错误，单靠理论本身也无法说明理论是否和事实是一致的，无法说明理论对现实的解释能力；这个时候需要利用现实数据对理论进行检验。

（4）应用。有生命力的理论应该具有一般性，能够有自己的应用前景，评估政府政策的不同结果，对经济展开预测，等等。

在现代经济学这样的理论逻辑中，第（1）步、第（3）步绝对离不开实证工作，计量方法给我们提供了最重要的实证方法。具体来说，计量经济学本身对现代经济学有如下意义：

计量经济学帮助经济学家考察经济现实，提炼出经济学问题。经济学家需要知道和了解现实到底是什么。在计量经济学产生之前，经济学作为一门社会科学，大量应用案例分析来向人们展示现实。但是，现实情况是复杂的，单纯的案例分析很容易挂一漏万，让人产生片面的认识，得出偏颇的结论。全面和客观地认识经济现象对经济学家而言尤为重要。作用于经济现实的经济规律在现实中会产生种种表征，如何利用这些外在的蛛丝马迹去把握现实的基本情况进而探求基本的经济规律是经济学家的根本任务。观察经济现象的各种数据表现，知道自己所观察的样本与现实之间的偏差，用有限的观察样本去推知总体情况，这应该是经济学家进行经济学研究的首要任务。经济学历史上著名的里昂惕夫（Leontief，W.）之谜以及丢失贸易之谜，都是经济学家对现实数据研究的结果。经济学家利用计量经济学工具，认识经济现实，并从中提炼出经济学问题。计量经济学在其中起了不可替代的作用。

其实，计量经济学的发展是检验经济学理论的需要。经济学家针对典型化事实，提出各种各样的理论解释，但是对这些理论的合理性如何判断呢？单从理论本身无法判断理论是否正确，理论是否成功要看理论对现实的解释力。经济学是一门社会科学，无法像自然科学那样在实验室里面进行实验检验。经济学家需要借助以往的经验现实去证伪或证实经济理论。在这种情况下，用案例是无法证实或证伪理论的。现实如此复杂多变，人们很容易找到支持或不支持理论的案例。利用计量经济学的工具，利用样本数据，反推总体的样本情况，检验经济理论对现实的解释力。在证伪或证实经济学理论方面，计量经济学扮演了最主要最重要的角色。

现代经济学是高度数理化的社会科学，经济理论不仅普遍利用数学语言实现理论逻辑上的完美，而且利用计量经济学的工具去进行理论的检验工作。这样，现代经济学不仅在形式上，而且在实质上也成为一门“科学”。在这一过程中，计量经济学的作用是不可替代的。此外，经济学家利用计量经济学去把握现实，提炼经济学问题，也指引着经济学研究的方向。

## 三、计量分析的不足

虽然在现代经济学中计量经济学是如此重要，但是计量分析也有本身的不足。

1. 计量分析严重依赖于数据

数据对计量分析的制约是多方面的。

首先，数据搜集的客观、准确对计量分析至关重要。很难想象通过分析粗糙、有重大偏误的经济数据能够得到令人信服的结论。

其次，任何数据都是经济现实的一个样本，这样样本是否能够反映总体就是其中一个至关重要的问题。虽然在技术上，计量经济学有一些方法来判断抽样的合理性，但是抽样偏误仍然是计量分析中不可忽视的一个问题。如果样本存在严重的偏误，从有偏数据中很难得到总体的真实情况。样本的偏误，一直都是计量经济学家努力克服的问题之一。

2. 遗漏变量问题

我们所能够观测到经济数据都是以往无数因素一起作用的结果，而经济模型是对复杂经济现实的简化抽象，无法包括所有影响因素。模型仅仅只能考虑其中一小部分影响因素，但是更多的变量却被我们遗漏，或根本没有认识到。在这种情况下，计量分析所得到的结果仍然是有偏误的。如果计量模型中遗漏的变量是相当重要的核心变量，那么计量结果也有可能是不可信的。为得到一致性的参数估计，计量经济学家使用二阶段最小二乘法和工具变量法①试图解决这一问题；同时，计量经济学发展出非参数估计与半参数估计方法②，来回避计量分析方程设定和遗漏变量等问题。

3. 经济现象是非实验性的，是不能重复的，也是不可逆的

这意味着，我们所观察到的经济数据只是随机变量的一个实现。计量经济学试图从经济数据中揭示经济变量之间在统计意义上的“平均”关系，如果经济数据仅仅只是随机变量一个实现，那么计量经济学试图通过分析经济数据揭示经济关系的工作也很难让人信服。在此基础上，计量经济学家们对经济数据强加了新的假定：第一，经济数据是平稳的；第二，经济数据是同质的。虽然后来在技术上，计量经济学家发展了单根、协整理论来解决经济数据的平稳性问题，但是同质性假定仍然是计量经济学的基本假定。

4. 经济变量之间的经济关系经常变化

随着时间的推演，经济关系容易发生变化。经济结构的时变性特征给计量分析带来了很大的问题。这意味着，经济数据前后包含不同的经济关系，我们很难从前后不一致的数据中得出一致的经济关系。同时，由于经济关系处于不断变化中，我们依据以往经济数据所得到经济关系并不一定适用于当前。经济结构的时变性一直困扰着经济学家，计量经济学家发展了很多方法来解决这一问题，其中最著名的包括华人计量经济学家邹志庄所提出的“邹志庄检验”。但是在技术上，计量经济学家仍然无法很好地解决这一问题。

计量经济学的兴起与发展，构成了20世纪经济学研究方法演进过程中一个不可或缺的环节。其作为实证研究领域的最重要最主要的定量分析方法，为经济学研究方法的数量化起到了极大的推动

---

① H. Theil. Some Development of Economic Thought in the Netherland. The American Economic Review, 1964, 54 (2): 34-55.

V. K. Srivastava, and R. Tiwari. Efficiency of Two-stage and Three-stage Least Squares Estimators, Econometrica, 1964, 46 (6): 1495-1498.

② 其特点是，计量分析没有具体的函数形式，也不规定参数选择和变量选择，这样计量就抛弃了以往对经济变量结构的假设，有较大的适用性。

作用。经过一个世纪的发展，计量经济学研究已取得了长足进步。在现代经济学的理论逻辑中，计量经济学的地位更是不可或缺。经济学发展目前已经出现了理论和实证相融合的趋势，这样计量经济学显得越来越重要了。

## 第四节　经济学中数值方法的应用

与计量经济学的兴起和发展几乎同时的是，自 20 世纪 30 年代以来，数值分析在经济学研究中也得到了日益广泛的应用；前后出现了投入产出分析、可计算一般均衡模型、校准法等三种代表性的方法。

投入产出分析，是研究经济系统各个部分间表现为投入产出的相互依存关系的经济数量方法，其创始人为里昂惕夫（Leontief, W.）。在《美国经济体系中的投入产出的数量关系》① 一文中，里昂惕夫编制了第一份投入产出账户；随后在《美国经济结构(1919—1929)》②、《美国经济结构研究》③ 等著作中，里昂惕夫进一步完善并正式提出了投入产出分析方法。其基本原理是，任何系统的经济活动都需要一定的产品资源作为投入，进行产品的生产；而自己所生产的产品又有可能作为其他产业的投入。在实际生产活动中，投入和产出之间具有一定的数量关系；现代产业分工细致，各个产业通过投入产出关系彼此联系。因此，可以根据某一年份的实际统计资料求出各产业之间的投入产出关系，编制投入产出表。然后，通过计算各部门间的直接消耗系数和间接消耗系数（合计便是完全消耗系数），再根据某些部门最终产品的数量要求（供个人消费、社会消费、储备和出口的最终消耗），算出各部门

① W. Leontief. Quantative Input and Output Relations in the Economic System of the United States. The Review of Economic Statistics, 1936, 18 (3): 105-125.

② W. Leontief. Structure of the American Economy: 1919—1929. Boston: Harvard University Press, 1941.

③ W. Leontief. Studies in the Structure of the American Economy, Oxford: Oxford University Press, 1953.

应达到的状况。

20 世纪 40—60 年代，世界各国尤其是苏联等计划经济国家，纷纷编制了一系列的国民经济投入产出表，用以进行宏观经济的综合管理规划。然而，投入产出分析存在着很多无法克服的重大缺陷，这些缺陷也导致了投入产出分析的衰落。投入产出表是投入产出分析的核心，投入产出表实际上规定了每个部门的要素需求比例。这意味着经济结构本身是刚性的，要素之间是缺乏替代弹性的。换言之，当外生价格发生改变时，要素需求比例也不会改变，经济个体的行为也不会改变。显然，这一假定违背经济学对经济个体基本的行为假设，根据投入产出表制定的经济计划显然不能对宏观经济各部门的产出安排做出正确的决策。随着时间的推移，投入产出法日渐式微。

投入产出分析具有刚性结构的假设，而这一假设显然和经济个体基本的行为相违背。经济个体在不同的约束条件下追求自己的利益最大化，做出种种决策；每个经济个体的行为互相影响互相制约，整个经济均衡的背后实际上是无数经济个体的优化行为，那么当经济处于均衡状态，经济会是一个什么样子？当外生的条件改变时，经济将重回到什么样的均衡？以个人理性行为为基本假设，以一般均衡理论为基础，20 世纪 70 年代以来，可计算一般均衡模型应运而生了。可计算一般均衡模型是一种根据瓦尔拉斯的一般均衡理论建立起来的反映所有市场活动的经济模型。它用一组方程来描述经济系统中的供给、需求以及市场关系，其着眼于经济系统内的所有市场、所有价格以及各种商品和要素的供求关系，以保证所有市场都达到供求平衡。在 CGE 模型中，所有的需求函数、供给函数都来自于消费者的效用最大化行为和生产者的利润最大化行为；市场竞争形成市场均衡，产品均衡数量和相对价格均由模型内生决定。显然，CGE 模型与经济学的基本理念是一致的，经济的均衡是由个体最优行为的相互作用的结果。

由于可计算一般均衡模型建立在坚实的微观经济理论基础上，具有清晰的微观经济结构、明确的因果关系和行为机制，将宏观变量和微观变量有机地结合在一起，从而有效地避免了投入产出分析法所存在的缺乏微观基础，以及结构刚性、要素非替代性假设与经济现实不符等理论缺陷。20 世纪 80 年代以后，西方各国均建立起本国的 CGE 模型，用于经济预测，其精度较之以往大为提高。到 20 世纪 80 年代中期以后，这种方法也逐渐为苏联、东欧等原计划经济国家所采用。

作为一项建模技术，可计算一般均衡模型也有其局限性，主要表现为以下两点：

（1）由于可计算一般均衡模型的运行需要大量数据，为降低对数据的需求，大多数可计算一般均衡模型通过采用对某单一年度的基准数据集进行校准来得到必要的数据，这样就使可计算一般均衡模型对基准年度的数据非常敏感。

（2）可计算一般均衡模型大多采用静态模型，也多用一年的静态数据作为处理的基础。这被认为在短期模型中具有合理性，但对长期模型而言则显得不够合理。

为此，经济学家努力优化 CGE 建模方法，并一定程度上克服了上述两个问题。目前，可计算一般均衡模型还在不断发展之中，并广泛用于税收政策评价①、国际贸易问题②、发展政策研

① A. Harberger. The Incidence of Corporate Income Tax. Journal of Political Economy，1962，70：215-240.

J. B. Shoven，J. Whalley. Applied General Equilibrum Models of Texation and International Trade. Journal of Economic Litertature，1984，12（3）：1007-1051.

A. M. Pereira，J. B. Shoven. Survey of Dynamic General Equilibrum Models for Tax Policy Evaluation. Journal of Policy Modeling，1988，10（3）：401-436.

② 对这一领域的评价，可参见 J. de Melo. Computable General Equilibrum Models for Trade Policy Analysis in Development Countries：A Survey. Journal of Policy Modeling，1988，10（4）：469-503.

究①以及能源政策研究②等领域。

在 20 世纪的最后二十年，模拟技术开始兴起。它实际上给出一组研究者假想的参数，根据研究者自己的理论模型，利用计算机技术进行相应的数值模拟。实际上，模拟技术的应用实际上像一个虚拟的实验室，向人们展示了理论假说的具体结果。

但是如何评估理论模型的模拟结果，如何寻找与实际情况最符合的参数组合？这样参数校准方法就应运而生了。20 世纪 80—90 年代，随着真实经济周期模型的兴起，③ 在 RBC 模型中常用的校准法逐渐在现代经济学研究中普及开来。所谓校准法，是根据真实的数据去调整模型的参数，寻找使得模拟结果与实际数据最匹配的参数设置。其中，参数设置是校准法的基础，在实际研究中有些参数根据以往经验研究设置；有些参数则是理论推导的必然结果；还有一些参数则取决于经济在稳态中的表现。除了那些由理论推导获得的参数外，还需要对其他参数予以调整，以使模型模拟的结果尽量与实际经济相吻合，以便能够尽可能精确地捕捉研究对象的众多

---

① L. Johanson. A Multi Sectoral Study of Economic Growth，Amsterdam：North-Holland Publishing Company，1960. 对这一领域的详细评介，则可参见 B. Decaluwe，A. Martens. CGE Modeling and Developing Economics：A Concise Empirical Survey of 73 Applications to 26 Countries. Journal of Policy Modeling，1988，10（4）：529-568.

② 关于 CGE 模型在能源政策领域的应用研究，具体情形可参见 Bhattacharyya S. C.：Applied General Equilibrium Models for Energy Studies：A Survey. Energy Economics，1966，18（3）：145-164.

③ F. Cooley，E. Prescott. Economic Growth and Business Cycle. In Cooley，ed.：Frontiers of Business Cycle Research，Princeton. Princeton University Press，1995：1-38.

G. Hansen，Indivisible Labor and the Business Cycle. Journal of Monetary Economics，1985，16（3）：309-327.

F. Kydland，E. Prescott. Time to Build and Aggregate Fluctuations. Econometrica，1982，50（6）：1345-1370.

E. Prescott. Theory ahead of Business Cycle Measurement. Federal Reserve Bank of Minneapolis Quarterly Review，1986 Fall：9-12.

特征事实。

一般而言，校准法在实际应用中主要包括以下三部分内容：

第一，确定分析框架，构建理论模型；

第二，寻找现实中真实的数据；

第三，寻找与真实数据最匹配的参数设置。

参数值是在微观经济证据的基础上选择出来的，所以除通常采用的信息之外，该方法还可以使大量其他信息得到应用，因此模型可建立在更高的标准之上。显然，参数校准方法与传统的计量经济学有着非常紧密的联系。利用现有的数据去校准参数的过程实际上大量地应用到了现有的计量技术。例如在校准方法中，贝叶斯估计在这种研究方法中得到了广泛的应用。研究者根据现有的研究与自己的研究问题，先给出参数先验判断，然后利用自己手中的真实数据，修正自己对这些参数的先验判断，寻找与实际数据最匹配的参数组合。此外，校准方法与计量经济学方法的结合不限于此。根据研究本身的情况，有的参数用校准方法得到，有的参数则用计量方法回归得到，有的则直接利用现有计量文献的计量结果。

作为一种较新的数值分析方法，校准法在宏观问题的研究中应用日广。宏观经济学的很多问题很难得到大规模的可以直接利用计量技术的真实数据，校准方法则是一个较好的替代方法。尽管校准法的应用日趋广泛，但它也明显的存在参数设置的依据不一致以及对经济模型的检验不很正规等缺陷。目前，校准法仍在不断的发展与完善之中。

总的来说，数值方法的广泛应用形成了20 世纪经济学研究方法演进过程中的一个重要特色，研究手段也从投入产出分析为代表的结构分析方法逐渐过渡到以可计算一般均衡模型、校准法为主的现代数值方法。这种趋势，则是与 20 世纪计量经济学、宏微观经济学等经济学科的发展过程相一致的。

## 第五节　简　　评

20 世纪是经济学研究方法突飞猛进的一个世纪。我们都知道，

20 世纪的经济学模仿自然科学，建立了一整套逻辑严密的公理化体系。这一工作表现在形式上，就是数学工具的大规模引入。由于经济学本身有这样的发展要求，在形式上，新的分析方法和分析工具纷纷发展起来。经济学研究方法的发展，本身就是经济学发展的一部分，分析工具的发展是经济学使自己成为一门严格科学的尝试变得可能。本章仅仅粗线条地梳理了 20 世纪经济学在研究方法方面大的发展脉络，不可能也无力对经济学纷繁芜杂的分析工具作一个全面的介绍，挂一漏万，在所难免。

经济学分析工具的发展极大地推动了经济学研究的发展。经济学目前研究的问题越来越具体，越来越复杂，没有强有力的工具，经济学家根本无法得到确切和令人信服的结论。经济学是一门和社会生活以及个人生活紧密联系的社会科学，经济学家试图揭示社会经济生活和社会行为以及个体行为背后的规律和机制，并在政策实践中遵循利用这些经济规律。如果没有强有力的分析工具，这样的目标是很难达到的。离开了经济计量分析，经济学家不可能对经济变量之间的数量关系有清晰和深刻的认识；没有经济学实验方法的发展，经济学家就不可能模仿自然科学，利用实验的方法在可控条件下去发现人们行为背后的经济逻辑；离开了数值方法，经济学家很难对理论模型的种种结果有清晰和深刻的认识。

经济学分析工具的发展，使经济学家能够去分析更加复杂的问题，使经济学家能够分析以前根本无法把握和分析的问题。如今人们对经济变量之间的关系、经济运行机制本身的分析和认识要远远超过以前的经济学家，这些和经济学分析工具的发展是分不开的。例如，制度和增长的关系一直是人们争论不休的问题。但是如今的经济学家，利用历史数据，用计量经济学的分析工具，逐步去逼近制度和经济增长背后的真实关系。犹如指纹采样和鉴定技术的发展和成熟大大推动了刑侦工作一样，经济学分析工具的发展也极大地推动了经济学家们的研究。

**【参考文献】**

[1] NASH J. Equilibrium Points in N-person Games [C]. Proceed-

ings of the National Academy of Sciences of USA, 1950, 36 (1): 48-49.

[2] NASH J. Non-cooperative games [J]. Annals of Mathematics, 1951, 54 (2): 286-295.

[3] TUCKER A. A Two-person Dilemma [M]. Stanford University Mimeo, 1950. Reprinted in Straffin 1980.

[4] SCHELLING T. The Strategy of Conflict [M]. Harvard University Press, 1960.

[5] DEBREU G, SCARF H. A Limit Theorem on the Core of an Economy [J]. International Economic Review, 1963, 4 (3): 235-246.

[6] HARSANYI J. Games with Incomplete Information Played by "Bayesian" Players, Ⅰ: The Basic Model [J]. Management Science, 1967, 14 (5): 159-182.

[7] SELTEN R. Reexamination of the Perfectness Concept for Equilibrium Points in Extensive Games [J]. International Journal of Game Theory, 1975, 4 (1): 25-55.

[8] KREPS D, WILSON R. Reputation and Imperfect Information [J]. Journal of Economic Theory, 1982, 27 (2): 253-279.

[9] KREPS D, MILGROM P, ROBERT J, WILSON R. Rational Cooperation in the Finitely Repeated Prisoners [J]. Journal of Economic Theory, 1982, 27 (2): 245-252.

[10] LUCAS R. Expectations and the Neutrality of Money [J]. Journal of Economic Theory, 1972, 4 (2): 103-124.

[11] 罗杰 A. 麦凯恩. 博弈论——战略分析入门 [M]. 原毅军, 等译. 北京: 机械工业出版社, 2006.

[12] 冯·诺伊曼, 摩根斯顿. 博弈论与经济行为 [M]. 北京: 三联书店, 2004.

[13] 谢识予. 经济博弈论 [M]. 上海: 复旦大学出版社, 2002.

[14] 王则柯. 新编博弈论平话 [M]. 北京: 中信出版社, 2003.

[15] THURSTONE L. The Indifference Function [J]. Journal of

Social Psychology, 1931, 2 (5): 139-167.

[16] CHAMBERLIN E. An Experimental Imperfect Market [J]. The Journal of Political Economy, 1948, 56 (2): 95-108.

[17] MOSTELLER F, NOGEE P. An Experimental Measurement of Utility [J]. Journal of Political Economy, 1951, 59 (5): 371-404.

[18] SIMON H. A Behavioral Model of Rational Choice [J]. Quarterly Journal of Economics, 1955, 69 (1): 99-118.

[19] SMITH V. An Experimental Study of Competitive Market Behavior [J]. Journal of Political Economy, 1962, 70 (2): 111-137.

[20] KAGEL J. Experimental Studies of Consumer Demand Behavior Using Laboratory Animals [J]. Economic Inquiry, 1975, 13 (1): 22-38.

[21] PLOTT C, SMITH V. An Experimental Examination of Two Exchange Institutions [J]. Review of Economic Studies, 1978, 45 (1): 133-153.

[22] PLOTT C. Industrial Organization Theory and Experimental Economics [J]. Journal of Economic Literature, 1982, 20 (4): 1485-1527.

[23] MURNIGHAN J, ROTH A. Expecting Continued Play in Prisoner's Dilemma Games: a Test of Several Models [J]. Journal of Conflict Resolution, 1983, 27 (2): 279-300.

[24] AXELROD R. The Evolution of Cooperation [M]. New York: Basic Books, 1984.

[25] SELTEN R, STOECKER R. End Behaviour in Sequences of Finite Prisoner's Dilemma Supergames, a Learning Theory Approach [J]. Journal of Economic Behaviour and Organisation, 1986, 7 (1): 47-70.

[26] HOLT C, VILLAMIL A. Market Power in Oral Double Auctions [J]. Economic Inquiry, 1986, 24 (1): 107-123.

[27] CAPEN C, CLAPP R, CAMPBELL W. Competitive Bidding in High-Risk Situations [J]. Petroleunl Technology, 1971, 23 (6): 641-653.

[28] BAZERMAN H, SAMUELSON W. I Won the Auction But Don't Want the Prize [J]. The Journal of Conflict Resolution, 1983, 27 (4): 618-634.

[29] KAGEL J, LEVIN D. The Winner's Curse and Public Information in Common Value Auctions [J]. American Economic Review, 1986, 76 (5): 894-920.

[30] 伍德里奇 J M. 计量经济学导论：现代观点 [M]. 费剑平，等译，北京：中国人民大学出版社，2003.

[31] 洪永淼. 计量经济学的地位、作用和局限 [J]. 经济研究，2007 (5).

[32] 艾春荣，陈小红. 计量经济学：半参数计量经济学方法 [M]. 北京：北京大学出版社，2000.

[33] 沃尔特·恩德斯. 应用计量经济学：时间序列分析 [M]. 北京：高等教育出版社，2006.

[34] GRILICHES Z, INTRILIGATOR M. Handbook of Econometrics. Vol. 1-3. Amsterdam, Holland; New York, NY: North-Holland, 1983.

[35] HANSEN L P. Large Sample Properties of Generalized Method of Moments Estimators [J] Econometrica. 1982, 50 (4): 1029-1054.

[36] HANSEN L. P, SINGLETON K. Generalized Instrumental Variables Estimation of Nonlinear Rational Expectations Models [J]. Econometrica, 1982, 50 (5): 1269-1286.

[37] HAUSMAN J, TAYLOR J. Panel Data and Unobservable Individual Effects [J]. Econometrica 1981, 49 (6): 1377-1398.

[38] JEFFREY M. Wooldridge. Econometric Analysis of Cross Section

and Panel Data [M]. Cambridge, MA: MIT Press, 2002.

[39] INTRILIGATOR M, BODKIN R, Prentice-Hall Econometric Models, Techniques and Applications [M]. 中文版. 北京: 中国社会科学出版社, 2004.

[40] NELSON C R, PLOSSER C I. Trends and Random Walks in Macroeconomic Time Series: Some Evidence and Implications [J]. Journal of Monetary Economics, 1982, 10 (2): 139-162.

[41] SAMUELSON P A. Economic Theory and Mathematics—An Appraisal [J]. The American Economic Review, 1952, 2 (42): 56-69.

[42] GREENE W H. Econometric Analysis [M]. New York: Macmillan Publishing Company, 1990.

[43] WHITE H A. Heteroskedasticity—Consistent Covariance Matrix Estimator and a Direct Test for Heteroskedasticity [J]. Econometrica 1980, 48 (5): 817-838.

[44] DING Z, GRANGER C W J, ENGLE R F. A Long Memory Property of Stock Market Returns and a New Model [J]. Journal of Empirical Finance, 1993, 1 (1): 83-106.

[45] MYERSON R B. Nash Equilibrium and the History Economic Theory [J]. Journal of Economic Literature, 1999, 37 (9): 1067-1082.

[46] 威廉·配第. 政治算术 [M]. 北京: 商务印书馆, 1978.

[47] BHATTACHARYYA S C. Applied General Equilibrium Models for Energy Studies: a Survey [J]. Energy Economics, 1996, 18 (3): 145-164.

[48] CHOW G C. Tests of Equality between Sets of Coefficients in two Linear Regressions [J]. Econometrica, 1960, 28 (3): 591-605.

[49] COOLEY F, PRESCOTT E. Economic Growth and Business

Cycle [ M ] //Cooley, ed. Frontiers of Business Cycle Research. Princeton University Press, 1995.

[50] COX D R. Regression Models and Life Tables (with discussion) [J]. Journal of Royal Statistical Society, 1972, 34 (2): 187-220.

[51] DECALUWE B, MARTENS A. CGE Modeling and Developing Economics: a Concise Empirical Survey of 73 Applications to 26 Countries [J]. Journal of Policy Modeling, 1988, 10 (4): 529-568.

[52] DE MELO J. Computable General Equilibrum Models for Trade Policy Analysis in Development Countries: a Survey [J]. Journal of Policy Modeling, 1988, 10 (4): 469-503.

[53] ENGEL R F, GRANGER C W J. Co-integration and Error Correction: Representation, Estimation, and Testing [J]. Econometrica, 1987, 55 (2): 251-276.

[54] FRISCH R. Propagation Problems and Impulse Problems in Dynamic Economics [M] // Economic Essays in Honour of Gustab Cassel. Allen and Unwin, 1933.

[55] GRANGER C J W, TERASVIRTA T. Modeling Nonlinear Economic Relationships [M]. Oxford University Press, 1993.

[56] HANSEN G. Indivisible Labor and the Business Cycle [J]. Journal of Monetary Economics, 1985, 16 (3): 309-327.

[57] HARBERGER A. The Incidence of Corporate Income Tax [J]. Journal of Political Economy, 1962, 70 (3): 215-240.

[58] JOHANSEN S. Estimation and Hypothesis Testing of Cointegration Vector in Gaussian Vector Autoregressive Models [J]. Econometrica, 1991, 59 (6): 1551-1580.

[59] JOHANSON L. A Multi Sectoral Study of Economic Growth [M]. North-Holland Publishing Company, 1960.

[60] KLEIN L R. Economic Fluctuations in the United States (1921—

1941) [M]. New York: John Wiley Sons, Inc., 1950.

[61] KYDLAND F, PRESCOTT E. Time to Build and Aggregate Fluctuations [J]. Econometrica, 1982, 50 (6): 1345-1370.

[62] LEONTIEF W. Quantative Input and Output Relations in the Economic System of the United States [J]. The Review of Economic Statistics, 1936, 18 (3): 105-125.

[63] LEONTIEF W. Structure of the American Economy: 1919—1929 [M]. Harvard University Press, 1941.

[64] LEONTIEF W. Studies in the Structure of the American Economy [M]. Oxford University Press, 1953.

[65] LUCAS R. Understanding Business Cycles [J]. Carnegie-Rochester Conference Series on Public Policy, 1977, 5 (1): 7-29.

[66] PEREIRA A M, SHOVEN J B. Survey of Dynamic General Equilibrum Models for tax Policy Evaluation [J]. Journal of Policy Modeling, 1988, 10 (3): 401-436.

[67] PHILLIPS P C B. Optimal Inference in Cointegrated Systems [J]. Econometrica, 1991, 59 (2): 283-306.

[68] PRESCOTT E. Theory Ahead of Business Cycle Measurement [J]. Federal Reserve Bank of Minneapolis Quarterly Review, 1986, Fall: 9-12.

[69] SHOVEN J B, WHALLEY J. Applied General Equilibrum Models of Texation and International Trade [J]. Journal of Economic Litertature, 1984, 22 (3): 1007-1051.

[70] SRIVASTAVA V K, TIWARI R. Efficiency of Two-stage and Three-stage Least Squares Estimators [J]. Econometrica, 1978, 46 (6): 1495-1498.

[71] THEIL H. Some Development of Economic Thought in the Netherland [J]. The American Economic Review, 1964,

54（2）：34-55.

[72] TINBERGEN J. Statistical Testing of Business Cycle Theories. Vol. 1：a Method and Its Application to Investment Activity; Vol. 2：Business Cycles in the United States of America (1919—1932) [M]. League of Nations，1939.